# 学ぶ人は、変えてゆく人だ。

目の前にある問題はもちろん、

人生の問いや、

社会の課題を自ら見つけ、

挑み続けるために、人は学ぶ。

「学び」で、

少しずつ世界は変えてゆける。

いつでも、どこでも、誰でも、

学ぶことができる世の中へ。

旺文社

文部科学省後援

# 英検® **1**級
# でる順
# パス単

**5訂版**

旺文社

# 発音記号表

## ■ 母音

| 発音記号 | 例 | | 発音記号 | 例 |
|---|---|---|---|---|
| [iː] | eat [iːt] | | [u] | casual [kǽʒuəl] |
| [i] | happy [hǽpi] | | [uː] | school [skuːl] |
| [ɪ] | sit [sɪt] | | [eɪ] | cake [keɪk] |
| [e] | bed [bed] | | [aɪ] | eye [aɪ] |
| [æ] | cat [kæt] | | [ɔɪ] | boy [bɔɪ] |
| [ɑː] | palm [pɑːlm] | | [au] | house [haus] |
| [ʌ] | cut [kʌt] | | [ou] | go [gou] |
| [əːr] | bird [bəːrd] | | [ɪər] | ear [ɪər] |
| [ə] | above [əbʌ́v] | | [eər] | air [eər] |
| [ər] | doctor [dɑ́(ː)ktər] | | [ɑːr] | heart [hɑːrt] |
| [ɔː] | law [lɔː] | | [ɔːr] | morning [mɔ́ːrnɪŋ] |
| [ʊ] | pull [pʊl] | | [ʊər] | poor [pʊər] |

※母音の後の[r]は、アメリカ英語では直前の母音がrの音色を持つことを示し、イギリス英語では省略されることを示す。

## ■ 子音

| 発音記号 | 例 | | 発音記号 | 例 |
|---|---|---|---|---|
| [p] | pen [pen] | | [v] | very [véri] |
| [b] | book [bʊk] | | [θ] | three [θriː] |
| [m] | man [mæn] | | [ð] | this [ðɪs] |
| [t] | top [tɑ(ː)p] | | [s] | sea [siː] |
| [t̬] | water [wɔ́ːt̬ər] | | [z] | zoo [zuː] |
| [d] | dog [dɔ(ː)g] | | [ʃ] | ship [ʃɪp] |
| [n] | name [neɪm] | | [ʒ] | vision [víʒən] |
| [k] | cake [keɪk] | | [h] | hot [hɑ(ː)t] |
| [g] | good [gʊd] | | [l] | lion [láɪən] |
| [ŋ] | ink [ɪŋk] | | [r] | rain [reɪn] |
| [tʃ] | chair [tʃeər] | | [w] | wet [wet] |
| [dʒ] | June [dʒuːn] | | [hw] | white [hwaɪt] |
| [f] | five [faɪv] | | [j] | young [jʌŋ] |

※[t̬]はアメリカ英語で弾音（日本語のラ行に近い音）になることを示す。
※斜体および[(ː)]は省略可能であることを示す。

# はじめに

本書は1998年に誕生した『英検Pass単熟語』の5訂版です。「出題される可能性の高い単語を，効率よく覚えられる」ように編集されており，英検合格を目指す皆さんに長くご愛用いただいています。

## 3つの特長

### ❶ 「でる順」で効果的に覚えられる！

過去10年間の英検の問題※を分析し，よく出題される単語・熟語を「でる順」に掲載しました。

### ❷ 学習をサポートする無料音声つき！

スマートフォンで音声を聞くことができる公式アプリと，パソコンからの音声ダウンロードに対応しています。

### ❸ 学習効果がわかるテストつき！

単語編には，見出し語を覚えたか確認できるテストがついています。

本書での単語学習が皆さんの英検合格につながることを心より願っています。

最後に，本書の刊行にあたり多大なご協力をいただきました，早稲田大学教授 Adrian Pinnington 先生，CEL英語ソリューションズ 講師 田中亜由美先生，九州大学大学院言語文化研究院 准教授 内田諭先生に深く感謝の意を表します。

※2010年度第2回～2020年度第1回の英検過去問題

# もくじ

発音記号表 ……………………………… 2
はじめに ………………………………… 3
本書の構成 ……………………………… 6
音声について …………………………… 8
オススメ単語学習法 …………………… 10

合格者が教える！私の単語学習法 ……… 13

## 単語編

### でる度 **A** よくでる重要単語 • **700**

*Section* 1 …………………………………… 18
*Section* 2 …………………………………… 40
*Section* 3 …………………………………… 62
*Section* 4 …………………………………… 84
*Section* 5 ………………………………… 106
*Section* 6 ………………………………… 128
*Section* 7 ………………………………… 150

英検形式にチャレンジ！ ……………… 172

### でる度 **B** 覚えておきたい単語 • **700**

*Section* 8 ………………………………… 174
*Section* 9 ………………………………… 196
*Section* 10 ……………………………… 218
*Section* 11 ……………………………… 240
*Section* 12 ……………………………… 262
*Section* 13 ……………………………… 284
*Section* 14 ……………………………… 306

英検形式にチャレンジ！ ……………… 328

でる度 **C** 力を伸ばす単語 • **700**

*Section* 15 ................................................ 330
*Section* 16 ................................................ 352
*Section* 17 ................................................ 374
*Section* 18 ................................................ 396
*Section* 19 ................................................ 418
*Section* 20 ................................................ 440
*Section* 21 ................................................ 462
●
英検形式にチャレンジ！ ................................ 484

熟語編 • **300**

*Section* 22 ................................................ 486
　【コラム】形容詞はリアル体験で定着させよう！ ......... 500
*Section* 23 ................................................ 501
　【コラム】"educated guess" のすすめ ................... 515
*Section* 24 ................................................ 516
　【コラム】類義語をまとめて覚えるメリット ............ 530

索引 ................................................ 531

執筆：Adrian Pinnington，田中亜由美
編集協力：斉藤敦，斎藤なが子 (Minos English)，鹿島由紀子，株式会社 鷗来堂
データ分析・語彙選定協力：内田諭　　データ分析協力・組版：幸和印刷株式会社
装丁デザイン：浅海新菜 (及川真咲デザイン事務所)
本文デザイン：伊藤幸恵　　イラスト：三木謙次
録音：ユニバ合同会社　　ナレーション：Greg Dale，小谷直子

# 本書の構成

## 単語編

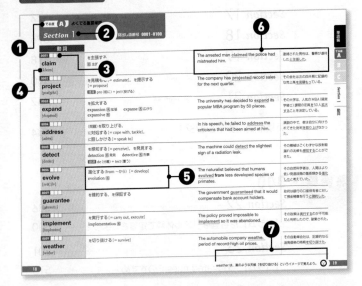

**❶でる度**：データ分析に基づき「でる度A，B，C」に分けて掲載しています。

**❷セクション**：100語区切りで1〜21まであります。

**❸チェック欄**：チェックして学習に役立てましょう。

**❹発音記号**：見出し語の読み方を表す記号です。（詳細はp.2参照）

**❺語義その他**：英検合格に必要なものを取り上げています。他動詞の語義には基本的に小文字で「を」「に」などを示しています。「を」「に」などがない動詞は自動詞です。その他，派生関係にある語などを掲載しています。

**❻例文と訳**：見出し語に対応する部分は赤字にしています。

**❼でちゃうくん**：本書のキャラクター「でちゃうくん」が，見出し語のちょっとした豆知識を教えてくれます。

## 熟語編

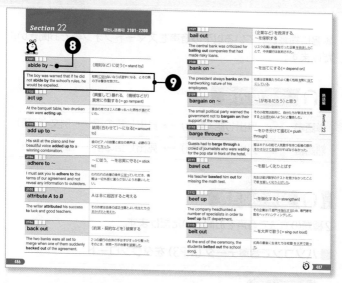

見出し語番号 2101-2200

**Section 22**

❽ 見出し語：短文語句空所補充問題でよく出題される熟語を取り上げています。

❾ 例文と訳：見出し語に対応する部分は，例文では太字，訳では赤字にしています。

### ●表記について

| | | |
|---|---|---|
| 動 動詞　名 名詞　形 形容詞 | ( ) …… 省略可能／補足説明 | |
| 副 副詞 | [ ] …… 直前の語句と言い換え可能 | |
| ＝ 同意語／英英定義 | 〈 〉 …… コロケーション | |
| ≒ 類義語　⇔ 反意語　*cf.* 関連語 | *A, B* …… *A, B* に異なる語句が入る | |
| ■ アメリカで使用 | *one's, oneself, a person, a person's* | |
| ✖ イギリスで使用 | …… 人を表す語句が入る※ | |
| ★ 補足情報　語源 語源情報 | *doing* … 動名詞，現在分詞が入る | |
| ▶ 用例 | *to do* … 不定詞が入る | |

※ *one's, oneself* は用例中の動詞の主語と一致する人を指し，*a person, a person's* はそれ以外の人を指す。

# 音声について

本書に掲載されている以下の音声をスマートフォン等でお聞きいただけます。

## 🎧 音声の内容

| 単語編 | 見出し語（英語）→ 見出し語の訳 → 例文（英語） |
|---|---|
| 熟語編 | 見出し語（英語）→ 見出し語の訳 → 例文（英語） |

## 🎧 音声の聞き方

2種類の方法で音声をお聞きいただけます。

### ■ パソコンで音声データ（MP3）をダウンロード

> **ご利用方法**
>
> ❶ 以下のURLから，Web特典にアクセス
>
> URL：**https://eiken.obunsha.co.jp/1q/**
>
> ❷ 本書を選び，以下のパスワードを入力してダウンロード
>
> **rtsdhc** ※全て半角アルファベット小文字
>
> ❸ ファイルを展開して，オーディオプレーヤーで再生
>
> 音声ファイルはzip形式にまとめられた形でダウンロードされます。展開後，デジタルオーディオプレーヤーなどで再生してください。

※音声の再生にはMP3を再生できる機器などが必要です。
※ご使用機器，音声再生ソフト等に関する技術的なご質問は，ハードメーカーもしくはソフトメーカーにお願いいたします。
※本サービスは予告なく終了することがあります。

## ■ 公式アプリ「英語の友」(iOS/Android) で再生

### ご利用方法

**❶「英語の友」公式サイトより，アプリをインストール**

URL : **https://eigonotomo.com/**

🔍 英語の友

左記のQRコードから読み込めます。

**❷ アプリ内のライブラリより本書を選び，「追加」ボタンをタップ**

**❸ 再生モードを選んで再生**

| | |
|---|---|
| 書籍音源モード | 音声データダウンロードと同じ内容の音声を再生できます。 |
| 単語モード | 単語編，熟語編について「見出し語（英語）」の音声再生ができ，再生間隔や回数を自由に編集することができます。英語だけを再生したい，複数回連続で再生したい，発音練習するためのポーズ（間隔）を空けたい，等にご利用いただけます。 |

そのほか，以下の機能をご利用いただけます。

- シャッフル再生
- リピート再生
- 再生速度変換（0.5 ～ 2.0倍速）
- バックグラウンド再生
- 絞り込み再生（チェックした単語のみ再生）

※本アプリの機能の一部は有料ですが，本書の音声は無料でお聞きいただけます。

※詳しいご利用方法は「英語の友」公式サイト，あるいはアプリ内のヘルプをご参照ください。

※本サービスは予告なく終了することがあります。

# オススメ単語学習法

1級によくでる単語を効率的に覚えるには，以下の3つのステップで学習するのがおすすめです。

### STEP 1 仕分け ● 知らない単語をチェック

まず，「知っている単語」と「知らない単語」の仕分けをします。知らない単語や自信がない単語があったら，1つ目のチェックボックスに印を付けましょう。

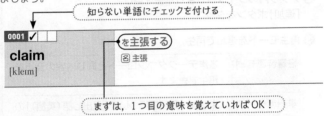

知らない単語にチェックを付ける

0001 ✓

**claim**
[kleɪm]

を主張する

图 主張

まずは，1つ目の意味を覚えていればOK！

### STEP 2 暗記 ● チェックが付いた単語を覚える

チェックが付いた単語だけを集中して覚えます。音声を聞いたり，声に出して発音したり，ノートに書いたりして覚えましょう。

### STEP 3 確認 ● 覚えたか確認する

チェックを付けた単語を覚えたか，付属の赤セルシートを使って隠して確認しましょう。まだ覚えていない，もしくは自信がない場合は，2つ目のチェックボックスに印を付け，覚えるまで STEP 2 → STEP 3 を繰り返しましょう。

覚えていなかったら，2つ目のチェックを付ける

0001 ✓✓

**claim**
[kleɪm]

を主張する

图 主張

## ○でる度が高い単語から覚えよう

本書は，英検の出題データを分析した「でる順」に並んでいます。時間がない場合は，「でる度A」から優先して覚えるようにしましょう。

## ○セクションごとに進めよう

本書は，1つのセクションが100語で構成されています。たとえば，「2日で100語」のように目標を決めて，セクション単位で学習するのがおすすめです。以下のように，**STEP 1** ～ **STEP 3** をセクションごとに繰り返して覚えていきましょう。1日目に覚えられなかった単語は2日目に確認し，覚えていなかったら3日目にまた確認しましょう。

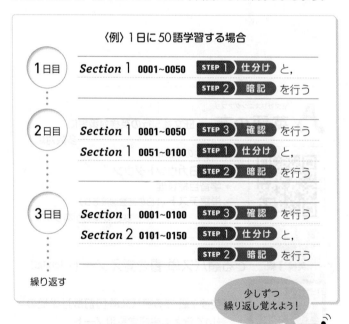

〈例〉1日に50語学習する場合

**1日目** *Section 1* 0001~0050 **STEP 1** **仕分け** と，**STEP 2** **暗記** を行う

**2日目** *Section 1* 0001~0050 **STEP 3** **確認** を行う
*Section 1* 0051~0100 **STEP 1** **仕分け** と，**STEP 2** **暗記** を行う

**3日目** *Section 1* 0001~0100 **STEP 3** **確認** を行う
*Section 2* 0101~0150 **STEP 1** **仕分け** と，**STEP 2** **暗記** を行う

繰り返す

少しずつ繰り返し覚えよう！

## ○テストで確認しよう

単語編各セクションの最後に「1分間mini test」を，
各でる度の最後に「英検形式にチャレンジ！」を設けています。
総仕上げとして，テスト形式で確認しましょう。

## ○付属音声 (p.8 ~ 9参照) や準拠ノートを活用しよう

記憶を定着させるには，「見て」覚えるだけでなく，音声を利用することが効果的です。公式アプリやダウンロード音声を利用し，繰り返し「聞いて」，音声をまねて「発音して」みましょう。また，ノートに「書いて」覚えるのもおすすめです。

旺文社リスニングアプリ

## 英語の友

旺文社刊行の英検対策書に **多数対応！**

音声再生のほかに，

- 試験日カウントダウン
- 学習目標管理
- 単語テスト（1日の回数制限あり）

などの機能があります。

---

英検 **1** 級　でる順パス単 書き覚えノート ［改訂版］

『英検1級 でる順パス単 [5訂版]』準拠の書いて覚える単語学習用ノート

**セットで学習するとさらに効果的！**

# 合格者が教える！ 私の単語学習法

英検1級に合格した人たちが，どのように単語学習をしたのか伺いました。合格者の学習法を参考に，あなた自身に合った一番効果的な方法を見つけましょう！

## てっちゃん さん

**1級合格時 30代・社会人**

2020年度第1回検定 一次試験合格，第2回検定 二次試験合格

| | |
|---|---|
| 受験回数：2回 | 対策期間：3か月間 |

対策開始時の英語力：英検準1級，TOEIC®L&Rテスト925点

海外滞在経験：大学2年生のときに1年間イギリスに留学

---

## Q パス単を使ってどのように学習しましたか？

### ✖ 英単語学習アプリと書籍を併用

未知の単語・熟語が多かったため，以下の流れで行いました。

1. パス単に対応した英単語アプリを使って，知っている単語・知らない単語の仕分けおよびテストを行い，ひととおり単語・熟語に触れる

2. その後，パス単を通読しつつ，覚え切れていない単語・熟語をマークし，暗記

1→2を毎日30分行い，3周繰り返しました。1日に行った分量は200語程度です。

### ✖ 覚えにくい単語は発音する

アプリで音声を聞きつつ，仕分けとテストを行い，知らない単語や覚えにくい単語を発音しました。特殊な発音については，パス単の発音記号に下線を引いて意識するようにしました。また，直前期の隙間時間にダウンロード音声を聞きました。

## Q ほかに単語学習に活用したものはありますか？

### ✤ 問題を解いて間違えた単語を復習

パス単を3周ほど通読した後に,「英検1級過去6回全問題集」および「英検1級予想問題ドリル」で自分の実力を測り，間違えた語彙問題はパス単で調べたり，辞書を引いたりして復習しました。

### ✤ 海外ドラマでモチベーションアップ！

楽しみも兼ねて海外ドラマを英語で毎日見ていました。英検1級単語が出てきた際には「英検1級単語！」とつぶやいて(叫んで)いました(笑)。このような単語との遭遇の繰り返しが長期記憶に効果的で，モチベーションアップにもつながっていました。

## Q そのほか普段の英語学習について教えてください。

海外ドラマおよびAudibleの視聴，洋書多読を継続しています。また，BBCニュースは頻繁にチェックしています。資格試験に関しては，IELTSを受験予定です。

いろいろな英語に触れることが，
モチベーションアップにも
つながるんだね！

N.I. さん

1級合格時 高校2年生

2019年度第3回検定 一次試験・二次試験合格

受験回数：1回　対策期間：2か月間

対策開始時の英語力：英検準1級，TOEFL iBT® テスト77点

海外滞在経験：高校1〜2年生にかけて10か月間アメリカに留学

## Q パス単を使ってどのように学習しましたか？

### 通学時間に学習

毎日の通学の電車往復1時間程度と，毎日の学校の休み時間計30分程度を使って学習しました。

### 付箋を活用

以下のように、パス単に付箋を付けて学習を進めました。

1. まず音声を聴きながらパス単をざっと眺めて，知らない単語に付箋を付ける
2. 音声を聴きながら単語を覚え，覚えたものは付箋を剥がす
3. 定期的に復習をし，忘れていたら付箋を再度付ける

### 音声を1.3倍速で聞く

本番で緊張しても落ち着いて解けるように過去問のリスニング音声を1.3倍速で聞いていたのですが，パス単についても，「英語の友」の「書籍音源モード」で音声を1.3倍速程度にして使用することが多かったです。電車内など声の出せない場所では，単語のスペルを見ながら音声を聞き，家など声の出せる場所では，アプリの音声の後に繰り返して発音しました。

### わからない単語は索引欄でチェック

過去問を学習する際に，大問1の25問でわからない単語があったときは，パス単の索引欄から単語を調べて印を付けておき，必ず覚えるようにしました。

## Q ほかに単語学習に活用したものはありますか？

### ✖ 自作のノートにまとめて確認

大学受験対策として，長文を読んだ際にわからなかった単語は小さいノートにまとめて，暇なときに覚えました。

### ✖ TOEFL iBT テスト対策が英検1級対策にも役立った

大学受験のAO入試用にTOEFL iBTテストを受験しました。その対策のために予備校に通いましたが，TOEFL iBTテストと英検1級で出題される単語には重複している部分もあるため，TOEFL iBTテストの単語を勉強することで英検1級の単語もある程度カバーできたと感じています。

## Q そのほか普段の英語学習について教えてください。

海外ドラマを吹き替えではなく字幕で見たりしました。

合格者の学習法を参考にして，
英検1級合格を目指そう！

でる度
**A**

# 単語編

よくでる重要単語 **700**

*Section* 1 ............ 18

*Section* 2 ............ 40

*Section* 3 ............ 62

*Section* 4 ............ 84

*Section* 5 ............ 106

*Section* 6 ............ 128

*Section* 7 ............ 150

英検形式にチャレンジ！...... 172

| 動詞 | |
|---|---|

**0001**
**claim**
[kleɪm]

を主張する
名 主張

**0002**
**project**
[prədʒékt]

を見積もる [= estimate]，を提示する
[= propose]
語源 pro(前に) + ject(投げる)

**0003**
**expand**
[ɪkspǽnd]

を拡大する
expansion 名 拡張　　expanse 名 広がり
expansive 形

**0004**
**address**
[ədrés]

(問題)を取り上げる，
に対処する [= cope with, tackle]，
に話しかける [= speak to]

**0005**
**detect**
[dɪtékt]

を感知する [= perceive]，を発見する
detection 名 発見　　detective 名 刑事
語源 de(分離) + tect(覆う)

**0006**
**evolve**
[ɪvá(:)lv]

進化する〈from ～から〉[= develop]
evolution 名

**0007**
**guarantee**
[gæ̀rəntíː]

を確約する，を保証する

**0008**
**implement**
[ímplɪmènt]

を実行する [= carry out, execute]
implementation 名

**0009**
**weather**
[wéðər]

を切り抜ける [= survive]

| | |
|---|---|
| The arrested man <u>claimed</u> the police had mistreated him. | 逮捕された男性は，警察が虐待した<u>と主張した</u>。 |
| The company has <u>projected</u> record sales for the next quarter. | その会社は次の四半期に記録的な売上高<u>を見積もっ</u>ている。 |
| The university has decided to <u>expand</u> its popular MBA program by 50 places. | その大学は，人気のMBA（経営学修士）課程の定員を50人<u>拡大する</u>ことを決定している。 |
| In his speech, he failed to <u>address</u> the criticisms that had been aimed at him. | 演説の中で，彼は自分に向けられてきた批判<u>を取り上げ</u>なかった。 |
| The machine could <u>detect</u> the slightest sign of a radiation leak. | その機械はごくわずかな放射能漏れの兆候も<u>感知する</u>ことができた。 |
| The naturalist believed that humans <u>evolved</u> **from** less developed species of primates. | その自然科学者は，人間はより低い発達段階の霊長類<u>から</u><u>進化した</u>と考えていた。 |
| The government <u>guaranteed</u> that it would compensate bank account holders. | 政府は銀行の口座保有者に対して預金補償を行う<u>と確約した</u>。 |
| The policy proved impossible to <u>implement</u> so it was abandoned. | その政策は<u>実行する</u>のが不可能だと判明したので，破棄された。 |
| The automobile company <u>weathered</u> a period of record-high oil prices. | その自動車会社は，記録的な石油高価格の時期<u>を切り抜けた</u>。 |

weather は，嵐のような天候「を切り抜ける」というイメージで覚えよう。 😊 19

| 0010 |  |
|---|---|
| **justify**<br>[dʒʌ́stɪfàɪ] | を正当化する，の正当性を示す<br>justification 图　justifiable 形<br>語源 just（正しい）+ fy（動詞語尾） |

| 0011 |  |
|---|---|
| **convict**<br>[kənvíkt] | に有罪判決を下す〈of ～で〉<br>[= pronounce guilty] |

| 0012 |  |
|---|---|
| **prioritize**<br>[praɪɔ́(:)rɪtàɪz] | を優先する，の優先順位を決める<br>prioritization 图 |

| 0013 |  |
|---|---|
| **rebel**<br>[rɪbél] | 反逆する〈against ～に〉[= revolt]<br>rebellion 图　rebellious 形 |

| 0014 |  |
|---|---|
| **fuel**<br>[fjúːəl] | をあおる [= agitate]，に燃料を補給する<br>图 燃料 |

| 0015 |  |
|---|---|
| **sustain**<br>[səstéɪn] | を維持する [= uphold]，に耐える [= withstand]<br>sustenance 图 食物<br>語源 sus（下から）+ tain（保つ） |

| 0016 |  |
|---|---|
| **portray**<br>[pɔːrtréɪ] | を描写する [= describe, depict]，を描く<br>portrayal 图 |

| 0017 |  |
|---|---|
| **manipulate**<br>[mənípjulèɪt] | を巧みに操る [= control shrewdly]<br>manipulation 图 |

| 0018 |  |
|---|---|
| **stimulate**<br>[stímjulèɪt] | を刺激する [= activate]<br>stimulation 图 |

| 0019 |  |
|---|---|
| **integrate**<br>[ín̪ɡrèɪt] | 溶け込む〈into ～に〉[= harmonize]，<br>を統合する〈into ～に〉(⇔ segregate) |

20

| The university president tried to <u>justify</u> the rise in fees to the students. | 大学学長は学生たちに対して，授業料値上げ<u>を正当化し</u>ようとした。 |
| --- | --- |
| After a lengthy trial, the businessman was <u>convicted</u> of fraud. | 長期にわたる裁判の後，その実業家は詐欺罪<u>で有罪判決を下さ</u>れた。 |
| The new prime minister said that he would <u>prioritize</u> spending on defense in order to protect the nation. | 新首相は，国を守るために防衛費を<u>優先する</u>と述べた。 |
| Finally, the army lost patience and <u>rebelled</u> **against** its own government. | 最終的に軍は忍耐力を失い，自国政府<u>に対して反逆した</u>。 |
| The dismal economic news only <u>fueled</u> the widespread dissatisfaction with the government. | その暗い経済ニュースは，政府に対する広範な不満<u>をあおった</u>だけだった。 |
| Many people barely get enough food to <u>sustain</u> their health. | 健康<u>を維持する</u>のに必要な食物を手にするので精いっぱいの人も多い。 |
| Many feminists criticize the insulting way women are <u>portrayed</u> in popular movies. | 多くのフェミニストは，人気の高い映画での女性の侮辱的な<u>描かれ方</u>を批判している。 |
| The new king was easily <u>manipulated</u> by his advisers into doing what they wanted. | 新しい国王は側近たちにたやすく<u>操作され</u>，側近たちの望むことをやらされた。 |
| The economist said the tax cuts should <u>stimulate</u> the economy. | 減税は経済<u>を刺激する</u>はずだとそのエコノミストは語った。 |
| The students quickly <u>integrated</u> **into** life at their new school. | 生徒たちは，新しい学校での生活に<u>すぐに溶け込んだ</u>。 |

| 0020 | |
|---|---|
| **undergo**<br>[ʌ̀ndərgóu] | (検査・治療)を受ける,<br>(試練・変化)を経験する [= experience, go through] |

| 0021 | |
|---|---|
| **diagnose**<br>[dàɪəgnóʊs] | を診断する, の原因を究明する<br>diagnosis 名 |

| 0022 | |
|---|---|
| **enforce**<br>[ɪnfɔ́ːrs] | (法律など)を執行する [= dispense]<br>enforcement 名 |

| 0023 | |
|---|---|
| **abuse**<br>[əbjúːz] | を悪用する, を乱用する [= misuse]<br>▶ abuse drugs 薬物を乱用する |

| 0024 | |
|---|---|
| **dismiss**<br>[dɪsmís] | を却下する [= reject], を解雇する [= fire]<br>dismissal 名 放棄, 解雇<br>▶ be dismissed from one's job 解雇される |

| 0025 | |
|---|---|
| **migrate**<br>[máɪgreɪt] | (鳥などが)渡る,<br>移住する [≒ immigrate, emigrate]<br>migration 名 移住　　migrant 名 移住者 |

| 0026 | |
|---|---|
| **contradict**<br>[kà(:)ntrədíkt] | に反論する [= dispute], と矛盾する<br>語源 contra (反対に) + dict (言う) |

| 0027 | |
|---|---|
| **plague**<br>[pleɪg] | を絶えず苦しめる〈with 〜で〉<br>名 疫病 |

| 名詞 | |
|---|---|
| 0028 | |
| **complex**<br>[ká(:)mplèks] | 集合体, 強迫観念<br>▶ apartment complex 団地 |

| | |
|---|---|
| All new employees are required to **undergo** a medical examination. | 新入社員は全員健康診断を受ける必要がある。 |
| The doctors performed a series of tests but failed to **diagnose** her illness. | 医師団は一連の検査を行ったが，彼女の病気を診断することはできなかった。 |
| The police rarely **enforced** the local laws against fishing. | 警察は釣りを禁止する地域法を執行することはほとんどなかった。 |
| The accountant had **abused** his position to enrich himself. | その公認会計士は，地位を悪用して私腹を肥やしていた。 |
| She was irritated when her boss casually **dismissed** her proposal. | 彼女は，自分の提案を上司が無頓着に却下したとき，いら立った。 |
| The geese were beginning to **migrate** south for the winter. | ガンは冬に備えて南へ渡り始めていた。 |
| He hesitated to openly **contradict** what his superior said. | 彼は上司の発言にあからさまに反論するのをためらった。 |
| The department store was **plagued** with shoplifters, some of whom operated in gangs. | そのデパートは，集団で犯行に及ぶ者もいる万引き犯たちに絶えず苦しめられていた。 |
| The institute was housed in a **complex** of old buildings. | その機関は古い建物の集合体の一角にあった。 |

| 0029 ☐☐☐ **congress** [ká(:)ŋgrəs] | (Congress) 米国議会<br>congressional 形 |
|---|---|
| 0030 ☐☐☐ **antibiotic** [æn̪ibaɪá(:)t̬ɪk] | 抗生物質 [= chemical substances used in treating infectious diseases]<br>語源 anti (反) + bio (生命) + tic (名詞語尾) |
| 0031 ☐☐☐ **amendment** [əméndmənt] | 修正, 改正 [= revision], 修正条項<br>amend 動<br>▶ constitutional amendment 憲法修正 |
| 0032 ☐☐☐ **diversity** [dəvə́:rsət̬i] | 多様性 [= variety]<br>diversify 動<br>語源 di (離れて) + verse (向ける) + ity (名詞語尾) |
| 0033 ☐☐☐ **plot** [plɑ(:)t] | 陰謀 [= conspiracy], 構想 [= scheme], 平面図 |
| 0034 ☐☐☐ **advocate** [ǽdvəkət] | 支持者 [= proponent], 擁護者<br>動 [ǽdvəkèɪt] を主張する<br>advocacy 名 |
| 0035 ☐☐☐ **trait** [treɪt] | 資質 [= characteristic]<br>▶ positive trait よい特質 |
| 0036 ☐☐☐ **perspective** [pərspéktɪv] | 観点 [= viewpoint, standpoint], 遠近法, 展望 [= vista]<br>語源 per (~を通して) + spect (見る) + ive (名詞語尾) |
| 0037 ☐☐☐ **stem** [stem] | 茎 [= stalk], 幹 [= trunk], 船首 (⇔ stern)<br>★ stem には動詞で「(流れなど)を(せき)止める」の意味もある。 |
| 0038 ☐☐☐ **component** [kəmpóʊnənt] | 構成部品, 構成要素 [= constituent] |

| | |
|---|---|
| In 1975, an act was passed by **Congress** that increased energy production and supply in the country. | 1975年に, 国のエネルギーの生産と供給を増やす法令が<u>米国議会</u>で可決された。 |
| Doctors fear that the overuse of **antibiotics** will lead to increasing resistance to them. | 医師たちは, <u>抗生物質</u>の使い過ぎが抗生物質への耐性を増す結果になることを懸念している。 |
| I agreed to support their proposal if they would make minor **amendments**. | 少し<u>修正</u>を加えるなら彼らの提案を支持する, と私は同意した。 |
| The **diversity** of the students' backgrounds added much interest to classroom discussions. | 生徒の生い立ちの<u>多様性</u>がクラス討議をさらに興味深いものにした。 |
| Army leaders were involved in a **plot** to depose the country's president. | 国の大統領を退陣させる<u>陰謀</u>に軍の指導者たちが関与していた。 |
| The missionary is a well-known **advocate** of prison reform. | その宣教師は, 刑務所改革の有名な<u>支持者</u>である。 |
| The little boy had all the **traits** of a mathematical genius. | 少年は数学の天才のあらゆる<u>資質</u>を備えていた。 |
| The specialist provided a sociological **perspective** on the problems of the inner city. | その専門家はスラム街の抱える問題について社会学的<u>観点</u>を提示した。 |
| The flowers in my garden died because parasites attacked their **stems**. | 寄生植物が<u>茎</u>に取り付いたので, うちの庭の花が枯れた。 |
| Many of the engine's **components** were manufactured abroad, so the tariffs affected domestic prices too. | そのエンジンの<u>部品</u>の多くは外国で製造されていたので, 関税は国内価格にも影響した。 |

| 0039 | |
|---|---|
| **balance** [bǽləns] | 残高 [≒ remainder], 均衡 <br> 動 のバランスを取る |

| 0040 | |
|---|---|
| **inmate** [ínmèit] | (病院・老人ホーム・刑務所などの)収容者 <br> [= person confined in a prison or institution] |

| 0041 | |
|---|---|
| **extinction** [ıkstíŋkʃən] | 絶滅 [≒ disappearance] <br> extinct 形 |

| 0042 | |
|---|---|
| **proponent** [prəpóunənt] | 支持者 [= adherent] (⇔ opponent), 提唱者 |

| 0043 | |
|---|---|
| **uprising** [ʌ́pràızıŋ] | 反乱, 暴動 [= rebellion, revolt] |

| 0044 | |
|---|---|
| **perception** [pərsépʃən] | 認識 [= discernment], 知覚 <br> perceive 動  perceptive 形 |

| 0045 | |
|---|---|
| **habitat** [hǽbıtæt] | 生息環境, 居住地 <br> habitation 名 居住 |

| 0046 | |
|---|---|
| **bias** [báıəs] | えこひいき〈toward ～に対する〉[= partiality], <br> 先入観 [= prejudice], 傾向 [= tendency] |

| 0047 | |
|---|---|
| **microbe** [máıkroub] | 病原菌 [= germ], 微生物 [= microorganism] |

| 0048 | |
|---|---|
| **archaeologist** [ὰːrkiá(ː)lədʒıst] | 考古学者 <br> archaeology 名 |

| | |
|---|---|
| He checked his bank **balance** on the Internet. | 彼はインターネットで銀行預金残高を確認した。 |
| **Inmates** in a local prison rioted and took several guards hostage. | 地方刑務所の収容者が暴動を起こし、数人の看守を人質に取った。 |
| The rapid **extinction** of the dinosaurs remains a scientific mystery. | 恐竜の急速な絶滅はいまだに科学的な謎である。 |
| The pop star is known as an ardent **proponent** of vegetarianism. | その人気歌手は菜食主義の熱心な支持者として知られている。 |
| The simultaneous outbreak of a number of **uprisings** spelt the end of colonial rule in the country. | いくつかの反乱の同時発生は、その国の植民地支配の終わりを招いた。 |
| **Perception** involves more than merely the physiological aspects of the senses. | 認識には五感の単なる生理学的側面以上のものが関与している。 |
| Destruction of their **habitat** had dramatically reduced the animal's numbers. | 生息環境が破壊されたせいで、その動物の数は著しく減っていた。 |
| The judge was accused of showing a **bias** **toward** the defendant. | 判事は被告人に対するえこひいきを示したことで非難された。 |
| Many diseases are caused by **microbes** that are invisible to the naked eye. | 多くの病気の原因は、肉眼では見えない病原菌である。 |
| We owe most of our knowledge of ancient civilizations to **archaeologists**. | 私たちは、古代文明に関する知識の大部分を考古学者に負っている。 |

proponentはpro（前に）+ pone（置く）+ ent（人）→自分の前に置く人だから「支持者」、と覚えよう。

27

| 0049 | | |
|---|---|---|
| **mutation**<br>[mjutéɪʃən] | 変異型 [= transformation]<br>▶ mutation gene 突然変異遺伝子 | |

| 0050 | | |
|---|---|---|
| **attribute**<br>[ǽtrɪbjùːt] | 特質，属性 [= attribution]<br>動 [ətríbjùːt] を〜に帰する<br>attributable 形 帰することができる | |

| 0051 | | |
|---|---|---|
| **nanoparticle**<br>[nǽnəpɑ̀ːrtɪkl] | ナノ粒子 | |

| 0052 | | |
|---|---|---|
| **regime**<br>[rəʒíːm] | 政権 [= reins of government]，<br>政体 [= system of government] | |

| 0053 | | |
|---|---|---|
| **algorithm**<br>[ǽlgərìðm] | アルゴリズム | |

| 0054 | | |
|---|---|---|
| **vet**<br>[vet] | 獣医 [= animal doctor]<br>★ veterinarian の略 | |

| 0055 | | |
|---|---|---|
| **dispute**<br>[dɪspjúːt] | 争議，論争 [= controversy, argument]<br>disputable 形 | |

| 0056 | | |
|---|---|---|
| **migration**<br>[maɪgréɪʃən] | 移住〈from 〜からの，to 〜への〉[= relocation]<br>▶ migration of birds 鳥の渡り | |

| 0057 | | |
|---|---|---|
| **laborer**<br>[léɪbərər] | (肉体) 労働者 [= physical worker] | |

| 0058 | | |
|---|---|---|
| **prohibition**<br>[pròʊhəbíʃən] | (Prohibition)(米国の) 禁酒法時代，禁止<br>prohibitive 形 | |

| | |
|---|---|
| The new flu was said to be a <u>mutation</u> of an earlier virus. | 新型インフルエンザは，以前発生したウイルスの<u>変異型</u>だと言われた。 |
| Does your pet dog have any special <u>attributes</u> by which it can be recognized? | あなたの飼い犬は，ほかの犬と識別できる特別な<u>特質</u>を備えていますか。 |
| Scientists have discovered many exciting uses for <u>nanoparticles</u>, such as adding them to fuels to increase their power. | 燃料に加えてパワーをアップさせるなど，<u>ナノ粒子</u>の興味をそそる用途を科学者はたくさん発見している。 |
| The country was ruled by a military <u>regime</u> led by a general. | その国は将軍が率いる軍事<u>政権</u>に統治されていた。 |
| Some specialists fear that we are trusting computer <u>algorithms</u> much more than we should. | 私たちはコンピューターの<u>アルゴリズム</u>を必要以上に信頼している，と懸念する専門家もいる。 |
| Taking a pet to a <u>vet</u> for treatment can turn out to be far more expensive than we expect. | ペットを治療のため<u>獣医</u>に連れて行くと，結果的に予想よりずっとお金がかかることがある。 |
| The government said it could not interfere in an industrial <u>dispute</u>. | 労働<u>争議</u>に介入することはできないと政府は述べた。 |
| The <u>migration</u> of young people **to** the cities is a growing problem. | 若者の都市**への**<u>移住</u>が大きな問題になりつつある。 |
| The wages of farm <u>laborers</u> had been falling for many years, leading to great poverty. | 農場<u>労働者</u>の賃金は長年下がり続けており，ひどい貧困を招いた。 |
| One of the unexpected effects of <u>Prohibition</u> was the damage it did to the American economy. | <u>禁酒法時代</u>の予期せぬ結果の1つは，アメリカ経済に与えた打撃だった。 |

| 0059 | | | |
|---|---|
| **reservoir** <br> [rézərvwàːr] | 貯水池，貯蔵所 <br> ▶ reservoir of knowledge 知識の宝庫 |

| 0060 | | | |
|---|---|
| **founder** <br> [fáundər] | 創設者，設立者 |

| 0061 | | | |
|---|---|
| **inhabitant** <br> [inhǽbətənt] | 住民 [= resident] |

| 0062 | | | |
|---|---|
| **commitment** <br> [kəmítmənt] | 責任 [= responsibility]，献身 [= devotion] |

| 0063 | | | |
|---|---|
| **rebellion** <br> [ribéljən] | 反乱 [= uprising, revolt] <br> ▶ rise in rebellion 暴動を起こす |

| 0064 | | | |
|---|---|
| **capitalism** <br> [kǽpətəlìzm] | 資本主義 <br> capitalist 名 形 |

| 0065 | | | |
|---|---|
| **crack** <br> [kræk] | 割れ目〈in ～の〉，ひび，隙間 <br> 動 ひびが入る |

| 0066 | | | |
|---|---|
| **hydrogen** <br> [háidrədʒən] | 水素 <br> *cf.* oxygen 酸素，nitrogen 窒素 |

| 0067 | | | |
|---|---|
| **slavery** <br> [sléivəri] | 奴隷制度，捕らわれた状態 |

| 0068 | | | |
|---|---|
| **warfare** <br> [wɔ́ːrfèər] | 戦争（行為），交戦状態 <br> ▶ biological [chemical] warfare 生物 [化学] 戦 |

| | |
|---|---|
| The heavy rainfall caused the <u>reservoir</u> to overflow and flood the surrounding countryside. | その豪雨が原因で<u>貯水池</u>があふれ，周囲の田園が水に漬かった。 |
| The company's <u>founder</u> thanked the employees by giving everyone a bonus. | その会社の<u>創設者</u>は全員にボーナスを出して社員に感謝した。 |
| The <u>inhabitants</u> of the nearby villages were told to evacuate as the wildfire spread. | 山火事が広がると，近隣の村の<u>住民</u>は避難するように指示された。 |
| Some men find marriage too big a <u>commitment</u> to make. | 結婚は約束するには大き過ぎる<u>責任</u>だと思う男性もいる。 |
| After losing the war, a series of <u>rebellions</u> broke out around the country. | 敗戦後，国中で相次いで<u>反乱</u>が勃発した。 |
| The reintroduction of <u>capitalism</u> into the once socialist country naturally encountered some resistance. | かつての社会主義国への<u>資本主義</u>の再導入は，当然ある程度の抵抗に遭った。 |
| Examination of the building revealed several large <u>cracks</u> in the water pipes. | その建物の点検で，水道管にいくつか大きな<u>亀裂</u>が見つかった。 |
| Many experts believe that <u>hydrogen</u> will become the most common clean fuel for cars in the future. | 将来は<u>水素</u>が自動車に使われる最も普通のクリーン燃料になる，と多くの専門家が考えている。 |
| Although Britain had benefited greatly from <u>slavery</u>, it nevertheless decided to abolish it in 1834. | 英国は<u>奴隷制度</u>から大いに利益を得ていたが，それにもかかわらず1834年に廃止を決めた。 |
| The number of people dying in <u>warfare</u> has steadily declined since the end of World War II. | 第2次世界大戦の終結以来，<u>戦争</u>で死ぬ人の数は着実に減っている。 |

| 0069 | |
| --- | --- |
| **criterion**<br>[kraɪtíəriən] | 基準, 標準 [= standard, yardstick]<br>▶ meet a criterion 基準を満たす |

| 0070 | |
| --- | --- |
| **asset**<br>[ǽsèt] | 資産 [= resources], 長所 [= strong point]<br>▶ cultural asset 文化遺産 |

| 0071 | |
| --- | --- |
| **conviction**<br>[kənvíkʃən] | 確信 [= assurance], 有罪の判決<br>convince 動 を納得させる<br>convict 動 に有罪を宣告する |

| 0072 | |
| --- | --- |
| **corruption**<br>[kərʌ́pʃən] | (道徳的) 腐敗, 不正行為<br>corrupt 形 動 |

| 0073 | |
| --- | --- |
| **legacy**<br>[légəsi] | (過去からの) 遺産,<br>先人から受け継いだもの [= inheritance] |

| 0074 | |
| --- | --- |
| **offender**<br>[əféndər] | 犯罪者 [= criminal]<br>▶ repeat offender 再犯者 |

| 0075 | |
| --- | --- |
| **propaganda**<br>[prà(:)pəgǽndə] | プロパガンダ, (主に政治的な) 宣伝 (活動) |

| 0076 | |
| --- | --- |
| **republic**<br>[rɪpʌ́blɪk] | 共和国 (⇔ monarchy 君主国)<br>republican 形 名 |

| 0077 | |
| --- | --- |
| **telescope**<br>[téləskòup] | 望遠鏡<br>telescopic 形<br>cf. binoculars 双眼鏡 |

| 0078 | |
| --- | --- |
| **humanity**<br>[hjumǽnəti] | ((the) -ties) 人文科学, 人類, 人間性 |

| | |
|---|---|
| We had trouble deciding on the primary criterion for a promotion decision. | われわれは昇進決定のための第一基準を決めるのに苦労した。 |
| The company's most important asset was its loyal workforce. | その会社の一番大切な資産は，忠実な全従業員だった。 |
| He defended his position with absolute conviction. | 彼は絶対的確信を持って自分の立場を擁護した。 |
| Governmental corruption is evident in most countries, but it is much worse in some than others. | 政府の腐敗はほとんどの国で明らかだが，他国よりはるかにひどい国もある。 |
| Perhaps the greatest legacy of the post-war Labour government was the National Health Service established in 1948. | 戦後の労働党政権の最大の遺産は1948年に制定された国民保健サービスだったかもしれない。 |
| The three-strikes law punishes offenders with a life sentence after three convictions. | 三振法は，3回の有罪判決の後は犯罪者を終身刑で罰する。 |
| During World War II, all sides used extensive propaganda to try to whip up hatred of the enemy. | 第2次世界大戦中，敵への憎悪をあおろうと，すべての側が大規模なプロパガンダを用いた。 |
| Today, the great majority of countries are republics, with only about 20 percent remaining monarchies. | 今日では大多数の国が共和国で，君主国のままの国は20%くらいしかない。 |
| With the increasing sophistication of telescopes, astronomers have been able to discover many new stars and galaxies. | 望遠鏡がどんどん精巧になり，天文学者は多くの新しい星と銀河を発見できるようになっている。 |
| Although humanities degrees are often seen as less practical, they still offer a good chance of employment. | 人文科学の学位はあまり実用的ではないと見られがちだが，それでも就職の見込みは十分にある。 |

| 0079 | | | |
|---|---|---|---|
| **immunization** [ìmjunəzéiʃən] | 予防接種，免疫を与えること immunize 動 |

| 0080 | | | |
|---|---|---|---|
| **islander** [áiləndər] | 島民 [= resident on an island] |

| 0081 | | | |
|---|---|---|---|
| **vent** [vent] | 通気孔 [= air hole]，穴 [= aperture]，はけ口 [= outlet, escape] |

| 0082 | | | |
|---|---|---|---|
| **incentive** [insén*t*iv] | 刺激 [= stimulus, spur, encouragement]，動機 [= motive]，報奨金 |

| 0083 | | | |
|---|---|---|---|
| **prosecutor** [prá(:)sikjù:*t*ər] | 検察官 prosecution 图 検察（側） |

## 形容詞

| 0084 | | | |
|---|---|---|---|
| **potential** [pəténʃəl] | 潜在的な [= latent]（⇔ actual） ▶ potential abilities 潜在能力 |

| 0085 | | | |
|---|---|---|---|
| **indigenous** [indídʒənəs] | 土着の，(その土地に) 固有の [= native]，生まれながらの [= innate] |

| 0086 | | | |
|---|---|---|---|
| **enormous** [inɔ́:rməs] | 巨大な [= huge] ▶ enormous capital 巨額資金 |

| 0087 | | | |
|---|---|---|---|
| **widespread** [wáidsprèd] | 広範な [= extensive]，広く知られた [= well-known] |

| | |
|---|---|
| Generally speaking, <u>immunization</u> rates need to be above 80 percent to prevent outbreaks of a disease. | 一般的に言って，病気の発生を防ぐには80%以上の<u>予防接種</u>率が必要だ。 |
| As the fishing industry declined, most of the <u>islanders</u> left to look for work on the mainland. | 漁業が衰退すると，<u>島民</u>のほとんどは本土で仕事を探すために島を去った。 |
| A blockage in the <u>vents</u> rendered the air-conditioning system ineffective. | <u>通気孔</u>がふさがって，空調システムが効かなくなった。 |
| The birth of his first child was an <u>incentive</u> for him to settle down and work harder. | 最初の子供が誕生したことは，彼が腰を据えてもっと熱心に働く<u>刺激</u>となった。 |
| The <u>prosecutor</u> did his best to show the witness was lying. | <u>検察官</u>は，目撃者がうそをついていることを証明するために全力を尽くした。 |
| The businessman found that the <u>potential</u> profits from the investment would be huge. | その実業家は，その投資の<u>潜在的な</u>利益はとても大きいと気付いた。 |
| The <u>indigenous</u> peoples of many countries have been persecuted or killed. | 多くの国の<u>先住</u>民族が迫害されたり殺されたりしてきた。 |
| The millionaire lived in an <u>enormous</u> house on the edge of town. | その大富豪は町の外れの<u>とても大きな</u>家に住んでいた。 |
| The healthcare reform bill provoked <u>widespread</u> opposition throughout the country. | 医療制度改革法案は国中で<u>広範な</u>反対を引き起こした。 |

| 0088 | | |
|---|---|
| **inevitable**<br>[ɪnévəṭəbl] | 避けられない [= unavoidable]<br>inevitably 副 |

| 0089 | | |
|---|---|
| **extinct**<br>[ɪkstíŋkt] | 絶滅した，死に絶えた<br>extinction 名 |

| 0090 | | |
|---|---|
| **electoral**<br>[ɪléktərəl] | 選挙の<br>▶ electoral system 選挙制度 |

| 0091 | | |
|---|---|
| **subsequent**<br>[sʌ́bsɪkwənt] | その後の [= succeeding]<br>subsequently 副<br>語源 sub (後に) + seq (続く) + ent (形容詞語尾) |

| 0092 | | |
|---|---|
| **controversial**<br>[kɑ̀(:)ntrəvə́:rʃəl] | 物議を醸す<br>▶ controversial subject 物議を醸すテーマ |

| 0093 | | |
|---|---|
| **disruptive**<br>[dɪsrʌ́ptɪv] | 固定観念を壊す，混乱をもたらす |

| 0094 | | |
|---|---|
| **robotic**<br>[roʊbɑ́(:)ṭɪk] | ロボットの，ロボットのような<br>robotics 名 ロボット工学 |

| 0095 | | |
|---|---|
| **toxic**<br>[tɑ́(:)ksɪk] | 有毒な [= poisonous]<br>▶ toxic action 毒性作用 |

| 0096 | | |
|---|---|
| **domesticated**<br>[dəméstɪkèɪtɪd] | 家畜化された，飼いならされた (⇔ wild 野生の)<br>domestication 名 |

| 0097 | | |
|---|---|
| **left-wing**<br>[lèftwíŋ] | 左翼の，左派の (⇔ right-wing) |

| We accepted the fact that our defeat was probably <u>inevitable</u>. | 敗北はたぶん<u>避けられない</u>という事実をわれわれは認めた。 |
| --- | --- |
| Though far from <u>extinct</u>, sea turtles are seriously endangered. | 決して<u>絶滅した</u>わけではないが，ウミガメは絶滅が深刻に危惧されている。 |
| <u>Electoral</u> considerations led the government to delay the tax rise. | <u>選挙</u>を配慮して政府は増税を延期した。 |
| While his first novel was a bestseller, his <u>subsequent</u> ones sold poorly. | 彼のデビュー小説はベストセラーになったが，<u>その後の</u>小説はさっぱり売れなかった。 |
| The <u>controversial</u> new play was banned after three performances. | <u>物議を醸す</u>新しい芝居は，3回公演をした後で上演禁止となった。 |
| Recognizing and investing in <u>disruptive</u> companies can lead to very high returns on one's initial outlay. | <u>固定観念を壊す</u>企業を認めて投資すると，最初に出したお金がとても高い収益につながることがある。 |
| These days, <u>robotic</u> surgery is becoming more common, although it remains much more expensive than traditional surgery. | 近ごろは<u>ロボット</u>手術がより一般的になっているが，依然として従来の手術よりずっと高額だ。 |
| The government is finally pressuring industries to reduce <u>toxic</u> wastes. | <u>有毒</u>廃棄物を減らすよう，政府はようやく産業界に圧力をかけている。 |
| Among <u>domesticated</u> animals, cows were one of the first to be adopted by human beings. | <u>家畜化</u>された動物の中で，最初に人間に迎え入れられた動物の1つは牛である。 |
| A <u>left-wing</u> terrorist group claimed responsibility for the explosion. | <u>左翼</u>テロリスト集団がその爆破事件の犯行声明を出した。 |

| 0098 □□□ | |
|---|---|
| **ultimately** [ʌ́ltɪmətli] | 最終的には [= eventually, finally] |

| 0099 □□□ | |
|---|---|
| **initially** [ɪníʃəli] | 最初は [= firstly, at first] |

| 0100 □□□ | |
|---|---|
| **genetically** [dʒənétɪkəli] | 遺伝的に<br>genetics 图 遺伝学<br>▶ genetically modified food 遺伝子組み換え食品 |

---

## ⏱ 1分間 mini test

**(1)** He defended his position with absolute (　　　　).

**(2)** Some men find marriage too big a (　　　　) to make.

**(3)** The arrested man (　　　　) the police had mistreated him.

**(4)** The company's (　　　　) thanked the employees by giving everyone a bonus.

**(5)** The institute was housed in a (　　　　) of old buildings.

😊 **ここから選んでね。** ※選択肢はすべて原形で表示しています。

| ① abuse | ② advocate | ③ claim | ④ commitment |
|---|---|---|---|
| ⑤ complex | ⑥ conviction | ⑦ enforce | ⑧ founder |
| ⑨ inhabitant | ⑩ migrate | | |

| The woman said she <u>ultimately</u> wanted to work as a lawyer. | 最終的には弁護士として働きたい，と女性は言った。 |
| Initially, he enjoyed the class, but then it began to bore him. | 最初，彼は授業が楽しかったが，次第に退屈し始めた。 |
| The ethnic group was <u>genetically</u> susceptible to certain allergies. | その民族集団は，遺伝的にある種のアレルギーにかかりやすかった。 |

＊＊＊＊＊＊＊＊＊＊＊＊＊＊＊＊＊＊＊＊＊＊＊＊＊＊＊＊＊＊＊＊＊＊＊＊＊＊＊＊＊＊＊＊＊＊

**(6)** The accountant had (　　　　) his position to enrich himself.

**(7)** The geese were beginning to (　　　　) south for the winter.

**(8)** The missionary is a well-known (　　　　) of prison reform.

**(9)** The (　　　　) of the nearby villages were told to evacuate as the wildfire spread.

**(10)** The police rarely (　　　　) the local laws against fishing.

**正解**

(1) ⑥ (→0071) (2) ④ (→0062) (3) ③ (→0001) (4) ⑧ (→0060) (5) ⑤ (→0028)
(6) ① (→0023) (7) ⑩ (→0025) (8) ② (→0034) (9) ⑨ (→0061) (10) ⑦ (→0022)

## Section 2

| 動詞 | |
|---|---|
| 0101 □□□<br>**cast**<br>[kæst] | (疑惑など)を投げかける〈on ~に〉, (票)を投じる |
| 0102 □□□<br>**supplement**<br>[sʌ́plɪmènt] | を補う [= complement], に付録を付ける<br>supplementary 形 補足的な |
| 0103 □□□<br>**outweigh**<br>[àʊtwéɪ] | より価値がある, より重要である<br>[= be more important than] |
| 0104 □□□<br>**implant**<br>[ɪmplǽnt] | を埋め込む〈in ~に〉[= insert],<br>(思想など)を植えつける〈in 人に〉[= instill]<br>名 [ímplænt] インプラント |
| 0105 □□□<br>**enhance**<br>[ɪnhǽns] | を高める [= heighten, augment]<br>enhancement 名 |
| 0106 □□□<br>**revise**<br>[rɪváɪz] | を改訂する [= reedit], を改正する<br>revision 名 |
| 0107 □□□<br>**contend**<br>[kənténd] | 競う〈for ~を求めて〉[= compete]<br>contention 名<br>語源 con (共に) + tend (伸ばす) |
| 0108 □□□<br>**execute**<br>[éksɪkjùːt] | を実行する [= perform, carry out], を死刑にする<br>execution 名 処刑　executive 名 重役 |
| 0109 □□□<br>**undermine**<br>[ʌ̀ndərmáɪn] | を徐々に弱める [= weaken],<br>の下を掘る [= excavate beneath] |

| | |
|---|---|
| The defense lawyer did his best to **cast** doubt **on** the witness's testimony, but without much luck. | 被告側弁護人は証人の証言に疑いを投げかけるべく全力を尽くしたが，あまりうまくいかなかった。 |
| The university professor **supplemented** his main income by publishing articles online. | その大学教授はネットで論文を発表して主な収入を補った。 |
| The school concluded that the advantages of going co-educational **outweighed** any possible disadvantages. | 共学化のメリットは考え得るいかなるデメリットをも上回るという結論をその学校は下した。 |
| A tiny chip was **implanted in** the animal so that they could track it. | 追跡できるように，その動物の体内に小さなチップが埋め込まれた。 |
| His recent novel will certainly **enhance** his literary reputation. | 最近出た彼の小説は，彼の文学的名声をきっと高めるだろう。 |
| The science textbook had to be **revised** every few years. | 科学の教科書は数年ごとに改訂されなければならなかった。 |
| A number of professors were **contending for** the post of dean. | 数人の教授が学部長の座を競っていた。 |
| As soon as they were given funding, they began to **execute** the plan. | 彼らは資金を受け取ると，すぐに計画を実行し始めた。 |
| The numerous contradictions in her argument **undermined** her main point. | 彼女の論拠には多くの矛盾があったので，要点が曖昧になった。 |

最後に ment がつく動詞は，supplement のほか，complement「を補足する」や **0008** implement など意外とたくさんあるんだ。

| 0110 | を運営する [= manage]，を施行する [= implement] |
|---|---|
| **administer**<br>[ədmínɪstər] | administration 名　administrative 形 |

| 0111 | を一時中止 [停止] する，をつるす [= hang (up)] |
|---|---|
| **suspend**<br>[səspénd] | suspension 名 |

| 0112 | を終える，終わる [= come to an end] |
|---|---|
| **cease**<br>[si:s] | ▶ cease fire 休戦する |

| 0113 | に暴行する [= abuse, molest]，を攻撃する [= attack, assail] |
|---|---|
| **assault**<br>[əsɔ́(:)lt] | 名 暴行，攻撃 |

| 0114 | ロビー活動をする〈for ～を求めて，against ～に反対の〉 |
|---|---|
| **lobby**<br>[lá(:)bi] | lobbyist 名 |

| 0115 | を拷問する [= inflict pain on] |
|---|---|
| **torture**<br>[tɔ́:rtʃər] | 名 拷問<br>語源 tort (ねじる) + ure (名詞語尾) |

| 0116 | を心に思い描く，を想像する [= imagine, picture] |
|---|---|
| **envision**<br>[ɪnvíʒən] | |

| 0117 | を統治する [= rule]，を左右する |
|---|---|
| **govern**<br>[ɡʌ́vərn] | governance 名 統治　governor 名 知事 |

| 0118 | (を)考え直す，(を)再考する |
|---|---|
| **reconsider**<br>[rì:kənsídər] | reconsideration 名 |

| | |
|---|---|
| The new literacy program will be **administered** by a group of NGOs. | 読み書きを教える新たな講座は一団のNGO（非政府組織）によって運営される。 |
| Before an agreement could be reached, the parties **suspended** negotiations. | 合意に至る前に当事者たちは交渉を一時中止した。 |
| The moment he **ceased** speaking, the audience burst into applause. | 彼が話し終えた瞬間に観客からどっと拍手が湧いた。 |
| The prisoner was punished for **assaulting** one of the guards. | その囚人は看守の1人に暴行したことで罰せられた。 |
| The tobacco companies **lobbied against** the new regulations. | タバコ会社は新しい規制に反対するロビー活動をした。 |
| The soldiers were convicted of **torturing** the terrorist suspects. | 兵士たちはテロの容疑者を拷問したことで有罪判決を受けた。 |
| He **envisioned** a future where all the world's nations were at peace. | 世界のすべての国が平和な未来を彼は思い描いた。 |
| As the independence movement grew, the colonial power found it more and more difficult to **govern** the colony. | 独立運動が高まると，植民地政権は植民地を統治するのがどんどん困難になった。 |
| The university begged the professor to **reconsider** his resignation, but he absolutely refused. | 辞任を考え直すよう大学は教授に懇願したが，彼は頑として拒んだ。 |

| | |
|---|---|
| **0119**<br>**enzyme**<br>[énzaɪm] | 酵素<br>▶ enzyme action 酵素作用 |
| **0120**<br>**faculty**<br>[fǽkəlti] | 能力，才能 [= ability, talent]，機能，教授陣 |
| **0121**<br>**predator**<br>[prédəţər] | 捕食動物 (⇔ prey 獲物)，略奪者 |
| **0122**<br>**execution**<br>[èksɪkjúːʃən] | 死刑執行，処刑，実行 [= implementation]<br>executor 图 実行者　　executioner 图 死刑執行人 |
| **0123**<br>**implication**<br>[ìmplɪkéɪʃən] | (通例 ~s) 影響 〈for ~に対する〉，結果 [= effect]，<br>ほのめかし |
| **0124**<br>**interpretation**<br>[ɪntə̀ːrprɪtéɪʃən] | 解釈，通訳 (すること)<br>interpret 動　　interpreter 图 通訳 (者) |
| **0125**<br>**extent**<br>[ɪkstént] | 程度，規模，広さ<br>▶ to an [some] extent ある程度は |
| **0126**<br>**pyramid**<br>[pírəmìd] | ピラミッド，ピラミッド状のもの |
| **0127**<br>**midwife**<br>[mídwàɪf] | 助産師 |
| **0128**<br>**hypothesis**<br>[haɪpá(ː)θəsɪs] | 仮説 [≒ theory]<br>hypothetical 形 |

| | |
|---|---|
| **Enzymes** are catalysts for many significant biochemical reactions. | 酵素は多くの重要な生化学反応の触媒である。 |
| His intellectual **faculties** are still acute despite his advanced age. | 彼は年を取ったが，知的能力は依然として優れている。 |
| The introduced species had few natural **predators** so it spread rapidly. | その外来種には天敵がほとんどいなかったので，急速に広がった。 |
| Prisoners awaiting **execution** were kept in a separate part of the prison and given certain privileges. | 死刑執行を待つ囚人は刑務所の別の場所に留置され，一定の特典を与えられた。 |
| The discovery of the remains had significant **implications** **for** the history of human evolution. | その遺跡の発見は，人間の進化の歴史に大きな影響を与えた。 |
| The higher court disagreed with the lower court's **interpretation** of the law and consequently overturned its decision. | 上級審は下級審の法解釈と意見が食い違い，その結果下級審の判決を覆した。 |
| Although the political advertisements attracted attention, it is hard to say to what **extent** they contributed to his victory. | その政治的広告は注目を集めたが，彼の勝利にどの程度貢献したかは何とも言えない。 |
| The **pyramids** of ancient Egypt are the most famous, but similar structures are found in other civilizations. | 古代エジプトのピラミッドが最も有名だが，同様の構造物はほかの文明にも見られる。 |
| In the past, babies were usually born at home, often with the help of **midwives**. | 昔は，赤ん坊はしばしば助産師の助けを借りて自宅で生まれるのが普通だった。 |
| For years, the scientist's theory was dismissed as nothing more than a **hypothesis**. | 長年，その科学者の理論は仮説でしかないと退けられた。 |

enzymeは「酵素」だけど，前にco（一緒に）がつくと
coenzyme「補酵素」を意味するんだ。

| 0129 | | |
|---|---|---|
| **canal**<br>[kənǽl] | 運河<br>▶ the Panama Canal パナマ運河 | |

| 0130 | | |
|---|---|---|
| **communism**<br>[ká(:)mjunìzm] | 共産主義<br>communist 名 形 | |

| 0131 | | |
|---|---|---|
| **compensation**<br>[kà(:)mpənséɪʃən] | 補償金〈for ～に対する〉，補償<br>compensate 動 | |

| 0132 | | |
|---|---|---|
| **consideration**<br>[kənsìdəréɪʃən] | 考慮，検討（事項）<br>▶ leave ～ out of consideration ～を考慮から外す | |

| 0133 | | |
|---|---|---|
| **corps**<br>[kɔːr] | (しばしば Corps) 部隊，軍団 | |

| 0134 | | |
|---|---|---|
| **environmentalist**<br>[ɪnvàɪərənmén{ə}lɪst] | 環境保護論者，環境問題専門家 | |

| 0135 | | |
|---|---|---|
| **nationalist**<br>[nǽʃənəlɪst] | 国家主義者，ナショナリスト<br>形 国家主義の | |

| 0136 | | |
|---|---|---|
| **offspring**<br>[ɔ́(:)fsprìŋ] | (集合的に)(人・動物の)子，子孫(⇔ parent) | |

| 0137 | | |
|---|---|---|
| **variation**<br>[vèəriéɪʃən] | 変動〈in ～の〉，変化，変種 | |

| 0138 | | |
|---|---|---|
| **veteran**<br>[véʈərən] | 退役軍人 [= ex-serviceman,<br>ex-servicewoman]，ベテラン | |

| | |
|---|---|
| Britain has an extensive network of **canals**, but nowadays they are mostly used for leisure purposes. | イギリスには広く運河が張り巡らされているが、近ごろではほとんどレジャー用に使われている。 |
| The political and economic weaknesses of **communism** were evident long before the collapse of the Soviet Union. | ソビエト連邦が崩壊するずっと前から、共産主義の政治的・経済的弱点は明らかだった。 |
| Only a small amount of **compensation** was paid to those who were displaced by the expressway. | 高速道路建設で立ち退かされた人たちには少額の補償金しか支払われなかった。 |
| Opponents of the plan for a new airport said that not enough **consideration** had been given to its negative effects. | 新空港計画反対派は、空港のマイナスの影響が十分に考慮されていないと述べた。 |
| After graduating from university, she volunteered to work for the US Peace **Corps** in Africa. | 大学卒業後、彼女はアフリカで米国平和部隊の仕事をしたいと志願した。 |
| The construction of the dam was opposed by **environmentalists** because of the damage it would do to nature. | ダムが自然に与える被害のため、ダム建設は環境保護論者から反対された。 |
| The government was weakened by constant criticism from **nationalists**, who urged a more aggressive foreign policy. | より攻撃的な対外政策を求める国家主義者からの絶え間ない批判により、政府は弱体化した。 |
| The scientists gave the drug to mice and then checked their **offspring** for any genetic disorders. | 科学者たちはマウスにその薬を与え、そしてマウスの子に何か遺伝子疾患がないか調べた。 |
| In general, **variations** in vegetable prices are linked to the season and the weather. | 一般的に、野菜の価格の変動は季節と天候に関連する。 |
| The **veterans** marched in a parade with their family members in honor of their service during the war. | 退役軍人たちは戦時中の功労をたたえられ、家族とともにパレードで行進した。 |

| 0139 | 目撃者 |
|---|---|
| **eyewitness** | ▶ eyewitness testimony 目撃者の証言 |
| [áɪwìtnəs] | |

| 0140 | (~s) 戦術, 作戦 |
|---|---|
| **tactic** | tactical 形 |
| [tæktɪk] | *cf.* strategy 戦略 |

| 0141 | 利他主義, 利他心 [= regard for others] |
|---|---|
| **altruism** | (⇔ selfishness 利己主義) |
| [ǽltruìzm] | altruistic 形 |

| 0142 | 殺虫剤 [= chemical substance to kill insects] |
|---|---|
| **pesticide** | *cf.* herbicide 除草剤 |
| [péstɪsàɪd] | 語源 pest (害虫) + cide (殺す) |

| 0143 | 商品 [= merchandise], 生活用品 |
|---|---|
| **commodity** | |
| [kəmá(:)dəti] | |

| 0144 | 告訴 [= charge], 非難 |
|---|---|
| **accusation** | ▶ make an accusation of *A* against *B* AでBを告訴 |
| [æ̀kjuzéɪʃən] | する |

| 0145 | 密度, 濃さ, 濃度 |
|---|---|
| **density** | |
| [dénsəti] | |

| 0146 | (地球の) マントル |
|---|---|
| **mantle** | |
| [mǽntʃəl] | |

| 0147 | ホメオパシー, 同種療法 |
|---|---|
| **homeopathy** | |
| [hòumiá(:)pəθi] | |

| 0148 | 産科医 |
|---|---|
| **obstetrician** | obstetrics 名 産科 |
| [à(:)bstətríʃən] | *cf.* ob-gyn 産婦人科医 |

| | |
|---|---|
| Apparently reliable accounts by <u>eyewitnesses</u> frequently turn out to be inaccurate or misleading. | 信頼できると思える<u>目撃者</u>の説明が結局不正確だったり誤った結論を導いたりすることはよくある。 |
| The violent <u>tactics</u> employed by the police to disperse the protesters were widely criticized. | 抗議者を追い払うために警察が用いた暴力的な<u>戦術</u>は広く批判された。 |
| Donating one's organs is regarded as an act of pure <u>altruism</u>. | 臓器の提供は純粋な<u>利他主義</u>の行為と考えられている。 |
| Many people blamed <u>pesticides</u> for the disappearance of the bees. | 多くの人が，ミツバチがいなくなった原因を<u>殺虫剤</u>のせいにした。 |
| The most important <u>commodity</u> in this century will be information itself. | 今世紀の最も重要な<u>商品</u>は，情報そのものということになるだろう。 |
| The <u>accusations</u> were dismissed because of a lack of evidence. | <u>告訴</u>は証拠不足のために却下された。 |
| Areas of high population <u>density</u> are often less damaging to the environment. | 人口<u>密度</u>の高い地域の方が環境への被害が少ないことが多い。 |
| The Earth's <u>mantle</u> lies below the crust and makes up over 80 percent of the planet's volume. | 地球の<u>マントル</u>は地殻の下にあり，この惑星の体積の80％以上を占める。 |
| Although many people believe that <u>homeopathy</u> is effective, most doctors dismiss it as worthless. | <u>ホメオパシー</u>が有効だと考える人は多いが，ほとんどの医師は無益だと退けている。 |
| As the birthrate falls, the number of <u>obstetricians</u> needed in hospitals also falls. | 出生率の低下とともに，病院で必要な<u>産科医</u>の数も減る。 |

| 0149 | | |
|---|---|
| **detection**<br>[dɪtékʃən] | 探知，検出<br>detector 图 探知機 |

| 0150 | | |
|---|---|
| **parasite**<br>[pǽrəsàɪt] | 寄生生物<br>parasitic 形 |

| 0151 | | |
|---|---|
| **thesis**<br>[θíːsɪs] | 論文 [= dissertation]，論題 [= proposition]<br>▶ master's thesis 修士論文 |

| 0152 | | |
|---|---|
| **coverage**<br>[kʌ́vərɪdʒ] | 報道，取材，取材範囲，(補償などの)範囲<br>cover 動 を報道する |

| 0153 | | |
|---|---|
| **resurrection**<br>[rèzərékʃən] | 復活 [= revival]<br>resurrect 動 |

| 0154 | | |
|---|---|
| **molecule**<br>[má(:)lɪkjùːl] | 分子<br>cf. atom 原子，neutron 中性子 |

| 0155 | | |
|---|---|
| **sway**<br>[sweɪ] | 支配 [= control, influence]，統治<br>▶ hold sway over ～ ～を支配する |

| 0156 | | |
|---|---|
| **activist**<br>[ǽktɪvɪst] | (政治的)活動家<br>▶ environmental activist 環境活動家 |

| 0157 | | |
|---|---|
| **certification**<br>[sə̀ːrtɪfɪkéɪʃən] | 証明書 [= certificate]，証明 |

| 0158 | | |
|---|---|
| **complication**<br>[kà(:)mpləkéɪʃən] | (通例 ～s)合併症，病気の併発，複雑にする要因 |

| | |
|---|---|
| Specially trained dogs are often used to help in the <u>detection</u> of illegal substances. | 違法薬物の<u>探知</u>を助けるため，特別な訓練を受けた犬がしばしば用いられる。 |
| Doctors finally identified the <u>parasite</u> that had caused the epidemic. | 医師たちは，流行病の原因となった<u>寄生生物</u>をついに突き止めた。 |
| My students are working hard to finish their graduation <u>thesis</u> before the deadline. | 私が担当する学生たちは，期限までに卒業<u>論文</u>を書き終えようとがんばっている。 |
| The newspaper was criticized for its biased <u>coverage</u> of political issues. | その新聞は政治問題の偏った<u>報道</u>で批判された。 |
| Jesus' <u>resurrection</u> is a central tenet of orthodox Christian belief. | キリストの<u>復活</u>は正統派キリスト教信仰の中心的教義である。 |
| While atoms consist of subatomic particles, <u>molecules</u> consist of an arrangement of atoms. | 原子は亜原子粒子から成るが，<u>分子</u>は原子の配列から成る。 |
| He said that the Finance Ministry was still under the <u>sway</u> of outdated economic theories. | 財務省はいまだに古くさい経済理論の<u>支配</u>下にある，と彼は言った。 |
| Animal rights <u>activists</u> have organized many protests against the ill-treatment of animals on farms. | 動物の権利<u>活動家</u>は，農場での動物虐待に反対する多くの抗議運動を組織している。 |
| Those who leave education with no <u>certification</u> usually find it difficult to gain stable employment. | <u>証明書</u>なしで教育を終える人たちは，安定した職を得るのがたいてい困難である。 |
| Doctors often keep patients in the hospital after surgery in case <u>complications</u> arise. | <u>合併症</u>が起きた場合に備え，医師は手術後しばしば患者を病院にとどめる。 |

| 0159 | |
|---|---|
| **consensus**<br>[kənsénsəs] | 総意 [= general agreement]，**大多数の意見**，合意 [= agreement] |

| 0160 | |
|---|---|
| **hostage**<br>[há(:)stɪdʒ] | 人質<br>▶ take *a person* hostage (人) を人質に取る |

| 0161 | |
|---|---|
| **innocence**<br>[ínəsəns] | 無罪 (⇔ guilt)，純真<br>innocent 形 |

| 0162 | |
|---|---|
| **journalism**<br>[dʒə́ːrnəlìzm] | ジャーナリズム<br>journalist 名　journalistic 形 |

| 0163 | |
|---|---|
| **landlord**<br>[lǽndlɔ̀ːrd] | 家主，地主<br>★ 女性の「家主，地主」は landlady |

| 0164 | |
|---|---|
| **larva**<br>[láːrvə] | 幼虫<br>*cf.* pupa さなぎ，adult 成虫 |

| 0165 | |
|---|---|
| **playwright**<br>[pléɪràɪt] | 劇作家，戯曲家 [= dramatist]<br>*cf.* screenwriter (映画の) 脚本家，scriptwriter (映画・テレビなどの) 脚本家 |

| 0166 | |
|---|---|
| **relief**<br>[rɪlíːf] | 息抜き 〈from 〜からの〉，安心，救済<br>relieve 動 |

| 0167 | |
|---|---|
| **representation**<br>[rèprɪzentéɪʃən] | 代表，表現<br>representative 名 形 |

| 0168 | |
|---|---|
| **senator**<br>[sénətər] | 上院議員<br>*cf.* congressman, congresswoman 下院議員 |

| | |
|---|---|
| Despite the scientific <u>consensus</u> that global temperatures are rising, some politicians continue to deny this fact. | 世界の気温は上昇しているというのが科学界の総意なのに、この事実を否定し続けている政治家もいる。 |
| During the police operation against the terrorists, one of the <u>hostages</u> was accidentally shot and killed. | テロリストに対する警察活動中に、人質の1人が誤って撃たれ死亡した。 |
| The new evidence conclusively proved the <u>innocence</u> of the accused man. | 新しい証拠は被告男性の無罪を決定的に証明した。 |
| Although he studied <u>journalism</u> in college, his aim was to become a novelist and not to work in the media. | 大学でジャーナリズムを学んだが、彼の目標は小説家になることで、メディアで働くことではなかった。 |
| Conflicts between tenants and <u>landlords</u> are common, especially when the latter raise rents. | 借家人と家主の争いはよくあることで、特に後者が家賃を上げるときはそうだ。 |
| One of the main enemies of trees are insect <u>larvae</u>, which feed on them and often kill them. | 樹木の大敵の1つは昆虫の幼虫で、樹木を食料とし枯らすことも多い。 |
| The man was not only a popular <u>playwright</u>, but also a successful actor. | その男性は人気のある劇作家だっただけでなく、役者としても成功した。 |
| The cold spell, although it brought heavy rain, was a <u>relief</u> **from** the extreme summer heat. | 寒い日が続いて大雨をもたらしたが、夏の猛暑からの息抜きになった。 |
| Illegal immigrants have no political <u>representation</u>, so it is difficult for them to defend their interests. | 不法移民には政治的代表がいないので、自分たちの利益を守るのは難しい。 |
| The new governor had previously served as one of the state's <u>senators</u> for many years. | 新知事はかつて長年その州の上院議員の1人を務めていた。 |

| 0169 | | |
|---|---|---|
| **toxin**<br>[tá(:)ksən] | | 毒素 [= poisonous substance] |

| 0170 | | |
|---|---|---|
| **captor**<br>[kǽptər] | | 捕らえる人，捕獲者 (⇔ captive 捕虜) |

| 0171 | | |
|---|---|---|
| **irradiation**<br>[ɪrèɪdiéɪʃən] | | 放射線照射<br>irradiate 動 |

## 形容詞

| 0172 | | |
|---|---|---|
| **vulnerable**<br>[vʌ́lnərəbl] | | かかりやすい 〈to 病気などに〉<br>[= susceptible]，傷つきやすい [= sensitive]<br>vulnerability 名 |

| 0173 | | |
|---|---|---|
| **contemporary**<br>[kəntémpərèri] | | 現代の [= modern]，同時代の<br>名 同時代の人<br>▶ contemporary writers 現代の作家 |

| 0174 | | |
|---|---|---|
| **crucial**<br>[krúːʃəl] | | 重大な [= critical]，決定的な [= decisive]<br>▶ crucial aspect 重要な側面 |

| 0175 | | |
|---|---|---|
| **forensic**<br>[fərénsɪk] | | 犯罪科学の，法廷の，法医学の<br>▶ forensic evidence 法医学的証拠 |

| 0176 | | |
|---|---|---|
| **colonial**<br>[kəlóʊniəl] | | 植民地の<br>colonialism 名 植民地主義<br>colonialist 名 植民地主義者　形 植民地主義の |

| 0177 | | |
|---|---|---|
| **magnetic**<br>[mægnétɪk] | | 磁力の，磁気の<br>▶ magnetic force 磁力 |

| Many wild mushrooms contain **toxins**, so it is important only to eat those that are known to be safe. | 多くの野生キノコは毒素を含むので，安全だとわかっているものだけを食べるのが大切だ。 |
| --- | --- |
| The prisoner tried to persuade his **captors** to release him, but to no avail. | 捕虜は解放してほしいと自分を捕らえた人たちを説得してみたが，無駄だった。 |
| Many consumers object to the **irradiation** of food, even though studies show it to be safe. | 食品への放射線照射は安全だと研究でわかっているのに，多くの消費者は反対している。 |
| The AIDS virus makes its victims **vulnerable to** normally minor illnesses. | エイズウイルスに感染すると，患者は普通は大したことのない病気にかかりやすくなる。 |
| **Contemporary** furniture often values interesting designs over comfort. | 現代の家具は，しばしば快適さよりも面白いデザインに価値を置く。 |
| The president is now facing the most **crucial** decision of his career. | 大統領は今，政治家人生で最も重大な決断に直面している。 |
| **Forensic** investigations have become increasingly sophisticated. | 犯罪科学捜査はますます高度化してきている。 |
| The Asian country's **colonial** past was evident in the French-style buildings in the capital city. | そのアジアの国の植民地としての過去は，首都のフランス風の建物から明らかだった。 |
| Much research has shown that animals are sensitive to the Earth's **magnetic** fields, using them for navigation. | 動物が地球の磁場に敏感で，磁場を用いて進路を定めていることを多くの研究が示している。 |

| 0178 | | | |
|---|---|
| **naval** [néɪvəl] | 海軍の navy 名 |

| 0179 | | | |
|---|---|
| **societal** [səsáɪəṭəl] | 社会の，社会に関する |

| 0180 | | | |
|---|---|
| **so-called** [sòʊkɔ́ːld] | いわゆる |

| 0181 | | | |
|---|---|
| **sophisticated** [səfístɪkèɪṭɪd] | 洗練された [= refined]，複雑な [= complex, intricate] sophistication 名 |

| 0182 | | | |
|---|---|
| **sustainable** [səstéɪnəbl] | 持続可能な，維持できる sustainability 名 ▶ sustainable development 持続可能な開発 |

| 0183 | | | |
|---|---|
| **archaeological** [à:rkiəlá(:)dʒɪkəl] | 考古学の archaeologist 名 |

| 0184 | | | |
|---|---|
| **diplomatic** [dìpləmæṭɪk] | 外交の，駆け引きのうまい ▶ establish diplomatic relations 外交関係を樹立する |

| 0185 | | | |
|---|---|
| **literary** [líṭərèri] | 文学の，文語の，文学に通じた literature 名 |

| 0186 | | | |
|---|---|
| **Catholic** [kǽθəlɪk] | カトリックの，カトリック教会の Catholicism 名 |

| 0187 | | | |
|---|---|
| **right-wing** [ràɪtwíŋ] | 右派の，右翼の (⇔ left-wing) |

| | |
|---|---|
| The country's growing **naval** power has alarmed its neighbors, who fear that their own shipping may be threatened. | その国の海軍力増強は，自国の船舶が脅かされるのではと恐れる近隣諸国を不安にさせている。 |
| Economic development brought enormous **societal** changes, most notably an improvement in the status of women. | 経済発展は途方もない社会の変化をもたらしたが，中でも著しいのは女性の地位の向上である。 |
| The **so-called** "miracle doctor" turned out to have no medical qualifications or ability to cure diseases. | いわゆる「奇跡の医者」には医療資格も病気を治す能力もないことが判明した。 |
| Her manner is charming but not what one would call **sophisticated**. | 彼女の物腰は魅力的だが，洗練されていると言えるようなものではない。 |
| Many scientists are looking for **sustainable** energy sources. | 多くの科学者が持続可能なエネルギー源を探している。 |
| Developments in DNA analysis are allowing **archaeological** theories to be tested against other forms of evidence. | DNA分析の発達により，考古学の学説を別の形の証拠に照らして検証できるようになっている。 |
| Despite frenzied **diplomatic** negotiations, the two sides were unable to reach agreement and went to war. | 慌ただしい外交交渉にもかかわらず，両者は合意を得られず戦争に突入した。 |
| The famous novelist had not shown any **literary** talent before reaching middle age. | その著名な小説家は，中年になるまでまったく文学的才能を示すことはなかった。 |
| Although Britain is a largely Protestant country, it has had a number of famous **Catholic** writers. | イギリスはおおむねプロテスタントの国だが，有名なカトリックの作家も何人か出ている。 |
| A group of **right-wing** politicians accused the socialist government of betraying their own nation. | 右派の政治家グループが，社会主義政権は自国を裏切っていると非難した。 |

| 0188 | |
|---|---|
| **dominant** [dá(:)mɪnənt] | 支配的な，主要な [≒ influential, powerful] dominance 图 |
| 0189 | |
| **infectious** [ɪnfékʃəs] | 伝染性の [= catching, easily transmitted] infection 图 |
| 0190 | |
| **legitimate** [lɪdʒíṯəmət] | 道理にかなった [= reasonable]，合法の [= lawful] legitimacy 图 |
| 0191 | |
| **tremendous** [trəméndəs] | すさまじい [= enormous] |
| 0192 | |
| **cognitive** [ká(:)gnəṯɪv] | 認知の ▶ cognitive ability 認識能力 |
| 0193 | |
| **critical** [kríṯɪkəl] | 批判的な〈of 〜に〉，重大な [= crucial] criticize 動　critic 图 批評家　criticism 图 批評 critique 图 批評 |
| 0194 | |
| **architectural** [à:rkɪtéktʃərəl] | 建築の，建築上の |
| 0195 | |
| **influential** [ìnfluénʃəl] | 大きな影響を及ぼす (⇔ unimportant)，有力な |
| 0196 | |
| **joint** [dʒɔɪnt] | 共同の [= united] (⇔ sole 単独の) 图 関節 ▶ joint responsibility 連帯責任 |
| 0197 | |
| **pharmaceutical** [fà:rməsú:ṯɪkəl] | 製薬の cf. pharmacist 薬剤師 |

| Gorillas usually live in groups led by one **dominant** male. | 通例ゴリラは<u>支配的な</u>1頭の雄が率いる集団で生活する。 |
| The most essential aspect of controlling **infectious** diseases is sanitation. | <u>伝染性の</u>病気を抑制するのに最も肝要な点は，公衆衛生である。 |
| Although not well articulated, the students' demands were **legitimate**. | 言葉ではうまく表現されていなかったが，学生たちの要求は<u>道理にかなっていた</u>。 |
| There was the **tremendous** sound of an explosion nearby. | 近くで<u>すさまじい</u>爆発音がした。 |
| The test was designed to measure a child's **cognitive** development. | そのテストは子供の<u>認知</u>発達を測定する目的で作られた。 |
| Although he supported the proposal in public, he was known to be **critical** of it privately. | 彼は表向きはその提案を支持したが，個人的にはその提案<u>に批判的である</u>と知られていた。 |
| They visited the magnificent cathedral, which was a medieval **architectural** masterpiece. | 彼らはその壮麗な大聖堂を訪れたが，それは中世<u>建築</u>の傑作だった。 |
| The physicist was one of the most **influential** thinkers of our time. | その物理学者は最も<u>影響力のある</u>現代の思想家の1人だった。 |
| The textbook was the **joint** work of two promising young historians. | その教科書は，将来を嘱望される2人の若手歴史学者の<u>共同</u>作品だった。 |
| **Pharmaceutical** companies are often suspected of putting profits before the health of patients. | しばしば<u>製薬</u>会社は，患者の健康より利益を優先させているのではないかと疑念を持たれる。 |

| 0198 | | 皮肉にも，皮肉なことに |
| **ironically**<br>[aɪərá(:)nɪkəli] | |  |

| 0199 | | 必然的に，必ず [≒ unavoidably] |
| **inevitably**<br>[ɪnévəṭəbli] | |  |

| 0200 | | その結果として [≒ therefore, hence, thus] |
| **consequently**<br>[ká(:)nsəkwèntli] | |  |

## 🕒 1分間 mini test

**(1)** The prisoner was punished for (　　　　) one of the guards.

**(2)** Many scientists are looking for (　　　　) energy sources.

**(3)** A number of professors were (　　　　) for the post of dean.

**(4)** The (　　　　) were dismissed because of a lack of evidence.

**(5)** (　　　　) investigations have become increasingly sophisticated.

😀 ここから選んでね。※選択肢はすべて原形で表示しています。

| ① accusation | ② administer | ③ assault | ④ cease |
| ⑤ contend | ⑥ enhance | ⑦ forensic | ⑧ pesticide |
| ⑨ sustainable | ⑩ lobby | | |

| The rapid buildup of weapons _ironically_ led to the very war they were designed to prevent. | 兵器の急速な増強は, <u>皮肉にも</u>それらが防ぐはずだったまさにその戦争につながった。 |
|---|---|
| The planned construction of a nuclear power station _inevitably_ led to conflicts with conservationists. | 原子力発電所の建設計画は, <u>必然的に</u>自然保護派とのあつれきを招いた。 |
| Funds were low and _consequently_ the annual picnic had to be canceled. | 資金が乏しく, <u>その結果</u>, 毎年恒例のピクニックは中止しなければならなかった。 |

* * * * * * * * * * * * * * * * * * * * * * * * * * * * * * * * * * * * * *

**(6)** His recent novel will certainly (　　　　　) his literary reputation.

**(7)** The moment he (　　　　　) speaking, the audience burst into applause.

**(8)** The tobacco companies (　　　　　) against the new regulations.

**(9)** Many people blamed (　　　　　) for the disappearance of the bees.

**(10)** The new literacy program will be (　　　　　) by a group of NGOs.

正解

(1) ③(→0113)　(2) ⑨(→0182)　(3) ⑤(→0107)　(4) ①(→0144)　(5) ⑦(→0175)
(6) ⑥(→0105)　(7) ④(→0112)　(8) ⑩(→0114)　(9) ⑧(→0142)　(10) ②(→0110)

### 動詞

| | |
|---|---|
| **0201**<br>**underestimate**<br>[ʌ̀ndəréstəmèit] | を過小評価する〈⇔ overestimate〉<br>underestimation 图 |
| **0202**<br>**trigger**<br>[trígər] | を誘発する [= precipitate, set off]<br>图 引き金，誘因 |
| **0203**<br>**diminish**<br>[dɪmínɪʃ] | 減少する，を減らす [= reduce, lessen]<br>diminution 图 |
| **0204**<br>**reinforce**<br>[rì:ɪnfɔ́:rs] | を補強する [= strengthen, fortify]<br>reinforcement 图 |
| **0205**<br>**abolish**<br>[əbá(:)lɪʃ] | を廃止する [= do away with]<br>abolition 图 |
| **0206**<br>**exonerate**<br>[ɪgzá(:)nərèit] | の疑いを晴らす〈of, from ～から〉，を免除する<br>exoneration 图 免罪 |
| **0207**<br>**perish**<br>[pérɪʃ] | 死ぬ，滅びる<br>perishable 形 腐りやすい，滅びる運命にある |
| **0208**<br>**halt**<br>[hɔ:lt] | 止まる，を止める [= stop]<br>▶ halt traffic 交通を一時止める |
| **0209**<br>**extract**<br>[ɪkstrǽkt] | を抽出する〈from ～から〉，<br>を抜粋する〈from 書物から〉 [= quote, excerpt]<br>图 [ékstrækt] 抽出物，エキス |

| | |
|---|---|
| The president had clearly <u>underestimated</u> the extent of hostility voters felt about his policies. | 大統領は明らかに，自身の政策に有権者が感じている反感の程度<u>を過小評価</u>していた。 |
| The economic turmoil in Southeast Asia may <u>trigger</u> chaos elsewhere. | 東南アジアの経済不安はほかの地域で混乱<u>を誘発する</u>かもしれない。 |
| Her pain <u>diminished</u> after she took the medicine the doctor prescribed. | 医師が処方した薬を飲むと彼女の痛みは<u>弱くなった</u>。 |
| The architect had to <u>reinforce</u> the foundations of his latest building. | その建築家は，最近建てた建物の基礎<u>を補強</u>しなければならなかった。 |
| Most advanced countries <u>abolished</u> the death penalty decades ago. | ほとんどの先進国は数十年前に死刑<u>を廃止した</u>。 |
| As a result of the trial, he was <u>exonerated</u> **of** all the charges. | 裁判の結果，彼のすべての容疑<u>は晴れた</u>。 |
| The explorer said that he would reach the North Pole or <u>perish</u> in the attempt. | その探検家は，北極にたどり着くか挑戦の途中で<u>死ぬ</u>かどちらかだと言った。 |
| The weary climbers decided to <u>halt</u> for a brief rest. | 疲れ切った登山者たちは，少し休むために<u>立ち止まる</u>ことにした。 |
| Researchers are continually <u>extracting</u> new medicines **from** tropical plants. | 研究者たちは熱帯植物<u>から</u>絶えず新しい薬<u>を抽出</u>している。 |

| 0210 **decay** [dɪkéɪ] | 腐敗する [= rot]，崩壊する [= disintegrate] |
|---|---|
| 0211 **resume** [rɪzjúːm] | 再開する [= start again, take up again]<br>resumption 名 |
| 0212 **cultivate** [kʌ́ltɪvèɪt] | を栽培する [= grow]，（才能など）を養う<br>cultivation 名 |
| 0213 **depict** [dɪpíkt] | を描く，を描写する [= describe]<br>depiction 名 |
| 0214 **entitle** [ɪntáɪtḷ] | に権利 [資格] を与える〈to do 〜する，to 〜の〉，<br>(entitle O C で) O に C というタイトルを付ける<br>entitlement 名 |
| 0215 **lease** [liːs] | をリース（で賃借）する，を賃貸する [= rent]<br>名 賃貸借契約<br>★「借りる」ことにも「貸す」ことにも用いる。 |
| 0216 **oversee** [òuvərsíː] | （従業員・活動など）を監督する [= supervise]<br>overseer 名 |
| 0217 **regain** [rɪgéɪn] | を取り戻す，を回復する [= recover, get back]<br>▶ regain one's health 健康を取り戻す |
| 0218 **comprise** [kəmpráɪz] | (be comprised で) 構成される〈of 〜で〉，<br>を構成する [= constitute, make up] |
| 0219 **dismantle** [dɪsmǽntḷ] | を分解する [= take apart]<br>語源 dis (ない) + mantle (覆い隠す) |

| | |
|---|---|
| The valuable wooden furniture had been left to **decay**. | 高価な木製の家具は放置されて**腐敗する**ままになっていた。 |
| Classes will **resume** about a week after the New Year holidays. | 正月休みの後1週間ほどで授業が**再開する**。 |
| As farmers began to **cultivate** crops for the market, they ceased growing vegetables for their own use. | 市場向けの作物を**栽培し**始めると，農家は自分たちが食べる野菜を育てるのをやめた。 |
| Many people objected to the negative way in which the national hero was **depicted** in the movie. | その映画で国民的英雄が否定的に**描かれている**ことに多くの人が反対した。 |
| Under the library regulations, students are **entitled to borrow** up to three books at a time. | 図書館の規則では，学生は一度に3冊まで本を**借りる権利がある**。 |
| **Leasing** a car seems cheap at first, but it usually ends up more expensive than purchasing one. | 車を**リースする**のは，最初は安く思えても結局買うより高くつくのが普通だ。 |
| The young manager was sent to China to **oversee** the construction of a factory there. | その若い部長は，中国で工場建設を**監督する**ため現地に派遣された。 |
| After years in opposition, the social democrats finally **regained** power from the conservatives. | 万年野党でいた後，社会民主党はついに保守党から権力を**取り戻した**。 |
| The research team **was comprised of** a physicist and two chemists, as well as a mathematician. | 研究チームは物理学者1人，化学者2人，それに数学者1人で**構成されていた**。 |
| The new recruits were taught how to **dismantle** and clean their guns. | 新兵たちは，銃を**分解し**掃除する方法を教わった。 |

| 0220 | |
|---|---|
| **infer**<br>[ɪnfə́ːr] | を察する〈from 〜から〉[= deduce]<br>inference 名<br>語源 in (中に) + fer (運ぶ) |

| 0221 | |
|---|---|
| **deploy**<br>[dɪplɔ́ɪ] | を配置する [= station], (軍隊)を展開させる<br>deployment 名 |

| 0222 | |
|---|---|
| **ignite**<br>[ɪgnáɪt] | に火をつける [= kindle, set on fire],<br>(感情など)を燃え立たせる<br>ignition 名 |

## 名詞

| 0223 | |
|---|---|
| **methane**<br>[méθeɪn] | メタン |

| 0224 | |
|---|---|
| **rodent**<br>[róʊdənt] | 齧歯類の動物 |

| 0225 | |
|---|---|
| **enforcement**<br>[ɪnfɔ́ːrsmənt] | (法律などの)施行<br>enforce 動 |

| 0226 | |
|---|---|
| **peer**<br>[pɪər] | 仲間, 同輩 [= equal], (英国の)貴族<br>peerless 形 比類ない |

| 0227 | |
|---|---|
| **forgery**<br>[fɔ́ːrdʒəri] | 偽造(罪), 偽造品 [= counterfeit]<br>forge 動 |

| 0228 | |
|---|---|
| **agenda**<br>[ədʒéndə] | 協議事項(リスト) [= a list of things to be dealt<br>with at a meeting] |

| | |
|---|---|
| He **inferred from** the professor's remarks that he had failed the class. | 彼は教授の発言**から**，自分が単位を落としたこと**を察した**。 |
| America responded to the threat by **deploying** aircraft carriers to the region. | アメリカは，その海域に航空母艦を**配備する**ことでその脅しに対応した。 |
| Fire experts determined that the fire had been **ignited** by an electric spark. | 火災専門家は，その火災は電気の火花によって**引火した**と断定した。 |

| | |
|---|---|
| **Methane**, like carbon dioxide, is a greenhouse gas, and it contributes greatly to global warming. | **メタン**は二酸化炭素同様温室効果ガスであり，地球温暖化の大きな一因になっている。 |
| Rats are just one kind of **rodent**, a mammal group that includes thousands of species. | ネズミは数千種を含む哺乳類のグループである**齧歯類**の一種にすぎない。 |
| The government ordered a stricter **enforcement** of the law to prevent any further incidents. | 政府はそれ以上の紛争を回避するため，法律をより厳格に**施行**するよう命じた。 |
| Children at a certain age are more influenced by their **peers** than by their parents. | 一定の年齢に達した子供は，親よりも**仲間**からの影響を強く受ける。 |
| I did not know he had been convicted of **forgery** when I accepted his personal check. | 私は彼から個人用小切手を受け取ったとき，彼が**偽造**で有罪になっていたことを知らなかった。 |
| The president had drawn up an impressive **agenda** of issues to discuss. | 大統領は議論すべき問題の見事な**協議事項リスト**を作成済みだった。 |

| 0229 contamination [kəntæmɪnéɪʃən] | 汚染 [= pollution]，汚すこと [= defilement] contaminate 動 |
|---|---|
| 0230 composition [kà(:)mpəzíʃən] | 組成，構造，構図 |
| 0231 constituent [kənstítʃuənt] | 選挙区民，成分 形 成分の constituency 名 選挙区 |
| 0232 counselor [káunsələr] | カウンセラー，相談員 ▶ guidance counselor 進路相談員 |
| 0233 coup [ku:] | クーデター [= coup d'état] ▶ coup attempt クーデター未遂 |
| 0234 glue [glu:] | 接着剤 [= adhesive] |
| 0235 philosopher [fəlá(:)səfər] | 哲学者 |
| 0236 psychiatrist [saɪkáɪətrɪst] | 精神科医 psychiatry 名 精神医学 |
| 0237 socialist [sóuʃəlɪst] | 社会主義者 形 社会主義の socialism 名 |
| 0238 specification [spèsəfɪkéɪʃən] | （通例 ～s）製品仕様，仕様書，スペック [= spec] |

| | |
|---|---|
| The accident at the chemical plant caused massive environmental **contamination**. | その化学工場の事故は大規模な環境汚染を引き起こした。 |
| An analysis of the chemical **composition** of the rock indicated that it was largely made up of calcium. | その岩の化学組成を分析すると，大部分がカルシウムでできていることがわかった。 |
| The member of parliament made himself available to his **constituents** every Saturday morning. | その国会議員は毎週土曜日の午前中，選挙区民と話す時間を作った。 |
| Over the summer vacation, he worked as a **counselor** to children with psychological problems. | 夏休み中ずっと，彼は心理的問題を抱える子供のカウンセラーとして働いた。 |
| A group of senior army officers was accused of plotting a **coup** against the government. | 上級陸軍将校のグループが，政府に対しクーデターを企てたとして起訴された。 |
| Modern developments in chemistry have made possible the creation of ever stronger **glues**. | 現代の化学の発達により，ますます強い接着剤を作り出すことが可能になっている。 |
| The ideas of ancient **philosophers** remain surprisingly relevant today. | 古代哲学者の考えは，今日もなお驚くほど時代に即したものだ。 |
| Most **psychiatrists** today use drugs as part of their treatment of mentally ill patients. | 今日のほとんどの精神科医は，精神病患者の治療の一環として薬物を用いる。 |
| **Socialists** in general believe that the state should play a large role in the running of the economy. | 一般に社会主義者は，経済運営において国家が大きな役割を果たすべきだと考えている。 |
| When the new engine was delivered, it turned out not to meet the required **specifications**. | 新しいエンジンが届いたとき，求められた製品仕様を満たしていないことが判明した。 |

| 0239 | |
|---|---|
| **stimulus**<br>[stímjuləs] | 刺激 (⇔ response 反応) |

| 0240 | |
|---|---|
| **stockpile**<br>[stá(:)kpàil] | (食糧・武器などの) 備蓄<br>動 を備蓄する |

| 0241 | |
|---|---|
| **watershed**<br>[wɔ́:tərʃèd] | 分水嶺<sup>れい</sup> |

| 0242 | |
|---|---|
| **mortality**<br>[mɔːrtǽləti] | 死亡率，死ぬ運命 (⇔ immortality 不死，不朽)<br>mortal 形 |

| 0243 | |
|---|---|
| **premium**<br>[prí:miəm] | 報奨金 [= reward]，<br>保険料 [= payment for insurance] |

| 0244 | |
|---|---|
| **myriad**<br>[míriəd] | 無数<br>▶ a myriad of ~ 無数の~ |

| 0245 | |
|---|---|
| **phase**<br>[feɪz] | 段階，局面 [= stage]，面 [= aspect, side, part] |

| 0246 | |
|---|---|
| **tenure**<br>[ténjər] | (大学教授の) 終身在職権，保有 (期間) |

| 0247 | |
|---|---|
| **quota**<br>[kwóuṭə] | 割り当て，ノルマ [= norm] |

| 0248 | |
|---|---|
| **assessment**<br>[əsésmənt] | 査定，評価 [= appraisal, rating]<br>assess 動<br>▶ environmental assessment 環境影響評価 |

| The central bank announced that it would inject a strong fiscal **stimulus** into the economy. | 中央銀行は，経済に強力な財政的**刺激**を注入すると発表した。 |
| The police discovered a secret **stockpile** of weapons hidden by the terrorists. | 警察は，テロリストが隠した武器の秘密の**備蓄**を発見した。 |
| Ecologists were concerned that diverting the river's course would affect the **watershed**. | その川の流れを変えることが**分水嶺**に影響を与えることを生態学者は懸念した。 |
| The charity made great efforts to decrease infant **mortality** among the poor. | その慈善団体は，貧困層の幼児**死亡率**を減らすために多大な努力をした。 |
| He earned a handsome **premium** as payment for his services. | 彼は尽力に対する支払いとしてかなりの額の**報奨金**をもらった。 |
| There were a **myriad** of famous names at the high society wedding. | その上流社会の結婚式には，ものすごい**数**の著名人が出席していた。 |
| He was very lucky that his illness was detected in its early **phase**. | 病気が早い**段階**で見つかって，彼は本当に幸運だった。 |
| American university professors must earn **tenure** to ensure their jobs. | アメリカの大学教授は，仕事を確保するためには**終身在職権**を得なければならない。 |
| Each student was given a **quota** of how many boxes of cookies they should sell. | 各学生は，売るべきクッキーの箱の数を**割り当て**られた。 |
| The school is now undergoing a formal **assessment** for accreditation. | その学校は今，認可を受けるための公式の**査定**を受けている。 |

| 0249 | | | |
|---|---|
| **intervention**<br>[ìnṭərvénʃən] | 介入，仲裁 [= intercession]<br>▶ government intervention 政府の介入 |

| 0250 | | | |
|---|---|
| **alliance**<br>[əláɪəns] | 同盟，提携 [= association]<br>ally 動 |

| 0251 | | | |
|---|---|
| **projection**<br>[prədʒékʃən] | 予測 [= forecast]<br>▶ economic projection 景気予測 |

| 0252 | | | |
|---|---|
| **scheme**<br>[ski:m] | たくらみ [= plot]，計画 [= plan]<br>▶ business scheme 事業計画 |

| 0253 | | | |
|---|---|
| **bid**<br>[bɪd] | 試み〈to do ～しようとする〉，つけ値<br>▶ takeover bid 株式公開買付 (TOB) |

| 0254 | | | |
|---|---|
| **brutality**<br>[bru:tǽləṭi] | 残忍さ，野蛮 [≒ cruelty, ruthlessness] |

| 0255 | | | |
|---|---|
| **conquest**<br>[ká(:)nkwèst] | 征服，征服して得たもの<br>conquer 動 |

| 0256 | | | |
|---|---|
| **contractor**<br>[ká(:)ntræktər] | 請負業者<br>cf. subcontractor 下請け業者 |

| 0257 | | | |
|---|---|
| **correction**<br>[kərékʃən] | 訂正，修正，(～s) ■■ (罪人の) 矯正<br>corrective 形 |

| 0258 | | | |
|---|---|
| **crust**<br>[krʌst] | 地殻，パンの耳 |

| | |
|---|---|
| The police **intervention** prevented a riot. | 警察の介入が暴動を防いだ。 |
| The countries formed a temporary **alliance** against their threatening neighbor. | 諸国は脅威を与えてくる隣国に対して一時的な同盟を結んだ。 |
| The **projection** of future profits turned out to be too optimistic. | 将来の利益予測はあまりにも楽観的なことがわかった。 |
| The boys came up with a **scheme** to take revenge on the teacher. | 少年たちは先生に報復するためのたくらみを思い付いた。 |
| The athlete's **bid to set** a new world record for the high jump failed miserably. | 走り高跳びの世界新記録を樹立しようというそのアスリートの試みは無残に失敗した。 |
| Wartime propaganda frequently emphasizes the **brutality** of the country's enemies. | 戦時中のプロパガンダは，自国の敵の残忍さをしばしば強調する。 |
| The **conquest** of England by the Normans had a profound effect on the subsequent history of the country. | ノルマン人によるイングランド征服は，それ以降の国の歴史に深い影響を与えた。 |
| It is common for the actual costs of a project to greatly exceed the initial estimates of the **contractor**. | 事業の実際のコストが請負業者の当初の見積もりを大きく超過するのはよくあることだ。 |
| He checked the student's translation and made a number of **corrections** in red ink. | 彼はその学生の翻訳をチェックし，赤インクで数カ所訂正した。 |
| The outer layer of the Earth is known as the **crust** and is relatively thin. | 地球の外側の層は地殻として知られ，比較的薄い。 |

| 0259 | |
|---|---|
| **hostility** [hɑ(:)stíləti] | 敵意, 反感 [= unfriendly attitude] <br> hostile 形 |

| 0260 | |
|---|---|
| **imprisonment** [ɪmprízənmənt] | 投獄, 監禁 [= incarceration] <br> ▶ life imprisonment 終身刑 |

| 0261 | |
|---|---|
| **initiative** [ɪníʃiətɪv] | 重要な新計画, 主導権 <br> ▶ have the initiative 主導権を握っている |

| 0262 | |
|---|---|
| **injection** [ɪndʒékʃən] | 注射 [= shot], 注入 <br> ▶ give a person an injection (人) に注射する |

| 0263 | |
|---|---|
| **manipulation** [mənipjuléɪʃən] | (世論などの) 操作 <br> ▶ genetic manipulation 遺伝子操作 |

| 0264 | |
|---|---|
| **mate** [meɪt] | つがいの相手 <br> 動 交尾する |

| 0265 | |
|---|---|
| **morality** [mərǽləti] | 道徳, 倫理 <br> ▶ a sense of morality 道徳観念 |

| 0266 | |
|---|---|
| **reliance** [rɪláɪəns] | 依存〈on, upon ～への〉[= dependence] <br> reliant 形 |

| 0267 | |
|---|---|
| **sensitivity** [sènsətívəti] | 配慮〈to ～に対する〉, 神経の細やかさ, 過敏性 <br> sensitive 形 |

| 0268 | |
|---|---|
| **sentiment** [séntəmənt] | 感情, 心情, 意見 [≒ attitude, mindset] |

| At first, many of the immigrants encountered intense **hostility** from the native population. | 最初，移民の多くは現地の住民からの激しい**敵意**に直面した。 |
| The man's mind gradually deteriorated after decades of **imprisonment**. | 何十年もの**投獄**の後，男の心は次第に衰えていった。 |
| The local government began the meetings as an **initiative** designed to welcome newcomers to the town. | その自治体は，町への転入者を歓迎することを目的とした**新計画**としてその集会を始めた。 |
| Most vaccines are introduced into the body through **injections** provided by a doctor or nurse. | ほとんどのワクチンは，医師か看護師が行う**注射**を通して体内に送り込まれる。 |
| Many people are concerned about the **manipulation** of public opinion by foreign governments. | 外国政府による世論の**操作**を多くの人が懸念している。 |
| Male animals often attempt to attract **mates** by putting on ritual displays of aggression. | しばしば雄の動物は，攻撃性の儀式的誇示を装うことで**つがいの相手**を引き付けようとする。 |
| Although the politician stressed the value of traditional **morality**, his own private life was far from morally perfect. | その政治家は伝統的**道徳**の価値を重視したが，自身の私生活は道徳的に完璧とは程遠かった。 |
| One of the side effects of the IT revolution has been an increased **reliance** on electricity. | IT革命の副作用の1つは，電力**への依存**が増えていることだ。 |
| The film was criticized for its lack of **sensitivity** to victims of violent crime. | その映画は，暴力犯罪の被害者**への配慮**が欠けていると批判された。 |
| Public **sentiment** towards the refugees quickly shifted from compassion to criticism. | 難民に対する大衆の**感情**はすぐに同情から批判に変わった。 |

| 0269 **severity** [sivérəṭi] | 厳しさ，深刻さ [= gravity] severe 形 |
|---|---|
| 0270 **variant** [véəriənt] | 変形〈of, on ～の〉，変種，異形 |
| 0271 **workload** [wə́ːrklòud] | 仕事の負担量 ▶ heavy workload 大量の仕事 |
| 0272 **fireplace** [fáiərplèis] | 暖炉 |
| 0273 **gunpowder** [gʌ́npàudər] | 火薬 |
| 0274 **painkiller** [péinkìlər] | 鎮痛剤，痛み止め |
| 0275 **zoology** [zouá(ː)lədʒi] | 動物学 zoologist 图 動物学者 *cf.* botany 植物学 |
| 0276 **stake** [steik] | 株〈in ～の〉[= stock]，投資，利害関係 ▶ at stake 危うくなって |

## 形容詞

| 0277 **pricey** [práisi] | 高価な [= expensive]（⇔ cheap） |
|---|---|

| | |
|---|---|
| When the whistleblower was given a long prison sentence, there was much anger at the **severity** of the punishment. | その内部告発者が長期の懲役刑を受けたとき，刑の**厳しさ**に多くの怒りの声が上がった。 |
| The movie was simply a **variant on** the traditional romantic theme of doomed love. | その映画は，呪われた愛という伝統的な恋愛のテーマ**の変形**でしかなかった。 |
| Although the company banned overtime, the **workload** of each employee remained the same. | その会社は残業を禁止したが，社員一人一人の**仕事量**は同じままだった。 |
| The old house had a beautiful marble **fireplace** in each room, adding to its value. | その古い家は各部屋に美しい大理石の**暖炉**があり，家の価値を高めていた。 |
| Today, **gunpowder** is still used in many weapons as well as in fireworks. | 今日，**火薬**は花火だけでなくまだ多くの武器でも使われている。 |
| When he complained to the doctor of back pain, the doctor immediately prescribed some powerful **painkillers**. | 彼が腰の痛みを医師に訴えると，医師はすぐに強い**鎮痛剤**を処方した。 |
| The anthropologist explained that he had studied **Zoology** in college, only becoming interested in people later. | その人類学者は，大学で研究したのは**動物学**で，人間に興味を持ったのは後のことだと説明した。 |
| He made a large profit when he sold his **stake in** the IT company to a bank. | 彼はそのIT企業**の株**を銀行に売却して，多額の利益を得た。 |
| The hotel had seemed rather **pricey** to him, but then he found out that the other hotels cost even more. | そのホテルはかなり**高い**と彼には思えたが，やがてほかのホテルはもっと料金が高いとわかった。 |

| | |
|---|---|
| 0278 ☐☐☐<br>**cellular**<br>[séljulər] | 細胞の |
| 0279 ☐☐☐<br>**considerable**<br>[kənsídərəbl] | かなりの，相当の [= significant]<br>(⇔ inconsiderable, small)<br>considerably 副 |
| 0280 ☐☐☐<br>**gifted**<br>[gíftɪd] | 優れた才能 [知能] のある [= talented]<br>▶ be gifted with ～ (才能など) に恵まれている |
| 0281 ☐☐☐<br>**present-day**<br>[prèzəntdéɪ] | 現代の，今日の [= current] |
| 0282 ☐☐☐<br>**illicit**<br>[ɪlísɪt] | 不義の，不正な [= improper]，<br>違法の [= unlawful, illegal] |
| 0283 ☐☐☐<br>**compelling**<br>[kəmpélɪŋ] | 説得力のある，納得のいく [= convincing]<br>compellingly 副 |
| 0284 ☐☐☐<br>**skeptical**<br>[sképtɪkəl] | 懐疑的な [= doubtful]<br>skepticism 名　　skeptically 副<br>★ イギリス英語では sceptical とつづる。 |
| 0285 ☐☐☐<br>**authentic**<br>[ɔːθénʧɪk] | 本物の [= genuine] (⇔ fake)，<br>確実な，信頼できる [= reliable, trustworthy]<br>authenticity 名 |
| 0286 ☐☐☐<br>**inherent**<br>[ɪnhíərənt] | 生来の，固有の [= intrinsic, innate]<br>▶ one's inherent character 生まれながらの性格 |
| 0287 ☐☐☐<br>**ethical**<br>[éθɪkəl] | 道徳にかなった [= moral] |

| | |
|---|---|
| Most animals suffer from **cellular** deterioration as they grow older. | ほとんどの動物は年を取るにつれ**細胞の**劣化を患う。 |
| The university invested **considerable** sums in advertising itself on radio and TV. | その大学はラジオとテレビでの広告に**かなりの**金額をつぎ込んだ。 |
| After being sent to a school for **gifted** children, the girl became unhappy and left. | その少女は**優れた才能のある**子供のための学校に入れられた後，楽しくなくなりやめた。 |
| **Present-day** working conditions in factories have greatly improved since the early 19th century. | 工場の**現代の**労働環境は，19世紀初頭から大きく改善されている。 |
| Although highly competent, his company fired him for an **illicit** affair. | 彼は極めて有能だったが，会社は**不倫**を理由に彼を解雇した。 |
| Doctors said that the evidence that the new drug could cure cancer was less than **compelling**. | その新薬ががんを治せるという証拠はまったく**説得力のある**ものではない，と医師たちは述べた。 |
| Although he assured me he would help, I remained **skeptical**. | 彼は助けてくれると請け合ったが，私は**懐疑的な**ままだった。 |
| The painting *Sunflowers*, now in a museum in Tokyo, was proven to be **authentic**. | 絵画『ひまわり』は今東京の美術館にあるが，**本物**であることが証明された。 |
| Human beings possess an **inherent** ability to learn language. | 人間は言語を習得する**生得的な**能力を持っている。 |
| The group demanded the university adopt an **ethical** investment policy. | そのグループは，大学が**道徳にかなった**投資方針を採用することを要求した。 |

| 0288 | irrational [ɪrǽʃənəl] | 訳のわからない，不合理な [= unreasonable] (⇔ rational) ▶ irrational decision-making 非合理な意思決定 |
|---|---|---|

| 0289 | decent [díːsənt] | かなりの [= sufficient, ample]，きちんとした [= respectable, dignified] decency 图 礼儀正しさ |
|---|---|---|

| 0290 | civic [sívɪk] | 市民としての，市の |
|---|---|---|

| 0291 | psychiatric [sàɪkiǽtrɪk] | 精神病学の psychiatry 图 精神医学 |
|---|---|---|

| 0292 | racial [réɪʃəl] | 人種の，民族の [≒ ethnic] racially 副 |
|---|---|---|

| 0293 | sympathetic [sìmpəθét̬ɪk] | 好意的な〈to, toward 〜に〉，同情的な sympathetically 副 |
|---|---|---|

| 0294 | volcanic [vɑ(ː)lkǽnɪk] | 火山の，火山性の ▶ volcanic activity 火山活動 |
|---|---|---|

| 0295 | appealing [əpíːlɪŋ] | 魅力的な [= attractive, pleasing] appealingly 副 |
|---|---|---|

| 0296 | decisive [dɪsáɪsɪv] | 断固とした，決断力のある，決定的な (⇔ indecisive) decisively 副　decisiveness 图 |
|---|---|---|

| He had an <u>irrational</u> belief in his own invulnerability to harm. | 彼は自分が危害を受けることはあり得ないという<u>訳のわからない</u>信念を持っていた。 |
| His tutor told him the essay was a decent effort but not outstanding. | 個人指導教員は，彼の小論文は<u>かなりの</u>力作だが優れているわけではないと言った。 |
| Jury duty is considered an important <u>civic</u> responsibility in countries which have such a system. | 陪審員を務めることは，そうした制度を持つ国では<u>市民の</u>重要な責任と考えられている。 |
| The treatment of <u>psychiatric</u> illnesses has made great strides over the past thirty years. | <u>精神病</u>の治療はこの30年で大きく進歩した。 |
| Many sociologists argue that <u>racial</u> discrimination is a very real feature of modern societies. | <u>人種差別</u>は現代社会の真の特徴にほかならない，と多くの社会学者が論じている。 |
| Intellectuals across Europe were often sympathetic to Soviet communism. | ヨーロッパ全土の知識人はしばしばソビエト共産主義に<u>好意的</u>だった。 |
| The science of predicting <u>volcanic</u> eruptions has improved dramatically. | <u>火山</u>の噴火を予知する科学は目覚ましく進歩している。 |
| The young actor's <u>appealing</u> expression and shy smile made him popular with female fans everywhere. | <u>魅力的な</u>表情とシャイな笑顔のおかげで,その若い俳優は至る所で女性ファンの人気者になった。 |
| The key to saving lives following a natural disaster is <u>decisive</u> action by the central government. | 自然災害の後で命を救うための鍵となるのは，中央政府の<u>断固とした</u>行動だ。 |

| 0297 | |
|---|---|
| **fundamentally**<br>[fʌ̀ndəméntəli] | 根本的に，基本的に |

| 0298 | |
|---|---|
| **interestingly**<br>[íntərəstɪŋli] | 興味深いことに，面白いことに |

| 0299 | |
|---|---|
| **simultaneously**<br>[sàɪməltéɪniəsli] | 同時に [= at the same time]<br>▶ happen simultaneously with ~ ～と同時に起こる |

| 0300 | |
|---|---|
| **solely**<br>[sóulli] | 単独で，ただ，単に [= only] |

---

## ⏱ 1分間 mini test

**(1)** Classes will (          ) about a week after the New Year holidays.

**(2)** Her pain (          ) after she took the medicine the doctor prescribed.

**(3)** The weary climbers decided to (          ) for a brief rest.

**(4)** The valuable wooden furniture had been left to (          ).

**(5)** He earned a handsome (          ) as payment for his services.

😊 ここから選んでね。※選択肢はすべて原形で表示しています。

| ① decay | ② diminish | ③ exonerate | ④ halt |
|---|---|---|---|
| ⑤ inherent | ⑥ irrational | ⑦ premium | ⑧ resume |
| ⑨ scheme | ⑩ skeptical | | |

| The same event can be seen in **fundamentally** different ways by different historians. | 歴史家が違えば，同じ出来事の捉え方が**根本的に**違う場合もある。 |
| **Interestingly**, some people consider the tomato a vegetable, while some think of it as a fruit. | **興味深いことに**，トマトは野菜だと考える人もいれば果物だと思う人もいる。 |
| Some people actually perform better when they do a number of tasks **simultaneously**. | いくつかの作業を**同時に**するときの方が実際に能率がいい人もいる。 |
| The sweater the woman bought was not **solely** made of wool as she expected. | その女性が買ったセーターは，思っていたように**ウールだけ**でできているものではなかった。 |

* * *

**(6)** Although he assured me he would help, I remained (　　　　).

**(7)** The boys came up with a (　　　　) to take revenge on the teacher.

**(8)** Human beings possess an (　　　　) ability to learn language.

**(9)** As a result of the trial, he was (　　　　) of all the charges.

**(10)** He had an (　　　　) belief in his own invulnerability to harm.

**正解**

**(1)** ⑧ (→**0211**)　**(2)** ② (→**0203**)　**(3)** ④ (→**0208**)　**(4)** ① (→**0210**)　**(5)** ⑦ (→**0243**)
**(6)** ⑩ (→**0284**)　**(7)** ⑨ (→**0252**)　**(8)** ⑤ (→**0286**)　**(9)** ③ (→**0206**)　**(10)** ⑥ (→**0288**)

## Section 4

| 動詞 | |
|---|---|
| 0301 ☐☐☐<br>**transmit**<br>[trænsmít] | を伝達する〈to ~に〉，を感染させる〈to ~に〉<br>transmission 图 伝達　transmitter 图 発信器<br>語源 trans（越えて）+ mit（送る） |
| 0302 ☐☐☐<br>**retain**<br>[rɪtéɪn] | を保持する，を保つ [= keep, maintain]<br>retention 图 |
| 0303 ☐☐☐<br>**embrace**<br>[ɪmbréɪs] | を受け入れる [= accept]，を抱き締める [= hug] |
| 0304 ☐☐☐<br>**allocate**<br>[ǽləkèɪt] | を割り当てる〈to ~に〉，を配分する [= allot]<br>allocation 图<br>語源 al（~へ）+ locate（置く） |
| 0305 ☐☐☐<br>**expire**<br>[ɪkspáɪər] | 期限が切れる，終了する [= terminate]，<br>死ぬ [= pass away]<br>expiration 图 |
| 0306 ☐☐☐<br>**inhibit**<br>[ɪnhíbət] | を抑制する [= restrain, check, repress]<br>inhibition 图<br>語源 in（中に）+ hibit（所有する） |
| 0307 ☐☐☐<br>**gamble**<br>[gǽmbl] | (gamble that ... で) …ということに賭ける，<br>賭け事をする<br>图 一か八かの賭け |
| 0308 ☐☐☐<br>**finalize**<br>[fáɪnəlàɪz] | を完結させる，を仕上げる [≒ finish, complete,<br>conclude]<br>finalization 图 |
| 0309 ☐☐☐<br>**hail**<br>[heɪl] | を称賛する〈as ~だと〉，を認めて歓迎する，<br>出身である〈from ~の〉<br>★ hail には名詞で「あられ，ひょう」の意味もある。 |

| | |
|---|---|
| During the war, the broadcaster often <u>transmitted</u> messages in code **to** agents overseas. | 戦時中，その放送局は海外の諜報部員にしばしば暗号文でメッセージを<u>伝達した</u>。 |
| Although she lost her fortune, she <u>retained</u> the mansion and surrounding fields. | 彼女は財産を失ったが，邸宅と周囲の畑は<u>手元に残った</u>。 |
| To the ecologist's surprise, the government <u>embraced</u> his proposals for cutting carbon emissions. | その生態学者が驚いたことに，政府は二酸化炭素排出を削減する彼の提案を<u>受け入れた</u>。 |
| He sat at the desk <u>allocated</u> **to** him and began to take the test. | 彼は自分に<u>割り当てられた</u>机に座り，テストを受け始めた。 |
| The lease on my apartment will <u>expire</u> in two years. | 私のアパートの賃貸契約は2年後に<u>期限が切れる</u>。 |
| Some fear that environmental controls will <u>inhibit</u> material progress. | 環境規制は物質的進歩を<u>抑制する</u>と危惧する人たちもいる。 |
| The company, <u>gambling</u> **that** customers would be prepared to pay more for prestigious products, raised their prices. | 一流の商品なら高くても顧客は納得して買うだろう<u>ということに賭けた</u>その会社は，価格を上げた。 |
| Desperate for money, the businessman quickly <u>finalized</u> the deal on his house. | お金に窮したその実業家は，自宅を売る取引を<u>さっさとまとめた</u>。 |
| All the newspapers <u>hailed</u> the peace treaty **as** a great victory for their own side. | 和平条約は自国側の大勝利<u>だと</u>全紙が<u>称賛した</u>。 |

retain の tain には〈保つ〉の意味があるよ。tain を含むそのほかの動詞は，contain「を含む」，maintain「を維持する」などだよ。

| 0310<br>**overthrow**<br>[òuvərθróu] | (政府など)を転覆させる，を打倒する |
|---|---|
| 0311<br>**resurrect**<br>[rèzərékt] | を復活させる [= revive, restore]<br>resurrection 图 |
| 0312<br>**discriminate**<br>[dɪskrímɪnèɪt] | 差別する〈against ~を〉，識別する〈between ~を〉<br>discrimination 图　discriminating 形 識別力の<br>ある |
| 0313<br>**resonate**<br>[rézənèɪt] | 共感を呼び起こす〈with ~に〉<br>resonance 图 |
| 0314<br>**harness**<br>[háːrnɪs] | (自然の力)を利用する，(馬)に馬具を付ける<br>图 馬具 |
| 0315<br>**suppress**<br>[səprés] | を鎮圧する，を抑圧する [= put down]<br>suppression 图<br>語源 sub(下に) + press(押さえる) |
| 0316<br>**drain**<br>[dreɪn] | の水を排出する [= draw off]<br>drainage 图<br>▶ drain the bath water 浴槽の湯を流す |
| 0317<br>**usher**<br>[ʌ́ʃər] | を案内する〈to ~に〉 [= escort] |
| 0318<br>**exploit**<br>[ɪksplɔ́ɪt] | を利用する [= take advantage of]，を搾取する<br>exploitation 图<br>▶ exploit workers 労働者を搾取する |
| 0319<br>**pitch**<br>[pɪtʃ] | (商品・考えなど)を売り込む〈to ~に〉<br>图 売り込み文句 |

| | |
|---|---|
| The communists were accused of attempting to **overthrow** the elected government. | 共産主義者たちは選挙で選ばれた政府を転覆させようとしたことで起訴された。 |
| After the counterrevolution, the traditional flag was **resurrected**, together with the national anthem. | 反革命の後、国歌とともに伝統的な旗が復活された。 |
| The research showed that many companies **discriminated against** women and minorities when hiring. | 多くの企業が雇用時に女性とマイノリティーを差別していることをその調査は明らかにした。 |
| The candidate's optimistic message about the future **resonated with** many voters. | 将来に関するその候補者の楽観的なメッセージは、多くの有権者の共感を得た。 |
| Scientists are finding better ways to **harness** the limitless energy of the sun. | 科学者たちは、太陽の無限のエネルギーを利用する、より優れた方法を見つけつつある。 |
| The king immediately sent troops to **suppress** the rebellion. | 国王は反乱軍を鎮圧するために直ちに軍隊を派遣した。 |
| The swimming pool was **drained** and cleaned once a month. | そのプールは、1カ月に1度水を抜き取られ清掃された。 |
| A waiter **ushered** the group of guests **to** a private room. | ウエーターが客のグループを個室に案内した。 |
| Human beings will need to increasingly **exploit** renewable energy sources in this century. | 今世紀、人間は再生可能なエネルギー源をより一層利用することが必要になる。 |
| The young employee **pitched** his bold plan **to** senior executives. | その若手社員は、自分の大胆なプランを取締役たちに売り込んだ。 |

| 0320 □□□ | |
|---|---|
| **slaughter**<br>[slɔ́ːtər] | を畜殺する，を虐殺する<br>名 畜殺，虐殺 |

| 0321 □□□ | |
|---|---|
| **enact**<br>[inǽkt] | を制定する [= ordain, decree]<br>enactment 名 |

| 0322 □□□ | |
|---|---|
| **deter**<br>[ditə́ːr] | に思いとどまらせる〈from 〜を〉[= prevent]<br>deterrence 名 抑止　　deterrent 名 抑止力 |

## 名詞

| 0323 □□□ | |
|---|---|
| **surveillance**<br>[sərvéiləns] | 監視，見張り [= observation, scrutiny, guard] |

| 0324 □□□ | |
|---|---|
| **mosaic**<br>[mouzéiik] | モザイク，（異なるものの）寄せ集め<br>▶ ethnic mosaic 民族のモザイク |

| 0325 □□□ | |
|---|---|
| **conspirator**<br>[kənspírətər] | 陰謀者，共謀者<br>conspiratorial 形 |

| 0326 □□□ | |
|---|---|
| **influx**<br>[ínflʌ̀ks] | 流入 [= inflow]（⇔ outflow） |

| 0327 □□□ | |
|---|---|
| **faction**<br>[fǽkʃən] | 派閥 [= clique]<br>▶ faction leader 派閥のリーダー |

| 0328 □□□ | |
|---|---|
| **expertise**<br>[èkspə(:)rtíːz] | 専門知識 [技術] [= specialist knowledge]<br>▶ business expertise ビジネスの専門知識 |

| | |
|---|---|
| An outbreak of swine fever forced many farmers to **slaughter** their pigs. | 豚コレラが発生し，多くの農家は飼っている豚を**畜殺する**ことを余儀なくされた。 |
| In the 1960s the president **enacted** a number of civil rights laws. | 1960年代にその大統領はいくつかの公民権関連の法律を**制定した**。 |
| Nothing could **deter** him **from** leaving the town. | 何物も町を出て行くこと**を彼に思いとどまらせる**ことはできなかった。 |
| He did not know why, but he felt sure he was under police **surveillance**. | なぜかわからなかったが，彼は確かに警察の**監視**下にあると感じた。 |
| The church was famous for its beautiful **mosaics** influenced by Byzantine art. | その教会は，ビザンチン美術の影響を受けた美しい**モザイク**で有名だった。 |
| After their failed attempt to kill the dictator, the **conspirators** were rounded up and executed. | 独裁者殺害の試みが失敗に終わった後，**陰謀者たち**は逮捕され処刑された。 |
| Recently, there has been a large **influx** of foreign investment into the US. | 最近，海外から大量の投資が米国に**流入**している。 |
| Each **faction** in the party wanted its candidate to have the job. | 党内の各**派閥**が，自分たちの候補者がその職を得ることを望んだ。 |
| The ad said the company needed someone with computer **expertise**. | 広告には，その会社はコンピューターの**専門知識**を持つ人を求めていると書かれていた。 |

| 0329 | | | |
| --- | --- |
| **diagnosis**<br>[dàɪəgnóʊsɪs] | 診断<br>▶ make a wrong diagnosis 誤った診断をする |

| 0330 | | | |
| --- | --- |
| **utility**<br>[jutíləți] | (電気・ガス・水道などの)公益事業, 有用性<br>utilize 動<br>▶ of utility 役に立つ |

| 0331 | | | |
| --- | --- |
| **collision**<br>[kəlíʒən] | 衝突 [= crash]<br>▶ collision between two buses 2台のバスの衝突 |

| 0332 | | | |
| --- | --- |
| **coalition**<br>[kòʊəlíʃən] | 連合, 合同, 連立 [= alliance, partnership,<br>league]<br>語源 coali (合体する) + tion (名詞語尾) |

| 0333 | | | |
| --- | --- |
| **adoption**<br>[ədá(:)pʃən] | 採用, 採択, 養子縁組 |

| 0334 | | | |
| --- | --- |
| **attorney**<br>[ətə́ːrni] | 🇺🇸弁護士 [= lawyer] |

| 0335 | | | |
| --- | --- |
| **biodiversity**<br>[bàɪoʊdəvə́ːrsəți] | 生物多様性 |

| 0336 | | | |
| --- | --- |
| **captivity**<br>[kæptívəți] | 捕らわれの状態<br>captive 形 名 |

| 0337 | | | |
| --- | --- |
| **carrier**<br>[kǽriər] | 保菌者, 輸送会社 |

| 0338 | | | |
| --- | --- |
| **catering**<br>[kéɪțərɪŋ] | ケータリング |

| | |
|---|---|
| Accurate **diagnosis** of the condition is not easy for doctors. | その病気の正確な診断は医師にとって簡単なことではない。 |
| The cost of **utilities** in Tokyo is higher than that of most American cities. | 東京の公益事業の料金は，ほとんどのアメリカの都市より高い。 |
| An official investigation into the **collision** of the aircraft was announced. | その航空機の衝突に関する公式調査を行うことが発表された。 |
| The prime minister was forced to call for new elections when his ruling **coalition** collapsed. | 与党連合が崩壊したとき，首相は新たな選挙を求めざるを得なかった。 |
| The **adoption** of westernized diets by countries around the globe is leading to many health problems. | 西洋風の食事を世界中の国が取り入れたことで，多くの健康問題が生じている。 |
| The defense **attorney** accused the police of planting evidence in his client's room. | 被告弁護人は，依頼人の部屋に証拠を仕込んだと警察を非難した。 |
| The country was very proud of its **biodiversity**, which attracted tourists from around the world. | その国は生物多様性を非常に誇りにしており，世界中から観光客を集めていた。 |
| The negative effects of **captivity** on many zoo animals is a widely recognized problem. | 捕獲状態にあることが動物園の多くの動物に与える悪影響は広く認識されている問題だ。 |
| The main **carrier** of the plague was rats, although the disease itself was spread by insects. | その疫病の主な保菌者はネズミだったが，病気そのものは虫によって伝染した。 |
| After the number of customers decreased for indoor dining, the restaurant started offering **catering** services. | 店内で食事をする客の数が減ってから，そのレストランはケータリングサービスの提供を始めた。 |

| 0339 | |
|---|---|
| **cement** [səmént] | セメント |

| 0340 | |
|---|---|
| **commander** [kəmǽndər] | 司令官, 指揮官 *cf.* commander in chief 総司令官 |

| 0341 | |
|---|---|
| **coordination** [kouɔ̀:rdɪnéɪʃən] | 連携〈between ~の間の〉, 調整, (筋肉の働きなどの)整合 |

| 0342 | |
|---|---|
| **deterioration** [dɪtɪ̀əriəréɪʃən] | 悪化, 低下 [= worsening] deteriorate 動 |

| 0343 | |
|---|---|
| **discomfort** [dɪskʌ́mfərt] | 不快, 不愉快 (⇔ comfort) ▶ have discomfort in *one's* chest 胸に不快感がある |

| 0344 | |
|---|---|
| **ethic** [éθɪk] | 倫理, 道徳 ethical 形 |

| 0345 | |
|---|---|
| **herd** [həːrd] | (動物の)群れ *cf.* flock (ヤギ・羊・鳥などの)群れ, school (魚の)群れ |

| 0346 | |
|---|---|
| **implementation** [ìmplɪmentéɪʃən] | (計画・政策などの)実行, 処理 [= execution] implement 動 |

| 0347 | |
|---|---|
| **intent** [ɪntént] | 意図 [= intention], 目的 ★ intent には形容詞で「注意を集中して, 決意して」の意味もある。 |

| 0348 | |
|---|---|
| **pathogen** [pǽθədʒən] | 病原体, 病原菌 [= germ] pathogenic 形 |

| | |
|---|---|
| <u>Cement</u> is a major ingredient of concrete, the most commonly used building material in the world. | <u>セメント</u>は，世界で最も一般的に使われる建築資材であるコンクリートの主要な成分だ。 |
| The elderly <u>commanders</u> in the army seemed out of touch with the realities of modern warfare. | 陸軍の高齢の<u>司令官たち</u>は，現代の戦争の現実に疎いように思えた。 |
| A lack of <u>coordination</u> **between** the responsible government agencies made tackling the disease more difficult. | 責任のある政府機関**の間の**連携不足が，その病気への取り組みをより困難にした。 |
| The <u>deterioration</u> of the local soil due to overuse began to affect harvests. | 酷使によるその地方の土壌の<u>劣化</u>が収穫に影響し始めた。 |
| The college president said that he felt some <u>discomfort</u> about allowing advertising on campus. | 学内での広告を認めることには少し<u>不快感</u>を覚える，と学長は言った。 |
| Some theorists worry that capitalist countries are losing the work <u>ethic</u> that made them prosperous in the first place. | 資本主義諸国はそもそも繁栄の元となった労働倫理を失いつつある，と懸念する理論家もいる。 |
| The deer live in huge <u>herds</u> that move across the country searching for food. | その鹿は，食べ物を探しながら国を横断して移動する巨大な<u>群れ</u>で暮らしている。 |
| <u>Implementation</u> of the promised emergency funding was delayed by the bureaucratic regulations. | 約束の緊急資金提供の<u>履行</u>は，役所の規制により遅延した。 |
| The original <u>intent</u> of the policy was to make it easier for young people to buy their own homes. | その政策のそもそもの<u>意図</u>は，若者がもっと簡単にマイホームを買えるようにすることだった。 |
| Scientists began a frantic search for the <u>pathogen</u> that was causing the infection. | 科学者たちはその感染症の原因となっている<u>病原体</u>を血眼になって探し始めた。 |

| 0349 | | |
|---|---|
| **pension**<br>[pénʃən] | 年金<br>▶ live on *one's* pension 年金で生活する |

| 0350 | | |
|---|---|
| **portrait**<br>[pɔ́ːrtrət] | 肖像画, 肖像写真<br>*cf.* self-portrait 自画像 |

| 0351 | | |
|---|---|
| **prosecution**<br>[prɑ̀(ː)sɪkjúːʃən] | 起訴, 告訴, (the ~) 検察側 (⇔ defense) |

| 0352 | | |
|---|---|
| **qualification**<br>[kwɑ̀(ː)lɪfɪkéɪʃən] | 資格, 資質 〈for ～の〉<br>qualified 形 |

| 0353 | | |
|---|---|
| **relevance**<br>[réləvəns] | 関連, 妥当性 (⇔ irrelevance)<br>relevant 形 |

| 0354 | | |
|---|---|
| **reproduction**<br>[rìːprədʌ́kʃən] | 生殖, 繁殖, 再生<br>▶ sexual reproduction 有性生殖 |

| 0355 | | |
|---|---|
| **sediment**<br>[sédɪmənt] | 堆積物, 沈殿物<br>sedimentary 形 |

| 0356 | | |
|---|---|
| **sociologist**<br>[sòʊsiɑ́(ː)lədʒɪst] | 社会学者 [= social scientist]<br>sociology 名 社会学 |

| 0357 | | |
|---|---|
| **spacecraft**<br>[spéɪskræft] | 宇宙船 [= spaceship] |

| 0358 | | |
|---|---|
| **terrorism**<br>[térərìzm] | テロ, テロリズム<br>terrorist 名<br>▶ combat [fight] terrorism テロと戦う |

| | |
|---|---|
| Declining birthrates are threatening **pension** schemes in many countries. | 出生率の低下が多くの国で<u>年金</u>計画を脅かしている。 |
| The man was from an old aristocratic family, and the house was full of **portraits** of his ancestors. | その男性は古い貴族の家柄で，家は先祖の<u>肖像画</u>でいっぱいだった。 |
| The **prosecution** of corrupt officials is essential for maintaining an honest government. | 汚職役人の<u>起訴</u>は，公正な政府を維持するために不可欠だ。 |
| In today's world, good **qualifications** are increasingly necessary for success in business. | 今日の世界では，ビジネスで成功するためにはよい<u>資格</u>がますます必要になっている。 |
| His novels, although written a long time ago, still have great **relevance** today. | 彼の小説は大昔に書かれたものだが，今日なお大きな<u>関連性</u>を持っている。 |
| The study of animal **reproduction** actually tells us a great deal about human sexuality as well. | 動物の<u>生殖</u>の研究は，実は人間の性行動についても非常に多くのことを教えてくれる。 |
| Analysis of **sediments** on the Earth's surface reveals much of the past history of the planet. | 地球の表面の<u>堆積物</u>を分析すると，この惑星の過去の歴史の多くが明らかになる。 |
| Many **sociologists** believe that gender differences are determined more by culture than by nature. | ジェンダー差は自然よりむしろ文化によって決定されると多くの<u>社会学者</u>は考えている。 |
| Unmanned **spacecraft** have taught us much about conditions on other planets. | 無人<u>宇宙船</u>はほかの惑星の状態について多くのことを私たちに教えてくれた。 |
| One of the side effects of globalization has been a rise in international **terrorism**. | グローバル化の副作用の1つは，国際<u>テロ</u>が増加していることだ。 |

| 0359 | 基礎⟨of 〜の⟩, 土台 |
|---|---|
| **cornerstone** [kɔ́:rnərstòun] | |

| 0360 | ■ 用務員, 管理人 [=■ custodian, ■ caretaker] |
|---|---|
| **janitor** [dʒǽnətər] | |

| 0361 | 神経科学者 |
|---|---|
| **neuroscientist** [njùərousáiəntəst] | neuroscience 名 |

| 0362 | 古生物学者 |
|---|---|
| **paleontologist** [pèiliɑ(:)ntá(:)lədʒɪst] | paleontology 名 |

| 0363 | 還元主義 |
|---|---|
| **reductionism** [rɪdʌ́kʃənìzm] | reductionist 名 形 |

| 0364 | (特定の病気の) 検診, (映画の) 上映 |
|---|---|
| **screening** [skrí:nɪŋ] | |

| 0365 | (細胞の) 老化 |
|---|---|
| **senescence** [sɪnésəns] | senescent 形 *cf.* aging (加齢による) 老化 |

| 0366 | きっかけ⟨for 〜の⟩, 触発するもの⟨for 〜を⟩ [= trigger], 触媒 |
|---|---|
| **catalyst** [kǽʈəlɪst] | |

| 0367 | 破滅の原因⟨on 〜の⟩, 胴枯れ病 |
|---|---|
| **blight** [blaɪt] | |

| 0368 | (破壊されたものの) がれき, 残骸, がらくた |
|---|---|
| **debris** [dəbrí:] | |

| | |
|---|---|
| Freedom of speech is a **cornerstone of** liberal democracy and should be protected. | 言論の自由は自由民主主義の基礎であり，守られるべきだ。 |
| The girl's uncle worked as a **janitor** at the school she attended. | その少女の叔父は，少女が通っている学校で用務員として働いていた。 |
| By studying the physical activity of the brain, **neuroscientists** have learned much about human psychology. | 脳の物理的活動を研究することで，神経科学者は人間の心理について多くのことを学んだ。 |
| **Paleontologists** try to reconstruct the nature of life in the past by analyzing fossils. | 古生物学者は化石の分析によって過去の生命の真の姿を再現しようとする。 |
| Humanities scholars often accuse scientists of **reductionism**, although they can be equally reductionist themselves. | 人文学者は，自分も同じく還元主義者かもしれないのに，しばしば科学者を還元主義だと非難する。 |
| Widespread **screening** for cancers has helped to improve recovery rates dramatically. | がん検診の広まりのおかげで，回復率が大幅に向上している。 |
| Increasing cellular **senescence** over time is usual in most animals including human beings. | 時の流れによる細胞の老化の進行は，人間を含めほとんどの動物に普通のことである。 |
| The minister's resignation proved to be the **catalyst for** a general election. | 大臣の辞任が結果的に総選挙のきっかけになった。 |
| In his speech, the mayor described vandalism as a **blight on** the community. | 市長は演説で，公共物の破壊は地域社会を破滅へと導くものだと述べた。 |
| He spent the morning clearing up the **debris** left by the storm. | 彼は午前中，嵐で残されたがれきを片付けて過ごした。 |

| 0369 | | | |
| --- | --- |
| **cavity**<br>[kǽvəti] | 虫歯 (の穴), 鼻 [口] 腔<br>▶ nasal cavity 鼻腔 |

| 0370 | | | |
| --- | --- |
| **liaison**<br>[líːəzàːn] | 連絡係, 連絡 [= connection, contact], 密通<br>[= illicit love affair]<br>liaise 動 |

| 0371 | | | |
| --- | --- |
| **defect**<br>[díːfekt] | 欠損, 欠陥, 欠点 [= flaw, fault]<br>defective 形 |

| 0372 | | | |
| --- | --- |
| **incarceration**<br>[ɪnkàːrsəréɪʃən] | 投獄, 監禁 [= imprisonment]<br>incarcerate 動 |

| 0373 | | | |
| --- | --- |
| **counterfeit**<br>[káunṭərfit] | 偽造通貨, 模造品 [= imitation]<br>形 偽の, 偽造の |

| 0374 | | | |
| --- | --- |
| **validity**<br>[vəlídəti] | 効力 [= effectiveness], 正当性 [= lawfulness] |

## 形容詞

| 0375 | | | |
| --- | --- |
| **equivalent**<br>[ɪkwívələnt] | 等しい〈to ～と〉, 等価の [= equal]<br>equivalence 名 同等　　equivalency 名 同等 |

| 0376 | | | |
| --- | --- |
| **mandatory**<br>[mǽndətɔ̀ːri] | 義務的な, 強制の [= obligatory, compulsory],<br>命令の<br>mandate 動 に権限を与える　　名 権限 |

| 0377 | | | |
| --- | --- |
| **conventional**<br>[kənvénʃənəl] | 従来の [= established], 因習的な (⇔ unorthodox)<br>▶ conventional wisdom 一般通念 |

| In order to protect the teeth, it is important to discover and treat **cavities** quickly. | 歯を守るためには，虫歯の早期発見と治療が大切だ。 |
| In order to protect the teeth, it is important to discover and treat <u>cavities</u> quickly. | 歯を守るためには，<u>虫歯</u>の早期発見と治療が大切だ。 |
| Our mayor held a safety campaign for our town, led by a <u>liaison</u> from the federal government. | 連邦政府からの<u>連絡係</u>の指導の下，当市の市長は市の安全キャンペーンを行った。 |
| Biologists discovered that chemical pollution was causing birth <u>defects</u> in many local fish. | 化学汚染がその土地の多くの魚に先天性の<u>欠損</u>を引き起こしていることを生物学者が発見した。 |
| The <u>incarceration</u> of criminals for trivial offenses is not only cruel but very expensive. | 犯罪者を微罪で<u>投獄すること</u>は残酷なだけでなく，お金も相当かかる。 |
| Although the hundred-dollar bill was a <u>counterfeit</u>, it fooled almost everyone. | その100ドル紙幣は<u>偽札</u>だったが，ほとんど誰もがだまされた。 |
| The court said the company's regulations had no legal <u>validity</u>. | 裁判所は，その会社の規則には法的<u>効力</u>がないと述べた。 |
| The scientist said that the cut in funding was <u>equivalent</u> **to** canceling the research altogether. | 資金削減は研究の完全中止<u>に等しい</u>，とその科学者は述べた。 |
| In order to pass this course, attendance is <u>mandatory</u>. | この教科に合格するには，出席が<u>義務</u>である。 |
| All <u>conventional</u> approaches to the problem had failed to work. | その問題を解決するための<u>従来の</u>取り組みはすべて失敗に終わっていた。 |

「音の連結」のことを日本語でも「リエゾン」と言うよね。
英検では，liaisonは「連絡」の意味でよく出ちゃうよ。

99

| 0378 □□□ | |
|---|---|
| **constitutional**<br>[kɑ̀(:)nstətjúːʃənəl] | 合憲の，憲法の，本質の |

| 0379 □□□ | |
|---|---|
| **accountable**<br>[əkáunʈəbl] | (説明などの)責任がある〈for 行為などの, to 人に対して〉<br>accountability 图 |

| 0380 □□□ | |
|---|---|
| **administrative**<br>[ədmínəstrèiʈɪv] | 行政上の，管理上の |

| 0381 □□□ | |
|---|---|
| **collective**<br>[kəléktɪv] | 共同の，集団の<br>图 集合体，共同体　collectively 圖 |

| 0382 □□□ | |
|---|---|
| **congressional**<br>[kəngréʃənəl] | 議会の，(Congressional) 米国議会の |

| 0383 □□□ | |
|---|---|
| **explosive**<br>[ɪksplóʊsɪv] | 一触即発の，波乱含みの [= volatile]<br>图 爆薬，爆発物 |

| 0384 □□□ | |
|---|---|
| **incomplete**<br>[ìnkəmplíːt] | 不完全な，未完成の (⇔ complete)<br>incompletely 圖　incompleteness 图 |

| 0385 □□□ | |
|---|---|
| **socioeconomic**<br>[sòʊsiouìːkəná(:)mɪk] | 社会経済的な |

| 0386 □□□ | |
|---|---|
| **territorial**<br>[tèrətɔ́ːriəl] | 領土の，(動物が)縄張りを守る<br>▶ territorial waters 領海 |

| 0387 □□□ | |
|---|---|
| **underwater**<br>[ʌ̀ndərwɔ́ːʈər] | 水中の，水面下の |

| | |
|---|---|
| The high court ruled that the new law was **constitutional**. | 最高裁判所は，新法は<u>合憲</u>であるとの判決を下した。 |
| It is vital to hold politicians **accountable for** their decisions, even when they were made long ago. | ずっと前の決定であっても，政治家に自らの決定**に対する責任を**負わせることは極めて重要だ。 |
| The proposed reforms to the welfare system would involve greatly increased **administrative** costs. | 提案された福祉制度改革は，<u>行政</u>コストの大幅な上昇を伴うことになるだろう。 |
| **Collective** ownership of land sounds good in theory, but it often leads to problems in practice. | 土地の<u>共同</u>所有は理論的にはいい話に思えるが，実際は問題を多々招くことが多い。 |
| **Congressional** hearings are often held to investigate matters of public concern. | <u>議会の</u>公聴会は，大衆に関係のある事柄を調査するためにしばしば開かれる。 |
| The **explosive** discovery of a foreign spy in the prime minister's office shocked the nation. | 首相官邸に外国のスパイがいたという<u>一触即発の</u>発見はその国に衝撃を与えた。 |
| It is difficult to write about history when documentation is **incomplete** or non-existent. | 証拠となる資料が<u>不完全</u>か存在しなければ，歴史について記述するのは困難だ。 |
| It is important that universities include students from a range of different **socioeconomic** backgrounds. | 大学にはさまざまな<u>社会経済的</u>背景を持つ学生が幅広くいることが重要だ。 |
| The world is full of **territorial** disputes, any one of which could lead to armed conflict. | 世界は<u>領土</u>紛争だらけで，そのどれが武力衝突に発展してもおかしくない。 |
| As countries look for new sources of minerals, they are increasingly turning to **underwater** exploration. | 諸国は新たな鉱物源を探し求める中で，ますます<u>水中</u>探査に目を向けつつある。 |

| 0388 | |
|---|---|
| **unrealistic** [ʌnrìːəlístɪk] | 非現実的な（⇔ realistic） <br> unrealistically 副 |

| 0389 | |
|---|---|
| **negligible** [néglɪdʒəbl] | ごくわずかの，取るに足りない [= insignificant] <br> negligibly 副 |

| 0390 | |
|---|---|
| **overwhelming** [òuvərhwélmɪŋ] | 圧倒的な <br> overwhelmingly 副 |

| 0391 | |
|---|---|
| **unethical** [ʌnéθɪkəl] | 非倫理的な，道義に反する（⇔ ethical） <br> unethically 副 |

| 0392 | |
|---|---|
| **adverse** [ædvə́ːrs] | 不利な，不都合な [= negative, damaging] <br> ▶ adverse effect 悪影響 |

| 0393 | |
|---|---|
| **disparate** [díspərət] | 本質的に異なる [= dissimilar] <br> disparity 名 |

| 0394 | |
|---|---|
| **profound** [prəfáund] | 深い，深遠な [= deep, esoteric]（⇔ shallow 浅い） <br> profoundly 副 |

| 0395 | |
|---|---|
| **hostile** [há(ː)stəl] | 敵の，敵意のある [= unfriendly, antagonistic] <br> hostility 名 |

| 0396 | |
|---|---|
| **judicial** [dʒudíʃəl] | 司法の，裁判の <br> *cf.* executive 行政の，legislative 立法の |

| | |
|---|---|
| While the girl realized her dream may be **unrealistic**, she tried hard to make it come true. | 少女は自分の夢が**非現実的**かもしれないことに気付いたが、それを実現するために一生懸命努力した。 |
| One of the advantages of the proposal was that the costs involved were **negligible**. | その提案の利点の1つは、含まれる費用が**ごくわずか**ということだった。 |
| The **overwhelming** majority of voters were opposed to the introduction of a new tax. | 投票者の**圧倒的多数**が新税の導入に反対だった。 |
| The **unethical** behavior of a few police officers gave the whole force a bad name. | 数名の警察官の**非倫理的な**行いが、警察全体の評判を落とした。 |
| The expedition set off, but **adverse** weather conditions soon forced them to turn back. | 遠征隊は出発したが、**悪**天候ですぐに引き返さざるを得なかった。 |
| The business partners closed their company after they found that they had **disparate** views on its operations. | そのビジネスパートナーたちは、事業について**異なる**見解を持っていることに気付いた後、会社をたたんだ。 |
| His latest novels are considered **profound** meditations on the nature of evil. | 彼の最近の小説は、悪の本質を**深く**熟考したものと見なされている。 |
| The 1990s saw a larger number of **hostile** business takeovers. | 1990年代には**敵対的な**企業買収が増えた。 |
| Public faith in the fairness of the **judicial** system is essential in a democracy. | **司法**制度の公正に対する大衆の信頼が民主主義社会では必須だ。 |

| | |
|---|---|
| **0397** □□□ <br> **consistently** <br> [kənsístəntli] | 首尾一貫して，安定して (⇔ inconsistently) |
| **0398** □□□ <br> **surely** <br> [ʃúərli] | (否定文で) まさか，確かに，間違いなく <br> [= certainly] |
| **0399** □□□ <br> **subsequently** <br> [sʌ́bsɪkwəntli] | その後 [= afterward, later] |
| **0400** □□□ <br> **substantially** <br> [səbstǽnʃəli] | かなり，相当 [= considerably, significantly] |

## 🕐 1分間 mini test

**(1)** Our mayor held a safety campaign for our town, led by a
( ) from the federal government.

**(2)** The lease on my apartment will ( ) in two years.

**(3)** In order to pass this course, attendance is ( ).

**(4)** The swimming pool was ( ) and cleaned once a
month.

**(5)** A waiter ( ) the group of guests to a private room.

ここから選んでね。※選択肢はすべて原形で表示しています。

① constitutional　② debris　　　③ diagnosis　　④ drain
⑤ expire　　　　⑥ hostile　　　⑦ liaison　　　⑧ mandatory
⑨ suppress　　　⑩ usher

| | |
|---|---|
| The value of the company's shares had risen **consistently** for over fifty years. | その会社の株価は50年以上首尾一貫して上がり続けていた。 |
| "**Surely** you don't think I stole the money?" he asked in surprise. | 「まさか僕がそのお金を盗んだとは思っていないよね？」と彼は驚いて尋ねた。 |
| **Subsequently**, evidence proved the little boy had been telling the truth the whole time. | その後，その男の子がずっと事実を話していたことが証拠で明らかになった。 |
| The finance minister insisted that the economic outlook was **substantially** better this year. | 今年の景気の見通しはかなりよくなっていると財務大臣は主張した。 |

◆◆◆◆◆◆◆◆◆◆◆◆◆◆◆◆◆◆◆◆◆◆◆◆◆◆◆◆◆◆◆◆◆◆◆◆◆◆◆◆◆◆◆◆◆◆◆

**(6)** The high court ruled that the new law was (          ).

**(7)** The king immediately sent troops to (          ) the rebellion.

**(8)** Accurate (          ) of the condition is not easy for doctors.

**(9)** The 1990s saw a larger number of (          ) business takeovers.

**(10)** He spent the morning clearing up the (          ) left by the storm.

試験の直前にはでる度Aの単語を見直したいね。

## 動詞

| 0401 | |
|---|---|
| **divert**<br>[dəvə́ːrt] | を迂回させる〈from ~から〉，をそらす<br>[= deviate]<br>diversion 名 転換，🇬🇧 迂回路 |

| 0402 | |
|---|---|
| **uncover**<br>[ʌnkʌ́vər] | を暴露する [= reveal]，を見いだす [= discover]<br>(⇔ conceal 隠す) |

| 0403 | |
|---|---|
| **unearth**<br>[ʌnə́ːrθ] | を発掘する [= excavate]（⇔ bury 埋める）<br>▶ unearth fossils 化石を発掘する |

| 0404 | |
|---|---|
| **collaborate**<br>[kəlǽbərèit] | 協力する〈with ~と〉<br>collaboration 名 共同　　collaborator 名 協力者 |

| 0405 | |
|---|---|
| **flourish**<br>[flə́ːrɪʃ] | 栄える [= thrive, prosper] |

| 0406 | |
|---|---|
| **certify**<br>[sə́ːrtɪfài] | を証明する，を認定する<br>certification 名 |

| 0407 | |
|---|---|
| **flee**<br>[fliː] | (から)逃げる [= run away] |

| 0408 | |
|---|---|
| **grab**<br>[græb] | を(恥も外聞もなく)手に入れる，をつかむ<br>[= snatch]，を急いで食べる |

| 0409 | |
|---|---|
| **revolt**<br>[rɪvóult] | 反乱を起こす〈against ~に対して〉，<br>に嫌悪の念を抱かせる<br>名 反乱，暴動 |

| | |
|---|---|
| Police were posted near the accident site to **divert** curiosity seekers. | やじ馬を退けるため、事故現場近くに警察が配置された。 |
| The crime was **uncovered** by a persistent journalist. | その犯罪は粘り強いジャーナリストによって暴露された。 |
| The construction workers accidentally **unearthed** the remains of a Roman villa. | 建設現場の作業員たちは、たまたま古代ローマの大邸宅の遺跡を掘り当てた。 |
| Those who had **collaborated** with the enemy were later punished. | 敵に協力した人たちは、後に処罰された。 |
| The small company **flourished** under the guiding hand of the innovative entrepreneur. | その小さな会社は革新的な起業家の手腕によって栄えた。 |
| The safety of a new drug must be **certified** by a government agency. | 新薬の安全性は政府の機関によって証明されなければならない。 |
| Many of the immigrants were refugees **fleeing** political persecution in their homeland. | その移民の多くは、祖国での政治的迫害を逃れる難民だった。 |
| Promises of tax cuts are usually an easy way to **grab** votes in an election. | 減税の公約は、通例選挙で票をもぎ取るための安易な方法だ。 |
| Finally the peasants could endure no more, and they **revolted** against the big landowners. | ついに小作人たちは耐え切れなくなり、大地主に対して反乱を起こした。 |

| 0410 | 産業化する，工業化する |
|---|---|
| **industrialize** [ɪndʌ́striəlàɪz] | industrialized 形　industrialization 名 |

| 0411 | (犯罪者など)を更生させる，の名誉を回復させる |
|---|---|
| **rehabilitate** [rìːhəbílɪtèɪt] | rehabilitation 名 |

| 0412 | を抑圧する [= suppress]，(感情など)を抑制する |
|---|---|
| **repress** [rɪprés] | repression 名　repressive 形 |

| 0413 | (関係など)を築き上げる [= form]，<br>(文書など)を偽造する |
|---|---|
| **forge** [fɔːrdʒ] | forgery 名 偽造，偽造品 |

| 0414 | を取り付ける [= install] (⇔ dismount)，<br>に着手する |
|---|---|
| **mount** [maʊnt] |  |

| 0415 | (戦争など)を行う [= engage in, carry on] |
|---|---|
| **wage** [weɪdʒ] | ▶ wage war on ~ ～と戦争する |

| 0416 | 圧倒する〈over ～を〉，普及する |
|---|---|
| **prevail** [prɪvéɪl] | prevailing 形 支配的な　prevalent 形 流行の |

| 0417 | を検証する，を確かめる [= confirm] |
|---|---|
| **verify** [vérɪfàɪ] | 語源 veri (真実) + fy (動詞語尾)<br>▶ verify a fact 事実を確かめる |

| 0418 | 加速する [= speed up] (⇔ decelerate, slow down) |
|---|---|
| **accelerate** [əksélərèɪt] |  |

| 0419 | を中断 [混乱] させる [= interrupt] |
|---|---|
| **disrupt** [dɪsrʌ́pt] | ▶ disrupt the relation between A and B A と B の関係を引き裂く |

| | |
|---|---|
| As the country began to **industrialize**, people left the countryside and the cities grew in size. | その国が産業化し始めるとともに，人々は地方を離れ，都市の規模が大きくなった。 |
| One of the aims of prisons has always been to **rehabilitate** prisoners through training and education. | 昔から刑務所の目的の1つは，訓練と教育を通じて囚人を更生させることだ。 |
| The military government harshly **repressed** any opposition to its rule. | 軍事政権は支配に対するいかなる反対も容赦なく抑圧した。 |
| During the Cold War, some academics **forged** private links with their counterparts on the other side. | 冷戦の間に，相手方の大学教授と私的な関係を築いた大学教授もいた。 |
| The local council decided to **mount** security cameras in the area. | 地方議会はその地域に監視カメラを取り付けることを決定した。 |
| Irish nationalists **waged** a campaign against British occupation for decades. | アイルランドの民族主義者は，数十年にわたり，イギリスの占領に対する反対運動を行った。 |
| The school team finally **prevailed over** their rivals and won the championship. | その学校のチームはついにライバルたちを圧倒し，優勝を勝ち取った。 |
| The journalist had failed to **verify** the facts before writing his article. | その記者は記事を書く前に事実を検証していなかった。 |
| As the police tried to overtake the car, it suddenly **accelerated**. | 警察が車に追いつこうとすると，その車は突然加速した。 |
| A group of demonstrators attempted to **disrupt** the meeting. | デモ隊がその会議を中断させようとした。 |

| 0420 | |
|---|---|
| **subordinate**<br>[səbɔ́ːrdənèɪt] | を下位に置く〈to 〜より〉，を従属させる〈to 〜に〉<br>名 形 [səbɔ́ːrdɪnət] 部下，下位の，二次的な<br>**語源** sub（下に）+ ordin（順序）+ ate（動詞語尾） |

## 名詞

| 0421 | |
|---|---|
| **concussion**<br>[kənkʌ́ʃən] | 脳震とう |

| 0422 | |
|---|---|
| **tumor**<br>[tjúːmər] | 腫瘍<br>▶ benign [malignant] tumor 良性 [悪性] 腫瘍<br>▶ brain tumor 脳腫瘍 |

| 0423 | |
|---|---|
| **irrigation**<br>[ìrɪɡéɪʃən] | 灌漑（かんがい），水を引くこと<br>irrigate 動<br>▶ irrigation canal 灌漑用水路 |

| 0424 | |
|---|---|
| **bribery**<br>[bráɪbəri] | 贈収賄<br>bribe 動 名<br>▶ commit bribery 贈賄する |

| 0425 | |
|---|---|
| **auditorium**<br>[ɔ̀ːdɪtɔ́ːriəm] | 公会堂 [= public hall] |

| 0426 | |
|---|---|
| **niche**<br>[nɪtʃ] | 適した地位 [職業]，市場の隙間，ニッチ<br>▶ niche analysis 市場の隙間分析 |

| 0427 | |
|---|---|
| **drawback**<br>[drɔ́ːbæk] | 欠点〈to, of 〜の〉，不利な点 [= shortcoming, disadvantage]<br>▶ drawback to success 成功を妨げるもの |

| 0428 | |
|---|---|
| **combustion**<br>[kəmbʌ́stʃən] | 燃焼 [= burning]<br>combust 動 を燃焼させる |

| | |
|---|---|
| He said his family life would never be **subordinated** to his career. | 家庭生活が仕事の**二の次になる**ことは決してない、と彼は言った。 |
| She suffered a severe **concussion** after falling from her horse. | 彼女は落馬してひどい脳震とうを起こした。 |
| The doctors tried to determine the extent of the patient's **tumors**. | 医師たちは、その患者の腫瘍の広がりを見極めようとした。 |
| Extensive **irrigation** of the desert had made it into fertile farming land. | 大規模な灌漑のおかげで、砂漠は豊かな農地になっていた。 |
| In some countries, **bribery** of officials is an accepted part of doing business. | 国によっては、役人の贈収賄はビジネスの一部として容認されている。 |
| The **auditorium** was packed with fans waiting for the concert to begin. | **公会堂**はコンサートの開始を待つファンでいっぱいだった。 |
| Eventually the journalist found his **niche** as the newspaper's film critic. | そのジャーナリストは最終的に、その新聞の映画評論家という**適所**を得た。 |
| One of the **drawbacks** to being an administrator is having to make tough decisions. | 管理者であることの**マイナス面**の1つは、難しい決定をしなければならないことだ。 |
| A simple spark can initiate **combustion** of a highly volatile substance. | ちょっとした火花も、揮発性の高い物質の**燃焼**を引き起こすことがある。 |

| | |
|---|---|
| 0429<br>**autism**<br>[ɔ́ːtìzm] | 自閉症 |
| 0430<br>**acceptance**<br>[əkséptəns] | 受け入れ，容認，受諾 (⇔ rejection 拒否)<br>▶ find general acceptance 一般に受け入れられる |
| 0431<br>**ammunition**<br>[æ̀mjuníʃən] | 弾薬，銃弾<br>▶ ammunition depot 弾薬庫 |
| 0432<br>**artillery**<br>[ɑːrtíləri] | (集合的に)大砲，砲兵隊 |
| 0433<br>**carbohydrate**<br>[kɑ̀ːrbouháidreit] | 炭水化物 |
| 0434<br>**chain**<br>[tʃein] | (店などの)チェーン，一続き，鎖<br>▶ restaurant chain レストランチェーン |
| 0435<br>**chimney**<br>[tʃímni] | 煙突 |
| 0436<br>**coefficient**<br>[kòuɪfíʃənt] | 係数 |
| 0437<br>**conception**<br>[kənsépʃən] | 概念 [= concept]，考え付くこと，受胎<br>conceive 動 (考えなど)を抱く |
| 0438<br>**congressman**<br>[ká(ː)ŋgrəsmən] | (男性の)国会議員，(特に米国の)下院議員<br>cf. congresswoman (女性の)国会議員 |

| | |
|---|---|
| Experts are still divided on the causes of **autism**. | <u>自閉症</u>の原因に関する専門家の見解はいまだに割れている。 |
| Although his theories were controversial at first, they have gained wide **acceptance** today. | 彼の理論には初め賛否両論あったが，今日では広く<u>受け入れ</u>られている。 |
| One of the biggest issues facing the wartime administration was maintaining a steady supply of **ammunition**. | 戦時政権が直面した最大の課題の1つは，<u>弾薬</u>の安定供給を維持することだった。 |
| The biggest single factor in the victory was the size of the army's **artillery**. | 勝利の唯一にして最大の要因は，陸軍の<u>大砲</u>の規模だった。 |
| **Carbohydrates** are essential to a healthy diet, although too much intake leads to weight gain. | <u>炭水化物</u>は健康的な食事に欠かせないが，摂取し過ぎると体重の増加を招く。 |
| His family's wealth came from owning a large **chain** of supermarkets. | 彼の一家の富は，スーパーマーケットの大規模<u>チェーン</u>を所有していることに由来した。 |
| The factory's tall **chimneys** remained in place but they no longer emitted harmful smoke. | その工場の高い<u>煙突</u>はそのままになっていたが，有害な煙はもう出していなかった。 |
| The Gini **coefficient** has become a popular way of measuring the level of inequality in a society. | ジニ<u>係数</u>は，社会の不平等の度合いを測る一般的な方法になっている。 |
| Her simple lifestyle was very different from the popular **conception** of how a film star lives. | 彼女の簡素な生活様式は，映画スターの暮らしぶりについて大衆が持つ<u>概念</u>とかなり違った。 |
| His work as a **congressman** left him little time to do anything outside the political arena. | <u>国会議員</u>としての仕事のため，政界以外で何かをする時間が彼にはほとんどなかった。 |

| 0439 | |
|---|---|
| **clergy**<br>[klə́:rdʒi] | (集合的に) 聖職者 [= ministers, priests]<br>clergyman 图 (男性) 聖職者<br>clergywoman 图 女性聖職者 |

| 0440 | |
|---|---|
| **cultivation**<br>[kÀltɪvéɪʃən] | 栽培, 耕作<br>cultivate 動 |

| 0441 | |
|---|---|
| **dictatorship**<br>[díkteɪtərʃɪp] | 独裁国家, 独裁制 |

| 0442 | |
|---|---|
| **diplomacy**<br>[dɪplóuməsi] | 外交, 外交上の手腕<br>diplomatic 形　diplomat 图 外交官 |

| 0443 | |
|---|---|
| **emergence**<br>[ɪmə́:rdʒəns] | 出現, 発生 [= arrival]<br>emergent 形 |

| 0444 | |
|---|---|
| **episode**<br>[épɪsòud] | (テレビの連続物などの) 1回分, 挿話,<br>エピソード<br>episodic 形 |

| 0445 | |
|---|---|
| **fraction**<br>[frǽkʃən] | ほんの少し, わずか [= small amount], 分数<br>fractional 形 |

| 0446 | |
|---|---|
| **guilt**<br>[gɪlt] | 罪悪感, やましさ, 有罪 (⇔ innocence)<br>guilty 形 |

| 0447 | |
|---|---|
| **hatred**<br>[héɪtrɪd] | 憎しみ〈of, for ～に対する〉, 憎悪 (⇔ love) |

| 0448 | |
|---|---|
| **hierarchy**<br>[háɪərà:rki] | (社会の) 階層制, ヒエラルキー<br>hierarchical 形 |

| The **clergy** enjoyed a privileged status in medieval Europe, but later they lost these benefits. | 聖職者は中世ヨーロッパでは特権的地位を享受したが、後にそうした特典を失った。 |
| The **cultivation** of rice is one of the oldest agricultural practices. | 米の栽培は最古の農業実践の1つだ。 |
| Making the transition from a **dictatorship** to a liberal democracy is never an easy process. | 独裁国家から自由民主主義国家に移行するのは、決して簡単なプロセスではない。 |
| The small country relied on skillful **diplomacy** as a way to avoid military conflicts. | その小国は、軍事衝突を避けるための方法として巧みな外交に頼った。 |
| The **emergence** of nuclear weapons had made warfare a much riskier option for both sides. | 核兵器の出現により、戦争は両陣営にとってはるかにリスクの高い選択肢になっていた。 |
| People all over the country waited impatiently for each new **episode** of the popular TV show. | 世界中の人が、その人気テレビ番組の新しい回を毎回じりじりと待っていた。 |
| The budget set aside for environmental protection was only a **fraction** of that for defense spending. | 環境保護に充てられる予算は、防衛費に充てられる予算と比べてほんの少しでしかなかった。 |
| Many people in Western countries feel a sense of **guilt** towards the amount of food they waste. | 西洋諸国の多くの人は、自分たちが無駄にしている食品の量に罪悪感を感じている。 |
| His initial **hatred of** the enemy turned into a sense of respect for their bravery and patriotism. | 敵に対する彼の当初の憎しみは、敵の勇気と愛国心に対する尊敬の念に変わった。 |
| Many animal societies display a strong sense of **hierarchy**, with lower ranking animals giving way to those above them. | 多くの動物社会は階層制の印象を強く与え、地位の低い動物は上位の動物に譲歩する。 |

| 0449 | | |
|---|---|
| **indication**<br>[ìndɪkéɪʃən] | 兆し〈of 〜の，that …という〉，兆候 [= hint, sign]<br>indicative 形 |

| 0450 | | |
|---|---|
| **insistence**<br>[ɪnsístəns] | 主張〈on, upon 〜の，that …という〉，断言<br>insistent 形 |

| 0451 | | |
|---|---|
| **kitten**<br>[kítən] | 子猫 [= young cat]<br>cf. puppy 子犬 |

| 0452 | | |
|---|---|
| **mileage**<br>[máɪlɪdʒ] | 走行距離，燃費，総移動距離 |

| 0453 | | |
|---|---|
| **militia**<br>[məlíʃə] | (集合的に)民兵，市民軍<br>militiaman 名<br>cf. regular army 正規軍 |

| 0454 | | |
|---|---|
| **missile**<br>[mísəl] | ミサイル |

| 0455 | | |
|---|---|
| **prediction**<br>[prɪdíkʃən] | 予測〈about 〜についての〉，予言<br>▶ make a correct prediction 正しい予測をする |

| 0456 | | |
|---|---|
| **radar**<br>[réɪdɑːr] | レーダー<br>▶ under the radar 気付かれずに |

| 0457 | | |
|---|---|
| **rehabilitation**<br>[rìːhəbìlɪtéɪʃən] | 社会復帰，リハビリ，復興<br>rehabilitate 動 |

| 0458 | | |
|---|---|
| **reptile**<br>[réptəl] | 爬虫類(動物)<br>reptilian 形 |

| | |
|---|---|
| The chairman of the company had given no **indication that** he was about to resign. | その会社の社長は，間もなく辞任する**という兆し**をまったく見せていなかった。 |
| Despite the woman's **insistence that** she was innocent, she was convicted of the crime. | 自分は無実だ**という**女性の**主張**にもかかわらず，女性はその罪で有罪になった。 |
| **Kittens** should not be separated from their mother until they are about nine weeks old. | **子猫**は生後約9週間になるまで母親から離すべきではない。 |
| The secondhand car had very low **mileage** and was in excellent condition. | その中古車は**走行距離**がごくわずかで，とてもいい状態だった。 |
| This museum has a collection of uniforms from various **militias** throughout history. | この博物館では，歴史上のさまざまな**民兵**の軍服を所蔵しています。 |
| The navy dispatched the crew to locate any wartime **missiles** that may have been lost in the ocean. | 海軍は，海で失われた可能性のある戦時中の**ミサイル**を見つけるために乗組員を派遣した。 |
| Scientists are becoming increasingly confident in the accuracy of their **predictions about** global warming. | 科学者たちは，地球温暖化**に関する**自分たちの**予測**の正確さにますます自信を深めている。 |
| **Radar** was first developed for military purposes but it also has many peaceful uses. | **レーダー**はそもそも軍事目的で開発されたが，平和的用途もたくさんある。 |
| Most countries try to strike a balance between the punishment and the **rehabilitation** of offenders. | ほとんどの国は，犯罪者の処罰と**社会復帰**の釣り合いを取ろうとする。 |
| Some **reptiles**, such as turtles and lizards, are much more popular as pets than others. | カメやトカゲなどの一部の**爬虫類**は，ほかの爬虫類よりペットとしてずっと人気がある。 |

| 0459 | | |
|------|---|---|
| **spectrum** [spéktrəm] | (変動)範囲，(連続した)広がり，スペクトル | |

| 0460 | | |
|------|---|---|
| **textile** [tékstaɪl] | 織物，布地 [= cloth, fabric] | |

| 0461 | | |
|------|---|---|
| **transformation** [trænsfərméɪʃən] | (生物の)変態〈to, into ～への〉，変化，変容 | |

| 0462 | | |
|------|---|---|
| **transparency** [trænspǽrənsi] | (事柄の)透明性，(ガラスなどの)透明さ transparent 形 | |

| 0463 | | |
|------|---|---|
| **turbine** [tə́:rbaɪn] | タービン | |

| 0464 | | |
|------|---|---|
| **urbanization** [ə̀:rbənəzéɪʃən] | 都市化 urbanize 動 | |

| 0465 | | |
|------|---|---|
| **ward** [wɔːrd] | 病棟，行政区 ▶ general ward 一般病棟 | |

| 0466 | | |
|------|---|---|
| **gentrification** [dʒèntrɪfəkéɪʃən] | (スラム街の)高級住宅地化 gentrify 動 | |

| 0467 | | |
|------|---|---|
| **populace** [pá(:)pjʊləs] | (集合的に)大衆，庶民，全住民 | |

| 0468 | | |
|------|---|---|
| **pronoun** [próʊnàʊn] | 代名詞 ▶ personal [relative] pronoun 人称 [関係] 代名詞 | |

| | |
|---|---|
| The members of the committee included people from all parts of the political **spectrum**. | その委員会のメンバーには，幅広い政治的志向を持つあらゆる立場の人たちが含まれていた。 |
| The production of **textiles** has traditionally played a large part in the English economy. | 織物の生産は，イギリス経済で伝統的に大きな役割を果たしてきた。 |
| The **transformation** of a tadpole **into** a frog usually takes about three months. | オタマジャクシのカエル**への変**態は，普通3カ月ほどかかる。 |
| Most candidates promise to create greater government **transparency**, but they rarely do much about it once they are in office. | たいていの候補者は政府の透明性を高めると公約するが，議員になるとほとんど何もしない。 |
| Wind **turbines** are used to convert wind power into electricity. | 風力タービンは風力を電気に変換するのに用いられる。 |
| The process of **urbanization** has been a central element in the modernization of economies around the world. | 都市化の過程は，世界各地の経済が近代化する上で中心的要素となってきた。 |
| Due to a decline in birthrates, many hospitals have reduced the size of their maternity **wards**. | 出生率の低下のため，多くの病院は産科病棟の規模を縮小している。 |
| As property prices have risen, many formerly poor parts of the city have experienced **gentrification**. | 不動産価格の上昇とともに，かつて貧しかった市の多くの地区が高級住宅地化している。 |
| The party leader's right-wing views attracted support among the **populace** but not among intellectuals. | その政党指導者の右翼的見解は大衆の支持を集めたが，知識人の支持は得られなかった。 |
| The use of gendered **pronouns** has been increasingly criticized as discriminatory. | 性の区分がある代名詞の使用は差別的だという批判が強まっている。 |

| 0469 | | |
|---|---|---|

**heritage**
[hérətɪdʒ]

遺産 [= asset, legacy]
*cf.* inherit 相続する. inheritance 相続
▶ cultural heritage 文化遺産

| 0470 | | |
|---|---|---|

**hygiene**
[háɪdʒiːn]

衛生管理，清潔 [= cleanliness]
hygienic 形
▶ public hygiene 公衆衛生

| 0471 | | |
|---|---|---|

**famine**
[fǽmɪn]

飢饉 (きき ん) [= hunger, food shortage]

| 0472 | | |
|---|---|---|

**conscience**
[kά(ː)nʃəns]

良心
▶ a matter of conscience 良心の問題

| 0473 | | |
|---|---|---|

**specimen**
[spésəmɪn]

標本 [= sample]
語源 spec (見る) + men (物)

| 0474 | | |
|---|---|---|

**preservation**
[prèzərvéɪʃən]

保存，保護 [= conservation]
preserve 動　preservative 名 防腐剤．保存料

| 0475 | | |
|---|---|---|

**venue**
[vénjuː]

会場，開催地，(犯行などの) 現場

## 形容詞

| 0476 | | |
|---|---|---|

**unprecedented**
[ʌnprésədentɪd]

前例のない [= unparalleled] (⇔ common)

| 0477 | | |
|---|---|---|

**innate**
[ɪnéɪt]

生来の [= inborn, natural],
固有の [= native, inherent]
▶ innate ability 生まれながらの能力

| The country is proud of its cultural **heritage**, which is studied and preserved in its museums. | その国は自国の文化遺産を誇りとしており，文化遺産は国の博物館で調査され保存されている。 |
| Some children learn proper **hygiene** only in school since it is not taught to them at home. | 一部の子供たちは，適切な衛生管理を家庭で教わらないので，学校で学ぶだけだ。 |
| Global warming is leading to an increased occurrence of **famine**. | 地球温暖化が飢饉の発生が増加する原因となっている。 |
| The leader said legislators should vote according to their **conscience**. | 国会議員は良心に従って投票するべきだと指導者は述べた。 |
| The museum contained many **specimens** of rare plants. | その博物館には多くの希少植物の標本があった。 |
| The famous artist dedicated much of his life to the **preservation** of ancient buildings. | その有名な芸術家は，古代建築の保存に人生の多くをささげた。 |
| The sports stadium is also a popular **venue** for concerts. | その競技場は，コンサート会場としても人気がある。 |
| The political party won an **unprecedented** share of the vote. | その政党は前例のない得票率を得た。 |
| Some birds have an **innate** tendency to mate for life. | 鳥の中には，一生つがうという生来の性質を持つものもいる。 |

| | |
|---|---|
| 0478 <br> **staunch** <br> [stɔːntʃ] | 強固な，筋金入りの [= stalwart] <br> ▶ staunch supporter 忠実な支持者 |
| 0479 <br> **agrarian** <br> [əgréəriən] | 農地の，農業の [= agricultural] |
| 0480 <br> **juvenile** <br> [dʒúːvənàil] | 青少年の [≒ adolescent]（⇔ senile 老齢の） <br> ▶ juvenile book 少年少女向けの本 |
| 0481 <br> **cautious** <br> [kɔ́ːʃəs] | 用心深い，慎重な（⇔ careless） <br> cautiously 副　cautiousness 名 |
| 0482 <br> **charitable** <br> [tʃǽrətəbl] | 慈善の，慈悲深い <br> charitably 副 |
| 0483 <br> **evident** <br> [évidənt] | 明白な，明らかな [= clear, obvious] <br> evidently 副 |
| 0484 <br> **hazardous** <br> [hǽzərdəs] | 危険な [= dangerous]，有害な〈to 〜に〉 <br> hazardously 副 |
| 0485 <br> **progressive** <br> [prəgrésɪv] | 進歩的な，革新的な（⇔ conservative），前進する <br> progressively 副 |
| 0486 <br> **revolutionary** <br> [rèvəlúːʃənèri] | 革命的な，画期的な，革命の <br> 名 革命家 |
| 0487 <br> **complimentary** <br> [kà(ː)mpləméntəri] | 無料の，無償の [= given for free]，称賛の |

| | |
|---|---|
| He was a **staunch** believer in the efficacy of herbal medicines. | 彼は漢方薬の効能を<u>固く</u>信じていた。 |
| After the revolution, a number of important **agrarian** reforms were carried out. | 革命後，いくつかの重要な<u>農地</u>改革が実施された。 |
| **Juvenile** delinquency is a social problem that seems to be getting worse. | <u>青少年</u>の非行は社会問題となっていて，悪化しつつあるように思われる。 |
| At first, the cats felt **cautious** in their new home, but over time they became bolder. | 猫たちは最初は新しい家に<u>警戒感</u>を持っていたが，時間がたつと次第に大胆になった。 |
| As government spending on welfare has been reduced, **charitable** organizations have become more important. | 福祉への政府の支出が減らされる中，<u>慈善</u>団体の重要性が増している。 |
| Although the president claimed to represent the poor, it became **evident** that his aim was to help the rich. | 自分は貧乏人の代表だと大統領は主張したが，彼の目的は金持ちを助けることだと<u>明白</u>になった。 |
| The discovery of **hazardous** chemicals on the site delayed the building of the stadium for two years. | <u>危険な</u>化学物質が現場で発見されたことで，競技場の建設は2年遅れた。 |
| The writer was known for his **progressive** views on feminism and minority rights. | その作家は，フェミニズムとマイノリティーの権利に関する<u>進歩的な</u>見解で知られていた。 |
| His **revolutionary** theories about the universe were strongly opposed by the Catholic Church. | 宇宙に関する彼の<u>革命的な</u>理論は，カトリック教会に強く反対された。 |
| Guests at the hotel were given **complimentary** vouchers, allowing them a free drink at the bar. | そのホテルの宿泊客は，バーでドリンクがただになる<u>無料券</u>をもらった。 |

juvenileのjuveは（若い）を意味するよ。ほかの例としてはjunior「年下の」，rejuvenate「を再活性化させる，を若返らせる」などがあるよ。

| 0488 | |
|---|---|
| **convincing**<br>[kənvínsɪŋ] | 説得力のある，なるほどと思わせる<br>(⇔ unconvincing)<br>convincingly 副 |

| 0489 | |
|---|---|
| **depressed**<br>[dɪprést] | ふさぎ込んだ，うつ病の<br>depression 名 |

| 0490 | |
|---|---|
| **Paleolithic**<br>[pèɪliəlíθɪk] | 旧石器時代の<br>*cf.* Neolithic 新石器時代の |

| 0491 | |
|---|---|
| **Protestant**<br>[prá(:)ṭɪstənt] | プロテスタントの，新教の<br>名 プロテスタント，新教徒<br>Protestantism 名 |

| 0492 | |
|---|---|
| **real-life**<br>[rì:əlláɪf] | 現実の，実在の (⇔ fictional) |

| 0493 | |
|---|---|
| **comprehensive**<br>[kà(:)mprɪhénsɪv] | 総合的な [= all-inclusive]<br>▶ comprehensive insurance 総合保険 |

| 0494 | |
|---|---|
| **anonymous**<br>[əná(:)nɪməs] | 作者不詳の，匿名の [= with no name given]<br>anonymity 名　anonymously 副 |

| 0495 | |
|---|---|
| **indispensable**<br>[ìndɪspénsəbl] | 必要不可欠な [= essential] (⇔ dispensable) |

| 0496 | |
|---|---|
| **transparent**<br>[trænspǽrənt] | 透明な，明白な (⇔ opaque)<br>transparency 名 |

| 0497 | |
|---|---|
| **diverse**<br>[dəvə́:rs] | 多様な [= various]<br>diversify 動　diversity 名 |

124

| | |
|---|---|
| The new novel was highly praised for its **convincing** characters and exciting plot. | その新作小説は，**説得力のある**登場人物と手に汗握る展開で絶賛された。 |
| When he thought of all the work waiting for him at the office, he began to feel **depressed**. | 会社で待ち受けている仕事の山を考えると，彼は気持ちが**沈んで**きた。 |
| The professor was a well-known specialist in **Paleolithic** art such as cave paintings. | その教授は，洞窟壁画など**旧石器時代の**美術の有名な専門家だった。 |
| Many historians have seen a connection between **Protestant** ideas and the growth of individualism. | 多くの歴史家が，**プロテスタントの**理念と個人主義の高まりの関係に気付いている。 |
| Many psychological experiments are so different from **real-life** situations that they tell us little about actual human behavior. | 多くの心理学実験は**現実の**状況と大きく違うので，実際の人間の行動についてはほとんどわからない。 |
| The course included a **comprehensive** study on whales. | その講座には，クジラについての**総合的な**研究が含まれていた。 |
| Scholars are studying an **anonymous** fifth-century B.C. manuscript. | 学者たちは**作者不詳の**紀元前5世紀の写本を調べている。 |
| The chairman found his secretary so **indispensable** that he even took her with him on business trips. | 会長は秘書が**必要不可欠**だと思っていたので，出張にも彼女を連れて行った。 |
| We decided to protect our tabletop with a **transparent** plastic sheet. | 私たちは**透明な**プラスチックシートでテーブルの表面を保護することにした。 |
| The student body was very **diverse** and included people from over fifty countries. | その学校の学生は非常に**多様**で，50カ国以上の人々を含んでいた。 |

## 副詞

| | |
|---|---|
| **0498**<br>**overly**<br>[óuvərli] | 過度に [= excessively] |
| **0499**<br>**internationally**<br>[ìntərnǽʃənəli] | 国際的に |
| **0500**<br>**mistakenly**<br>[mɪstéɪkənli] | 誤って, 間違って [= by mistake] (⇔ deliberately 故意に) |

---

## ⏱ 1分間 mini test

**(1)** The museum contained many (　　　　) of rare plants.

**(2)** Some birds have an (　　　　) tendency to mate for life.

**(3)** The course included a (　　　　) study on whales.

**(4)** Experts are still divided on the causes of (　　　　).

**(5)** The crime was (　　　　) by a persistent journalist.

😊 ここから選んでね。※選択肢はすべて原形で表示しています。

① auditorium ② autism ③ collaborate ④ comprehensive
⑤ disrupt ⑥ innate ⑦ specimen ⑧ turbine
⑨ uncover ⑩ unprecedented

| | |
|---|---|
| She was careful not to appear <u>overly</u> confident in the interview. | 彼女は面接で自信過剰に見えないように注意した。 |
| The arrest of the <u>internationally</u> renowned philosopher attracted strong criticism from abroad. | 国際的に高名な哲学者の逮捕は，海外から強い批判を浴びた。 |
| The police <u>mistakenly</u> arrested him, believing that he was a wanted terrorist. | 警察は彼を指名手配中のテロリストと信じ，誤って逮捕した。 |

**(6)** A group of demonstrators attempted to (　　　　) the meeting.

**(7)** The political party won an (　　　　) share of the vote.

**(8)** The (　　　　) was packed with fans waiting for the concert to begin.

**(9)** Those who had (　　　　) with the enemy were later punished.

**(10)** Wind (　　　　) are used to convert wind power into electricity.

**正解**

**(1)** ⑦(→0473) **(2)** ⑥(→0477) **(3)** ④(→0493) **(4)** ②(→0429) **(5)** ⑨(→0402)
**(6)** ⑤(→0419) **(7)** ⑩(→0476) **(8)** ①(→0425) **(9)** ③(→0404) **(10)** ⑧(→0463)

| 動詞 | |
|---|---|
| **0501** ☐☐☐<br>**resent**<br>[rɪzént] | に憤る [= show indignation at]，を恨みに思う<br>[= have a grudge against]<br>resentment 图 |
| **0502** ☐☐☐<br>**devastate**<br>[dévəstèɪt] | を破壊する [= destroy]<br>devastating 形<br>▶ be devastated by grief 悲しみに打ちのめされる |
| **0503** ☐☐☐<br>**provoke**<br>[prəvóuk] | を挑発する〈into ~へと，to do ~するよう〉，<br>(感情など)を引き起こす<br>語源 pro (前へ) + voke (呼ぶ) |
| **0504** ☐☐☐<br>**hedge**<br>[hedʒ] | を生け垣で囲む〈with ~の〉，を未然に防ぐ<br>图 生け垣 |
| **0505** ☐☐☐<br>**enlighten**<br>[ɪnláɪtən] | に教える〈on, about, as to ~について〉，を啓発する<br>語源 en (にする) + light (明るい) + en (動詞語尾) |
| **0506** ☐☐☐<br>**emulate**<br>[émjulèɪt] | を見習う [= imitate]，<br>と張り合う [= rival, vie with]<br>emulation 图 |
| **0507** ☐☐☐<br>**denounce**<br>[dɪnáuns] | を公然と非難する<br>denouncement 图 |
| **0508** ☐☐☐<br>**disperse**<br>[dɪspə́:rs] | 分散する，を分散させる [= scatter]，<br>(知識など)を広める<br>dispersal 图 分散　　dispersion 图 分散 |
| **0509** ☐☐☐<br>**alienate**<br>[éɪliənèɪt] | を遠ざける [= estrange]<br>alienation 图<br>cf. alien 外国の |

| | |
|---|---|
| Young writers should try not to **resent** constructive criticism. | 若手作家は建設的な批評に腹を立てないようにすべきだ。 |
| The whole region was **devastated** by floods. | 地域全体が洪水によって破壊された。 |
| The drunk man tried to **provoke** another customer **into** fighting him. | 酔っぱらいは，別の客を挑発して自分とけんかさせようとした。 |
| The garden had been **hedged with** tall trees to break the wind. | その庭は風を遮るために高い木々の生け垣で囲まれていた。 |
| I asked her to **enlighten** me **as to** what had happened during my absence. | 私は留守中に何があったのか教えてほしいと彼女に頼んだ。 |
| She strove to **emulate** her mother's example in her personal life. | 彼女は私生活では母親の例を見習うようがんばった。 |
| The opposition **denounced** members of the government for corruption. | 野党は汚職を理由として政府の閣僚たちを公然と非難した。 |
| The demonstrators were ordered to **disperse** by the local police. | デモ参加者たちは解散するよう地元警察に命じられた。 |
| Many voters were **alienated** due to the candidate's aggressive attacks on his opponent. | その候補者が行った対立候補への過剰な攻撃によって，多くの有権者が離反した。 |

hedgeは，「を生け垣で囲む」というイメージをふくらませると，転じて「を未然に防ぐ」という意味になることがわかりやすいね。

| | |
|---|---|
| **0510** ☐☐☐<br>**squander**<br>[skwά(:)ndər] | を浪費する [= lavish, waste, spend extravagantly] |
| **0511** ☐☐☐<br>**discard**<br>[dıskά:rd] | を捨てる [= dump, throw away], を解雇する [= fire, dismiss] |
| **0512** ☐☐☐<br>**hamper**<br>[hǽmpər] | を妨げる [= hinder, impede, encumber, prevent, obstruct] |
| **0513** ☐☐☐<br>**waive**<br>[weıv] | (権利など)を放棄する [= relinquish, forgo]<br>waiver 图 権利放棄 |
| **0514** ☐☐☐<br>**defy**<br>[dıfáı] | に反抗する [= disobey]<br>defiance 图　　defiant 形 |
| **0515** ☐☐☐<br>**ambush**<br>[ǽmbuʃ] | を待ち伏せして襲う |
| **0516** ☐☐☐<br>**obliterate**<br>[əblíṭərèıt] | を消す [= erase]<br>語源 ob (逆に) + literate (文字を書く) |
| **0517** ☐☐☐<br>**secede**<br>[sısí:d] | 脱退する〈from ～から〉[= withdraw], 分離する<br>secession 图 |
| **0518** ☐☐☐<br>**slash**<br>[slæʃ] | を大幅に削減する [= reduce greatly],<br>(を)さっと切る [= slit],<br>を酷評する [= criticize severely] |
| **0519** ☐☐☐<br>**mutate**<br>[mjú(:)teıt] | 変異する〈into ～に〉, 変化する<br>[= metamorphose]<br>mutation 图 |

| | |
|---|---|
| That young man has <u>squandered</u> his entire inheritance. | その若者は相続した全財産を浪費してしまった。 |
| We were surprised to see that someone had <u>discarded</u> such nice furniture. | 私たちは，そのような立派な家具を捨てた人がいるのを見て驚いた。 |
| The police investigation was <u>hampered</u> by the uncooperative attitude of the local people. | 警察の捜査は地元の人々の非協力的な態度により妨げられた。 |
| He agreed to <u>waive</u> some of his rights in return for a reduced sentence. | 彼は減刑判決の交換条件として，自分の権利のいくつかを放棄することに同意した。 |
| She knew she could not <u>defy</u> her boss's direct order. | 彼女は上司の直接の命令に反抗することはできないとわかっていた。 |
| They were <u>ambushed</u> by a gang of bandits in the night. | 彼らは夜間に山賊の一味に待ち伏せされて襲われた。 |
| The businessman did his best to <u>obliterate</u> all signs of his crime. | その実業家は，自分の犯罪の跡をすべて消すためにできる限りの手を尽くした。 |
| America's Civil War began when Southern states tried to <u>secede</u> **from** the Union. | アメリカの南北戦争は，南部諸州が合衆国から脱退しようとして始まった。 |
| In order to reduce the deficit, the government <u>slashed</u> its funding of the arts. | 赤字を減らすため，政府は芸術への資金助成を大幅に削減した。 |
| The flies were useful to scientists because they <u>mutated</u> so quickly. | そのハエはとても速く変異するので科学者たちの役に立った。 |

slash は「(物理的に)切る」という意味もあるけど，「(コストなど)をカットする」という意味で英検ではよく出ちゃうんだ。

| 0520 | |
|---|---|
| **decimate** [désəmèit] | を大量に減少させる<br>decimation 图 |

| 0521 | |
|---|---|
| **condemn** [kəndém] | を激しく非難する〈for ～の理由で，as ～だと〉，<br>を運命づける〈to ～に〉<br>condemnation 图 |

| 0522 | |
|---|---|
| **correlate** [kɔ́(ː)rəlèit] | を互いに関連させる〈with ～と〉，<br>互いに関係がある〈to, with ～と〉<br>correlation 图 |

| 0523 | |
|---|---|
| **descend** [dɪsénd] | 由来する〈from ～に〉，血筋である〈from ～の〉，<br>陥る〈into 悪い状態に〉<br>descendant 图 子孫 |

| 0524 | |
|---|---|
| **imprison** [ɪmprízən] | を投獄する，を刑務所に入れる [= put in prison]<br>imprisonment 图 |

| 0525 | |
|---|---|
| **inflict** [ɪnflíkt] | (打撃など)を与える〈on, upon ～に〉，を負わせる<br>infliction 图 |

| 0526 | |
|---|---|
| **rally** [rǽli] | を結集する，集結する〈to ～のために〉<br>图 大集会 |

| 0527 | |
|---|---|
| **reassure** [rìːəʃúər] | を安心させる〈that …と言って〉<br>reassurance 图 |

| 0528 | |
|---|---|
| **scalp** [skælp] | ▆ を転売する，(チケット)のダフ屋をする<br>[= ▆ tout]<br>scalper 图 |

| | |
|---|---|
| The country's population had been <u>decimated</u> by warfare and hunger. | その国の人口は戦争と飢餓のために<u>大幅に減少</u>していた。 |
| Many people <u>condemned</u> the brutality with which the security forces broke up the demonstration. | 保安部隊がデモを解散させた乱暴なやり方を多くの人が<u>激しく非難</u>した。 |
| The scientific team attempted to <u>correlate</u> rainfall patterns **with** human activity but failed to find any connection. | 科学チームは人間の活動**と**降水パターンを<u>互いに関連させ</u>ようとしたが，何の関係も見つからなかった。 |
| The idea that birds <u>descended</u> **from** dinosaurs is generally believed by experts today. | 鳥は恐竜**に**<u>由来する</u>という考えは，今日の専門家によって一般に信じられている。 |
| In some countries, the number of young males being <u>imprisoned</u> has grown dramatically. | 一部の国では，<u>投獄される</u>若い男性の数が急増している。 |
| The bombing campaigns <u>inflicted</u> terrible suffering **on** innocent civilian populations. | 一連の爆撃攻撃は罪のない一般市民に大変な苦しみ<u>を与えた</u>。 |
| The leaders of the protest movement <u>rallied</u> their followers in front of the presidential palace. | 抗議運動の指導者たちは，大統領官邸の前に支持者<u>を結集し</u>た。 |
| The teacher <u>reassured</u> the parents **that** their daughter was doing well in class. | その教師は，彼らの娘はクラスでうまくやっている**と言って**両親<u>を安心させ</u>た。 |
| When the world championship match was held in town, ticket <u>scalping</u> became a serious concern for the organizers. | 世界選手権試合が町で行われたとき，チケットの<u>転売</u>が主催者側の深刻な懸念になった。 |

decimateのdeciは (10分の1) を意味するんだ。
ほかの例としてdecimal「10進法の」などがあるよ。

## 名詞

| 0529 | |
|---|---|
| **ratio**<br>[réiʃiòu] | 比率，割合 [= proportion]<br>▶ in the ratio of 5 to 2 5対2の比で |

| 0530 | |
|---|---|
| **patent**<br>[pǽtənt] | 特許（権），専売特許，特許品<br>▶ apply for a patent 特許を出願する |

| 0531 | |
|---|---|
| **fraud**<br>[frɔːd] | 詐欺 [= swindling]<br>▶ real-estate fraud 不動産詐欺 |

| 0532 | |
|---|---|
| **massacre**<br>[mǽsəkər] | 大虐殺 [= slaughter] |

| 0533 | |
|---|---|
| **credibility**<br>[krèdəbíləti] | 信頼，信ぴょう性 [= reliability]，確実性<br>credible 形 |

| 0534 | |
|---|---|
| **demise**<br>[dimáiz] | 死去 [= decease, death]，<br>終焉 [= end, termination] |

| 0535 | |
|---|---|
| **clout**<br>[klaut] | 権力，影響力，殴打 |

| 0536 | |
|---|---|
| **resurgence**<br>[risɔ́ːrdʒəns] | 回復 [= revival, comeback]<br>語源 re (再び) + surge (盛り上げる) + ence (名詞語尾) |

| 0537 | |
|---|---|
| **cortex**<br>[kɔ́ːrteks] | （大脳）皮質 |

| 0538 | |
|---|---|
| **cognition**<br>[kɑ(ː)gníʃən] | 認識，認知 [= perception]<br>cognitive 形 |

| The **ratio** of applicants to those who were accepted was 3 to 1. | 応募者と合格者の<u>比率</u>は3対1だった。 |
| The inventor was famous for the number of **patents** he had taken out. | その発明家は，取得した<u>特許</u>の数で有名だった。 |
| The insurance scheme turned out to be a complex tax **fraud**. | その保険事業企画は複雑な税金<u>詐欺</u>だということが判明した。 |
| Who carried out the **massacre** of the villagers remains a matter of dispute. | 誰が村人の<u>大虐殺</u>を実行したかは，依然として論争の的である。 |
| It seems his **credibility** has not been damaged despite the scandal. | スキャンダルにもかかわらず，彼に対する<u>信頼</u>は傷ついていないようだ。 |
| Smoking and drinking to excess can bring about an early **demise**. | 過度の喫煙と飲酒は早期<u>死亡</u>の原因になることがある。 |
| His father carried a lot of **clout** in the committee and could easily influence committee decisions. | 彼の父親は委員会で大きな<u>権力</u>を持っていて，委員会の決定を容易に左右することができた。 |
| The threat of war led to a **resurgence** of support for the president. | 戦争の脅威が大統領支持の<u>回復</u>につながった。 |
| He had suffered severe damage to the **cortex** of the brain. | 彼は大脳<u>皮質</u>に深刻な損傷を受けていた。 |
| Language and **cognition** are important topics for psychological research. | 言語と<u>認識</u>は，心理学研究の重要項目である。 |

| | |
|---|---|
| **0539**<br>**accountability**<br>[əkàunʈəbíləʈi] | 説明責任，説明義務<br>accountable 形 |
| **0540**<br>**acquisition**<br>[ækwɪzíʃən] | 習得，獲得，買収<br>▶ mergers and acquisitions 合併買収 |
| **0541**<br>**acre**<br>[éɪkər] | エーカー<br>★ 約4,047平方メートル |
| **0542**<br>**aggression**<br>[əgréʃən] | 侵略，侵犯，攻撃性<br>aggressive 形 |
| **0543**<br>**assertion**<br>[əsə́:rʃən] | 主張〈that …という〉，断言 [= claim]<br>assertive 形 |
| **0544**<br>**authenticity**<br>[ɔ̀:θentísəʈi] | 本物であること，真実性 (⇔ falsity)<br>authentic 形 |
| **0545**<br>**booth**<br>[bu:θ] | ブース，仕切り席，小部屋<br>▶ information booth 案内所 |
| **0546**<br>**broadcaster**<br>[brɔ́:dkæstər] | 放送局 [= broadcasting company]，キャスター，<br>アナウンサー |
| **0547**<br>**bud**<br>[bʌd] | 芽状突起，つぼみ，芽<br>動 芽を出す |
| **0548**<br>**canopy**<br>[kǽnəpi] | （森林を覆う）林冠，（ベッドなどを覆う）天蓋<br>てんがい |

| | |
|---|---|
| The committee said that the greatest problem in the system was the lack of <u>accountability</u> among bureaucrats. | その制度の最大の問題は官僚に説明責任がないことだ，と委員会は述べた。 |
| Language <u>acquisition</u> among children happens for the most part automatically. | 子供の言語の習得は，大部分が無意識のうちに行われる。 |
| Millions of <u>acres</u> of tropical rainforest have been cut down by developers. | 数百万エーカーの熱帯雨林が開発業者によって伐採されている。 |
| By exaggerating the threat of foreign <u>aggression</u>, the army gained the funds to expand its forces. | 外国による侵略の脅威を誇張することで，陸軍は軍備拡大の資金を得た。 |
| Critics argued that the evidence contradicted his <u>assertion</u> **that** global warming was a myth. | その証拠は，地球温暖化は神話だという彼の主張を否定するものだ，と批判者たちは論じた。 |
| They claimed the painting was by a famous artist, but many experts questioned its <u>authenticity</u>. | その絵は有名な芸術家の作品だと言われていたが，多くの専門家は本物かどうか疑っていた。 |
| The young employee was told that she would be in charge of the company's <u>booth</u> at the trade fair. | その若手社員は，見本市で会社のブースの責任者になると言われた。 |
| The country's state <u>broadcaster</u> failed to mention the anti-government protests at all. | その国の国営放送局は，反政府抗議運動に一言も触れなかった。 |
| The disease affects the taste <u>buds</u>, preventing sufferers from sensing the flavors of their food. | その病気は<ruby>味蕾<rt>み らい</rt></ruby>を冒し，患者は食べた物の味がわからなくなってしまう。 |
| The forest <u>canopy</u> keeps the lower part of the forest dark and cool during the summer. | その森の林冠は夏の間，森の低い部分を暗く涼しく保っている。 |

bud は「(植物の) つぼみ」の意味があるけれど，英検では医学についての文章でよく出ちゃうんだ。

| 0549 **carriage** [kǽrɪdʒ] | (4輪の)馬車 [= coach], 🚃 乳母車, 🇬🇧 客車 |
| --- | --- |
| 0550 **clash** [klǽʃ] | 衝突〈between 〜の間の〉, 小競り合い, 対立 |
| 0551 **complexity** [kəmpléksəti] | 複雑さ (⇔ simplicity) |
| 0552 **consciousness** [ká(:)nʃəsnəs] | 社会意識, 考え方 [= awareness], 意識 |
| 0553 **deception** [dɪsépʃən] | 欺瞞, ごまかし [= deceit]<br>deceptive 形 |
| 0554 **defendant** [dɪféndənt] | 被告 (⇔ plaintiff 原告) |
| 0555 **diplomat** [dípləmæt] | 外交官, 駆け引きのうまい人 |
| 0556 **fluctuation** [flʌ̀ktʃuéɪʃən] | 変動〈in, of 〜の〉, 不規則な変化<br>fluctuate 動 |
| 0557 **governor** [gʌ́vərnər] | 知事, 統治者 |
| 0558 **guerrilla** [gərílə] | ゲリラ<br>▶ guerrilla warfare ゲリラ戦 |

| | |
|---|---|
| Before the introduction of railways, travelers had little choice but to use horse-drawn <u>carriages</u>. | 鉄道の出現前は，旅行者には馬が引く<u>馬車</u>を使うしかほとんど選択肢がなかった。 |
| After the championship soccer match, there were many <u>clashes</u> **between** groups of rival supporters. | そのサッカーの決勝戦の後，ライバルチームのサポーターグループ**の間**で多くの<u>衝突</u>があった。 |
| Many scientists misunderstood the new astronomical theory due to its <u>complexity</u>. | その天文学の新説は<u>複雑</u>で，それ故多くの科学者は誤解した。 |
| Despite the growing <u>consciousness</u> of discrimination against women, many barriers still remain all around us. | 女性差別に関する<u>社会意識</u>が高まっているとはいえ，至る所にまだ多くの壁が残っている。 |
| He accused the government of a campaign of lies and <u>deception</u> concerning the disaster. | その災害に関してうそと<u>欺瞞</u>のキャンペーンを行ったとして彼は政府を非難した。 |
| Although the <u>defendant</u> was found to be innocent, many people suspected that he had actually committed the crime. | <u>被告</u>は無罪になったが，実際はその罪を犯していたのではないかと多くの人が思った。 |
| After working as a <u>diplomat</u> for some years, he left the foreign service and became a journalist. | <u>外交官</u>として数年働いた後，彼は外務局をやめてジャーナリストになった。 |
| Some <u>fluctuations</u> **in** the price of oil were normal, but a drop of this size was very rare. | 原油価格のある程度の<u>変動</u>は普通だったが，これだけの規模の下落はとても珍しかった。 |
| The new <u>governor</u> vowed to put state interests before all else. | 新<u>知事</u>は，ほかの何よりも州の利益を優先すると誓った。 |
| The businessman was kidnapped by <u>guerrillas</u> and kept in the jungle for ten years. | その実業家は<u>ゲリラ</u>に誘拐され，10年間ジャングルに留め置かれた。 |

| 0559 | |
|---|---|
| **honesty** [á(:)nəsti] | 誠実, 正直 (⇔dishonesty) |

| 0560 | |
|---|---|
| **inheritance** [ɪnhérətəns] | 遺伝 [= heredity], 遺産 [= heritage] |

| 0561 | |
|---|---|
| **injustice** [ɪndʒʌ́stɪs] | 不正, 不公正 (⇔justice) ▶ do *a person* an injustice (人) を不当におとしめる |

| 0562 | |
|---|---|
| **lag** [læg] | (時間などの)ずれ, 隔たり, 遅れ 動 遅れる |

| 0563 | |
|---|---|
| **linguistics** [lɪŋgwístɪks] | 言語学 linguistic 形 |

| 0564 | |
|---|---|
| **margin** [má:rdʒɪn] | (勝敗を決する)差, 利ざや, 余白 ▶ by a wide [large] margin 大差で |

| 0565 | |
|---|---|
| **optimism** [á(:)ptɪmìzm] | 楽観 [楽天] 主義 (⇔pessimism) optimist 名   optimistic 形 |

| 0566 | |
|---|---|
| **parliament** [pá:rləmənt] | (Parliament)(英国の)議会, 国会 parliamentary 形 |

| 0567 | |
|---|---|
| **policymaker** [pá(:)ləsimèɪkər] | 政策立案者 |

| 0568 | |
|---|---|
| **pollen** [pá(:)lən] | 花粉 *cf.* hay fever 花粉症 |

| | |
|---|---|
| Newspapers questioned the mayor's **honesty**, suggesting that he was lying about his business activities. | 新聞は市長の<u>誠実さ</u>を疑い, 自らの事業活動についてうそをついているのではないかと書いた。 |
| As we understand more about genetic **inheritance**, the substantial role it plays in disease is becoming clearer. | <u>遺伝</u>の理解が深まるほど, 病気において遺伝が果たす重大な役割がより明らかになりつつある。 |
| The actor's hatred of social **injustice** led him to join the campaign against the government's policies. | その俳優は社会的<u>不正</u>を憎んでいたので, 政府の政策に反対する運動に加わることとなった。 |
| There is inevitably a time **lag** between a new discovery and its appearance in standard textbooks. | 新しい発見と, それが標準的な教科書に載るまでの間には, 必然的に時間の<u>ずれ</u>がある。 |
| Although many people think that languages influence our worldviews, **linguistics** specialists are not so sure. | 言語は私たちの世界観に影響すると多くの人は思うが, <u>言語学</u>の専門家はそれほど確信を持っていない。 |
| The candidate only won by a narrow **margin**, but he claimed the result was a great victory. | その候補者は<u>僅差</u>でやっと勝ったのに, 結果は大勝利だと主張した。 |
| Young people tend to have a greater **optimism** about the future than older people do. | 年配の人より若者の方が将来についてより<u>楽観的</u>な傾向がある。 |
| The steady growth in the power of **Parliament** is one of the great themes of English history. | <u>議会</u>の力の着実な増加は, 英国史の大きなテーマの1つだ。 |
| The scientists appealed to **policymakers** to pay more attention to environmental research. | その科学者たちは, 環境調査にもっと注目するよう<u>政策立案者</u>に訴えた。 |
| Bees help to maintain genetic diversity in plants by taking **pollen** from one plant to another. | ミツバチは植物から植物へと<u>花粉</u>を運ぶことによって, 遺伝子の多様性の維持に役立っている。 |

| 0569 |  |
|---|---|
| **reconstruction** [rìːkənstrʌ́kʃən] | (the Reconstruction)(南北戦争後の)再編, 再建, 復興 |

| 0570 |  |
|---|---|
| **relocation** [rìːləkéɪʃən] | 移転, 移動 |

## 形容詞

| 0571 |  |
|---|---|
| **plausible** [plɔ́ːzəbl] | もっともらしい, まことしやかな (⇔ implausible) plausibility 图 ▶ plausible argument 理にかなった論拠 |

| 0572 |  |
|---|---|
| **irrelevant** [ɪréləvənt] | 不適切な〈to 〜にとって〉, 関係のない [= not pertinent] (⇔ relevant) irrelevance 图 |

| 0573 |  |
|---|---|
| **ongoing** [ɑ́(ː)ŋgòʊɪŋ] | 継続 [進行] 中の [= in progress] ▶ ongoing negotiation 継続中の交渉 |

| 0574 |  |
|---|---|
| **potent** [póʊtənt] | 強力な [= strong, powerful], 有効な [= efficacious] potency 图 |

| 0575 |  |
|---|---|
| **intact** [ɪntǽkt] | 損なわれていない [= untouched, whole, unimpaired], 元のままの 語源 in (でない) + tact (触れる) |

| 0576 |  |
|---|---|
| **identical** [aɪdén̪tɪkəl] | 一卵性の, 同一の [= the same], まったく同じ〈to, with 〜と〉 ▶ be identical in size 大きさがまったく同じである |

| 0577 |  |
|---|---|
| **paramount** [pǽrəmàʊnt] | 最高 (位)の [= supreme, preeminent, highest in rank] |

| The period following the American Civil War is often known as the **Reconstruction** era. | アメリカ南北戦争に続く時期は，しばしば**再編**期として知られる。 |
| --- | --- |
| The building of the new airport involved the **relocation** of many local farmers. | 新空港の建設は多くの地元農家の**移転**を伴った。 |

| The theory is **plausible** but by no means proven. | その仮説は**もっともらしい**が，まったくもって証明されていない。 |
| --- | --- |
| His point is valid but **irrelevant to** the current discussion. | 彼の論点は理にかなっているが，今の議論**には不適切**だ。 |
| The police visit was part of an **ongoing** campaign against illegal drug use. | 警察の訪問は，**継続中の**不法薬物使用撲滅キャンペーンの一環だった。 |
| Many were amazed by the **potent** display of military power in the Gulf War. | 多くの人は湾岸戦争での軍事力の**強力な**誇示にとても驚いた。 |
| No matter how difficult things got, he kept his integrity **intact**. | 事態がどんなに厳しくなろうとも，彼は自分の誠実さを**損なわずに**保った。 |
| **Identical** twins are siblings that originate from a single fertilized egg. | **一卵性**双生児は単一の受精卵から生まれる兄弟姉妹である。 |
| He was the **paramount** leader of the Chinese communist revolution. | 彼は中国共産革命の**最高**指導者だった。 |

reconstruction は普段，「（建物や組織の）再建」という意味でよく使うね。

| 0578 | | | |
|---|---|
| **detrimental**<br>[dètrɪméntəl] | 有害な〈to ～に〉[= damaging]<br>detriment 图 損失 |

| 0579 | | | |
|---|---|
| **gullible**<br>[gʌ́ləbl] | だまされやすい [= credulous, easily gulled or cheated] |

| 0580 | | | |
|---|---|
| **integral**<br>[íntɪɡrəl] | 不可欠の [= essential]，完全な [= perfect]，整数の<br>图 積分 |

| 0581 | | | |
|---|---|
| **outright**<br>[áutràɪt] | 完全な [= complete]，紛れもない<br>▶ outright refusal 完全な拒否 |

| 0582 | | | |
|---|---|
| **feasible**<br>[fíːzəbl] | 実行可能な [= practicable, possible]<br>▶ feasible goal 実行可能な目標 |

| 0583 | | | |
|---|---|
| **vicious**<br>[víʃəs] | 残酷な [= brutal]，悪意のある [= malicious]，堕落した [= profligate, depraved] |

| 0584 | | | |
|---|---|
| **lethal**<br>[líːθəl] | 致命的な [= mortal, deadly]<br>▶ lethal injury 致命傷 |

| 0585 | | | |
|---|---|
| **neural**<br>[njúərəl] | 神経の<br>▶ neural cell 神経細胞 |

| 0586 | | | |
|---|---|
| **mundane**<br>[mʌndéɪn] | ありきたりの，世俗的な [= worldly, earthly]<br>(⇔ heavenly, spiritual) |

| 0587 | | | |
|---|---|
| **climatic**<br>[klaɪmǽtɪk] | 気候の<br>climatically 副<br>▶ climatic change 気候変動 |

| | |
|---|---|
| The boy's bad behavior was **detrimental to** the school's atmosphere. | その少年の素行不良は学校の雰囲気に<u>有害な</u>ものだった。 |
| Those children are so **gullible** that they will believe almost anything. | その子供たちはとても<u>だまされやすくて</u>，ほとんど何でも信じてしまう。 |
| An **integral** part of athletic excellence is a knowledge of the fundamentals. | 運動能力に秀でるための<u>不可欠な</u>要素は基礎の知識である。 |
| He said her claims were an **outright** lie with no basis in fact. | 彼女の主張は事実に基づかない<u>真っ赤な</u>うそだ，と彼は言った。 |
| Our new economic plan is both innovative and **feasible**. | 私たちの新しい経済計画は革新的でもあり<u>実行可能</u>でもある。 |
| Police on the scene were appalled at the **vicious** nature of the crime. | 現場の警察官たちは，その犯罪の<u>残忍な</u>性質にぞっとした。 |
| A person trained in martial arts can deliver **lethal** blows by hand. | 格闘技の訓練を受けた人は，素手で<u>致命的な</u>打撃を与えることができる。 |
| The machine was used to measure **neural** activity in the brain. | その機械は脳の<u>神経</u>活動を測定するために使用された。 |
| Many people thought her job was glamorous, but for her the routine had become **mundane**. | 彼女の仕事は華やかだと多くの人は思ったが，彼女には決まりきった仕事が<u>つまらなく</u>なっていた。 |
| It is clear that **climatic** factors generally play an important role in determining the spread of diseases. | 病気の流行を決定する上で<u>気候</u>要因が一般に重要な役割を果たすのは明らかだ。 |

| 0588 | 顔の |
|---|---|
| **facial** | |
| [féɪʃəl] | |

| 0589 | 人道主義の |
|---|---|
| **humanitarian** | humanitarianism 名 |
| [hjuːmænɪtéəriən] | ▶ humanitarian aid 人道支援 |

| 0590 | 無能な (⇔ competent) |
|---|---|
| **incompetent** | incompetence 名　incompetently 副 |
| [ɪnká(ː)mpətənt] | |

| 0591 | ばかげた [= crazy]，正気でない (⇔ sane) |
|---|---|
| **insane** | insanity 名 |
| [ɪnséɪn] | |

| 0592 | 顕微鏡でしか見えない，極微の |
|---|---|
| **microscopic** | microscopically 副 |
| [màɪkrəská(ː)pɪk] | |

| 0593 | 伝道の，布教の |
|---|---|
| **missionary** | 名 宣教師 |
| [míʃənèri] | |

| 0594 | 金銭の，貨幣の |
|---|---|
| **monetary** | ▶ monetary crisis 通貨危機 |
| [má(ː)nətèri] | |

| 0595 | 生理学の，生理的な |
|---|---|
| **physiological** | physiology 名 生理学　physiologist 名 生理学者 |
| [fìziəlá(ː)dʒɪkəl] | |

| 0596 | 特権のある，特権階級の |
|---|---|
| **privileged** | ▶ the privileged 特権階級 (の人々) |
| [prívəlɪdʒd] | |

| | |
|---|---|
| Some scientists argue that **facial** expressions are rooted in nature rather than culture. | 顔の表情は文化ではなく自然に起因すると論じる科学者もいる。 |
| The princess was famous for her devotion to **humanitarian** causes such as helping the sick children. | 王女は病気の子供たちを援助するなど，人道的大義への献身で有名だった。 |
| A series of bad decisions by **incompetent** doctors actually made his disease worse. | 無能な医師たちが間違った決定を続けて下したことが実際に彼の病気を悪化させた。 |
| Opponents of the new tax denounced it as **insane** and argued that it would cause the whole economy to collapse. | 新税の反対者は，新税はばかげていると非難し，そのせいで経済全体が崩壊するだろうと主張した。 |
| The study of **microscopic** organisms helps us understand better the importance of healthy forest soils. | 微視的な生物の研究は，健康な森の土壌のよりよい理解を助けてくれる。 |
| Although scholarly, his work betrayed a typical **missionary** sense of superiority over the natives. | 彼の著作は学術的ではあったが，先住民に対する典型的な伝道者の優越感が透けて見えた。 |
| There are many things in life that do not have **monetary** value. | 金銭的価値を付けられないものは人生にたくさんある。 |
| Some biologists believe that there is a **physiological** basis to most human behavior. | ほとんどの人間の行動には生理学的な根拠があると考える生物学者もいる。 |
| The research showed that children from **privileged** backgrounds were more likely to gain entrance to a prestigious university. | 特権的な家庭環境の子供の方が名門大学に入学する可能性が高いことをその研究は示した。 |

| 0597 | | |
|---|---|---|
| **aggressively** [əgrésɪvli] | | 積極的に，意欲的に，攻撃的に |

| 0598 | | |
|---|---|---|
| **considerably** [kənsídərəbli] | | かなり，相当に [= significantly] |

| 0599 | | |
|---|---|---|
| **exclusively** [ɪksklú:sɪvli] | | もっぱら，独占的に |

| 0600 | | |
|---|---|---|
| **readily** [rédɪli] | | 難なく，たやすく [= freely]，快く [= willingly] (⇔ reluctantly) |

## ⏲ 1分間 mini test

(1) The whole region was (　　　　) by floods.

(2) His point is valid but (　　　　) to the current discussion.

(3) Those children are so (　　　　) that they will believe almost anything.

(4) She knew she could not (　　　　) her boss's direct order.

(5) They were (　　　　) by a gang of bandits in the night.

😊 ここから選んでね。※選択肢はすべて原形で表示しています。

① ambush ② cortex ③ defy ④ devastate
⑤ emulate ⑥ feasible ⑦ fraud ⑧ gullible
⑨ hedge ⑩ irrelevant

| | |
|---|---|
| The government **aggressively** pursued a policy of expelling illegal aliens. | 政府は不法滞在者を追放する政策を積極的に推進した。 |
| The educator argued that public examinations had become **considerably** easier over time. | その教育者は,国家統一試験は時間がたってかなり易しくなったと論じた。 |
| Many luxury spas offer treatments which **exclusively** utilize their own specially made beauty products. | 多くの高級スパでは,そこだけの特製の美容用品をもっぱら用いるトリートメントを受けられる。 |
| The dish can easily be made with ingredients **readily** available at any supermarket. | その料理は,どこのスーパーマーケットでも容易に手に入る材料で簡単に作れる。 |

◆◆◆◆◆◆◆◆◆◆◆◆◆◆◆◆◆◆◆◆◆◆◆◆◆◆◆◆◆◆◆◆◆◆◆◆◆◆◆◆◆◆◆◆◆◆◆◆

**(6)** Our new economic plan is both innovative and (　　　　).

**(7)** She strove to (　　　　) her mother's example in her personal life.

**(8)** The garden had been (　　　　) with tall trees to break the wind.

**(9)** He had suffered severe damage to the (　　　　) of the brain.

**(10)** The insurance scheme turned out to be a complex tax (　　　　).

正解

(1) ④ (→0502)　(2) ⑩ (→0572)　(3) ⑧ (→0579)　(4) ③ (→0514)　(5) ① (→0515)
(6) ⑥ (→0582)　(7) ⑤ (→0506)　(8) ⑨ (→0504)　(9) ② (→0537)　(10) ⑦ (→0531)

| 動詞 | |
|---|---|
| **0601** ☐☐☐ <br> **spark** <br> [spɑːrk] | を引き起こす，の引き金になる [= provoke, trigger] <br> 图 火花 |
| **0602** ☐☐☐ <br> **escalate** <br> [éskəlèɪt] | (戦闘・暴力などが) エスカレートする〈into ～に〉，段階的に拡大する <br> escalation 图 |
| **0603** ☐☐☐ <br> **obsess** <br> [əbsés] | (be obsessed で) 取りつかれる〈with, by ～に〉，悩まされる <br> obsession 图 |
| **0604** ☐☐☐ <br> **reel** <br> [riːl] | 動揺する〈from ～で〉，混乱する，よろける |
| **0605** ☐☐☐ <br> **refill** <br> [riːfíl] | を再び満たす，再び満ちる <br> 图 [ríːfìl] 詰め替え，再処方薬 |
| **0606** ☐☐☐ <br> **outnumber** <br> [àʊtnʌ́mbər] | より数で勝る，より多い [= be more than] |
| **0607** ☐☐☐ <br> **eclipse** <br> [ɪklíps] | の影を薄くさせる [= surpass]，(ほかの天体) を欠けさせる |
| **0608** ☐☐☐ <br> **hatch** <br> [hætʃ] | (ひな・卵が) かえる，ふ化する [= incubate] <br> ▶ hatch eggs 卵をふ化させる |
| **0609** ☐☐☐ <br> **thrive** <br> [θraɪv] | 成功する [= be successful, do well]，繁栄する [= prosper] (⇔ decline, wither) <br> thriving 形 |

| | |
|---|---|
| The decision to prosecute the religious leader sparked an angry reaction among his followers. | その宗教指導者を起訴する決定は，支持者の間に怒りの反応を引き起こした。 |
| What began as a minor border dispute rapidly escalated into a major military conflict. | 最初は小さな国境紛争だったものが，急速に大規模な軍事衝突にエスカレートした。 |
| The car lover was obsessed with obtaining antique cars and restoring them. | その自動車愛好家は，クラシックカーを手に入れて修復することに取りつかれていた。 |
| The village was still reeling from the effects of the previous month's earthquake. | 村は前月の地震の影響でまだ動揺していた。 |
| He stopped at a gas station and refilled the tank in his car. | 彼はガソリンスタンドで停車して車のタンクを再び満たした。 |
| It is still the case that male engineering students greatly outnumber female ones. | 工学の学生数は男子が女子を大きく上回っているのがまだ実情だ。 |
| The team's triumph was eclipsed by news of the prime minister's resignation. | 首相辞任のニュースのためにチームの勝利の影が薄くなった。 |
| The mother bird sits on the eggs until they hatch a week later. | 母鳥は，1週間後にひながかえるまで卵を抱く。 |
| According to her letter, her business is thriving in Australia. | 彼女の手紙によると，彼女の事業はオーストラリアで成功している。 |

| 0610 | |
|---|---|
| **contaminate**<br>[kəntǽmɪnèɪt] | を汚染する〈with ～で〉[= pollute]<br>contamination 图 汚染　　contaminant 图 汚染物質 |

| 0611 | |
|---|---|
| **displace**<br>[dɪspléɪs] | を強制退去させる〈from ～から〉, を移動させる<br>displacement 图 |

| 0612 | |
|---|---|
| **precede**<br>[prɪsíːd] | に先んじる[= come before]〈⇔ follow〉,<br>より重要な位置にいる<br>precedence 图 優先　　precedent 图 先例 |

| 0613 | |
|---|---|
| **prescribe**<br>[prɪskráɪb] | を規定する[= stipulate], を処方する<br>prescription 图 処方箋 |

| 0614 | |
|---|---|
| **subsidize**<br>[sʌ́bsɪdàɪz] | に補助金を与える<br>subsidy 图 |

| 0615 | |
|---|---|
| **amend**<br>[əménd] | (法律など)を改正する, を修正する[= revise,<br>rectify]<br>amendment 图 |

| 0616 | |
|---|---|
| **replicate**<br>[réplɪkèɪt] | を複製する[= duplicate]<br>replication 图<br>語源 re (再び) + pli (重なる) + ate (動詞語尾) |

| 0617 | |
|---|---|
| **deteriorate**<br>[dɪtíəriərèɪt] | 悪化する[= worsen]<br>deterioration 图 |

| 0618 | |
|---|---|
| **hinder**<br>[híndər] | を妨げる[= hamper]<br>hindrance 图 |

| 0619 | |
|---|---|
| **excel**<br>[ɪksél] | 優れている〈in ～において〉,<br>に勝る〈in ～において〉[= surpass]<br>excellence 图 |

| | |
|---|---|
| After the accident, the water supply was <u>contaminated</u> **with** chemicals. | 事故の後，上水道は化学物質で<u>汚染</u>された。 |
| Thousands of people were <u>displaced</u> **from** their homes by the flood. | 洪水のため，何千人もの人々が自宅**から**<u>強制退去させ</u>られた。 |
| Many famous scientists had <u>preceded</u> him in the post. | 多くの有名な科学者が彼の<u>前任者としてそのポストに就いていた</u>。 |
| The rules for taking the exam were <u>prescribed</u> carefully in writing. | 受験する際の規則は注意深く文書で<u>規定され</u>ていた。 |
| The company <u>subsidizes</u> my monthly rent. | 会社は私の毎月の家賃を<u>補助している</u>。 |
| The law was <u>amended</u> to take into account new developments in biotechnology. | その法律は生物工学の新たな進展を考慮に入れるために<u>改正され</u>た。 |
| He was able to <u>replicate</u> a copy of the volume that looked exactly like the original book. | 彼は原本とまったく同じに見える本**を**<u>複製する</u>ことができた。 |
| As the war continued, the food situation began to <u>deteriorate</u>. | 戦争が続くにしたがって，食糧事情は<u>悪化し</u>始めた。 |
| Work on repairing the bridge was <u>hindered</u> by strong winds. | 橋の修理工事は強風によって<u>妨げ</u>られた。 |
| All the students from her class <u>excelled</u> during the final examination period. | 彼女のクラスにいる学生全員が，最終試験期間中に<u>優秀だっ</u>た。 |

| 0620 | |
|---|---|
| **exert**<br>[ɪgzə́ːrt] | を行使する，を働かせる [= exercise]<br>exertion 图<br>▶ exert all *one's* strength 全力を出し切る |

| 0621 | |
|---|---|
| **concede**<br>[kənsíːd] | を (仕方なく正しいと) 認める [= acknowledge reluctantly]<br>concession 图 |

| 0622 | |
|---|---|
| **spur**<br>[spə́ːr] | を刺激する〈to *do* 〜するよう〉[= encourage]<br>图 刺激 |

| 0623 | |
|---|---|
| **exacerbate**<br>[ɪgzǽsərbèɪt] | を悪化させる [= aggravate]，をいら立たせる [= irritate] |

| 0624 | |
|---|---|
| **invoke**<br>[ɪnvóuk] | (神の加護など) を祈願する，(法など) を発動する |

| 0625 | |
|---|---|
| **encompass**<br>[ɪnkʌ́mpəs] | を取り囲む [= encircle]，を含む |

| 0626 | |
|---|---|
| **evaporate**<br>[ɪvǽpərèɪt] | 消滅する [= disappear, vanish]，蒸発する<br>evaporation 图<br>語源 e (外へ) + vapor (蒸気) + ate (動詞語尾) |

| 0627 | |
|---|---|
| **override**<br>[òuvərráɪd] | を覆す [= invalidate]，より優位に立つ<br>▶ override *a person's* objections (人) の反対を覆す |

## 名詞

| 0628 | |
|---|---|
| **renovation**<br>[rènəvéɪʃən] | 改修，改築<br>▶ extensive home renovation 家の大規模リフォーム |

| | |
|---|---|
| Few of the employees have **exerted** their right to paternity leave. | 父親育児休暇の権利を行使した従業員はほとんどいない。 |
| I must **concede** that I did not do as well as I should have in the competition. | 私は競技会でベストの出来ではなかったことを認めざるを得ない。 |
| The coach hoped that the loss would **spur** the team **to work** harder in the next match. | その敗戦が，次の試合でもっとがんばるようチームを刺激するといいのだがとコーチは思った。 |
| His mother's attempts to help simply **exacerbated** his problem. | 母親が助けようと試みたが，彼の問題を単に悪化させただけだった。 |
| In a moment of crisis, the man **invoked** the name of Buddha. | 危機の瞬間，その男は仏陀の名を口にして祈った。 |
| The new housing development is starting to **encompass** the entire woodland. | 新しい宅地開発はその森全体を取り囲み始めている。 |
| His wife's enthusiasm for the idea **evaporated** when she heard how much the new car would cost. | 新車の金額を聞いて，彼の妻の買おうという情熱は消えうせた。 |
| The president **overrode** his subordinate's decision and restored the original plan. | 社長は部下の決定を覆し当初の計画を復活させた。 |
| The influx of wealthy foreigners led to the **renovation** of many of the old seafront houses. | 裕福な外国人の流入により，海に面した古い家の多くは改修された。 |

| 0629 | |
|---|---|
| **repression** [rɪpréʃən] | 抑圧，鎮圧 [= oppression, suppression] <br> repressive 形 |

| 0630 | |
|---|---|
| **revision** [rɪvíʒən] | 変更，改正 [= correction]，改訂 |

| 0631 | |
|---|---|
| **scarcity** [skéərsəṭi] | 欠乏，不足 [= lack, shortage]（⇔ abundance, excess） |

| 0632 | |
|---|---|
| **scenario** [sənǽriòu] | 予想事態，予定の計画，(映画などの)シナリオ |

| 0633 | |
|---|---|
| **scope** [skoup] | 範囲〈for ～の, to do ～する〉，領域，余地 <br> ▶ beyond the scope of ～ ～の範囲を超えて |

| 0634 | |
|---|---|
| **sponsorship** [spá(:)nsərʃip] | スポンサーであること，後援 |

| 0635 | |
|---|---|
| **subsidy** [sʌ́bsədi] | 補助金，助成金 <br> subsidize 動 <br> ▶ housing subsidy 住宅助成金 |

| 0636 | |
|---|---|
| **tank** [tæŋk] | タンク，戦車 <br> ▶ water tank 水槽 |

| 0637 | |
|---|---|
| **taxpayer** [tǽkspèɪər] | 納税者 |

| 0638 | |
|---|---|
| **terror** [térər] | テロ(行為) [= terrorism]，恐怖 [= horror] |

| | |
|---|---|
| The period of fascist rule is remembered as a time of **repression** and the misuse of power. | ファシズム支配の時期は，**抑圧**と権力の乱用の時代として記憶されている。 |
| The third edition of the textbook contained many important **revisions** to its content. | その教科書の第3版には，内容に多くの重要な**変更**が含まれていた。 |
| A growing **scarcity** of the mineral led to a dramatic rise in its price on world markets. | その鉱物の**欠乏**が深刻化したため，世界中の市場で価格が急激に上昇した。 |
| In the worst-case **scenario**, the chairman of the company said that the factory would have to close. | 最悪の**事態**では工場を閉鎖しなければならないだろう，とその会社の社長は述べた。 |
| Two days after the shooter escaped, the police said they were broadening the **scope** of the manhunt. | 銃撃犯が逃走した2日後，警察は犯人捜査の**範囲**を広げると述べた。 |
| Following the scandal, the company announced that it was withdrawing its **sponsorship** of the tennis player. | スキャンダルの後，その会社はそのテニス選手の**スポンサー**を降りると発表した。 |
| Many people believe that governments should provide **subsidies** for the development of renewable energy. | 各国政府は再生可能エネルギーの開発に**補助金**を支給すべきだと多くの人が考えている。 |
| Gasoline was kept in large underground **tanks** at the site. | ガソリンはその場所の大きな地下**タンク**に保管されていた。 |
| Many **taxpayers** resent local officials making expensive overseas trips on public money. | 地元の公務員が公費でぜいたくな海外旅行をしたことに多くの**納税者**は憤っている。 |
| Most people consider the use of **terror** to gain political objectives unacceptable. | 政治的目標達成のために**テロ行為**を用いることは容認できないとほとんどの人は考えている。 |

| 0639 □□□ | |
|---|---|
| **transition**<br>[trænzíʃən] | 移行〈from ～から，to ～への〉，移り変わり<br>transitional 形 |

| 0640 □□□ | |
|---|---|
| **acidification**<br>[əsìdɪfəkéɪʃən] | 酸化 |

| 0641 □□□ | |
|---|---|
| **clone**<br>[kloʊn] | クローン<br>動 (の) クローンを作る |

| 0642 □□□ | |
|---|---|
| **geneticist**<br>[dʒənétɪsɪst] | 遺伝学者<br>genetics 名 遺伝学 |

| 0643 □□□ | |
|---|---|
| **logistics**<br>[loʊdʒístɪks] | 事業の詳細な計画・遂行，兵たん |

| 0644 □□□ | |
|---|---|
| **nanotechnology**<br>[nænətekná(:)lədʒi] | ナノテクノロジー<br>nanotechnological 形 |

| 0645 □□□ | |
|---|---|
| **orphan**<br>[ɔ́:rfən] | 孤児<br>動 を孤児にする<br>orphanage 名 孤児院 |

| 0646 □□□ | |
|---|---|
| **photosynthesis**<br>[fòʊt̬əsínθəsɪs] | 光合成<br>photosynthesize 動 (を) 光合成する |

| 0647 □□□ | |
|---|---|
| **proclamation**<br>[prà(:)kləméɪʃən] | 宣言，公布<br>proclaim 動 |

| 0648 □□□ | |
|---|---|
| **reimbursement**<br>[rì:ɪmbə́:rsmənt] | 払い戻し，償還<br>reimburse 動 |

| | |
|---|---|
| The <u>transition</u> **from** high school **to** university can be a difficult one for a student. | 高校<u>から</u>大学<u>への移行</u>は，学生にとって難しい移行のこともある。 |
| The growing <u>acidification</u> of the oceans presents a major threat to marine ecosystems. | 五大洋の<u>酸化</u>の進行は，海洋生態系に対する大きな脅威となる。 |
| Some scientists believe it would be a huge benefit to research if we could create <u>clones</u> of extinct creatures. | 絶滅した生き物の<u>クローン</u>を作れたら研究に大きなメリットになるだろうと考える科学者もいる。 |
| <u>Geneticists</u> can tell us much about the early history of human beings. | <u>遺伝学者</u>は人間の初期の歴史について多くのことを私たちに教えることができる。 |
| Managing the <u>logistics</u> of a major music festival is certainly not an easy task. | 大きな音楽フェスティバルの<u>計画実行</u>を取り仕切るのは，確かに楽な仕事ではない。 |
| One of the most exciting and potentially profitable new scientific fields is <u>nanotechnology</u>. | 最も刺激的で利益を生む可能性を秘めている新しい科学分野の1つは<u>ナノテクノロジー</u>だ。 |
| Wars generally leave behind many widows and <u>orphans</u> who need to be cared for by the state. | 戦争が終わると，国が面倒を見る必要のある多くの寡婦と<u>孤児</u>がたいてい残される。 |
| Trees and other plants extract carbon dioxide from the air and, using <u>photosynthesis</u>, convert it into nutrition. | 樹木などの植物は空気から二酸化炭素を取り込み，<u>光合成</u>を用いてそれを栄養に変える。 |
| In the UK, Parliament is dissolved by a royal <u>proclamation</u> made by the reigning monarch. | イギリスでは，議会は在位する君主が行う<u>国王宣言</u>によって解散する。 |
| Professors need to buy their airline tickets first and then apply to the university for <u>reimbursement</u>. | 教授たちはまず自分で航空券を買ってから大学に<u>精算</u>を申請する必要がある。 |

photosynthesis の photo は「光」を意味し，synthesis という単語は「総合，統合，合成」という意味だ。単純でしょ？

| 0649 subtitle [sʌ́btàɪtl] | (~s) (外国映画などの) 字幕, (本などの) 副題 |
|---|---|
| 0650 surcharge [sə́ːrtʃɑ̀ːrdʒ] | サーチャージ, 追加料金 |
| 0651 trade-off [tréɪdɔ̀(ː)f] | トレードオフ〈between ～の間の〉<br>★両立しない2つの物事のバランスを取ること |
| 0652 vocalization [vòukələzéɪʃən] | 発音された音, 発音 |
| 0653 x-ray [éksrèɪ] | (しばしば X-ray) エックス線写真,<br>レントゲン写真, エックス線検査<br>動 のエックス線写真を撮る |
| 0654 contradiction [kà(ː)ntrədíkʃən] | 矛盾〈between ～の間の〉, 矛盾点<br>contradictory 形<br>▶ in contradiction to ~ ～と矛盾して |
| 0655 recession [rɪséʃən] | 不況, 景気後退<br>▶ be in deep recession 深刻な不況に陥っている |
| 0656 immunity [ɪmjúːnəti] | 免疫〈to ～に対する〉[≒ resistance]<br>immune 形 |
| 0657 array [əréɪ] | 勢ぞろい, (軍隊などの) 配列 [= arrangement] |
| 0658 latitude [lǽtətjùːd] | 緯度<br>cf. longitude 経度 |

| He did not like watching movies with **subtitles** because it was difficult to enjoy the story. | ストーリーをなかなか楽しめないので，彼は**字幕**付きの映画を見るのが嫌いだった。 |
| Many airlines add fuel **surcharges** to the price of a ticket. | 多くの航空会社はチケット料金に燃油**サーチャージ**を上乗せしている。 |
| The **trade-off** to moving into a district with good public schools is that the cost of living is usually high. | いい公立学校のある地区に引っ越すことの**トレードオフ**は，生活費がたいてい高いことだ。 |
| Many animals apart from human beings produce **vocalizations**. | 人間のほかに多くの動物が**発音された音**を発する。 |
| At the hospital, they took an **x-ray** of her leg in order to see the fracture. | 彼女は病院で骨折の状態を見るために**エックス線写真**を撮られた。 |
| There was a **contradiction between** the aim and the method of the government's economic policy. | 政府の経済政策には目標と手法**の間に矛盾**があった。 |
| The financial crisis led to a global **recession** and high levels of unemployment. | その金融危機は全世界的**不況**と大量の失業を招いた。 |
| Some people have a natural **immunity to** the disease. | その病気**に対する**自然**免疫**が備わっている人もいる。 |
| The shop displayed an **array** of different kinds of cloth. | その店は**勢ぞろいの**さまざまな種類の布を陳列していた。 |
| The animals could only survive above a certain **latitude**. | その動物たちはある**緯度**以上の所でしか生存できなかった。 |

| 0659 | |
|---|---|
| **gravity**<br>[grǽvəṭi] | 重力, 引力 [= gravitation], 重さ [= weight],<br>重大さ [= seriousness] |

| 0660 | |
|---|---|
| **prestige**<br>[prestíːʒ] | 名声 [= reputation, distinction, renown]<br>prestigious 形 |

| 0661 | |
|---|---|
| **coincidence**<br>[kouínsidəns] | 偶然, 偶然の一致 [= concurrence]<br>coincide 動<br>▶ by coincidence 偶然の一致で |

| 0662 | |
|---|---|
| **intake**<br>[íntèik] | 入学者数, 摂取 |

| 0663 | |
|---|---|
| **surplus**<br>[sə́ːrplʌs] | 黒字 [= favorable balance] (⇔ deficit)<br>cf. be in the black 黒字である<br>語源 sur (上に) + plus (プラス) |

| 0664 | |
|---|---|
| **bibliography**<br>[bìbliá(ː)grəfi] | 参考文献, 出版目録<br>語源 biblio (本) + graph (書く) + y (名詞語尾) |

| 0665 | |
|---|---|
| **ballot**<br>[bǽlət] | 投票, 候補者名簿<br>▶ ballot box 投票箱<br>▶ cast a ballot 投票する |

| 0666 | |
|---|---|
| **outrage**<br>[áutrèidʒ] | 激怒 [= fury, indignation], 暴力 [残虐] 行為<br>outrageous 形 |

| 0667 | |
|---|---|
| **juror**<br>[dʒúərər] | 陪審員<br>cf. jury 陪審 |

| 0668 | |
|---|---|
| **restoration**<br>[rèstəréiʃən] | 復旧, 復興, 修復<br>restore 動<br>▶ undergo restoration 修復される |

| | |
|---|---|
| The force of **gravity** is much weaker on the moon because of its smaller mass. | 月の方が質量が小さいので，月面では**重力**がずっと小さい。 |
| At the peak of his career, the actor's **prestige** was unrivaled. | キャリアの頂点にあったとき，その俳優の**名声**は並ぶ者がなかった。 |
| Meeting her on the street after so many years was quite a **coincidence**. | 何年ぶりかで街で彼女に出会ったのは，まったくの**偶然**だった。 |
| That year's **intake** of students was the best they had ever had. | その年の生徒の**入学者数**はそれまでの中で一番多かった。 |
| The EU's representative expressed dissatisfaction with China's growing trade **surplus** with Europe. | EU（欧州連合）の代表は，中国の対欧貿易**黒字**の増大に不満を表明した。 |
| The teacher told the students to include in their **bibliographies** all the books they used for their reports. | 先生は学生たちに，レポートに使ったすべての本を**参考文献**に載せるよう言った。 |
| The union took a **ballot** of its members to decide whether to accept the management's offer. | 労働組合は，経営側の申し出を受諾するか否かを決定するために組合員の**投票**を行った。 |
| She could not suppress her **outrage** at the court's decision. | 彼女は法廷の決定に**激しい怒り**を抑えることができなかった。 |
| He had once served as a **juror** in a complicated murder trial. | 彼はかつて，複雑な殺人事件の裁判で**陪審員**を務めたことがあった。 |
| The **restoration** of the fire-damaged palace took over five years. | 火事で損傷した宮殿の**復旧**には5年以上を要した。 |

surplus「黒字」のsurは「上がる」を意味するよ。**0153** resurrection「復活」は「再び上がる」と考えればイメージしやすいはず。

| 0669 □□□ **conversion**<br>[kənvə́ːrʒən] | 改宗〈to ～への〉，転換<br>convert 動 |
|---|---|
| 0670 □□□ **autonomy**<br>[ɔːtá(ː)nəmi] | 自治(権) [= self-government]，自主性<br>[= independence]<br>autonomous 形 |
| 0671 □□□ **onset**<br>[á(ː)nsèt] | (特に好ましくないことの)始まり [≒ start,<br>beginning]，兆候<br>▶ the onset of a disease 発病 |
| 0672 □□□ **disparity**<br>[dıspǽrəṭi] | 相違 [= difference]，不均衡 [= incongruity]<br>disparate 形 本質的に異なる |
| 0673 □□□ **devastation**<br>[dèvəstéıʃən] | 破壊 [= destruction]，荒廃 [= desolation]<br>devastate 動 |
| 0674 □□□ **havoc**<br>[hǽvək] | 大混乱，破壊<br>▶ play havoc with ～ ～をめちゃくちゃに破壊する |

## 形容詞

| 0675 □□□ **spectacular**<br>[spektǽkjələr] | 素晴らしい，壮麗な [= breathtaking,<br>magnificent]<br>spectacularly 副 |
|---|---|
| 0676 □□□ **unintended**<br>[ʌ̀nınténdıd] | 予定外の，意図しない(⇔ intended) |
| 0677 □□□ **antiwar**<br>[æ̀nṭiwɔ́ːr] | 反戦の [= opposed to war]<br>▶ antiwar movement 反戦運動 |

| | |
|---|---|
| His **conversion** to Islam surprised many of his friends. | 彼のイスラム教**への改宗**は，友人たちの多くを驚かせた。 |
| The organization has gained some **autonomy** from the government. | その組織は政府からある程度の**自治権**を獲得している。 |
| With the **onset** of winter, fuel prices rose dramatically. | 冬の**始まり**とともに，燃料価格が急騰した。 |
| Despite the **disparity** in their ages, the little boy got on very well with his grandfather. | 年齢の**違い**があるにもかかわらず，その小さな男の子は祖父ととても仲良しだった。 |
| **Devastation** from natural forces can exceed our wildest projections. | 自然の力による**破壊**は，どんな途方もない予測をも超えることがある。 |
| The riot at the stadium created **havoc** for the visitors. | スタジアムで起きた暴動は来場者を巻き込む**大混乱**を引き起こした。 |
| The hotel boasted **spectacular** views of the surrounding mountains. | そのホテルは周囲の山々の素晴**らしい**眺めが魅力だった。 |
| New policies usually have many **unintended** consequences when they are put into effect. | 新しい政策は，実行されるとあれこれ**予定外の**結果になるのが普通だ。 |
| Over time, the public mood shifted, and more and more **antiwar** demonstrations took place. | 時がたって大衆の気分が変わり，**反戦**デモの発生件数がどんどん増えた。 |

| 0678<br>**entrenched**<br>[ɪntréntʃt] | 強固に根付いた〈in 〜に〉，確立した<br>entrenchment 图 |
| 0679<br>**high-intensity**<br>[hàɪɪnténsəti] | 高強度の |
| 0680<br>**lasting**<br>[lǽstɪŋ] | 永続的な，長持ちする [= durable]<br>lastingly 剾 |
| 0681<br>**prehistoric**<br>[prìːhɪstɔ́(ː)rɪk] | 先史時代の<br>prehistory 图 |
| 0682<br>**staggering**<br>[stǽɡərɪŋ] | 驚異的な，圧倒的な [= astounding]<br>staggeringly 剾<br>★ 数や量について用いる。 |
| 0683<br>**transgender**<br>[trænsdʒéndər] | トランスジェンダーの |
| 0684<br>**working-class**<br>[wɔ́ːrkɪŋklæs] | 労働者階級の |
| 0685<br>**corrupt**<br>[kərʌ́pt] | 汚職の<br>剾 を買収する<br>corruption 图 |
| 0686<br>**drastic**<br>[drǽstɪk] | 重大な，思い切った，徹底的な [= radical]<br>drastically 剾 |
| 0687<br>**lucrative**<br>[lúːkrətɪv] | もうかる [= profitable] |

| Activists argue that racist attitudes are deeply <u>entrenched</u> **in** the police force. | 人種差別的姿勢は警察に深く<u>根付いている</u>，と活動家たちは主張する。 |
| I began to feel pain in my knees after doing too much <u>high-intensity</u> exercise. | <u>高強度の</u>運動をやり過ぎた後，私は膝に痛みを感じ始めた。 |
| The only way to achieve a <u>lasting</u> peace is for both sides to compromise. | <u>永続的な</u>平和を達成する唯一の方法は，両者が妥協することだ。 |
| Most of our knowledge of <u>prehistoric</u> lifestyles comes from archaeological excavations. | <u>先史時代の</u>生活様式に関する私たちの知識のほとんどは，考古学的発掘から得たものだ。 |
| These days, many governments spend <u>staggering</u> sums on information security. | 近ごろは，多くの国の政府が<u>驚異的な</u>金額を情報セキュリティーに費やしている。 |
| The issue of <u>transgender</u> rights has become an increasingly controversial one. | <u>トランスジェンダーの</u>権利の問題は，ますます論争を呼ぶ問題になっている。 |
| In the UK, <u>working-class</u> entrants to elite universities remain relatively unusual. | イギリスでは，<u>労働者階級から</u>エリート大学に入学する人は今でも比較的珍しい。 |
| The <u>corrupt</u> politicians schemed to fraudulently win the election. | その<u>汚職</u>政治家たちは，選挙で不正に勝利しようとたくらんだ。 |
| The Earth has seen <u>drastic</u> changes to its climate before. | 地球はこれまでも気候の<u>劇的な</u>変化を経験している。 |
| I knew a man who built a very <u>lucrative</u> business from the repair and resale of junk appliances. | がらくたの電化製品を修理・販売して非常に<u>もうかる</u>会社を築いた男を私は知っていた。 |

| | |
|---|---|
| **0688**<br>**adequate**<br>[ǽdɪkwət] | 十分な，適切な [= appropriate]<br>adequately 副　adequacy 名 |
| **0689**<br>**scarce**<br>[skeərs] | 珍しい，希少な [= rare]，乏しい<br>scarcity 名　scarcely 副 |
| **0690**<br>**distinct**<br>[dɪstíŋkt] | はっきりとわかる，明瞭な [= clear, noticeable]<br>distinctly 副 |
| **0691**<br>**eligible**<br>[élɪdʒəbl] | 資格がある〈for ～の〉[= qualified] (⇔ ineligible)<br>eligibility 名 |
| **0692**<br>**pedestrian**<br>[pədéstriən] | 徒歩の [= going on foot]，単調な [= boring]<br>名 歩行者<br>▶ pedestrian mall 歩行者専用区域 |
| **0693**<br>**exclusive**<br>[ɪksklú:sɪv] | 独占的な，専用の〈to ～に〉(⇔ inclusive)<br>exclude 動　exclusion 名<br>語源 ex (外へ) + clude (閉じる) + sive (形容詞語尾) |
| **0694**<br>**notable**<br>[nóʊṭəbl] | 目立った [= conspicuous]<br>notably 副 |
| **0695**<br>**confidential**<br>[kà(:)nfɪdénʃəl] | 極秘の，機密の [= classified]<br>confidentiality 名<br>▶ confidential document 機密書類 |
| **0696**<br>**overdue**<br>[òʊvərdjú:] | 延び延びになった，支払期限を過ぎた<br>▶ overdue bill 支払期限を過ぎた請求書 |
| **0697**<br>**respiratory**<br>[réspərətɔ̀:ri] | 呼吸器に関する，呼吸の<br>▶ respiratory system 呼吸器系 |

| | |
|---|---|
| Even though the apartment was small, he found it **adequate** for himself. | アパートは狭かったが，自分にはそれで<u>十分</u>だと彼は思った。 |
| Crows used to be common here, but now they have grown quite **scarce**. | カラスはこの辺りによくいたものだが，今ではかなり<u>珍しく</u>なった。 |
| He has a **distinct** Scottish accent that many find attractive. | 彼には多くの人を引き付ける<u>はっきりとわかる</u>スコットランドなまりがある。 |
| The student was disappointed to discover that he was not **eligible for** a scholarship. | その学生は，自分に奨学金の<u>資格が</u>ないと知ってがっかりした。 |
| The residents petitioned their city government for a **pedestrian** walkway. | 住民は市当局に<u>歩行者用</u>通路の設置を請願した。 |
| The prime minister granted an **exclusive** interview to one newspaper. | 首相は新聞社1社に対して<u>独占</u>インタビューを許可した。 |
| There was a **notable** absence of young people at the party. | そのパーティーでは若者の欠席が<u>目立って</u>いた。 |
| What I am about to tell you is **confidential**, so please do not repeat it. | 私がこれから君に言うことは<u>極秘</u>だから，決して他言しないように。 |
| Activists said the change in the law was long **overdue** and should have been introduced earlier. | 法律の変更はずっと<u>先送りされて</u>いたもので，もっと早く導入するべきだった，と活動家たちは述べた。 |
| Pollens at different times of the year can exacerbate **respiratory** problems. | 1年のいろいろな時期の花粉が<u>呼吸系の</u>症状を悪化させることがある。 |

| 0698 | 食用に適した [≒ eatable] (⇔ inedible) |
|---|---|
| **edible** | *cf.* potable 飲用に適した |
| [édəbl] | ▶ edible fish 食用の魚 |

## 副詞

| 0699 | 一般に考えられているところでは，推定では |
|---|---|
| **supposedly** | |
| [səpóuzɪdli] | |

| 0700 | 徹底的に [= meticulously], 完全に [= completely] |
|---|---|
| **thoroughly** | |
| [θə́:rouli] | |

### 1分間 mini test

**(1)** The company (　　　　　) my monthly rent.

**(2)** Some people have a natural (　　　　　) to the disease.

**(3)** Many famous scientists had (　　　　) him in the post.

**(4)** At the peak of his career, the actor's (　　　　) was unrivaled.

**(5)** The shop displayed an (　　　　) of different kinds of cloth.

ここから選んでね。※選択肢はすべて原形で表示しています。

| ① array | ② drastic | ③ immunity | ④ latitude |
|---|---|---|---|
| ⑤ notable | ⑥ onset | ⑦ precede | ⑧ prestige |
| ⑨ subsidize | ⑩ tank | | |

| He was poisoned by what he thought was an **edible** mushroom. | 彼は<u>食用</u>だと思ったキノコを食べて毒にあたった。 |
| --- | --- |
| When she entered his office, she found her **supposedly** busy boss fast asleep at his desk. | 彼女が上司のオフィスに入ると，<u>忙しいと思われていた</u>上司が机でぐっすり眠っていた。 |
| Governments will not license new medicines until they have been **thoroughly** tested for safety. | 安全性のテストが<u>徹底的に</u>行われるまで，政府は新薬を認可しない。 |

◆◆◆◆◆◆◆◆◆◆◆◆◆◆◆◆◆◆◆◆◆◆◆◆◆◆◆◆◆◆◆◆◆◆◆◆◆◆◆◆◆◆◆◆◆◆◆◆◆

**(6)** The animals could only survive above a certain (　　　　).

**(7)** With the (　　　　) of winter, fuel prices rose dramatically.

**(8)** Gasoline was kept in large underground (　　　　) at the site.

**(9)** The Earth has seen (　　　　) changes to its climate before.

**(10)** There was a (　　　　) absence of young people at the party.

**正解** ·····················································

**(1)** ⑨ (→**0614**) **(2)** ③ (→**0656**) **(3)** ⑦ (→**0612**) **(4)** ⑧ (→**0660**) **(5)** ① (→**0657**)
**(6)** ④ (→**0658**) **(7)** ⑥ (→**0671**) **(8)** ⑩ (→**0636**) **(9)** ② (→**0686**) **(10)** ⑤ (→**0694**)

*To complete each item, choose the best word from among the four choices.*

**(1)** Sarah's constant criticism of our proposal is ( ) our efforts to get our project budgeted. I need to talk with her to find out why she's being so negative.

**1** integrating **2** undermining

**3** exonerating **4** dispersing

**(2)** My stay in the hospital was a wake-up call, reminding me of my ( ). I now appreciate life more and want to make the best of every day.

**1** resurgence **2** immunity **3** acquisition **4** mortality

**(3)** The prosecutor believes the jury will find the evidence and the witness testimonies ( ), so he fully expects a guilty verdict.

**1** compelling **2** disparate **3** lucrative **4** illicit

........................................................................................

**正解** *(1)* **2** (→**0109**) *(2)* **4** (→**0242**) *(3)* **1** (→**0283**)

**訳**

*(1)* 私たちの提案に対するサラの絶え間ない批判は，企画の予算を獲得するための私たちの努力を台無しにしている。彼女がなぜそんなに否定的なのかを知るために私は彼女と話をしなければならない。

*(2)* 入院したことが警鐘となり，自分がいつかは死ぬものだと気付かされた。今では命あることにもっと感謝するようになり，毎日を精一杯大切に生きたいと思っている。

*(3)* 検察官は，証拠や目撃者の証言には説得力があると陪審は考えるだろうと確信しているため，完全に有罪判決を期待している。

でる度
**B**

# 単語編

覚えておきたい単語 **700**

*Section* 8 ·················· 174

*Section* 9 ·················· 196

*Section* 10 ·················· 218

*Section* 11 ·················· 240

*Section* 12 ·················· 262

*Section* 13 ·················· 284

*Section* 14 ·················· 306

英検形式にチャレンジ！·······328

## 動 詞

| 0701 **elicit** [ɪlísət] | を引き出す〈from ~から〉[= draw out] |
|---|---|
| 0702 **entice** [ɪntáɪs] | を引き寄せる [= tempt, allure] |
| 0703 **vindicate** [víndɪkèɪt] | の潔白を証明する, の正当性を立証する vindication 图 |
| 0704 **substantiate** [səbstǽnʃièɪt] | を立証する [= verify, prove, confirm] *cf.* substance 物質, 実体 ▶ substantiate a theory 理論を立証する |
| 0705 **allay** [əléɪ] | を和らげる [= alleviate, lessen] |
| 0706 **placate** [pléɪkeɪt] | (怒り・敵意など)をなだめる [= appease, conciliate, mollify] |
| 0707 **stifle** [stáɪfl] | を抑える [= repress, suppress, curb], を窒息させる [= suffocate] ▶ stifle a yawn あくびを抑える |
| 0708 **dwindle** [dwíndl] | だんだん減少 [縮小] する [= shrink] |
| 0709 **rebuke** [rɪbjúːk] | を叱責する〈for ~のことで〉[= blame, berate, reprimand, reproach] |

| | |
|---|---|
| They tried to **elicit** an answer **from** the little boy, but he refused to speak. | 彼らはその小さな男の子**から**答えを**引き出**そうとしたが，男の子は話したがらなかった。 |
| **Enticed** by the air conditioning, he entered the store. | エアコンに**引き寄せ**られて彼はその店に入った。 |
| After his acquittal, he claimed he had been completely **vindicated**. | 無罪放免されて，彼は完全に潔白が**証明された**と主張した。 |
| He could not **substantiate** the allegations he made, and he lost the lawsuit. | 彼は自らの申し立て**を立証する**ことができず，訴訟に敗れた。 |
| The government tried to **allay** public fears of a stock market crash. | 政府は，株式市場が暴落するのではないかという人々の不安を**和らげ**ようとした。 |
| He tried to **placate** his angry girlfriend with a bouquet of roses and a box of chocolates. | 彼は怒った恋人をバラの花束とチョコレート1箱で**なだめ**ようとした。 |
| The robbers **stifled** the cries of the guard to avoid detection. | 強盗たちは発覚しないよう，守衛の叫び声を**抑えた**。 |
| The number of whales in many species is slowly beginning to **dwindle**. | 多くのクジラ種の数が，ゆっくりと**減少し**始めている。 |
| The police chief **rebuked** the two officers **for** their poor handling of the case. | 警察署長は事件の処理がまずいとして2人の警官**を叱責した**。 |

 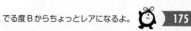

| 0710 | |
|---|---|
| **wreak**<br>[ri:k] | (破壊・損害)をもたらす<br>▶ wreak vengeance on ~ ~に復讐する |
| 0711 | |
| **vie**<br>[vaɪ] | 競う〈for ~を得ようと〉[= compete] |
| 0712 | |
| **ransack**<br>[rǽnsæk] | (場所)を徹底的に探す [= rummage],<br>を略奪する [= plunder, rob] |
| 0713 | |
| **revitalize**<br>[ri:váɪṭəlàɪz] | を復興させる, に新しい活力を与える<br>*cf.* vitality 图 活力, 生命力, vital 形 命の |
| 0714 | |
| **oust**<br>[aʊst] | を追い出す, (財産など)を取り上げる |
| 0715 | |
| **skyrocket**<br>[skáɪrɑ̀(:)kət] | 急騰する [= shoot through the roof] |
| 0716 | |
| **overrun**<br>[òʊvərrʌ́n] | にはびこる [= infest], にあふれる, を侵略する |
| 0717 | |
| **relinquish**<br>[rɪlíŋkwɪʃ] | を放棄する [= abandon, renounce, surrender,<br>give up]<br>▶ relinquish *one's* position 地位を捨てる |
| 0718 | |
| **vilify**<br>[vílɪfàɪ] | を中傷する, の悪口を言う<br>vilification 图 |
| 0719 | |
| **huddle**<br>[hʌ́dl] | 体を寄せ合う [= gather]<br>▶ huddle around the open fire たき火の周りに集まる |

| | |
|---|---|
| The storm <u>wreaked</u> havoc on the village, destroying a number of houses. | 嵐は何軒かの家屋を倒壊させて村に大きな被害を<u>もたらした</u>。 |
| These two students are <u>vying</u> for valedictorian honors. | この2人の学生が卒業生代表の座を<u>競っている</u>。 |
| The police completely <u>ransacked</u> his house in search of drugs. | 警察は薬物捜索で彼の家中を徹底的に<u>探した</u>。 |
| The government moved some ministries there in order to <u>revitalize</u> the local economy. | 政府はその地域の経済を<u>復興させる</u>ために，いくつかの省庁をそこに移した。 |
| The army <u>ousted</u> the government and began to rule the country itself. | 軍隊は政府を<u>追い出して</u>，自ら国を統治し始めた。 |
| During the crisis, oil prices <u>skyrocketed</u> across the globe. | その危機の間に石油価格が世界中で<u>急騰した</u>。 |
| The city was completely <u>overrun</u> by crime. | その市では犯罪がすっかり<u>はびこっていた</u>。 |
| Although he had lived abroad for years, he never <u>relinquished</u> his citizenship. | 彼は何年も外国に住んでいたのに，一度も市民権を<u>放棄しなかった</u>。 |
| However much the media <u>vilified</u> him, his popularity grew. | メディアがどれほど彼を<u>中傷し</u>ても，彼の人気は上昇した。 |
| The children <u>huddled</u> together in their tent to keep warm. | 子供たちは暖を取るためにテントの中で互いに<u>体を寄せ合った</u>。 |

skyrocket「急騰する」は sky（空）に向けて rocket のように上がっていくイメージだね。

| 0720 | |
|---|---|
| **reverberate**<br>[rɪvə́:rbərèɪt] | 鳴り響く<br>reverberation 名 |

| 0721 | |
|---|---|
| **swerve**<br>[swə:rv] | 急に向きを変える [= veer suddenly]<br>▶ swerve from *one's* duty 本分からそれる |

| 0722 | |
|---|---|
| **articulate**<br>[ɑ:rtíkjulèɪt] | (考え・感情など) をはっきり表現する<br>形 [ɑ:rtíkjulət] はっきりと意見を述べる |

| 0723 | |
|---|---|
| **conserve**<br>[kənsə́:rv] | (エネルギーなど) を節約する,<br>(資源など) を保存する<br>conservation 名 |

| 0724 | |
|---|---|
| **deepen**<br>[dí:pən] | を深める [= make stronger],<br>深まる [= become stronger] |

| 0725 | |
|---|---|
| **devise**<br>[dɪváɪz] | を考案する, を考え出す [= invent, think up] |

| 0726 | |
|---|---|
| **dictate**<br>[díkteɪt] | を (必然的に) 決定づける [= determine],<br>(dictate that ... で) …と命令 [指図] する<br>名 命令 |

| 0727 | |
|---|---|
| **differentiate**<br>[dìfərénʃièɪt] | を区別する〈from 〜から〉,<br>区別する〈between 〜の間を〉 [= distinguish]<br>differentiation 名 |

| 0728 | |
|---|---|
| **dissent**<br>[dɪsént] | 意見を異にする〈from 〜と〉<br>名 不賛成, 異議 |

| The sound of the gunshot **reverberated** across the empty field. | 銃声が人気のない野原に鳴り響いた。 |
|---|---|
| The cyclist **swerved** to avoid the child and crashed into a wall. | サイクリストは子供を避けようと急に向きを変え，壁に衝突した。 |
| He found it difficult to **articulate** his feelings, but his mother understood what he was trying to say. | 気持ちをはっきり言葉で表すのは彼には難しかったが，彼の母親には彼の言わんとすることが理解できた。 |
| Experience shows that one good way to **conserve** water is by putting a tax on it. | 水を節約するいい方法の1つは水に課税することだと経験が示している。 |
| The unusual weather only **deepened** the public's anxiety about global warming. | その異常気象は地球温暖化に対する人々の不安を深めただけだった。 |
| The government established a committee to **devise** solutions to the growing problem of urban poverty. | 拡大する都会の貧困問題に対する解決策を考案するため，政府は委員会を設置した。 |
| The extremely cold winters **dictated** the inclusion of central heating systems in buildings. | 極度に寒い冬が続いたことで，建物にセントラルヒーティングを含めることが必須になった。 |
| Many universities have opened new departments in order to **differentiate** themselves **from** their rivals. | 多くの大学は，競合する大学と差別化するために新しい学部を開設している。 |
| Anyone who **dissented from** the regime's policies was liable to be arrested and imprisoned. | 政権の政策に異を唱える人は誰でも逮捕され投獄される恐れがあった。 |

### 0729
**inception**

[ɪnsépʃən]

初め，開始 [= start, commencement]
▶ at the inception of ~ ~の初めに

### 0730
**stigma**

[stígmə]

汚点，不名誉 [= disgrace]
stigmatize 動
▶ put a stigma on *a person* (人) に汚名を着せる

### 0731
**freight**

[freɪt]

貨物，運送料 [≒ transportation]

### 0732
**turmoil**

[tɔ́ːrmɔɪl]

騒ぎ [= tumult, disturbance, confusion, commotion]

### 0733
**neutrality**

[njuːtrǽləṭi]

中立性

### 0734
**sovereignty**

[sá(ː)vrənti]

主権，統治権 [= supremacy]，独立国
sovereign 形
▶ sovereignty dispute 主権論争

### 0735
**dilemma**

[dɪlémə]

ジレンマ，板挟み
▶ be caught in a dilemma ジレンマに陥る

### 0736
**evaluation**

[ɪvæ̀ljuéɪʃən]

評価，査定
evaluative 形　evaluator 名

### 0737
**expedition**

[èkspədíʃən]

遠征，探検
expeditionary 形

### 0738
**ideology**

[àɪdiá(ː)lədʒi]

イデオロギー
ideological 形　ideologue 名 (特定の) イデオロギーの主張者

| | |
|---|---|
| January 1st represents the **inception** of the New Year and symbolizes renewal. | 1月1日は新年の始まりを意味し，刷新を象徴している。 |
| The **stigma** of failure early in childhood can affect someone throughout their life. | 幼いころの失敗という汚点は，生涯にわたって人に影響を与えることがある。 |
| Although the goods were cheap, the cost of the **freight** was too high. | 商品は安かったが，貨物運賃が高過ぎた。 |
| At the end of every term, the university always seems in great **turmoil**. | 毎学期の終わりには，いつもその大学は大騒ぎになるようだ。 |
| Many people doubted the **neutrality** of the investigation. | 多くの人はその調査の中立性を疑った。 |
| America has fought several wars to protect its **sovereignty**. | アメリカは，自国の主権を守るためにいくつかの戦争をしてきた。 |
| When he saw his friend cheating on the exam, he faced a **dilemma**: Should he report him or not? | 友達がカンニングしているのを見たとき，彼は先生に知らせるべきかどうかというジレンマに直面した。 |
| At the end of the course, each student filled out an **evaluation** form to share their opinion of the class. | 講座の終了時，各学生が授業に関する意見を述べる評価書に記入した。 |
| A team of explorers set out on an **expedition** to find the source of the river. | 探検家チームが，その川の源流を見つけるための遠征に出発した。 |
| The **ideologies** of fascism and communism, although bitterly opposed, often had similar effects. | ファシズムと共産主義は激しく対立するイデオロギーだが，しばしば同じような結果になった。 |

| 0739 □□□ **pill** [pɪl] | 錠剤<br>▶ sleeping pill 睡眠薬 |
| 0740 □□□ **priest** [priːst] | 聖職者，僧侶<br>priesthood 图 聖職者の身分［地位］ |
| 0741 □□□ **warrior** [wɔ́(ː)riər] | 戦士，武人 |
| 0742 □□□ **archive** [áːrkàɪv] | 公文書保管所，アーカイブ<br>archival 圈 |
| 0743 □□□ **descendant** [dɪséndənt] | 子孫［= offspring］（⇔ ancestor）<br>descend 動 遺伝する，下降する　descent 图 家系 |
| 0744 □□□ **throng** [θrɔ(ː)ŋ] | 群衆［= crowd］<br>動 に群がる |
| 0745 □□□ **zenith** [zíːnəθ] | 絶頂［= culmination, peak, summit］（⇔ nadir<br>どん底），天頂 |
| 0746 □□□ **propensity** [prəpénsəṭi] | （しばしば好ましくない）傾向〈for ～の〉，性癖<br>［= tendency, inclination］ |
| 0747 □□□ **atrocity** [ətrá(ː)səṭi] | 残虐行為［= brutality, cruelty］<br>atrocious 圈 |
| 0748 □□□ **cessation** [seséɪʃən] | 停止［= halt, suspension, discontinuance］<br>cease 動 |

| | |
|---|---|
| Following his surgery, he had to take four different <u>pills</u> every morning. | 手術後，彼は毎朝4種類の錠剤を飲まなければならなかった。 |
| In many cultures, writing was associated with <u>priests</u>, who were the intellectuals of the time. | 多くの文化において，著述は時代の知識人だった<u>聖職者</u>と結び付けて考えられた。 |
| Aristocrats in medieval Europe were primarily <u>warriors</u> trained in military skills. | 中世ヨーロッパの貴族は，主として軍事的技能を身に付けた<u>戦士</u>だった。 |
| Church <u>archives</u> in Europe have turned out to be a useful source for social historians. | ヨーロッパの教会の<u>公文書保管所</u>は，社会歴史学者にとり有用な資料だと判明している。 |
| DNA analysis showed that some inhabitants were <u>descendants</u> of Vikings. | DNA分析によって，住民の中にはバイキングの<u>子孫</u>もいることが判明した。 |
| He pushed through the <u>throng</u> of waiting reporters and walked quickly away. | 待機しているリポーターの<u>群れ</u>をかき分けて，彼は素早く歩き去った。 |
| At the very <u>zenith</u> of his career, he got involved in a scandal. | キャリアのまさに<u>絶頂</u>で，彼はスキャンダルに関与した。 |
| Despite his <u>propensity</u> for anger, he was a generous and basically kind person. | 彼は怒りっぽい<u>傾向</u>があったが，寛大で基本的には親切な人だった。 |
| The <u>atrocity</u> of the mass killings still causes the survivors to have nightmares. | 大量殺りくの<u>残虐行為</u>が原因で，生存者たちは今でも悪夢を見る。 |
| The first step in any peace process is an initial <u>cessation</u> of hostilities. | いかなる和平プロセスにおいても第一歩は，まず敵対行為を<u>停止すること</u>である。 |

descendantのdescendは「下る」の意味を持つよ。
ascend「上る」とペアで覚えよう。

183

| 0749 | | | |
|---|---|
| **pretense**<br>[príːtens] | ふり [= guise] |

| 0750 | | | |
|---|---|
| **bounty**<br>[báunṭi] | （自然の）豊かな恵み，助成金<br>bountiful 形 |

| 0751 | | | |
|---|---|
| **hunch**<br>[hʌntʃ] | 直感〈that …という〉，予感 |

| 0752 | | | |
|---|---|
| **perpetrator**<br>[pə́ːrpətrèiṭər] | 加害者，犯罪者 [= criminal]<br>perpetrate 動 を犯す |

| 0753 | | | |
|---|---|
| **ailment**<br>[éilmənt] | 病気 [= disease]，不快 [= indisposition] |

| 0754 | | | |
|---|---|
| **neurologist**<br>[njuərá(ː)lədʒist] | 神経科医<br>neurological 形 |

| 0755 | | | |
|---|---|
| **precipitation**<br>[prisìpitéiʃən] | 降水量，落下 [= fall]，大慌て<br>precipitate 動　precipitous 形 絶壁の，険しい |

| 0756 | | | |
|---|---|
| **foray**<br>[fɔ́(ː)rei] | 進出〈into 新分野への〉[= challenge in a new field]，急襲 [= raid] |

| 0757 | | | |
|---|---|
| **savvy**<br>[sǽvi] | 手腕，（実際的な）知識 [= skill]<br>▶ political savvy 政治的手腕 |

| 0758 | | | |
|---|---|
| **clamor**<br>[klǽmər] | 抗議[不満]の叫び，叫び声，わめき声 [= uproar, outcry] |

| The child soon gave up any **pretense** of doing his homework. | その子供は宿題をしている**ふり**をすぐにやめた。 |
| Every year on Thanksgiving Day, Americans celebrate the **bounty** of the harvest with a big meal. | 毎年感謝祭に，アメリカ人はごちそうを食べて収穫の**恵み**を祝う。 |
| The detective had a **hunch that** the man was guilty, but he lacked any hard evidence. | 刑事はその男が犯人だ**と直感し**たが，確たる証拠はまったくなかった。 |
| The **perpetrator** of the crime was betrayed by an informer. | その犯罪の**加害者**は密告者に裏切られた。 |
| His mysterious **ailment** keeps him from working on a regular basis. | 不可解な**病気**のため，彼は常勤の仕事ができないでいる。 |
| Her doctor advised her to visit a **neurologist** as soon as possible. | 主治医は彼女に，できるだけ早く**神経科医**に診てもらうよう助言した。 |
| Since **precipitation** is expected to be below normal this year, farmers fear a poor harvest. | 今年は**降水量**が例年より少ないと予測されているので，農家は不作を心配している。 |
| This was the author's first **foray into** non-fiction writing. | これはその著者のノンフィクション作品**への**初めての**進出**だった。 |
| Everyone admired the **savvy** with which the foreman solved problems. | 皆が現場監督の問題解決の**手腕**を称賛した。 |
| There was a huge public **clamor** over the recent political scandals. | 最近の政治スキャンダルを巡って，大衆は大いに**抗議の叫び**を上げた。 |

precipitation の precipit は（まっさかさまに）を意味するよ。動詞の precipitate は「まっさかさまに落とす」から転じて，何かを「引き起こす」という意味にもなるよ。

| | |
|---|---|
| **0759** ▢▢▢ **adherence** [ədhíərəns] | 忠実に守ること〈to 〜を〉，厳密に従うこと〈to 〜に〉 adherent 形 |
| **0760** ▢▢▢ **allowance** [əláuəns] | 手当，🇺🇸（子供の）小遣い |
| **0761** ▢▢▢ **arthritis** [ɑːrθráiṭəs] | 関節炎 |
| **0762** ▢▢▢ **astronomer** [əstrá(ː)nəmər] | 天文学者 astronomy 名 天文学　　astronomical 形 |
| **0763** ▢▢▢ **breeder** [bríːdər] | ブリーダー，繁殖家 breeding 名 |
| **0764** ▢▢▢ **casualty** [kǽʒuəlti] | 死傷者，犠牲者 ▶ cause heavy casualties 多数の死傷者を出す |
| **0765** ▢▢▢ **censorship** [sénsərʃìp] | 検閲 ▶ censorship of the media メディアに対する検閲 |
| **0766** ▢▢▢ **clarity** [klǽrəṭi] | （画像などの）鮮明さ，明瞭さ clear 形 |
| **0767** ▢▢▢ **confederate** [kənfédərət] | 共犯者 [= accomplice] |
| **0768** ▢▢▢ **confession** [kənféʃən] | 自白，告白 ▶ make a false confession うその自白をする |

186

| | |
|---|---|
| The UN spokesman called for greater **adherence to** the international treaties which both countries had signed. | 国連報道官は，両国が署名した国際条約を**もっと忠実に守る**よう求めた。 |
| Each researcher was given a travel **allowance** to help them attend the conference of their choice. | 研究者一人一人に，自分が選んだ会議に出席するのに役立つよう出張**手当**が支給された。 |
| Many people suffer from painful attacks of **arthritis** as they get older. | 年を取るにつれ，多くの人が痛みの伴う**関節炎**の発作に悩まされる。 |
| A group of **astronomers** announced the discovery of a new planet. | **天文学者**のグループが，新しい惑星の発見を発表した。 |
| Instead of going to a pet shop, the woman bought her new dog directly from a **breeder**. | ペットショップに行く代わりに，女性は新しい犬を直接**ブリーダー**から買った。 |
| The bombing campaign led to many civilian **casualties**, including many children. | その爆撃作戦により，多くの子供を含む多くの民間人の**死傷者**が出た。 |
| In order to control public opinion, the authorities maintained a strict system of **censorship**. | 世論を統制するため，当局は厳しい**検閲**制度を維持した。 |
| The **clarity** of the image was such that the faces in the crowd could easily be identified. | その画像は非常に**鮮明**で，群衆の中の顔が容易に識別できた。 |
| The thief had a **confederate** who helped disarm the alarm system during the robbery. | その泥棒には，盗みを働いている間に警報システムを解除してくれる**共犯者**がいた。 |
| As is well known, **confessions** obtained through torture are very unreliable. | よく知られていることだが，拷問を用いて得た**自白**は非常に信頼性が低い。 |

| 0769 | 結合，共同 |
|------|----------|
| **conjunction** | ▶ in conjunction with ~ ~と一緒に |
| [kəndʒʌ́ŋkʃən] | |

| 0770 | 相談〈with 専門家との〉，診察 |
|------|----------|
| **consultation** | ▶ consultation fee 相談料 |
| [kà(:)nsəltéɪʃən] | |

| 0771 | 一因〈to ~の〉，寄与するもの〈to ~に〉 |
|------|----------|
| **contributor** | |
| [kəntríbjuṭər] | |

| 0772 | 規約，盟約 |
|------|----------|
| **covenant** | |
| [kʌ́vənənt] | |

| 0773 | 教義，学説 |
|------|----------|
| **doctrine** | doctrinal 形 |
| [dá(:)ktrɪn] | |

| 0774 | 住宅，住居 |
|------|----------|
| **dwelling** | dwell 動 居住する |
| [dwélɪŋ] | |

| 0775 | 囲われた土地，囲い地 |
|------|----------|
| **enclosure** | enclose 動 |
| [ɪnklóʊʒər] | |

| 0776 | 発掘 |
|------|----------|
| **excavation** | excavate 動 |
| [èkskəvéɪʃən] | |

| 0777 | 搾取，（資源などの）開発 |
|------|----------|
| **exploitation** | exploitative 形 |
| [èksplɔɪtéɪʃən] | |

| 0778 | 小火器 |
|------|----------|
| **firearm** | |
| [fáɪərɑ̀ːrm] | |

| While neither medicine worked on its own, when taken in <u>conjunction</u> they had a powerful effect. | どちらの薬も単独では効かなかったが，一緒に服用すると強い効き目があった。 |
| --- | --- |
| He telephoned a lawyer and arranged for a <u>consultation</u>. | 彼は弁護士に電話して相談の手はずをつけた。 |
| The large factory was a major <u>contributor</u> **to** the air pollution in the area. | その大工場は地域の空気汚染の大きな一因だった。 |
| The United Nations has created two different <u>covenants</u> on human rights, but not all countries have signed them. | 国連は人権に関する2つの異なる規約を作ったが，すべての国が署名しているわけではない。 |
| He did not agree with all the church's <u>doctrines</u>, but by and large he shared its beliefs. | 彼は教会の教義すべてに賛同していたわけではなかったが，全般的に教会と同じ信念を持っていた。 |
| The mayor said that his first priority was to provide affordable <u>dwellings</u> for low-income families. | 自分が最優先するのは低所得世帯に手ごろな住宅を提供することだ，と市長は述べた。 |
| When the family visited the zoo, they always went to the monkey <u>enclosure</u> first. | その家族は動物園を訪れると，いつもまずサルの囲いに行った。 |
| Archaeological <u>excavations</u> uncovered the remains of a prehistoric village in the area. | 考古学的発掘により，その地域で先史時代の村の遺跡が掘り出された。 |
| The colonial government's main interest lay in the <u>exploitation</u> of the natives as a source of cheap labor. | 植民地政府の主な関心は，安価な労働力源として現地民を搾取することにあった。 |
| The little museum had a collection of antique <u>firearms</u> donated by a local aristocrat. | その小さな博物館には，地元の貴族が寄贈した骨董品の小火器のコレクションがあった。 |

| 0779 | |
|---|---|
| **forefront** <br> [fɔ́:rfrʌ̀nt] | (the ~)(活動などの)最先端 |

| 0780 | |
|---|---|
| **generosity** <br> [dʒènərá(:)səti] | 気前のよさ (⇔ stinginess けち)，寛容 <br> generous 形 |

| 0781 | |
|---|---|
| **genre** <br> [ʒáːnrə] | ジャンル |

## 形容詞

| 0782 | |
|---|---|
| **prolific** <br> [prəlífik] | 多作の [= fruitful, fecund, highly productive] <br> ▶ prolific writer 多作の作家 |

| 0783 | |
|---|---|
| **dissident** <br> [dísɪdənt] | 異論を持つ，反体制の <br> 名 反体制派　dissidence 名 反対 |

| 0784 | |
|---|---|
| **oral** <br> [ɔ́:rəl] | 口頭の，話し言葉の (⇔ written)，口の <br> orally 副 |

| 0785 | |
|---|---|
| **illustrious** <br> [ɪlʌ́striəs] | 著名な [= eminent, distinguished] (⇔ unknown, obscure) |

| 0786 | |
|---|---|
| **pinpoint** <br> [pínpɔ̀ɪnt] | 非常に正確な [= exact, precise] |

| 0787 | |
|---|---|
| **exorbitant** <br> [ɪgzɔ́:rbətənt] | 法外な [= extravagant, immoderate] |

| | |
|---|---|
| The university was at the **forefront** of new research into the use of robots in medicine. | その大学は，医療におけるロボット利用の新研究の**最先端**を走っていた。 |
| Thanks to the **generosity** of an anonymous donor, the hospital was able to build a new wing. | 匿名の寄付者の気前のよさのおかげで，その病院は新しい病棟を建てることができた。 |
| The **genre** of the detective story was invented in the nineteenth century. | 探偵小説という**ジャンル**は19世紀に発明された。 |
| The novelist astonished everyone with his **prolific** output. | その小説家は**多作**で皆を驚かせた。 |
| Despite a few **dissident** voices, most people supported the prime minister's reforms. | 少数の**反対**意見はあったものの，大多数の人々は首相の改革を支持した。 |
| Cultures without writing have to depend on **oral** tradition for a record of their history. | 書き言葉のない文化は，自らの歴史を記録するためには**口頭伝承**に頼らなければならない。 |
| The college boasts many **illustrious** graduates. | その大学は多くの**著名な**卒業生を送り出している。 |
| Technology now allows **pinpoint** military strikes from the air. | テクノロジーのおかげで，今では空からの**極めて正確な**軍事攻撃が可能である。 |
| The food is delicious, but the price is **exorbitant**. | 料理はおいしいが価格は**法外**だ。 |

exorbitantはorbit「軌道」の(外に=ex)出てしまうので，「法外な」とイメージしよう。

| 0788 | 克服不可能な [= insuperable] |
|---|---|
| **insurmountable** | |
| [ìnsərmáunṯəbl] | |

| 0789 | 破滅的な，悲惨な [= disastrous, devastating] |
|---|---|
| **catastrophic** | catastrophe 名 |
| [kæ̀ṭəstrá(:)fɪk] | |

| 0790 | 似通った〈to, with ～と〉，匹敵する〈to, with ～に〉 |
|---|---|
| **comparable** | comparably 副 |
| [ká(:)mpərəbl] | |

| 0791 | 美容の，装飾的な |
|---|---|
| **cosmetic** | 名 化粧品 |
| [kɑ(:)zméṭɪk] | |

| 0792 | 壊滅的な，悲惨な [= catastrophic, devastating] |
|---|---|
| **disastrous** | disastrously 副 |
| [dɪzǽstrəs] | |

| 0793 | フリーランスの，フリーの |
|---|---|
| **freelance** | freelancer 名 |
| [frí:læns] | |

| 0794 | イデオロギーの |
|---|---|
| **ideological** | |
| [àɪdiəlá(:)dʒɪkəl] | |

### 副 詞

| 0795 | 不注意に [= accidentally] |
|---|---|
| **inadvertently** | |
| [ìnədvá:rtəntli] | |

| 0796 | 誰もが認めるとおり，自ら認めるとおり |
|---|---|
| **admittedly** | |
| [ədmíṭədli] | |

| | |
|---|---|
| They had faced seemingly **insurmountable** problems at first. | 彼らは最初，一見克服不可能に思える問題に直面した。 |
| The extended war had a **catastrophic** effect on the country's infrastructure. | 長引く戦争はその国のインフラに破滅的な影響を与えた。 |
| The explorer found the climate of the volcanic area **comparable** to that of a rainforest. | その火山地帯の気候は熱帯雨林の気候に似通っていると探検家は思った。 |
| Many dentists these days specialize in **cosmetic** dentistry, where they can make bigger profits. | 近ごろの多くの歯科医は美容歯科を専門にしており，その方が大きな利益を上げることができる。 |
| Critics denounced the government's economic policy as **disastrous** and likely to lead to unemployment. | 批判的な人たちは，政府の経済政策は壊滅的で失業を生む可能性がある，と非難した。 |
| The woman enjoyed working as a **freelance** translator, although it offered little financial security. | その女性はフリーランスの翻訳者として働くのが楽しかったが，金銭的保証はほとんどなかった。 |
| The feminist critic attacked the novel for both **ideological** and aesthetic reasons. | そのフェミニスト批評家は，イデオロギー的理由と美的理由の両方でその小説を攻撃した。 |

| | |
|---|---|
| On the train, he **inadvertently** stepped on another passenger's foot. | 電車の中で彼はうっかりほかの乗客の足を踏んでしまった。 |
| **Admittedly**, raising tariffs can have a negative effect on the domestic economy as well. | 確かに，関税引き上げは国内経済にも悪影響を与え得る。 |

| 0797 | |
|---|---|
| **allegedly**<br>[əlédʒɪdli] | 伝えられるところによると，申し立てによると |

| 0798 | |
|---|---|
| **extensively**<br>[ɪksténsɪvli] | 広範に，大規模に |

| 0799 | |
|---|---|
| **firmly**<br>[fə́ːrmli] | 堅く [= securely]，断固として [= steadfastly] |

## 接続詞

| 0800 | |
|---|---|
| **albeit**<br>[ɔːlbíːɪt] | ～とはいえ [= although, even though] |

## ⏱ 1分間 mini test

**(1)** The city was completely ( ) by crime.

**(2)** The college boasts many ( ) graduates.

**(3)** The food is delicious but the price is ( ).

**(4)** These two students are ( ) for valedictorian honors.

ここから選んでね。※選択肢はすべて原形で表示しています。

① consultation　② entice　　　③ exorbitant　④ huddle
⑤ illustrious　　⑥ neutrality　⑦ overrun　　　⑧ vie

| The researcher had **allegedly** falsified the results of some of his experiments. | その研究者はいくつかの実験の結果を改ざんした**とされた**。 |
| --- | --- |
| The sociologist said that she had talked **extensively** with local residents before reaching her conclusions. | その社会学者は，結論を出す前に地元住民と**幅広く**対話をしたと述べた。 |
| He tightened the screws to make sure the flat screen TV was **firmly** attached to the wall. | フラットスクリーンテレビが間違いなく壁に**しっかり**固定されるよう，彼はねじを締めた。 |
| The investment plan was a highly profitable, **albeit** risky, move on the part of the bank. | その投資計画は，銀行にしてみればリスクを伴う**とはいえ**大きなもうけになる手段だった。 |

❖❖❖❖❖❖❖❖❖❖❖❖❖❖❖❖❖❖❖❖❖❖❖❖❖❖❖❖❖❖❖❖❖❖❖❖❖❖❖❖❖❖❖❖❖❖❖❖❖❖

**(5)** (　　　　　) by the air conditioning, he entered the store.

**(6)** He telephoned a lawyer and arranged for a (　　　　　).

**(7)** Many people doubted the (　　　　　) of the investigation.

**(8)** The children (　　　　　) together in their tent to keep warm.

正解

(1) ⑦(→**0716**)　(2) ⑤(→**0785**)　(3) ③(→**0787**)　(4) ⑧(→**0711**)　(5) ②(→**0702**)
(6) ①(→**0770**)　(7) ⑥(→**0733**)　(8) ④(→**0719**)

## 動詞

| 0801 | |
|---|---|
| **incline**<br>[ɪnkláɪn] | を気にさせる〈to *do* ～する〉,<br>を思わせる〈to *do* ～したいと〉<br>图 [ínklaɪn] 傾斜, 勾配　　inclination 图 |

| 0802 | |
|---|---|
| **intensify**<br>[ɪnténsɪfàɪ] | を(一層)強化する, を強める [= heighten]<br>intensification 图 |

| 0803 | |
|---|---|
| **lodge**<br>[lɑ(:)dʒ] | (苦情など)を申し出る〈with ～に〉[= file] |

| 0804 | |
|---|---|
| **mitigate**<br>[mítəgèɪt] | (怒り・苦痛など)を和らげる, を静める<br>[= alleviate]<br>mitigation 图 |

| 0805 | |
|---|---|
| **outlaw**<br>[áʊtlɔ̀:] | を非合法化する [= make illegal] |

| 0806 | |
|---|---|
| **render**<br>[réndər] | (render O C で) O を C にする [= make],<br>を表現する<br>rendering 图 演奏, 表現　　rendition 图 翻訳, 解釈 |

| 0807 | |
|---|---|
| **supervise**<br>[súːpərvàɪz] | を監督する, を指揮する<br>supervision 图 監督　　supervisor 图 監督者 |

| 0808 | |
|---|---|
| **chatter**<br>[tʃǽṭər] | ぺちゃくちゃしゃべる, おしゃべりする |

| 0809 | |
|---|---|
| **conjure**<br>[ká(:)ndʒər] | を思い起こさせる [= evoke, summon up]<br>★ 通例 up を伴う。 |

| | |
|---|---|
| The man's story sounded authentic and she was <u>inclined</u> **to believe** him, although she still had some doubts. | 男性の話は本当に思え，彼女は彼を**信じる**<u>気になった</u>ものの，それでも少し疑っていた。 |
| During the second half, the team <u>intensified</u> their efforts and managed to score a winning goal. | 後半，チームは<u>より一層奮闘し</u>，どうにか決勝ゴールを奪った。 |
| The students made so much noise that one of their neighbors <u>lodged</u> a complaint **with** the police. | 学生たちがあまりにうるさかったので，近所の人の1人が警察に苦情<u>を申し出た</u>。 |
| Although the disease could not be cured, its effects could be <u>mitigated</u> with various drugs. | その病気は治癒できなかったが，さまざまな薬で症状<u>を和らげる</u>ことはできた。 |
| The new administration said that they would <u>outlaw</u> the loan sharks who preyed on people in debt. | 新政権は，借金のある人を食い物にする高利貸し<u>を非合法化する</u>と述べた。 |
| The company's plan to build a new factory was <u>rendered</u> impractical by the rise in land prices. | その会社の新工場建設計画は，地価の上昇によって実行できな<u>くなった</u>。 |
| The boys' soccer practice was <u>supervised</u> by volunteers from the local community. | 少年たちのサッカーの練習は地元のボランティアが<u>監督した</u>。 |
| On the school bus, the boys and girls <u>chattered</u> together happily until they arrived at school. | スクールバスの中で，少年少女たちは学校に着くまで楽しそうに一緒に<u>ぺちゃくちゃしゃべった</u>。 |
| The word "desert" <u>conjures</u> up images of sand and camels, but many deserts are not like that. | 「砂漠」という語は砂とラクダを<u>思い起こさせる</u>が，多くの砂漠はそうしたものではない。 |

| | |
|---|---|
| **0810**<br>**cripple**<br>[krípl] | の機能をまひさせる<br>crippling 形 |
| **0811**<br>**culminate**<br>[kʌ́lmɪnèit] | 頂点に達する〈in, with ~で〉<br>culmination 名 |
| **0812**<br>**foresee**<br>[fɔːrsíː] | を予知する，を見越す [= predict]<br>foreseeable 形<br>語源 fore (前もって) + see (見る) |
| **0813**<br>**lull**<br>[lʌl] | を落ち着かせ眠くさせる，(lull A into Bで) Aを<br>安心させてBの状態にする<br>*cf.* lullaby 子守歌 |
| **0814**<br>**misunderstand**<br>[mìsʌ̀ndərstǽnd] | を誤解する<br>misunderstanding 名<br>▶ misunderstand A as B AをBと誤解する |
| **0815**<br>**perpetuate**<br>[pərpétʃuèit] | を固定化する，を永続させる<br>perpetuation 名 永続化<br>perpetuity 名 永遠，永続性 |
| **0816**<br>**wane**<br>[wein] | 衰える，衰退する [= decrease, fade]<br>▶ wax and wane (月が) 満ち欠けする |
| **0817**<br>**appraise**<br>[əpréiz] | を鑑定する，を値踏みする [= evaluate]<br>appraisal 名 値踏み　appraiser 名 評価人 |
| **0818**<br>**ascribe**<br>[əskráib] | (ascribe A to Bで) AをBのせいにする，<br>AをBに帰する [= attribute]<br>ascribable 形　ascription 名 |
| **0819**<br>**budge**<br>[bʌdʒ] | 譲歩する〈from ~から〉，態度を変える<br>▶ not budge an inch 一歩も譲らない |

| | |
|---|---|
| Although the school seemed prosperous, it was in fact crippled by debt and closed down soon after. | その学校は裕福に見えたが，実際は借金で首が回らず，その後間もなく廃校した。 |
| The movie culminated in a scene in which the whole hotel went up in flames. | その映画はホテル全体が炎上するシーンで最高潮に達した。 |
| Many people thought the government should have foreseen the problems that beset the country. | 政府は国を悩ます諸問題を予知してしかるべきだった，と多くの人は思った。 |
| The little boy, lulled by the sound of the gentle rain, soon fell fast asleep. | しとしと降る雨音にうとうとした小さな男の子は，すぐにぐっすり眠りに落ちた。 |
| The speech was so ambiguous that many people misunderstood it to mean the opposite of what was intended. | そのスピーチは言葉遣いが曖昧で，多くの人は本来の意図の逆を意味していると誤解した。 |
| Some people criticize beauty pageants for perpetuating gender stereotypes. | 美人コンテストは男女のステレオタイプを固定化する，と批判する人もいる。 |
| As the power of the king began to wane, rebellions broke out in different parts of the country. | 王の力が衰え始めると，国のあちこちで反乱が起きた。 |
| She took the necklace she had inherited to be appraised by a jeweler. | 彼女は相続したネックレスを宝石商に鑑定してもらおうと持って行った。 |
| In the past, many wealthy people ascribed the poverty of the poor to their laziness. | 昔は，多くの裕福な人たちは貧しい人々の貧困を怠惰のせいにした。 |
| The student begged the teacher for another chance, but he refused to budge from his decision to fail him. | もう一度チャンスが欲しいと生徒は懇願したが，先生は落第させるという決定を譲ろうとしなかった。 |

| 0820 | |
|---|---|
| **incarcerate**<br>[ınkáːrsərèıt] | を投獄する [= imprison]<br>incarceration 名 |

| 0821 | |
|---|---|
| **overreact**<br>[òuvərriækt] | 過剰反応する〈to ~に〉<br>overreaction 名 |

| 0822 | |
|---|---|
| **overstate**<br>[òuvərstéıt] | を誇張する，を大げさに述べる [= exaggerate]<br>overstatement 名 |

| 0823 | |
|---|---|
| **penalize**<br>[píːnəlàız] | を罰する，にペナルティーを科する<br>penal 形 刑罰の |

## 名詞

| 0824 | |
|---|---|
| **hurdle**<br>[háːrdl] | 困難，障害 [= obstacle]<br>▶ overcome a hurdle 困難を克服する |

| 0825 | |
|---|---|
| **inspiration**<br>[ìnspəréıʃən] | 創造的刺激となるもの[人]〈to, for ~にとって〉，<br>インスピレーション<br>inspirational 形 |

| 0826 | |
|---|---|
| **instability**<br>[ìnstəbíləti] | 不安定 (⇔ stability)<br>instable 形 |

| 0827 | |
|---|---|
| **insulation**<br>[ìnsəléıʃən] | 断熱，断熱材<br>insulate 動 |

| 0828 | |
|---|---|
| **intern**<br>[íntəːrn] | インターン，研修生<br>internship 名 |

| In some countries today, more and more young men are being **incarcerated** for their crimes. | 今日一部の国では，罪を犯して<u>投獄される</u>若い男性がどんどん増えている。 |
| The university authorities **overreacted to** the rumors of drug use and called in the local police. | 大学当局は麻薬使用のうわさに<u>過剰反応し</u>，地元警察を呼んだ。 |
| His thesis supervisor warned him not to **overstate** the novelty of his approach to the subject. | 彼の論文指導教員は，主題へのアプローチの目新しさ<u>を誇張し</u>ないように警告した。 |
| The new law was designed to **penalize** any company found guilty of polluting the environment. | 新法は，環境汚染で有罪になったいかなる企業<u>をも罰する</u>ことを目的としていた。 |

| In the interview, the millionaire described the many **hurdles** he had faced as a young man. | そのインタビューで，富豪は若いころに直面した多くの<u>困難</u>について説明した。 |
| The boy's success in the chess championship served as an **inspiration to** many younger players of the game. | その少年のチェス選手権での活躍は，そのゲームをする多くの年下の選手<u>にとって刺激</u>となった。 |
| News of the political **instability** caused a dramatic fall in the value of the nation's currency. | 政治的<u>不安定</u>のニュースが原因でその国の通貨価値は大幅に下落した。 |
| One way to reduce heating bills is to improve the **insulation** of one's home. | 暖房費を下げる1つの方法は，家の<u>断熱</u>をよくすることだ。 |
| While at college, she had worked as an **intern** at a famous legal firm. | 彼女は大学生のとき有名な弁護士事務所で<u>インターン</u>として働いたことがあった。 |

| | |
|---|---|
| **0829**<br>**lineup**<br>[láɪnʌp] | ■ (容疑者の) 面通し [= ■ identification parade]，ラインアップ |
| **0830**<br>**loyalist**<br>[lɔ́ɪəlɪst] | 忠誠派の人，体制支持者<br>▶ party loyalist 忠実な党員 |
| **0831**<br>**murderer**<br>[mə́ːrdərər] | 殺人犯 [= killer] |
| **0832**<br>**nobility**<br>[noʊbíləti] | (the ～)(集合的に) 貴族 [= aristocracy] |
| **0833**<br>**occurrence**<br>[əkə́ːrəns] | 出来事，事件，発生<br>occur 動<br>▶ everyday occurrence 日常茶飯事 |
| **0834**<br>**perch**<br>[pəːrtʃ] | パーチ<br>★ 主に北半球に生息する淡水魚の仲間 |
| **0835**<br>**practitioner**<br>[præktíʃənər] | (医師・弁護士などの) 開業者，実践者 |
| **0836**<br>**predecessor**<br>[prédəsèsər] | 前任者 (⇔ successor) |
| **0837**<br>**pregnancy**<br>[prégnənsi] | 妊娠<br>pregnant 形 |
| **0838**<br>**privatization**<br>[pràɪvəṭəzéɪʃən] | 民営化 (⇔ nationalization 国有化)<br>privatize 動 |

| The police held a **lineup** and asked witnesses to pick out anyone they recognized. | 警察は<u>面通し</u>を行い，顔を覚えている人がいれば選んでほしいと目撃者たちに言った。 |
| --- | --- |
| Not only the opposition but also government **loyalists** were uncomfortable about the prime minister's speech. | 野党だけでなく政府に<u>忠実な人たち</u>も首相の演説を不快に思った。 |
| Convicted **murderers** were kept separate from the rest of the prisoners. | 有罪判決を受けた<u>殺人犯</u>はほかの囚人とは別に収監された。 |
| The **nobility** had traditionally kept houses both in the city and in the country. | <u>貴族</u>は伝統的に都市にも地方にも家を所有していた。 |
| Earthquakes were a common **occurrence** in the region and periodically did great damage. | 地震はその地方ではよくある<u>出来事</u>で，定期的に大きな被害をもたらした。 |
| The name "**perch**" is given to a number of different kinds of freshwater fish. | 「<u>パーチ</u>」という名前はいろいろな種類の多くの淡水魚に付けられている。 |
| In many countries, medical **practitioners** are among the most highly paid professionals. | 多くの国では，<u>開業医</u>は最も高給の専門家に数えられる。 |
| As soon as he gained office, the new president began reversing the policies of his **predecessor** one by one. | 新大統領は就任したとたん，<u>前任者</u>の政策を一つ一つ転換させ始めた。 |
| Some medicines are not safe to take during **pregnancy** as they may harm the unborn child. | 薬の中には，胎児に有害かもしれないので<u>妊娠</u>中の服用は安全でないものもある。 |
| The **privatization** of the railways led in time to the closure of many small rural stations. | 鉄道の<u>民営化</u>により，やがて多くの田舎の小駅が閉鎖された。 |

| 0839 **progression** [prəgréʃən] | 進行, 前進, 発達<br>progressive 形 |
|---|---|
| 0840 **reactor** [riǽktər] | 原子炉 |
| 0841 **reflection** [rɪflékʃən] | 反映〈of 〜の〉, 熟考, 反射<br>reflective 形 |
| 0842 **reign** [reɪn] | 治世, 支配<br>動 君臨する |
| 0843 **resignation** [rèzɪgnéɪʃən] | 辞職, 辞任<br>resign 動<br>▶ letter of resignation 辞表 |
| 0844 **revelation** [rèvəléɪʃən] | 驚くべき新事実〈that …という〉, 暴露<br>reveal 動 を明らかにする |
| 0845 **revival** [rɪváɪvəl] | 再上演, 復活<br>revive 動 |
| 0846 **segment** [ségmənt] | 部分, 断片 [= section] |
| 0847 **spokesperson** [spóʊkspə̀ːrsən] | 広報官〈for 〜の〉, スポークスパーソン |
| 0848 **standpoint** [stǽndpɔ̀ɪnt] | 観点, 立場 [= perspective, point of view]<br>▶ from an objective standpoint 客観的な観点から |

| | |
|---|---|
| The rhythmic **progression** of the background music at the office stimulated the staff's creativity. | オフィスのBGMのリズミカルな**進行**はスタッフの創造性を刺激した。 |
| Many now believe that nuclear **reactors** are the only practical alternative to fossil fuel power stations. | **原子炉**は化石燃料発電所の唯一の実際的な代替策だと今では多くの人が考えている。 |
| The prime minister insisted that the newspaper article had not been an accurate **reflection of** his policies. | その新聞記事は自分の政策**を**正確に**反映**していなかった, と首相は主張した。 |
| During the **reign** of the last king, the monarchy was held in high respect, unlike today. | 前王の**治世**の間, その君主国は今と違って深い敬意を持たれていた。 |
| Huge crowds gathered to demand the **resignation** of the country's president. | 大統領の**辞職**を要求して大群衆が集まった。 |
| The **revelation that** the novel had actually been written by the novelist's wife attracted great interest. | その小説は実は小説家の妻が書いたものだ**という驚くべき新事実**は大きな関心を呼んだ。 |
| Every so often there was a **revival** of one or another of his plays. | 時々彼の戯曲のどれかが**再演**された。 |
| Certain **segments** of the population continued to believe in magic, but they were a minority. | 人口のある一定の**部分**は魔法を信じ続けたが, 少数派だった。 |
| A **spokesperson for** the museum confirmed that a robbery had taken place. | その美術館**の広報官**が, 盗難が発生したことを認めた。 |
| From the **standpoint** of modern science, ancient Greek medicine seems very primitive. | 現代科学の**観点**からすると, 古代ギリシャの医学はとても原始的に思える。 |

resignation の sign は「印をつける」を意味するよ。ほかの例としては designation「指名」や assignment「割当」があるよ。

205

| 0849 □□□ **suite** [swiːt] | スイートルーム，続き部屋 |
|---|---|
| 0850 □□□ **superiority** [supìəriɔ́(ː)rəti] | 優越，優位 (⇔ inferiority) ▶ competitive superiority 競争優位性 |
| 0851 □□□ **suppression** [səpréʃən] | 抑圧，弾圧 ▶ suppression of human rights 人権の抑圧 |
| 0852 □□□ **tolerance** [tá(ː)lərəns] | 寛容〈of, for 〜に対する〉，耐性 (⇔ intolerance) tolerant 形 ▶ religious tolerance 宗教的寛容 |
| 0853 □□□ **trench** [trentʃ] | <ruby>塹壕<rt>ざんごう</rt></ruby>，海溝 |
| 0854 □□□ **ulcer** [ʌ́lsər] | <ruby>潰瘍<rt>かいよう</rt></ruby> ulcerate 動 潰瘍になる |
| 0855 □□□ **unity** [júːnəti] | 一致，結束，団結，統合 (⇔ disunity) unite 動 |
| 0856 □□□ **upside** [ʌ́psàɪd] | 長所 (⇔ downside)，上側，上部 ▶ upside down 逆さまに |
| 0857 □□□ **verb** [vəːrb] | 動詞 verbal 形 言葉の，動詞の |
| 0858 □□□ **wetland** [wétlænd] | 湿地，湿地帯 |

| The film star always stayed in the most expensive **suite** that a hotel had available. | いつもその映画スターは，ホテルで利用できる一番料金の高い**スイートルーム**に泊まった。 |
|---|---|
| Europeans were so convinced of the **superiority** of their own religion that they often imposed it on others. | ヨーロッパ人は自らの宗教の**優越**を深く確信していたので，しばしば他者に押し付けた。 |
| The secret police were responsible for the **suppression** of any opposition to the ruling party. | 秘密警察は，与党に対するいかなる反対も**抑圧**する責任を担っていた。 |
| A **tolerance of** different opinions is the basic stance of any liberal society. | 異なる意見**に対する寛容**はあらゆる自由主義社会の基本的姿勢だ。 |
| The first thing the soldiers did was to build a deep **trench** in which they could hide. | 兵士たちが最初にしたのは，隠れることのできる深い**塹壕**を作ることだった。 |
| He attributed his stomach **ulcer** to the intense pressure of his job. | **胃潰瘍**は仕事の強いプレッシャーのせいだと彼は考えた。 |
| Most nations experience an unusual sense of national **unity** during wartime. | 戦時中ほとんどの国は，挙国**一致**という異常な感覚を経験する。 |
| Although the baseball game was rained out, the **upside** was that we were able to see a great movie. | 野球の試合は雨で中止になったが，**よかったのは**すごく面白い映画を見られたことだった。 |
| The difference between transitive and intransitive **verbs** is extremely important. | 他**動詞**と自動詞の違いは極めて重要だ。 |
| The local **wetland** was the habitat of many rare birds and plants. | その土地の湿地は多くの希少な鳥と植物の生息地だった。 |

unity「結束」のuniも **0959** monopoly「独占」のmonoも，1を意味するんだ。
単語のイメージに役立つね。

| | |
|---|---|
| 0859 □□□<br>**worm**<br>[wə:rm] | 虫<br>★ ミミズなど脚がなく細長い虫を言う。「昆虫」は insect。 |
| 0860 □□□<br>**anomaly**<br>[əná(:)məli] | 異例 [異常] な人 [もの], 異常<br>anomalous 形 |
| 0861 □□□<br>**containment**<br>[kəntéɪnmənt] | (非友好国などの) 封じ込め, 抑制<br>contain 動 |
| 0862 □□□<br>**downside**<br>[dáʊnsàɪd] | 欠点, 短所 [= drawback, disadvantage]<br>(⇔ upside) |
| 0863 □□□<br>**plow**<br>[plaʊ] | (農耕用の) すき<br>動 をすきで耕す<br>★ イギリス英語では plough とつづる。 |
| 0864 □□□<br>**stakeholder**<br>[stéɪkhòʊldər] | (事業などへの) 出資者 |
| 0865 □□□<br>**skeptic**<br>[sképtɪk] | 懐疑的な人, 懐疑論者<br>skeptical 形　skepticism 名<br>★ イギリス英語では sceptic とつづる。 |
| 0866 □□□<br>**methodology**<br>[mèθədá(:)lədʒi] | (芸術・科学などの) 方法論<br>methodological 形 |
| 0867 □□□<br>**academia**<br>[ækədí:miə] | 学究的世界, アカデミア |
| 0868 □□□<br>**downfall**<br>[dáʊnfɔ̀:l] | 没落, 衰退 [= decline, ruin] |

| In fact, **worms** play a vital role in keeping soil healthy and fertile. | 実のところ，土壌を健康で肥沃に保つ上で<u>虫</u>は極めて重要な役割を果たしている。 |
| --- | --- |
| As the only American pupil there, he felt like something of an **anomaly** in the school. | 唯一のアメリカ人生徒だったので，彼は学校ではかなり<u>浮いた存在</u>のように感じた。 |
| During the Cold War, the policy of **containment** was designed to halt the spread of communism. | 冷戦中，<u>封じ込め</u>政策は共産主義の拡大を止めることを目的としていた。 |
| The **downside** of the government's economic strategy was that it caused a rise in the inflation rate. | 政府の経済戦略の<u>欠点</u>は，インフレ率の上昇を引き起こしたことだった。 |
| The invention of the **plow** transformed primitive agriculture, making it much more productive. | <u>すき</u>の発明は初期段階の農業を一変させ，生産性が大きく向上した。 |
| The government was a major **stakeholder** in the automobile company, but it did not own it outright. | 政府はその自動車会社の<u>大出資者</u>だったが，完全に所有していたわけではなかった。 |
| The scientist confessed that at first he had been something of a **skeptic** concerning global warming. | その科学者は，最初は地球温暖化に関して少なからず<u>懐疑的</u>だったと告白した。 |
| Many experts criticized his **methodology**, arguing that it was based on outdated theories of psychology. | 多くの専門家が，彼の<u>方法論</u>は時代遅れの心理学理論に基づいていると論じて批判した。 |
| The famous scholar retired from **academia** and became a full-time writer for magazines. | その有名な学者は<u>学究的世界</u>から引退し，雑誌の専任ライターになった。 |
| The **downfall** of the Soviet Union marked the end of the Cold War. | ソビエト連邦の<u>没落</u>は冷戦の終わりを告げた。 |

## 0869
**keystone**
[kíːstòun]

(組織などの)要，よりどころ

---

| 形容詞 |
| --- |

## 0870
**instrumental**
[ìnstrəméntəl]

役立つ〈in ～に〉，助けとなる〈in ～の〉，器楽の

## 0871
**invertebrate**
[ɪnvə́ːrtɪbrət]

無脊椎の(⇔ vertebrate)

## 0872
**investigative**
[ɪnvéstəgèɪtɪv]

調査の
▶ investigative journalism 調査報道

## 0873
**martial**
[máːrʃəl]

戦闘の，戦争の
▶ martial law 戒厳令

## 0874
**municipal**
[mjuːnísɪpəl]

地方自治(体)の，市 [町] の
municipality 图 自治体

## 0875
**organizational**
[ɔ̀ːrgənəzéɪʃənəl]

組織化の，組織の [= structural]

## 0876
**pointless**
[pɔ́ɪntləs]

無意味な，効果のない [= meaningless, senseless]

## 0877
**preferable**
[préfərəbl]

好ましい〈to ～より〉 [= more suitable]

| | |
|---|---|
| Nuclear weapons formed the **keystone** of the country's defense policy. | 核兵器がその国の防衛政策の要となった。 |
| The bribery scandal was **instrumental in** the collapse of the conservative government. | その贈収賄事件は保守政府の崩壊に<u>大きな役割を果たした</u>。 |
| The vast majority of animal species are **invertebrate** ones. | 動物種の大多数は<u>無脊椎</u>種である。 |
| The professor argued that **investigative** journalists are essential to a healthy democracy. | 健全な民主主義社会には<u>調査報道</u>記者が必須だと教授は主張した。 |
| Ever since the 1960s, Chinese **martial** arts have been popular in the West. | 1960年代からずっと中国の<u>格闘</u>技は西洋で人気がある。 |
| Despite their importance, **municipal** politics rarely attract the attention of the national media. | <u>地方自治</u>政治は，その重要性にもかかわらずめったに全国メディアに注目されない。 |
| The young man had wonderful **organizational** skills, and as a result he rapidly moved up in the company. | その若い男性は素晴らしい<u>組織管理</u>スキルを持ち，その結果会社でとんとん拍子に出世した。 |
| He said the meeting had been absolutely **pointless** because they spent most of it going over earlier discussions. | 会議はほとんどの時間を以前の議論の見直しに費やしたので完全に<u>無意味</u>だった，と彼は言った。 |
| The chairman believed that doing nothing was **preferable to** making a damaging mistake. | 実害のある間違いを犯す<u>より</u>何もしない方が<u>好ましい</u>と議長は考えていた。 |

| 0878 | |
|---|---|
| **prosperous**<br>[prá(:)spərəs] | 裕福な，繁栄している [= affluent]<br>prosperity 名 |

| 0879 | |
|---|---|
| **reproductive**<br>[rìːprədʌ́ktɪv] | 繁殖の，生殖の<br>reproduction 名<br>▶ reproductive organs 生殖器官 |

| 0880 | |
|---|---|
| **sane**<br>[seɪn] | 正気の，気の確かな (⇔ insane)<br>sanity 名 |

| 0881 | |
|---|---|
| **selective**<br>[səléktɪv] | 選択の厳格な，えり好みする [= choosy, picky]，<br>選択的な<br>selectively 副　　selectivity 名 |

| 0882 | |
|---|---|
| **stark**<br>[stɑːrk] | はっきりした，くっきりした [= clear, obvious] |

| 0883 | |
|---|---|
| **strategic**<br>[strətíːdʒɪk] | 戦略の，戦略上重要な<br>strategically 副 |

| 0884 | |
|---|---|
| **thermal**<br>[θə́ːrməl] | 温水の，熱の<br>▶ thermal energy 熱エネルギー |

| 0885 | |
|---|---|
| **astonishing**<br>[əstá(:)nɪʃɪŋ] | 驚くべき，びっくりさせるような [= amazing,<br>astounding]<br>astonishingly 副 |

| 0886 | |
|---|---|
| **disproportionate**<br>[dìsprəpɔ́ːrʃ(ə)nət] | 不釣り合いな，不均衡な<br>disproportion 名　　disproportionately 副 |

| 0887 | |
|---|---|
| **pagan**<br>[péɪgən] | 異教の，異教徒の<br>名 異教徒 |

| | |
|---|---|
| He lived in a **prosperous** suburb full of big houses with beautiful gardens. | 彼は美しい庭付きの大きな家が立ち並ぶ裕福な郊外に住んでいた。 |
| Though the bear is of **reproductive** age, it seems unconcerned about finding a mate. | そのクマは繁殖年齢だが，つがいの相手を見つけることに関心がないようだ。 |
| It is not always easy for psychiatrists to decide if a patient is **sane** or not. | 患者が正気かどうかを精神科医が判断するのは必ずしも簡単ではない。 |
| The university was highly **selective** when it came to admitting new students. | 新入生を入学させることとなると，その大学は非常に選択が厳格だった。 |
| There was a **stark** contrast between the food served in his boarding school and the food he ate at home. | 彼が寄宿学校で出される食事と家で食べる食事はまったく対照的だった。 |
| The **strategic** advantages of an alliance with such a powerful nation were obvious to everyone. | それほどの強国を加えた同盟の戦略的利点は誰の目にも明らかだった。 |
| The region boasts many **thermal** springs which attract thousands of visitors every year. | その地方は毎年何千人もの客を呼ぶ多くの温泉が名物だ。 |
| The residents of the remote mountain village were said to live to **astonishing** ages. | その辺ぴな山村の住民は驚くべき年齢まで生きると言われていた。 |
| The **disproportionate** number of wealthy students attending elite universities suggests the advantages of wealth. | エリート大学に通う裕福な学生の不釣り合いな数は，富の利点を示唆している。 |
| Many **pagan** festivals survived in a disguised form in Christian Europe. | キリスト教ヨーロッパでは，多くの異教の祭りが偽装した形で続けられた。 |

| 0888 | |
|---|---|
| **promising**<br>[prá(:)məsɪŋ] | 有望な，将来性のある<br>promisingly 副 |

| 0889 | |
|---|---|
| **resilient**<br>[rɪzíliənt] | 回復力のある，弾力のある<br>resilience 名　resiliently 副 |

| 0890 | |
|---|---|
| **voluntary**<br>[vá(:)ləntèri] | 無償の，ボランティアの，自発的な<br>(⇔involuntary)<br>voluntarily 副 |

| 0891 | |
|---|---|
| **appalling**<br>[əpɔ́:lɪŋ] | ぞっとさせる，恐ろしい [= shocking,<br>outrageous]<br>appallingly 副 |

| 0892 | |
|---|---|
| **far-reaching**<br>[fàːrríːtʃɪŋ] | 広範囲にわたる，遠大な |

| 0893 | |
|---|---|
| **forlorn**<br>[fərlɔ́ːrn] | 寂しげな，悲しげな<br>forlornly 副 |

| 0894 | |
|---|---|
| **grassroots**<br>[grǽsrúːts] | 草の根の，民衆の<br>▶ grassroots democracy 草の根民主主義 |

| 0895 | |
|---|---|
| **long-standing**<br>[lɔ̀(ː)ŋstǽndɪŋ] | 長年の，長期にわたる |

### 副詞

| 0896 | |
|---|---|
| **ideally**<br>[aɪdíːəli] | 理想的には，理想的に |

| | |
|---|---|
| One of the most **promising** areas of medical research today is the field of genetics. | 今日の医学研究で最も**有望な**領域の1つは遺伝学の分野だ。 |
| An ecosystem rich in biodiversity is more **resilient** than one with low levels of biodiversity. | 生物多様性に富む生態系の方が，生物多様性の低い生態系より**回復力がある**。 |
| Participating in **voluntary** charity work while in school can help students enter good colleges. | 在学中に**無償の**慈善活動に参加すると，生徒がいい大学に入るのに役立ち得る。 |
| The armies of many different countries have carried out **appalling** acts of violence during wartime. | 多くのさまざまな国の軍隊が，戦時中に**ぞっとするような**暴力行為を行ってきた。 |
| The discovery of antibiotics had **far-reaching** consequences for the treatment of many diseases. | 抗生物質の発見は，多くの病気の治療に**広範な**影響があった。 |
| He noticed the **forlorn** figure of a small child standing alone on the platform. | 駅のホームに1人で立つ小さな子供の**寂しげな**姿に彼は気付いた。 |
| A powerful **grassroots** campaign for free elections started in the capital and quickly spread to the provinces. | 自由選挙を求める強力な**草の根**キャンペーンが首都で始まり，すぐに各地方に広がった。 |
| The two companies were involved in a **long-standing** legal conflict over the rights to a patent. | 2社はある特許の権利を巡って**長年にわたり**法廷で争っていた。 |
| **Ideally**, healthcare should be free for everyone, but this is often difficult to achieve in practice. | **理想的には**医療は誰にでも無料であるべきだが，実際に達成するのは困難なことが多い。 |

| 0897 | 一つ一つを見れば (⇔ collectively), 個別に |
|---|---|
| **individually** | [= separately] |
| [ìndɪvídʒuəli] | |

| 0898 | 本来的に, 本質的に [= intrinsically] |
|---|---|
| **inherently** | |
| [ɪnhíərəntli] | |

| 0899 | 主として, 主に [= mainly, mostly] |
|---|---|
| **predominantly** | |
| [prɪdá(:)mɪnəntli] | |

| 0900 | 驚くほど, 驚くべきことに [= surprisingly, astonishingly] |
|---|---|
| **remarkably** | |
| [rɪmá:rkəbli] | |

## 1分間 mini test

**(1)** The vast majority of animal species are (　　　　　) ones.

**(2)** The local (　　　　　) was the habitat of many rare birds and plants.

**(3)** The (　　　　　) of the Soviet Union marked the end of the Cold War.

**(4)** Every so often there was a (　　　　　) of one or another of his plays.

**(5)** He attributed his stomach (　　　　　) to the intense pressure of his job.

ここから選んでね。※選択肢はすべて原形で表示しています。

① appraise　② downfall　③ invertebrate　④ keystone
⑤ murderer　⑥ pagan　⑦ revival　⑧ ulcer
⑨ wetland　⑩ worm

| It is hard to assess teachers fairly because students **individually** often have very different opinions of them. | 生徒一人一人の教師に対する意見はしばしば非常に異なるので，教師を公正に評価するのは難しい。 |
| Some narcotics are not **inherently** bad for the health, but they need to be used in small amounts. | 麻酔薬には本来的に健康に有害ではないものもあるが，少量で用いる必要がある。 |
| The island's population now **predominantly** consists of migrants from the mainland. | その島の住人は今では主として本土からの移民で構成されている。 |
| Making wine was not a local tradition in the area, but the wine they produced was **remarkably** good. | ワイン造りはその地域固有の伝統ではなかったが，そこで作られたワインは驚くほどおいしかった。 |

**(6)** Nuclear weapons formed the ( ) of the country's defense policy.

**(7)** She took the necklace she had inherited to be ( ) by a jeweler.

**(8)** In fact, ( ) play a vital role in keeping soil healthy and fertile.

**(9)** Convicted ( ) were kept separate from the rest of the prisoners.

**(10)** Many ( ) festivals survived in a disguised form in Christian Europe.

正解

**(1)** ③ (→0871) **(2)** ⑨ (→0858) **(3)** ② (→0868) **(4)** ⑦ (→0845) **(5)** ⑧ (→0854)
**(6)** ④ (→0869) **(7)** ① (→0817) **(8)** ⑩ (→0859) **(9)** ⑤ (→0831) **(10)** ⑥ (→0887)

### 動詞

| 0901 | |
|---|---|
| **postulate**<br>[pá(:)stʃəlèɪt] | (postulate that ... で) …と仮定する [= posit] |

| 0902 | |
|---|---|
| **reevaluate**<br>[rì:ɪvǽljuèɪt] | を改めて評価する, を再査定する<br>reevaluation 名 |

| 0903 | |
|---|---|
| **reexamine**<br>[rì:ɪgzǽmɪn] | を再検査する, を再検討する [= reassess]<br>reexamination 名 |

| 0904 | |
|---|---|
| **reissue**<br>[rì:íʃu:] | を再発行する, を復刊する<br>名 再発行, 復刊 |

| 0905 | |
|---|---|
| **revolutionize**<br>[rèvəlú:ʃənàɪz] | に革命[大変革]を起こす [= change completely] |

| 0906 | |
|---|---|
| **segregate**<br>[ség
rɪgèɪt] | を隔離する, を分離する (⇔ integrate)<br>segregation 名<br>★人種・宗教などによる分離について用いることが多い。 |

| 0907 | |
|---|---|
| **derive**<br>[dɪráɪv] | (be derived で) 由来する〈from ～に〉,<br>を受け継ぐ〈from ～から〉<br>derivatives 名 金融派生商品 |

| 0908 | |
|---|---|
| **intervene**<br>[ìn
ərví:n] | 調停する〈in ～を〉, 仲裁する [= interpose]<br>**語源** inter (間に) + vene (来る) |

| 0909 | |
|---|---|
| **elaborate**<br>[ɪlǽbərèɪt] | 詳述する〈on ～について〉 [= expand]<br>形 [ɪlǽbərət] 入念な |

| | |
|---|---|
| The theory **postulated that** the main cause of inflation was an increase in the supply of money into the economy. | その理論は、インフレの主因は経済への貨幣供給の増加だと<u>仮定した</u>。 |
| The changing international situation has led many countries to **reevaluate** their traditional alliances. | 国際情勢の変化により、多くの国が古くからの同盟を<u>見直して</u>いる。 |
| When the scientist **reexamined** the evidence, he found several mistakes in the calculations. | 証拠<u>を再検証した</u>その科学者は、計算にいくつかの誤りを見つけた。 |
| A new company ID card was **reissued** to her, which allowed her increased access to different areas in the building. | 会社の新しいIDカードが<u>再発行され</u>、彼女はビルのいろいろな区域にもっと立ち入れるようになった。 |
| His theories became widely accepted by academics, eventually **revolutionizing** the field of economics. | 彼の理論は広く学界で受け入れられるようになり、最終的に経済学の分野に革命を<u>起こした</u>。 |
| The patients who had caught the infectious disease were **segregated** in a separate ward. | その感染症にかかった患者は別の病棟に<u>隔離された</u>。 |
| Many English words **are** **derived** **from** Latin. | 多くの英単語はラテン語<u>に由来する</u>。 |
| I asked my lawyer to **intervene** **in** the dispute. | 私は弁護士に、その紛争<u>を調停して</u>くれるように依頼した。 |
| The committee asked her to **elaborate** **on** her proposals for reform. | 委員会は彼女に、改革の提案に<u>ついて詳述する</u>ように依頼した。 |

| 0910<br>**uphold**<br>[ʌphóuld] | を守る，を支持する [= support]<br>upholder 图 支持者 |
|---|---|
| 0911<br>**entrust**<br>[ɪntrʌ́st] | を預ける〈to ~に〉，を委ねる |
| 0912<br>**entail**<br>[ɪntéɪl] | を（必然的に）伴う [= include, involve]，<br>を余儀なくさせる [= require] |
| 0913<br>**induce**<br>[ɪndjúːs] | を仕向ける〈to do ~するように〉，に（説得して）<br>させる [= persuade, motivate]<br>語源 in（中へ）+ duce（導く） |
| 0914<br>**expel**<br>[ɪkspél] | を追放する〈from ~から〉[= drive out, force out]<br>▶ expel air from the lungs 肺から息を吐き出す |
| 0915<br>**soar**<br>[sɔːr] | （価格が）急騰する [= skyrocket]，舞い上がる<br>[= rise high]<br>▶ soaring unemployment 上昇し続ける失業率 |
| 0916<br>**enroll**<br>[ɪnróul] | 登録する〈in ~に〉，入学[入会]する<br>[= register]<br>enrollment 图 |
| 0917<br>**surpass**<br>[sərpǽs] | を上回る [= exceed, excel, transcend] |
| 0918<br>**merge**<br>[məːrdʒ] | （を）合併する〈with ~と〉[= unite, combine]<br>merger 图 |
| 0919<br>**intrigue**<br>[ɪntríːg] | (be intrigued で)興味をそそられる〈to do ~する<br>ことに〉，陰謀を企てる [= conspire]<br>intriguing 形 興味をそそる |

| The principal promised to **uphold** the school's tradition of excellence. | 校長は卓越性という学校の伝統を守ることを約束した。 |
| Before he left, the man **entrusted** the key to his safe **to** his deputy. | 出発する前に，男は代理人に金庫の鍵を預けた。 |
| At the interview, the girl took the chance to ask just what the job **entailed**. | 面接で，少女は機会を捉えてその仕事に伴う内容は一体何なのかを尋ねてみた。 |
| The medicine helped **induce** the patient **to fall** asleep before his surgery. | その薬は，手術の前に患者が眠りに落ちるよう仕向けるのに役立った。 |
| After the boy was caught cheating, he was **expelled from** the school. | カンニングが見つかった後，その少年は退学になった。 |
| The value of the company's stock **soared** after it was promoted on a website. | あるウェブサイトで取り上げられた後，その会社の株価は急上昇した。 |
| My brother is **enrolling in** a physics class for his first year in university. | 私の弟は大学初年度に物理学の授業に登録する。 |
| The athlete finally **surpassed** the previous world record in 2009. | ついにその運動選手は，2009 年樹立の過去の世界記録を上回った。 |
| When the two companies **merged**, they became the largest conglomerate in the chemical industry. | 両社が合併したことで，化学工業界で最大の複合企業が誕生した。 |
| When the mysterious stranger bought the old mansion, the townsfolk **were intrigued to learn** just who she was. | その謎めいたよそ者が古い豪邸を買ったとき，町民は一体何者なのか知りたい好奇心に駆られた。 |

intrigueは一般的には受け身で I'm intrigued. 「興味があるよ」というように使うことが多いね。

| 0920 | に侵入する，を貫通する |
|---|---|
| **penetrate**<br>[pénətrèɪt] | penetration 图　penetrable 形<br>語源 penetr（奥に）+ ate（動詞語尾） |

| 0921 | を注射する〈into 〜に〉，を注入する |
|---|---|
| **inject**<br>[ɪndʒékt] | injection 图<br>語源 in（中に）+ ject（投げる） |

| 0922 | 噴火する，（感情が）爆発する [= blow up, explode]，（戦争が）勃発する [= break out] |
|---|---|
| **erupt**<br>[ɪrʌ́pt] | eruption 图 |

| 0923 | 始まる [= begin, start] |
|---|---|
| **commence**<br>[kəméns] | commencement 图 |

| 0924 | を具体的に述べる [= state exactly] |
|---|---|
| **specify**<br>[spésəfàɪ] | specification 图 |

| 0925 | に取り組む [= handle, deal with] |
|---|---|
| **tackle**<br>[tǽkl] | ▶ tackle new challenges 新しい課題に取り組む |

| 0926 | に着手する，を扇動する [= agitate] |
|---|---|
| **instigate**<br>[ínstɪgèɪt] | instigation 图 |

| 0927 | を発掘する [= dig up] |
|---|---|
| **excavate**<br>[ékskəvèɪt] | excavation 图<br>語源 ex（外に）+ cave（穴）+ ate（動詞語尾） |

| 0928 | （苦痛など）を和らげる [= assuage, soften, mitigate] |
|---|---|
| **alleviate**<br>[əlí:vièɪt] | |

| 0929 | を避ける [= avoid, evade] |
|---|---|
| **shun**<br>[ʃʌn] | |

| | |
|---|---|
| The government offices admitted that their computers had been **penetrated** by hackers. | 政府官庁はコンピューターがハッカーの<u>侵入を受け</u>たことを認めた。 |
| The doctor **injected** the vaccine **into** the patient's arm. | 医師は患者の腕にワクチン<u>を注射した</u>。 |
| Government scientists said that the volcano might **erupt** at any time. | その火山はいつ<u>噴火して</u>もおかしくない，と政府系科学者は述べた。 |
| The term had not yet **commenced** and the campus was empty. | 学期はまだ<u>始まっ</u>ていなかったので，大学構内には人がいなかった。 |
| The inspector **specified** a number of improvements that were necessary. | その検査員は改良が必要な点を<u>いくつか具体的に述べた</u>。 |
| A team was formed to **tackle** the problem of childhood obesity. | 小児肥満の問題<u>に取り組む</u>ため，チームが結成された。 |
| The head of the hospital said he would **instigate** an investigation into the doctor's conduct. | 院長はその医師の品行に関する調査<u>に着手する</u>と言った。 |
| All work on the new building was stopped while archaeologists **excavated** the site. | 考古学者たちが用地<u>を発掘する</u>間，新しいビル建設の作業はすべてストップした。 |
| The medicine could not **alleviate** his pain. | その薬は彼の痛み<u>を和らげる</u>ことができなかった。 |
| Even after he was released from prison, he was **shunned** by his former friends. | 彼は刑務所から出た後も，以前の友人たちに<u>避けられ</u>た。 |

commence「始まる」の名詞形 commencement には「学位授与式」という意味があるよ。commencement ceremony は「卒業式」を意味するんだ。

| | |
|---|---|
| **0930** ☐☐☐ <br> **evade** <br> [ɪvéɪd] | を避ける [= avoid] <br> evasion 图 |
| **0931** ☐☐☐ <br> **recur** <br> [rɪkə́:r] | 再び起こる [= occur again] <br> recurrence 图　　recurrent 形 <br> 語源 re (再び) + cur (走る) |
| **0932** ☐☐☐ <br> **bestow** <br> [bɪstóʊ] | (称号・栄誉など)を与える〈on ~に〉, を授ける <br> [= confer, grant] |
| **0933** ☐☐☐ <br> **obstruct** <br> [əbstrʌ́kt] | を妨害する [= hinder, impede, hamper, retard] <br> obstruction 图 |
| **0934** ☐☐☐ <br> **instill** <br> [ɪnstíl] | を教え込む〈in, into ~に〉[= inculcate] <br> 語源 in (中に) + still (したたる) |
| **0935** ☐☐☐ <br> **ensue** <br> [ɪnsjúː] | 結果として起こる [= follow (immediately), <br> come after] |
| **0936** ☐☐☐ <br> **stabilize** <br> [stéɪbəlàɪz] | を安定させる <br> stability 图　　stable 形 <br> ▶ stabilize the economy 経済を安定させる |
| **0937** ☐☐☐ <br> **dub** <br> [dʌb] | (dub O C で) O を C と呼ぶ <br> ★ dub には別の意味で「(いくつかの録音)を合成する. (音・映像)を複製する. を(別の言語に)吹き替える」の意味もある。 |
| **0938** ☐☐☐ <br> **ravage** <br> [rǽvɪdʒ] | (国など)を荒らす, を略奪する [= devastate] |
| **0939** ☐☐☐ <br> **impede** <br> [ɪmpíːd] | を妨げる [= hinder, obstruct], を遅らせる <br> [= delay] <br> 語源 im (中に) + pede (足) |

| In order to <u>evade</u> the police, the fugitive wore a disguise. | 警官を<u>避ける</u>ために，逃亡者は変装した。 |
| --- | --- |
| Doctors hoped her illness would not <u>recur</u> after a long series of treatments. | 一連の長期にわたる治療の後，彼女の病気が<u>再発し</u>ないことを医師たちは願った。 |
| His family still owns the land that the king <u>bestowed</u> **on** them in the 17th century. | 彼の一家は，17世紀に王が一家<u>に</u><u>与えた</u>土地をいまだに所有している。 |
| The government was accused of trying to <u>obstruct</u> the inquiry. | 政府はその調査を<u>妨害し</u>ようとしたことを非難された。 |
| We always try to <u>instill</u> strong moral values **in** our children. | 私たちは常に子供たち<u>に</u>強い倫理観を<u>教え込も</u>うとする。 |
| She spoke her mind clearly, not caring what might <u>ensue</u>. | 彼女は何が<u>結果として起きる</u>かを気にせず，気持ちをはっきりと話した。 |
| The government introduced measures to <u>stabilize</u> the price of oil, which had been fluctuating wildly. | 政府は激しく変動していた石油価格を<u>安定させる</u>政策を導入した。 |
| Shortly after his commercial success, the singer was <u>dubbed</u> "The King of Rock and Roll." | 商業的成功を手にしてから間もなく，その歌手は「ロックンロールの王様」<u>と呼ばれた</u>。 |
| The area was <u>ravaged</u> by storms during the winter months. | その地域は冬の間に襲った嵐で<u>荒廃した</u>。 |
| The weather <u>impeded</u> our progress so much that we gave up work for the day. | 天候が大幅に私たちの<u>進捗</u>を<u>妨げた</u>ので，私たちはその日の仕事を断念した。 |

| 0940 | (disdain to *do* で) ～することを潔しとしない |
|---|---|
| **disdain**<br>[dɪsdéɪn] | [= spurn, refuse], を軽蔑する [= scorn, despise] |

| 0941 | を扇動する〈to ～へ〉[= instigate, stir up], |
|---|---|
| **incite**<br>[ɪnsáɪt] | を引き起こす [= provoke] |

| 0942 | を激賞する [= applaud, eulogize] |
|---|---|
| **extol**<br>[ɪkstóʊl] | |

| 0943 | 急成長する, (植物が) 芽を出す [= sprout] |
|---|---|
| **burgeon**<br>[bə́:rdʒən] | burgeoning 形 急成長する |

## 名詞

| 0944 | 🟦 刑務所 [= prison] |
|---|---|
| **penitentiary**<br>[pènɪténʃəri] | |

| 0945 | 精神病質 |
|---|---|
| **psychopathy**<br>[saɪká(:)pəθi] | psychopath 图 精神病質者, サイコパス |

| 0946 | 首謀者 |
|---|---|
| **ringleader**<br>[ríŋlì:dər] | |

| 0947 | 動物プランクトン |
|---|---|
| **zooplankton**<br>[zòʊəplǽŋktən] | |

| 0948 | 偉業 [= achievement] |
|---|---|
| **feat**<br>[fi:t] | |

| | |
|---|---|
| She said that she **disdained to answer** such an impertinent question. | そのような不作法な質問に**答えることは断る**、と彼女は言った。 |
| The leader of the protest movement tried to **incite** the counterprotesters **to** violence. | 抗議運動の指導者は、暴力に訴えるよう、抗議に反対する人々**を扇動しよう**とした。 |
| The most distinguished people at the conference **extolled** his contribution. | その会議にいた最も著名な人たちが彼の貢献**を激賞した**。 |
| As the market for exotic spices **burgeoned**, the company made a fortune. | 外国産香辛料の市場が**急成長する**と、その会社は一財産を築いた。 |
| There was a large **penitentiary** on the edge of town which housed more than 200 convicted criminals. | 町の外れに、200人以上の既決囚を収容する大きな**刑務所**があった。 |
| In general, **psychopathy** is used to refer to a mental illness in which people behave in an antisocial way. | 一般に、**精神病質**は人が反社会的な振る舞いをする精神病を指して用いられる。 |
| The prosecutor accused the man of being the **ringleader** of a criminal gang. | 検察官は、犯罪集団の**首謀者**だとしてその男性を告発した。 |
| The oceans are full of **zooplankton** that comprise the diet of many other marine creatures. | 海にはほかの多くの海洋生物の餌になる**動物プランクトン**がたくさんいる。 |
| Very few climbers have managed the **feat** of climbing Mount Everest. | エベレスト登頂の**偉業**を成し遂げた登山家はごくわずかしかいない。 |

| 0949 | | 受賞者，受取人 |
| --- | --- | --- |
| **recipient** | | ▶ recipient of an award 受賞者 |
| [rɪsípiənt] | | |

| 0950 | | 継続 [持続] 期間 [= period] |
| --- | --- | --- |
| **duration** | | |
| [djuəréɪʃən] | | |

| 0951 | | 治療 (薬) 〈for 〜の〉，治療法 [= cure] |
| --- | --- | --- |
| **remedy** | | remedial 形 |
| [rémədi] | | |

| 0952 | | 苦境 [= hardship, predicament] |
| --- | --- | --- |
| **plight** | | |
| [plaɪt] | | |

| 0953 | | (感情などの) 高まり，(価値などの) 急騰 |
| --- | --- | --- |
| **surge** | | 動 (波が) 押し寄せる，急騰 |
| [sə:rdʒ] | | |

| 0954 | | 工芸品 [= craftwork] |
| --- | --- | --- |
| **artifact** | | |
| [á:rtɪfæ̀kt] | | |

| 0955 | | 処分 |
| --- | --- | --- |
| **disposal** | | ▶ at a person's disposal (人) の意のままになって |
| [dɪspóuzəl] | | |

| 0956 | | 赤字 [= unfavorable balance] (⇔ surplus) |
| --- | --- | --- |
| **deficit** | | cf. be in the red 赤字である |
| [défəsɪt] | | |

| 0957 | | 控除 (額) 〈from 〜からの〉，差し引き |
| --- | --- | --- |
| **deduction** | | [= recoupment]，推論 [= reasoning]，演繹法 |
| [dɪdʌ́kʃən] | | (⇔ induction 帰納法) |

| 0958 | | 起業家 |
| --- | --- | --- |
| **entrepreneur** | | entrepreneurial 形 |
| [à:ntrəprəná:r] | | |

| | |
|---|---|
| The **recipient** of the Nobel Prize for literature has been announced. | ノーベル文学賞の**受賞者**が発表された。 |
| The politician was imprisoned for the **duration** of the war. | その政治家は，戦争の**間ずっと**投獄されていた。 |
| Honey and lemon tea is a traditional **remedy for** a sore throat. | 蜂蜜入りのレモンティーは，のどの痛み**の**伝統的**治療薬**である。 |
| Moved by the **plight** of the refugees, the millionaire donated a large sum to help them. | 難民の**苦境**に心を動かされて，その富豪は彼らの援助のために多額の寄付をした。 |
| The girl felt a **surge** of excitement when she finally sat down to watch the newly released movie. | その新作映画を見るためにようやく席に着いたとき，少女は興奮の**高まり**を覚えた。 |
| Various primitive **artifacts** were discovered by the archaeologists. | 多種多様な原始時代の**工芸品**がその考古学者たちによって発見された。 |
| The official was responsible for the **disposal** of unwanted files. | その職員は不要なファイルの**処分**を担当していた。 |
| The nation had to take steps to reduce the national **deficit**. | その国は国の**赤字**を減らす対策を講じなければならなかった。 |
| Citizens with school-age children receive a **deduction from** their tax liability. | 就学年齢の子供がいる市民は，納税額**から控除**される。 |
| In capitalist societies, **entrepreneurs** play a very important role. | 資本主義社会において**起業家**はとても重要な役割を果たす。 |

| 0959 **monopoly** [mənά(:)pəli] | 独占(権)，専売(権) monopolize 動 ▶ have a monopoly of [on] ～ ～を独占する |
| 0960 **transaction** [trænsǽkʃən] | 取引 [= deal] |
| 0961 **setback** [sétbæk] | 妨げ，支障，挫折 ▶ suffer a setback 挫折を味わう |
| 0962 **mortgage** [mɔ́ːrgɪdʒ] | 住宅ローン，抵当 [= pledge, security] |
| 0963 **patriot** [péɪtriət] | 愛国者 patriotic 形 cf. compatriot 同胞 |
| 0964 **legislature** [lédʒəslèɪtʃər] | 議会，立法府 |
| 0965 **inflammation** [ìnfləméɪʃən] | 炎症，赤くはれること [= swelling] inflammatory 形 |
| 0966 **toll** [toul] | 死傷者数 [= casualties]，通行料 |
| 0967 **sanitation** [sæ̀nɪtéɪʃən] | 公衆衛生 sanitary 形 |
| 0968 **captive** [kǽptɪv] | 監禁された人，捕虜 (⇔ captor) 形 捕らわれた |

| The company has recently been accused of forming a **monopoly**. | 最近その会社は，独占を行ったとして告発されている。 |
| The **transaction** turned out to be very profitable for the company. | その取引は会社にとって大きな利益をもたらす結果となった。 |
| The poor sales were a serious **setback** for the company. | 売り上げの低迷は，その会社にとって深刻な痛手となった。 |
| The young couple managed to buy a house by accepting a 30-year **mortgage**. | 若い夫婦は30年の住宅ローンを組んで，なんとか家を購入することができた。 |
| One of her ancestors was a famous American **patriot** in the Revolutionary War. | 彼女の先祖の1人は，独立戦争時の有名なアメリカの愛国者だった。 |
| Opinion polls showed that the **legislature** was increasingly unpopular. | 世論調査は議会がますます人気がなくなりつつあることを示した。 |
| The tear gas caused severe **inflammation** of the eyes. | 催涙ガスによって目にひどい炎症が起きた。 |
| The death **toll** from the accident continued to climb. | その事故での死者の人数は増え続けた。 |
| Improvements in **sanitation** contributed to the disease's eradication. | 公衆衛生の改善がその病気の撲滅に寄与した。 |
| The man had kept his daughter a **captive** in her own home. | その男は自分の娘を娘自身の家に監禁していた。 |

| 0969 | |
|---|---|
| **triumph**<br>[tráɪʌmf] | 大勝利 [= great victory]<br>triumphant 形<br>▶ achieve a great triumph 大成功を収める |
| 0970 | |
| **backlash**<br>[bæklæʃ] | 反発〈against 思想などへの〉，反動 [= reaction]，<br>(機械の)緩み |
| 0971 | |
| **hub**<br>[hʌb] | 中心 [= center]，商業や輸送の中心 [= focus of<br>commerce or transportation] |
| 0972 | |
| **vicinity**<br>[vəsínəti] | 近隣 [= neighborhood] |
| 0973 | |
| **longevity**<br>[lɑ(:)ndʒévəti] | 長寿，長命 [= long life] |
| 0974 | |
| **entity**<br>[éntəti] | 独立体，存在 [= being, existence]，本質<br>[= essence] |
| 0975 | |
| **oversight**<br>[óuvərsàit] | 見落とし，監督，管理 [= supervision]<br>oversee 動 を監督する<br>*cf.* overlook を見落とす |
| 0976 | |
| **expenditure**<br>[ɪkspéndɪtʃər] | 支出〈on, for 〜への〉，消費<br>expend 動　expense 名 費用　expensive 形 |
| 0977 | |
| **embargo**<br>[ɪmbɑ́ːrɡou] | 輸出入禁止，出入港禁止命令，禁止<br>[= prohibition]<br>▶ gold embargo 金の通商禁止 |
| 0978 | |
| **confinement**<br>[kənfáinmənt] | 監禁 [= imprisonment]，<br>制限 [= limitation, restriction]<br>confine 動 |

| | |
|---|---|
| The fans were celebrating the **triumph** of their team in the championships. | ファンたちは自分たちのチームの決勝戦での**大勝利**を祝福していた。 |
| Many feminists complained that there had been a **backlash** **against** policies designed to help women. | 女性を支援しようとする諸政策**に対する反発**があった，と多くのフェミニストは不満を表した。 |
| New York is not the American capital, but many people consider it to be the **hub** of modern American life. | ニューヨークは米国の首都ではないが，現代の米国の生活の**中心**だと多くの人は考えている。 |
| The only drawback to the new house was there were no shops in the immediate **vicinity**. | 新しい家の唯一の欠点は，すぐ**近所**に店が1軒もないことだった。 |
| In Japan, the pine tree is a symbol of **longevity**. | 日本では，松の木は**長寿**の象徴だ。 |
| The university's publisher is a separate **entity** from the university and manages its own finances. | その大学の出版局は大学とは別個の**独立体**で，独自に財務を行っている。 |
| By an **oversight**, he failed to grade one of the students' essays. | **見落とし**で，彼は生徒の作文の成績を1人分つけ損なった。 |
| The new administration announced an increase in its **expenditure on** health. | 新政府は保健**に対する支出**の増額を発表した。 |
| The United Nations imposed a trade **embargo** on the nation. | 国連はその国に対して**禁輸措置**を科した。 |
| After only a week of solitary **confinement**, even strong men can become weak. | 独房での**監禁**が1週間続くだけで，屈強な男も衰弱し得る。 |

embargoのbarは〈妨害する〉を意味するよ。
似ている動詞 embark「乗船 [搭乗] する」と間違わないようにね。

## 形容詞

| | |
|---|---|
| **0979**<br>**over-the-counter**<br>[òuvərðəkáun*tər*] | (薬が処方箋なしで)店頭で買える，市販の |
| **0980**<br>**sugary**<br>[ʃúɡəri] | 砂糖を含んだ，甘ったるい |
| **0981**<br>**intrinsic**<br>[ɪntrínsɪk] | 固有の [= inherent]，本質的な [= essential]<br>(⇔ extrinsic 非本質的な) |
| **0982**<br>**subtle**<br>[sʌ́tl] | 微妙な [= delicate]，鋭い [= sharp, acute]<br>subtlety 图 |
| **0983**<br>**susceptible**<br>[səséptəbl] | 感染しやすい〈to ～に〉，影響されやすい<br>[= vulnerable]<br>susceptibility 图 |
| **0984**<br>**epidemic**<br>[èpɪdémɪk] | まん延している，伝染性の<br>图 病気の流行<br>語源 epi (～の間に) + dem (人々) + ic (形容詞語尾) |
| **0985**<br>**communal**<br>[kəmjúːnəl] | 共同体の，共有の [= shared]<br>commune 图<br>▶ communal property 共有財産 |
| **0986**<br>**conspicuous**<br>[kənspíkjuəs] | 人目を引く [= noticeable, easily seen]<br>▶ cut a conspicuous figure 異彩を放つ |
| **0987**<br>**medieval**<br>[mìːdiíːvəl] | 中世の |
| **0988**<br>**explicit**<br>[ɪksplísɪt] | 明白な [= clear, distinct, definite]，<br>あからさまな [= outspoken] (⇔ implicit) |

| | |
|---|---|
| In general, **over-the-counter** painkillers are very weak in their effect. | 一般に，店頭で買える鎮痛剤は効き目がとても弱い。 |
| The harmful effects of **sugary** drinks on the health is now widely recognized by people. | 砂糖入り飲料が健康に与える有害な影響は，今では人々に広く認識されている。 |
| Humans and some apes have an **intrinsic** ability to walk on two legs. | 人類とある種の類人猿は二足歩行する固有の能力を持っている。 |
| He learned to recognize the **subtle** differences between one butterfly and another. | 彼はチョウと別のチョウの微妙な違いを見分けられるようになった。 |
| People with a poor diet are especially **susceptible to** colds and the flu. | 貧弱な食生活をしている人たちは，特に風邪とインフルエンザに感染しやすい。 |
| The report said that drug use was **epidemic** among the prison population. | その報告書には，薬物の使用が囚人たちにまん延していることが記されていた。 |
| Religious cults often experiment with **communal** living. | カルト宗教は，しばしば実験的に共同生活を行う。 |
| His purple and pink tie certainly made him **conspicuous** in a crowd. | 彼は紫とピンクのネクタイをしていたので，確かに人混みの中で人目を引いた。 |
| The building looked **medieval**, but it was actually not that old. | それは中世の建物のように見えたが，実はそれほど古くはなかった。 |
| The only response to my request was an **explicit** "no." | 私の要請に対する唯一の反応は，明白な「ノー」であった。 |

intrinsic とその反意語の **1890** extrinsic はペアで覚えよう。

| 0989 | |
|---|---|
| **formidable** [fɔ́:rmɪdəbl] | (敵などが) 手ごわい，(仕事などが) 大変な [= daunting, frightening, intimidating] |

| 0990 | |
|---|---|
| **rash** [ræʃ] | 軽率な [= incautious, indiscreet]，無謀な [= foolhardy] |

| 0991 | |
|---|---|
| **barren** [bǽrən] | 不毛の [= sterile, unproductive]，味気ない [= dull, insipid] ▶ barren soil 不毛の地 |

| 0992 | |
|---|---|
| **chaotic** [keɪɑ́(:)t̬ɪk] | 無秩序の [= disorderly] |

| 0993 | |
|---|---|
| **contradictory** [kɑ̀(:)ntrədíktəri] | 矛盾している [= conflicting] |

| 0994 | |
|---|---|
| **rigorous** [rígərəs] | 厳しい [= austere, merciless, unyielding] rigor 名 |

| 0995 | |
|---|---|
| **immaculate** [ɪmǽkjulət] | 汚れのない [= pure, spotless, undefiled]，欠点のない [= impeccable, perfect] |

| 0996 | |
|---|---|
| **robust** [roʊbʌ́st] | 強健な [= hardy, sturdy, vigorous, sinewy] |

| 0997 | |
|---|---|
| **treacherous** [trétʃərəs] | 不誠実な [= deceitful]，裏切りの，当てにならない treachery 名 |

| 0998 | |
|---|---|
| **devious** [díːviəs] | 不誠実な [= deceitful] |

| The golfer was nervous because he knew that his opponent was a <u>formidable</u> player. | そのゴルファーは，対戦相手が<u>手ごわい</u>プレーヤーだと知っていたので，神経質になっていた。 |
| In times of crisis, one must be swift but never be <u>rash</u>. | 危機にあっては，人は敏速であらねばならないが，決して<u>軽率</u>であってはならない。 |
| The deserts of Arabia are vast, <u>barren</u> landscapes. | アラビアの砂漠は広大で<u>荒涼とした</u>風景である。 |
| A <u>chaotic</u> mess of clothes and books lay on the floor. | 衣服と本が<u>無秩序な</u>状態で床に散らかっていた。 |
| Many people pointed out how <u>contradictory</u> his arguments were. | 多くの人は彼の論拠がいかに<u>矛盾している</u>かを指摘した。 |
| Learning medical science is usually thought to be a <u>rigorous</u> intellectual challenge. | 医学を学ぶことは<u>厳しい</u>知的な試練の場だと普通は考えられている。 |
| That politician was elected because of his <u>immaculate</u> reputation. | その政治家は<u>汚れのない</u>名声のおかげで当選した。 |
| Even at the age of eighty, the painter was intellectually and physically <u>robust</u>. | 80歳になってもその画家は知的にも肉体的にも<u>強健</u>だった。 |
| He made a <u>treacherous</u> speech in which he attacked his former boss. | 彼は以前の上司を攻撃する<u>不誠実な</u>スピーチをした。 |
| Few people believed the man's <u>devious</u> explanations for his behavior. | 自らの行動についての男性の<u>不誠実な</u>弁明を信じる者はほとんどいなかった。 |

| 0999 | |
|---|---|
| **virtually**<br>[vá:rtʃuəli] | 事実上 [= in fact]，実質的には<br>virtual 形 実質上の，仮の |

| 1000 | |
|---|---|
| **narrowly**<br>[nǽrouli] | かろうじて [= marginally] |

## ⏱ 1分間 mini test

**(1)** Many English words are ( ) from Latin.

**(2)** The medicine could not ( ) his pain.

**(3)** I asked my lawyer to ( ) in the dispute.

**(4)** In Japan, the pine tree is a symbol of ( ).

**(5)** The deserts of Arabia are vast, ( ) landscapes.

😊 ここから選んでね。※選択肢はすべて原形で表示しています。

① alleviate    ② barren    ③ chaotic    ④ communal
⑤ derive    ⑥ explicit    ⑦ inflammation    ⑧ intervene
⑨ longevity    ⑩ setback

| The DVD was so popular that it became **virtually** unobtainable for a time. | そのDVDは人気があり過ぎて、しばらくの間事実上入手不可能になった。 |
| The driver **narrowly** avoided running into the deer on the road. | 運転手は路上のシカに衝突するのを<u>かろうじて</u>避けた。 |

◆◆◆◆◆◆◆◆◆◆◆◆◆◆◆◆◆◆◆◆◆◆◆◆◆◆◆◆◆◆◆◆◆◆◆◆◆◆◆◆◆◆◆◆◆◆◆◆◆◆◆◆◆◆◆

**(6)** The tear gas caused severe (　　　　) of the eyes.

**(7)** The only response to my request was an (　　　　) "no."

**(8)** A (　　　　) mess of clothes and books lay on the floor.

**(9)** The poor sales were a serious (　　　　) for the company.

**(10)** Religious cults often experiment with (　　　　) living.

正解

(1) ⑤(→0907)　(2) ①(→0928)　(3) ⑧(→0908)　(4) ⑨(→0973)　(5) ②(→0991)

(6) ⑦(→0965)　(7) ⑥(→0988)　(8) ③(→0992)　(9) ⑩(→0961)　(10) ④(→0985)

## Section 11

### 動詞

| 1001 | |
|---|---|
| **incense**<br>[ɪnséns] | を激怒させる [= enrage]<br>★ incense には別の意味で「香, 香をたく」の意味もある。<br>発音は [ínsens]。 |

| 1002 | |
|---|---|
| **appease**<br>[əpíːz] | をなだめる [= pacify, quiet]<br>appeasement 名 |

| 1003 | |
|---|---|
| **encroach**<br>[ɪnkróutʃ] | 侵入する〈on ~に〉[= intrude, trespass]<br>encroachment 名 |

| 1004 | |
|---|---|
| **deviate**<br>[díːvièɪt] | 逸脱する〈from ~から〉[= diverge]<br>deviation 名 |

| 1005 | |
|---|---|
| **disband**<br>[dɪsbǽnd] | (軍隊・組織などが)解散する [= dissolve]<br>disbandment 名<br>語源 dis(~でない) + band(団結する) |

| 1006 | |
|---|---|
| **eradicate**<br>[ɪrǽdɪkèɪt] | を根絶する〈from ~から〉[= exterminate, wipe out, root out]<br>eradication 名 |

| 1007 | |
|---|---|
| **gloat**<br>[glout] | ほくそ笑む, さも満足そうに眺める |

| 1008 | |
|---|---|
| **engender**<br>[ɪndʒéndər] | を生じさせる [= cause, generate, give rise to, produce] |

| 1009 | |
|---|---|
| **implicate**<br>[ímplɪkèɪt] | を連座させる〈in 犯罪などに〉[= involve],<br>を意味する [= imply]<br>implication 名 暗示 |

| Many of the soldiers were <u>incensed</u> by rumors claiming that their enemy had started producing banned weapons. | 敵が禁止された兵器の生産を始めたと断じるうわさに兵士の多くが<u>激怒した</u>。 |
|---|---|
| The manager tried to <u>appease</u> the angry customer. | 支配人は怒った客<u>をなだめよう</u>とした。 |
| The plane was shot down because it <u>encroached</u> **on** enemy territory. | その飛行機は敵の領域に<u>侵入したので撃ち落とされた。 |
| The soldiers were warned not to <u>deviate</u> **from** their instructions in any way. | 兵士たちは決して指示<u>から逸脱する</u>ことのないよう注意された。 |
| The rebel organization announced that they would <u>disband</u> and give up their weapons. | 反乱組織は<u>解隊して</u>武器を捨てると宣言した。 |
| Smallpox was completely <u>eradicated</u> **from** the village. | 天然痘はその村<u>から</u>完全に<u>根絶</u>された。 |
| His enemies within the company <u>gloated</u> when he failed to win the promotion. | 彼が昇進できなかったとき，社内のライバルたちは<u>ほくそ笑んだ</u>。 |
| Everyone hoped that our research would <u>engender</u> further efforts to cure cancer. | われわれの研究ががん治療のさらなる努力<u>を喚起する</u>ことを，皆が期待した。 |
| The statement he gave to the police <u>implicated</u> many important businessmen. | 彼は警察での供述で，多くの有力な実業家<u>の関与を認めた</u>。 |

| | |
|---|---|
| **1010**<br>**fumble**<br>[fámbl] | 手探りする〈for 〜を捜して〉<br>▶ fumble in *one's* pocket for a coin ポケットの中の小銭を手探りで捜す |
| **1011**<br>**exemplify**<br>[ɪgzémplɪfài] | の実例となる，を例証する [= illustrate]<br>exemplification 图 |
| **1012**<br>**brandish**<br>[brǽndɪʃ] | を振り回す [= swing, wave] |
| **1013**<br>**endow**<br>[ɪndáu] | に与える〈with 〜を〉[= endue]，<br>に寄贈する〈with 〜を〉<br>endowment 图 |
| **1014**<br>**eschew**<br>[ɪstʃú:] | (好ましくないことなど)を避ける [= avoid] |
| **1015**<br>**hypothesize**<br>[haɪpá(:)θəsàɪz] | (hypothesize that ... で) …という仮説を立てる<br>hypothetical 形 |
| **1016**<br>**consecrate**<br>[ká(:)nsəkrèit] | を奉献する<br>consecration 图<br>語源 con (共に) + secrate (神聖にする) |
| **1017**<br>**downplay**<br>[dàʊnpléɪ] | を実際より控えめに話す [= play down]<br>(⇔ overplay) |
| **1018**<br>**hoard**<br>[hɔːrd] | を(ひそかに)蓄える [= accumulate in a hidden place]<br>图 蓄え |
| **1019**<br>**assemble**<br>[əsémbl] | を組み立てる [= put together] (⇔ disassemble)，<br>(人・物)を集める<br>assembly 图 |

| | |
|---|---|
| The woman <u>fumbled</u> in her bag **for** the key to the front door. | その女性はかばんの中を<u>手探りして</u>玄関のドアの鍵を捜した。 |
| His paintings are considered to <u>exemplify</u> the style known as abstract expressionism. | 彼の絵画は，抽象表現主義として知られる様式<u>の好例だ</u>と考えられている。 |
| The man was arrested for <u>brandishing</u> a knife during the argument. | 男性は言い争いの間にナイフを<u>振り回して</u>逮捕された。 |
| The United States Declaration of Independence says that all men are <u>endowed</u> **with** certain rights. | すべての人間には一定の権利が<u>与えられ</u>ている，とアメリカ独立宣言に書かれている。 |
| The man did not <u>eschew</u> even blackmail to achieve his ends. | その男は目的を達成するためなら恐喝さえ<u>いとわ</u>なかった。 |
| The doctor <u>hypothesized</u> **that** the infection was carried by water. | その医師は，その感染症は水が媒介している**という**<u>仮説を立てた</u>。 |
| The bishop performed a ceremony to <u>consecrate</u> the new church. | 司教は新しい教会を<u>奉献する</u>ための儀式を行った。 |
| To prevent a panic, the expert <u>downplayed</u> the danger of the disease. | パニックを防ぐため，専門家はその病気の危険性を実際より<u>控えめに話した</u>。 |
| He <u>hoarded</u> money for many years, and eventually died wealthy but miserable. | 彼は長年お金を<u>こっそり蓄えて</u>，最後には裕福だが惨めな死に方をした。 |
| Although the products were labeled "Made in the USA," they had actually only been <u>assembled</u> there. | それらの製品には「米国製」というラベルが付いていたが，実は米国で<u>組み立てられた</u>だけだった。 |

| | |
|---|---|
| **1020**<br>**dissolve**<br>[dɪzá(:)lv] | 消える，消滅する [= disappear]，溶ける<br>dissolution 名<br>語源 dis（ばらばらに）+ solve（ほどく） |
| **1021**<br>**flock**<br>[flɑ(:)k] | 群れを成して移動する〈to ～に〉<br>名 群れ，群衆 |
| **1022**<br>**simplify**<br>[símplɪfàɪ] | を簡単にする，を単純化する<br>simplification 名 |
| **1023**<br>**propagate**<br>[prá(:)pəgèɪt] | を広める [= disseminate]<br>propagation 名 |
| **1024**<br>**rout**<br>[raʊt] | を完敗させる [= defeat overwhelmingly] |
| **1025**<br>**succumb**<br>[səkÁm] | 負ける〈to ～に〉[= give in]<br>語源 suc（下に）+ cumb（横たわる） |
| **1026**<br>**revert**<br>[rɪvə́:rt] | （財産などが）復帰する〈to ～に〉，<br>戻る〈to 元の状態に〉[= go back] |
| **1027**<br>**reciprocate**<br>[rɪsíprəkèɪt] | に返礼する，を交換する<br>reciprocation 名　　reciprocal 形 相互の |
| **1028**<br>**relegate**<br>[rélɪgèɪt] | を追いやる〈to ～に〉[= demote]，を委託する<br>〈to 人に〉[= delegate]<br>relegation 名 追放 |
| **1029**<br>**supplant**<br>[səplǽnt] | の地位を奪い取る [= replace, supersede] |

| Over time, the feelings of enmity between the two nations **dissolved**, and they became close allies. | 時とともに両国間の敵対感情は消え，両国は緊密な同盟国になった。 |
| Tourists from all over the world **flock to** Paris every year to see the famous sights. | 世界中からの観光客が，有名な名所を見るために毎年パリに詰めかける。 |
| In the past, many children read **simplified** versions of classic literature, but now they have gone out of fashion. | 昔は多くの子供が名作文学の簡易版を読んでいたが，今では廃れてしまった。 |
| He suspected his colleague of **propagating** the idea that he was lazy. | 彼は自分が怠惰であると同僚が吹聴しているのではないかと疑った。 |
| The leader announced a great victory, saying that the army had completely **routed** the enemy. | 当軍は完全に敵軍を敗走させたと言って，指揮官は大勝利を宣言した。 |
| The man finally **succumbed to** temptation and smoked a cigarette. | その男性はついに誘惑に負けてタバコを吸った。 |
| On his death, the house would **revert to** its original owners. | 彼の死によって，家は元の所有者に復帰することになった。 |
| He felt obligated to **reciprocate** the giving of any gifts he received. | 彼は受け取ったすべての贈り物に返礼しなければならない義務があると感じた。 |
| The once-great star was **relegated to** a reserve position on the national soccer team. | かつての偉大なスターは，サッカーの代表チームの控えの地位に追いやられた。 |
| The prime minister suspected the man of trying to **supplant** him. | 首相は，その男が自分の地位を奪い取ろうとしているのではと疑った。 |

dissolve の solve（ほどく）は，solve「を解く」，resolve「を解決する」といった基本動詞のほかに，**1928** absolve「を解放する」にもあるね。

| | |
|---|---|
| **1030**<br>**lament**<br>[ləmént] | を嘆き悲しむ [= mourn over, grieve at]<br>lamentable 形 |
| **1031**<br>**exasperate**<br>[ɪgzǽspərèɪt] | を憤慨させる [= infuriate, irritate]<br>exasperation 名 |

## 名詞

| | |
|---|---|
| **1032**<br>**tenet**<br>[ténɪt] | 信条 [= belief] |
| **1033**<br>**perimeter**<br>[pərímətər] | 周囲，周辺，（軍の）防御線地帯<br>語源 peri（回りの）+ meter（計測） |
| **1034**<br>**jurisdiction**<br>[dʒùərɪsdíkʃən] | 管轄権，支配（権）[= range of authority]，<br>裁判権 |
| **1035**<br>**precursor**<br>[prɪkə́ːrsər] | 前兆，先駆者 [= forerunner, harbinger] |
| **1036**<br>**prevalence**<br>[prévələns] | 普及 [= widespread presence]<br>prevalent 形 |
| **1037**<br>**referendum**<br>[rèfəréndəm] | 国民投票 [= plebiscite]<br>▶ by referendum 国民投票で |
| **1038**<br>**velocity**<br>[vəlá(ː)səti] | 速度，高速 [= speed, swiftness, rapidity]<br>▶ velocity of sound 音の速さ |

| People around the world **lamented** the death of the legendary actor. | 世界中の人々がその伝説的俳優の死を**嘆き悲しんだ**。 |
| She was so **exasperated** by her husband's complaints that she slammed the door. | 彼女は夫の言う不満にとても**憤慨した**ので，ドアをばたんと閉めた。 |
| One of the **tenets** of liberalism is a belief in freedom of speech. | 自由主義の**信条**の1つは言論の自由を信じることである。 |
| The **perimeter** of the base was regularly patrolled by guards. | 基地の**周囲**は警備兵が定期的に巡回していた。 |
| The police could not make an arrest because they lacked legal **jurisdiction** in the area. | 警察はその地域での法律上の**管轄権**を持たなかったため逮捕できなかった。 |
| When the wind grew stronger, we knew it was a **precursor** of the coming hurricane. | 風が次第に強まると，接近するハリケーンの**前兆**だとわかった。 |
| The **prevalence** of computers has both merits and disadvantages. | コンピューターの**普及**には長所と短所の両方がある。 |
| A local **referendum** in California approved the use of marijuana for medicinal purposes. | カリフォルニアの**住民投票**は医薬用にマリファナを使用することを認めた。 |
| Technical developments have increased the **velocity** of trains. | 技術的進歩が列車の**速度**を高めた。 |

| 1039 | | |
|---|---|---|

**leverage**
[lévərɪdʒ]

影響力 [= influence]

---

| 1040 | | |
|---|---|---|

**fugitive**
[fjúːdʒəṭɪv]

逃亡者, 脱走者 [= runaway, deserter]

---

| 1041 | | |
|---|---|---|

**hoax**
[hoʊks]

作り話, 悪ふざけ [= trick]
▶ hoax call いたずら電話

---

| 1042 | | |
|---|---|---|

**conglomerate**
[kənglá(:)mərət]

巨大複合企業, コングロマリット

---

| 1043 | | |
|---|---|---|

**echelon**
[éʃəlà(:)n]

地位, (組織などの)階層 [= rank]

---

| 1044 | | |
|---|---|---|

**aversion**
[əvə́ːrʒən]

嫌悪感〈to ～への〉[= repulsion]

---

| 1045 | | |
|---|---|---|

**deportation**
[dìːpɔːrtéɪʃən]

国外追放 [= banishment, expulsion]
deport 動
語源 de (離れて) + port (運ぶ) + ation (名詞語尾)

---

| 1046 | | |
|---|---|---|

**conjecture**
[kəndʒéktʃər]

憶測, 推測 [= guess, surmise, inference]

---

| 1047 | | |
|---|---|---|

**deluge**
[déljuːdʒ]

大洪水 [= great flood], 豪雨

---

| 1048 | | |
|---|---|---|

**hindrance**
[híndrəns]

障害物〈to ～の〉, 邪魔になるもの
hinder 動

| | |
|---|---|
| The man insisted that he had no **leverage** on the present administration. | その男性は，自分は現政権に影響力を持たないと主張した。 |
| How could anyone know that such a nice young man was a **fugitive** from justice? | あんな立派な若者が逃亡犯だったなんて，いったい誰が気付くだろうか。 |
| The UFO sighting turned out to be a student **hoax**. | UFOの目撃情報は生徒の作り話だと判明した。 |
| His small business was taken over by a huge **conglomerate**. | 彼の小さな会社は巨大複合企業に買収された。 |
| People from the company's higher **echelons** rarely visited the branch. | 会社で高い地位にいる人はめったにその支社を訪れなかった。 |
| The woman said she had an **aversion to** people smoking near her. | その女性は，自分のそばで喫煙する人に嫌悪感を抱くと言った。 |
| The government announced the immediate **deportation** of five diplomats. | 政府は5人の外交官を直ちに国外追放すると発表した。 |
| The defense attorney insisted that his client be convicted on facts, not on **conjecture**. | 依頼人は憶測ではなく事実に基づいて判決を受けるべきだ，と被告側弁護士は主張した。 |
| The biblical story describes a great **deluge** that floods the Earth. | その聖書の物語は，地上に氾濫する大洪水を描いている。 |
| The greatest **hindrance to** their studies was a lack of up-to-date textbooks. | 彼らの勉学の最大の障害は，最新の教科書が不足していることだった。 |

| 1049 | |
|---|---|
| **clique** [kli:k] | 小集団，派閥 [= inner circle] |

| 1050 | |
|---|---|
| **condolence** [kəndóuləns] | お悔やみ，弔辞 [= funeral oration]，哀悼 ▶ condolence leave 忌引休暇 |

| 1051 | |
|---|---|
| **amenity** [əmí:nəti] | 生活を快適にするもの，快適さ [= pleasantness] |

| 1052 | |
|---|---|
| **complacency** [kəmpléisənsi] | 自己満足，独り善がり [= self-satisfaction] complacent 形 |

| 1053 | |
|---|---|
| **charlatan** [ʃá:rlətən] | ぺてん師 [= quack]，大ぼら吹き |

| 1054 | |
|---|---|
| **felony** [féləni] | 重罪 felon 名 重罪犯人　　felonious 形 *cf.* misdemeanor 軽罪 |

| 1055 | |
|---|---|
| **anesthetic** [ænəsθétik] | 麻酔薬，麻酔剤 形 無感覚の　　anesthesia 名 麻酔 ▶ local anesthetic 局所麻酔薬 |

| 1056 | |
|---|---|
| **persecution** [pə̀:rsikjú:ʃən] | 迫害 [= oppression] |

| 1057 | |
|---|---|
| **basin** [béisən] | 盆地 |

| 1058 | |
|---|---|
| **chaos** [kéià(:)s] | 無秩序，大混乱 [= complete disorder] chaotic 形 |

| | |
|---|---|
| The group of boys formed an exclusive **clique** in the school. | 少年のグループは学校で排他的な**小集団**を作った。 |
| I sent a card to my friend offering my **condolences** over his recent loss. | 友人の最近の不幸に対し，私は**お悔やみ**を述べたカードを送った。 |
| He was used to the **amenities** of luxury hotels, so he was unhappy that the small cottage lacked them. | 彼は高級ホテルの**快適な設備**に慣れていたので，小さい別荘にそれがないのが不満だった。 |
| The company's **complacency** allowed its rival to grow successful and lure away its clients. | その会社の**自己満足**のおかげで，ライバル会社は次第に成功し顧客を奪うことができた。 |
| The prince was revealed to be a **charlatan** unrelated to royalty. | その王子の正体は王室に関係ない**ぺてん師**であることが判明した。 |
| Anyone convicted of a **felony** in the United States may lose some of his rights as a citizen. | 米国で**重罪**で有罪となった者は誰でも，市民としての権利のいくつかを失う可能性がある。 |
| He was given a complete **anesthetic** before the operation on his stomach. | 彼は胃の手術を受ける前に，全身**麻酔薬**を投与された。 |
| The spokesman denied that any **persecution** of dissidents had taken place. | スポークスマンは反体制派に対するいかなる**迫害**もなかったと述べた。 |
| The mountains around the city formed a natural **basin** that became very hot in the summer. | その市の周囲の山々は，夏にはとても暑くなる自然の**盆地**を形作っていた。 |
| As the civil war spread, the country fell into **chaos** and food was hard to come by. | 内戦の拡大とともにその国は**無秩序**に陥り，食料はなかなか手に入らなかった。 |

| | |
|---|---|
| **1059**<br>**formula**<br>[fɔ́:rmjulə] | 公式〈for 〜の〉<br>▶ the chemical formula for water 水の化学式 |
| **1060**<br>**holder**<br>[hóuldər] | 所有者〈of 土地・権利などの〉，所持者 |
| **1061**<br>**liberty**<br>[líbərţi] | 自由 [= freedom]<br>▶ safeguard personal liberty 個人の自由を保障する |
| **1062**<br>**mankind**<br>[mænkáind] | 人類 [= humankind, humanity] |
| **1063**<br>**modernization**<br>[mà(:)dərnəzéiʃən] | 近代化，現代化 |
| **1064**<br>**questionnaire**<br>[kwèstʃənéər] | アンケート<br>*cf.* survey 意識調査，poll 世論調査 |
| **1065**<br>**stroke**<br>[strouk] | 脳卒中 |
| **1066**<br>**tomb**<br>[tu:m] | 墓 [= grave] |
| **1067**<br>**morsel**<br>[mɔ́:rsəl] | 一口 [= mouthful]，わずか |
| **1068**<br>**maneuver**<br>[mənú:vər] | 策略 [= scheme, stratagem, artifice]<br>▶ carry out large maneuvers 大演習を行う<br>★ イギリス英語では manoeuvre とつづる。 |

| The mathematician created a complex <u>formula</u> **for** predicting future interest rates. | その数学者は将来の利率を予測**する**複雑な<u>公式</u>を作った。 |
| The job advertisement said that only <u>holders</u> **of** university degrees need apply. | その求人広告には，大学の学位の<u>保有者</u>だけが応募する必要があると書かれていた。 |
| Since the collapse of many totalitarian regimes, the importance of civil <u>liberties</u> has been increasingly recognized. | 多くの全体主義政権の崩壊以来，市民的<u>自由</u>の重要性の認識が次第に高まっている。 |
| In recent years, great progress has been made in tracing the early movements of <u>mankind</u>. | 近年，<u>人類</u>の初期の移動を跡付ける上で大きな進歩があった。 |
| The kind of <u>modernization</u> that means the destruction of the natural environment has been increasingly questioned. | 自然環境の破壊をもたらすような<u>近代化</u>に対する疑問の声が高まっている。 |
| As they left the movie theater, they were asked to fill out a <u>questionnaire</u> concerning the film. | 映画館を出る際，彼らはその映画に関する<u>アンケート</u>に記入してほしいと言われた。 |
| In the middle of delivering a lecture, the elderly scholar suffered a <u>stroke</u> and died. | 講義をしている途中でその年配の学者は<u>脳卒中</u>を起こし，亡くなった。 |
| There was a line of stone <u>tombs</u> in the cathedral containing the bodies of medieval kings. | 大聖堂には，中世の王たちの遺体を納めた<u>墓石</u>が並んでいた。 |
| She ate a <u>morsel</u> of cake and declared herself full. | 彼女はケーキを<u>一口</u>食べて，満腹だとはっきり言った。 |
| The company's clever <u>maneuver</u> in the market solidified its monopoly. | その会社は市場における巧みな<u>策略</u>で独占を強化した。 |

## 形容詞

### 1069
**intricate**
[íntrɪkət]

複雑な [= involved, entangled, knotty]
▶ intricate pattern 複雑な模様

### 1070
**pertinent**
[pɔ́ːrtənənt]

適切な [= proper, fitting]，関連する [= relevant]

### 1071
**rampant**
[rǽmpənt]

はびこる [= widespread, prevailing]，荒々しい

### 1072
**void**
[vɔɪd]

ない〈of ～の〉，空の
▶ null and void 法的に無効の

### 1073
**volatile**
[vá(ː)lətəl]

(状況などが) 不安定な，
(気性などが) 激しやすい，揮発性の

### 1074
**caustic**
[kɔ́ːstɪk]

辛辣な [= biting, stinging, cutting, sarcastic]

### 1075
**candid**
[kǽndɪd]

率直な [= frank, sincere, honest, outspoken]
▶ candid opinion 率直な意見

### 1076
**avid**
[ǽvɪd]

熱心な，渇望している

### 1077
**apathetic**
[æpəθétɪk]

無関心な [= indifferent]
apathy 名

### 1078
**erroneous**
[ɪróʊniəs]

誤った，間違った [= incorrect]
err 動　error 名
▶ erroneous assumption 間違っている前提

| | |
|---|---|
| Her mystery novels are <u>intricate</u> puzzles. | 彼女のミステリー小説は<u>複雑な</u>パズルそのものだ。 |
| As the judge did not think that the evidence was <u>pertinent</u>, he threw it out. | 判事はその証拠が<u>適切</u>でないと思ったので，不採用とした。 |
| Some say that bribery and extortion are <u>rampant</u> in post-communist Russia. | 共産主義後のロシアでは，賄賂とゆすりが<u>はびこっている</u>という話もある。 |
| The area was <u>void</u> **of** houses for as far as he could see. | 彼が見渡す限り，その地域に家<u>はなかっ</u>た。 |
| As the housing market was very <u>volatile</u> in the city, the newly-wed couple purchased a house in the suburbs. | 市内の住宅市場はとても<u>不安定</u>だったので，その新婚カップルは郊外に家を購入した。 |
| She was offended by her best friend's <u>caustic</u> remarks. | 彼女は親友の<u>辛辣な</u>発言に気分を害した。 |
| Political meetings hardly ever seem to be constructive and <u>candid</u>. | 政治集会が建設的で<u>率直</u>なことはほとんどないようだ。 |
| The professor was an <u>avid</u> reader of detective fiction in his spare time. | その教授は余暇には探偵小説を<u>熱心に</u>読んでいた。 |
| He did his best to stimulate the students, but they remained <u>apathetic</u>. | 彼は生徒たちにやる気を起こさせるために最善を尽くしたが，生徒たちは<u>無関心な</u>ままだった。 |
| They came to the <u>erroneous</u> conclusion that he was responsible for the accident. | 彼らは，その事故の責任が彼にあるという<u>誤った</u>結論に達した。 |

void「ない，空の」が含まれている単語 **2087** devoid「欠いている」も一緒に覚えておこう！

255

| 1079 | |
|---|---|
| **buoyant**<br>[bɔ́ɪənt] | 活気がある [= perky, cheerful]，浮かんでいる [= floating]<br>buoyancy 图 |

| 1080 | |
|---|---|
| **gregarious**<br>[grɪgéərɪəs] | 群れを成す，社交的な [= social, outgoing, extroverted] |

| 1081 | |
|---|---|
| **circumstantial**<br>[sə̀:rkəmstǽnʃəl] | 状況的な，付随的な [= collateral]<br>circumstance 图 |

| 1082 | |
|---|---|
| **frivolous**<br>[frívələs] | 軽薄な，ふまじめな [= flippant]，くだらない [= trifling] |

| 1083 | |
|---|---|
| **idyllic**<br>[aɪdílɪk] | 牧歌的な，のどかで美しい [= pastoral, Arcadian]<br>▶ idyllic life 牧歌的な生活 |

| 1084 | |
|---|---|
| **fervent**<br>[fə́:rvənt] | 熱烈な [= ardent, earnest, fervid, intense]<br>▶ fervent believer 熱烈な信奉者 |

| 1085 | |
|---|---|
| **diminutive**<br>[dɪmínjuţɪv] | 小さい [= tiny, very small]<br>diminish 動　　diminution 图 |

| 1086 | |
|---|---|
| **euphoric**<br>[jufɔ́(:)rɪk] | 幸福感にあふれた [= elated]<br>euphoria 图 幸福感 |

| 1087 | |
|---|---|
| **fastidious**<br>[fæstídɪəs] | 好みのうるさい [= fussy, particular]，気難しい [= squeamish]，神経質な |

| 1088 | |
|---|---|
| **adjunct**<br>[ǽdʒʌŋkt] | 非常勤の，補助の |

256

| When she won first prize in the speech contest, she felt **buoyant**. | 彼女はスピーチコンテストで優勝したとき、浮き浮きした気持ちだった。 |
|---|---|
| Dogs are **gregarious** creatures that travel in packs. | 犬は群れで移動する群居性の生き物だ。 |
| The police decided not to prosecute as they could only find **circumstantial** evidence against him. | 警察は彼に対する状況証拠しか見つけられなかったので、起訴しないことに決定した。 |
| The lecturer said that he would not answer such a **frivolous** question. | そんな軽薄な質問には答えるつもりはない、と講師は言った。 |
| My siblings and I share an **idyllic** memory of our childhood on the farm. | 私と兄弟姉妹は農場で過ごした子供時代の牧歌的な思い出を共有している。 |
| The letter from the king was **fervent** proclamations of love. | 王からの手紙は熱烈な愛の宣言だった。 |
| Jockeys must be of **diminutive** size for their horses to be competitive. | 自分の乗る馬が力を発揮するためには、騎手は小柄な必要がある。 |
| The townspeople became **euphoric** when the local team won. | 地元チームが勝って町民は幸福感でいっぱいになった。 |
| The new employee's **fastidious** attention to detail is often a waste of time. | その新しい従業員は細かな点にこだわるが、時間の浪費であることが多い。 |
| He found a job as an **adjunct** professor, but he wanted to become a permanent staff member. | 彼は非常勤教授の職を見つけたが、専任の職員になりたかった。 |

| 1089 **frigid** [fríʒɪd] | 酷寒の [= extremely cold], 冷淡な [= stiff and formal, lacking zeal] ▶ frigid day とても寒い日 |
|---|---|
| 1090 **cynical** [sínɪkəl] | 冷笑的な, シニカルな cynic 图 冷笑家　　cynicism 图 冷笑的な考え |
| 1091 **insufficient** [ìnsəfíʃənt] | 十分でない, 足りない〈to *do* ～するのに, for ～に〉[= inadequate] (⇔ sufficient) insufficiency 图 |
| 1092 **swift** [swɪft] | (反応などが) 即座の, 速やかな [= quick, immediate], (動きが) 非常に速い swiftly 圖　　swiftness 图 |
| 1093 **tolerant** [tá(:)lərənt] | 寛容な, 寛大な (⇔ intolerant) tolerance 图　　tolerantly 圖 |
| 1094 **menial** [míːniəl] | (仕事が) 単純で退屈な, 卑しい [= servile, low] |
| 1095 **lethargic** [ləθáːrdʒɪk] | 気だるい, 昏睡状態の [= comatose] |
| 1096 **momentous** [moʊméntəs] | 重大な [= important] |
| 1097 **irascible** [ɪræsəbl] | 短気な [= quick-tempered, irritable] irascibility 图 |
| 1098 **intriguing** [ɪntríːgɪŋ] | 興味をそそる [= fascinating], 陰謀をたくらむ ▶ intriguing festival 興味をそそる祭り |

| The winters in the northern American states are extremely **frigid**. | アメリカ北部の州の冬は極度の酷寒である。 |
| --- | --- |
| The hero of the movie was a **cynical** old detective who suddenly rediscovers the ideals of his youth. | その映画の主人公は，突然若いころの理想を再発見する冷笑的な年老いた探偵だった。 |
| Although the music festival brought in a lot of money, it was **insufficient to cover** the costs of staging it. | 音楽祭の収益は大きかったが，開催費用を賄うには不十分だった。 |
| The **swift** response of the government forces took the rebels by surprise, and they were defeated. | 政府軍の即座の反応は反乱軍の不意をつき，反乱軍は破れた。 |
| The local people by and large took a **tolerant** attitude towards the newcomers to their area. | 現地の人たちは，地元に新しく来た人たちに概して寛容な態度を取った。 |
| Despite his qualifications, the immigrant doctor was forced to take **menial** jobs to survive. | その移民の医師は，資格があるにもかかわらず，生き延びるために単純労働をせざるを得なかった。 |
| The humid weather made him feel **lethargic** and irritable. | じめじめした天気のせいで，彼は気だるく怒りっぽい気分になった。 |
| The **momentous** decision to go to war was made. | 戦争を始めるという重大な決定が下された。 |
| Although he was known as **irascible**, his true nature was soft-hearted. | 彼は短気だとして知られていたが，本質は穏和だった。 |
| He bought the book because of its **intriguing** cover. | 彼は興味をそそる表紙に引かれてその本を購入した。 |

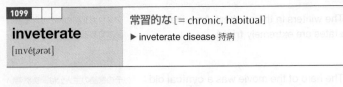

| 1099 | 常習的な [= chronic, habitual] |
|---|---|
| **inveterate** | ▶ inveterate disease 持病 |
| [ɪnvétərət] | |

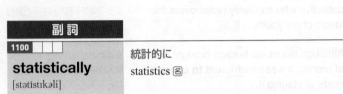

### 副詞

| 1100 | 統計的に |
|---|---|
| **statistically** | statistics 图 |
| [stətístɪkəli] | |

## ⏱ 1分間 mini test

**(1)** She was offended by her best friend's (　　　　) remarks.

**(2)** The (　　　　) decision to go to war was made.

**(3)** The manager tried to (　　　　) the angry customer.

**(4)** The UFO sighting turned out to be a student (　　　　).

**(5)** Dogs are (　　　　) creatures that travel in packs.

😊 **ここから選んでね。**※選択肢はすべて原形で表示しています。

① appease　② brandish　③ caustic　④ eradicate
⑤ gregarious　⑥ hoax　⑦ intriguing　⑧ momentous
⑨ precursor　⑩ void

| Few believed his story because he was known to be an **inveterate** liar. | 彼は常習的なうそつきとして知られていたので、彼の話を信じる人はほとんどいなかった。 |

| The social scientist demonstrated **statistically** the existence of discrimination. | その社会科学者は差別の存在を統計的に実証した。 |

- - - - - - - - - - - - - - - - - - - - - - - - - - - - - - - - - - - - - - - - - -

**(6)** He bought the book because of its (　　　　) cover.

**(7)** Smallpox was completely (　　　　) from the village.

**(8)** When the wind grew stronger, we knew it was a (　　　　) of the coming hurricane.

**(9)** The man was arrested for (　　　　) a knife during the argument.

**(10)** The area was (　　　　) of houses for as far as he could see.

---

正解

**(1)** ③ (→**1074**)　**(2)** ⑧ (→**1096**)　**(3)** ① (→**1002**)　**(4)** ⑥ (→**1041**)　**(5)** ⑤ (→**1080**)

**(6)** ⑦ (→**1098**)　**(7)** ④ (→**1006**)　**(8)** ⑨ (→**1035**)　**(9)** ② (→**1012**)　**(10)** ⑩ (→**1072**)

## 動詞

| 1101 | |
| --- | --- |
| **ratify**<br>[rǽţəfàɪ] | を批准する<br>ratification 图　　ratifiable 形 |

| 1102 | |
| --- | --- |
| **perpetrate**<br>[pə́:rpətrèɪt] | (犯罪・過失など)を犯す [= commit]<br>perpetration 图 犯行　　perpetrator 图 犯人 |

| 1103 | |
| --- | --- |
| **nudge**<br>[nʌdʒ] | を(肘で)そっとつつく<br>▶ nudge one's way through ~ ~を押し分けて進む |

| 1104 | |
| --- | --- |
| **revamp**<br>[ri:vǽmp] | を改良する, を改訂する<br>▶ revamp a restaurant レストランを改装する |

| 1105 | |
| --- | --- |
| **reinstate**<br>[rì:ɪnstéɪt] | を復職させる [= return to a previous position],<br>を元の状態に戻す |

| 1106 | |
| --- | --- |
| **pester**<br>[péstər] | を困らせる, を煩わせる [= badger, trouble]<br>▶ pester a person with phone calls しつこく電話して<br>(人)を悩ませる |

| 1107 | |
| --- | --- |
| **stunt**<br>[stʌnt] | を妨げる [= inhibit] (⇔ promote)<br>▶ stunt the growth of ~ ~の成長を妨げる |

| 1108 | |
| --- | --- |
| **negate**<br>[nɪɡéɪt] | を否定する [= deny, annul, nullify]<br>negation 图　　negative 形 |

| 1109 | |
| --- | --- |
| **smear**<br>[smɪər] | を塗りつける [= spread], (名誉など)を汚す<br>[= slander] |

| | |
|---|---|
| Congress will often not **ratify** bills proposed by the president. | 議会は大統領が提出した法案を<u>批准し</u>ないことがよくある。 |
| The crooked businessman was found guilty of **perpetrating** fraud. | その悪徳ビジネスマンは詐欺行為<u>を犯して</u>有罪判決を受けた。 |
| When the meeting opened, my colleague **nudged** me to be quiet. | 会議が始まったとき，同僚は静かにするよう私<u>を肘でそっとついた</u>。 |
| The company employed a team of PR consultants to **revamp** its image. | その企業はイメージ<u>を一新する</u>ためにPRコンサルタントチームを雇った。 |
| The policeman was **reinstated** when the charges against him were shown to be false. | その警察官は自らに対する嫌疑が晴れると<u>復職した</u>。 |
| She told her little brother not to **pester** her while she was doing her homework. | 彼女は小さな弟に，宿題をしている間は<u>困らせる</u>なと言った。 |
| Years of poor management had **stunted** the company's profits. | 何年にもわたるお粗末な経営が会社の利益<u>を阻害し</u>ていた。 |
| His research **negated** the government's claims that it was uninvolved. | 彼の調査は，関与していないという政府の主張<u>を否定した</u>。 |
| The man **smeared** butter and honey on a chunk of bread. | 男は厚切りパンにバターと蜂蜜<u>を塗った</u>。 |

| | |
|---|---|
| **1110**<br>**splurge**<br>[splə:rdʒ] | をぜいたくに使う〈on 〜に〉 |
| **1111**<br>**anchor**<br>[ǽŋkər] | (船)のいかりを下ろす，を停泊させる，<br>を固定する<br>anchorage 图 |
| **1112**<br>**bypass**<br>[báɪpæs] | (手続きなど)を避ける，を無視する [= avoid,<br>ignore] |
| **1113**<br>**deem**<br>[di:m] | (deem O C で) O を C だと考える [判断する]<br>[= consider, judge] |
| **1114**<br>**multiply**<br>[mʌ́ltɪplàɪ] | 増殖する，繁殖する<br>multiplication 图<br>語源 multi (多い) + ply (折り重ねる) |
| **1115**<br>**trim**<br>[trɪm] | を削減する，(余分なもの)を切り取る |
| **1116**<br>**envelop**<br>[ɪnvéləp] | を包む〈in 〜で〉，を覆い隠す<br>envelopment 图 |
| **1117**<br>**hasten**<br>[héɪsən] | (hasten to do で) 急いで〜する |
| **1118**<br>**preside**<br>[prɪzáɪd] | 議長を務める〈over, at 〜で〉，<br>管理する〈over 〜を〉 |

| He **splurged** most of the inheritance **on** an expensive holiday abroad. | 彼は海外での豪華な休暇で遺産のほとんど**をぜいたくに使った**。 |
|---|---|
| The ship was **anchored** in the port when the storm hit, so it suffered little damage. | 嵐が襲ったとき船は港に**いかりを下ろして**いたので, ほとんど被害を受けなかった。 |
| The dissidents were able to **bypass** the official media and reach the public by using the Internet. | 反体制派は公式メディア**を避け**, インターネットを用いて大衆に声を届けることができた。 |
| Any movies that were **deemed** offensive or obscene by the authorities were immediately banned. | 当局が不快またはわいせつ**と考えた**映画はどれも直ちに上映禁止になった。 |
| Once introduced into Australia by settlers, the rabbits rapidly **multiplied** and spread. | 入植者によってひとたびオーストラリアに持ち込まれると, そのウサギは急速に**増殖し**拡大した。 |
| The chairman said that they would have to **trim** the workforce if they wanted to stay in business. | 会社を継続させたければ従業員**を削減し**なければならない, と社長は言った。 |
| The whole area was **enveloped in** snow, creating a beautiful winter landscape. | 地域全体が雪**に包まれ**, 美しい冬の風景を作り出していた。 |
| He told the professor he was dropping out of the class but **hastened to add** that he had enjoyed it. | 彼はその授業を受けるのをやめると教授に告げたが, 授業は楽しかった**と急いで付け加えた**。 |
| The head of the department **presided over** the meetings that were held on Monday mornings. | 部長は毎週月曜日の午前中に開かれる会議**の議長を務めた**。 |

| 1119<br>**transgression**<br>[trænsgréʃən] | 違反 [= offense]<br>transgress 動 |
| 1120<br>**stalemate**<br>[stéɪlmèɪt] | こうちゃく<br>膠着状態 [= deadlock] |
| 1121<br>**onslaught**<br>[á(:)nslɔ̀:t] | 猛攻撃 [= assault] |
| 1122<br>**solace**<br>[sá(:)ləs] | 慰め〈in ～での〉, 癒やし [= comfort] |
| 1123<br>**pretext**<br>[prí:tekst] | 口実 [= excuse, pretense]<br>▶ plausible pretext もっともらしい口実 |
| 1124<br>**upstart**<br>[ʌ́pstɑ̀:rt] | 成り上がり者, 成金 [= parvenu] |
| 1125<br>**quirk**<br>[kwə:rk] | 奇癖 [= strange habit] |
| 1126<br>**respite**<br>[réspət] | 一時的中断〈from ～の〉, 休息 (期間)<br>▶ without respite 休みなく |
| 1127<br>**pollination**<br>[pà(:)lənéɪʃən] | 授粉<br>pollinate 動<br>▶ artificial pollination 人工授粉 |
| 1128<br>**pinnacle**<br>[pínəkl] | 頂点 [= peak]<br>▶ at the pinnacle of *one's* fame 名声を極めて |

| | |
|---|---|
| In the prison, even minor **transgressions** were severely punished. | 刑務所では小さな**違反**でさえ厳しく処罰された。 |
| After days of fighting, the armies reached a **stalemate**. | 何日間にもわたる戦いの後，両軍は**膠着状態**に陥った。 |
| The little town withstood the enemy's **onslaught** for three days. | その小さな町は敵軍の**猛攻撃**に3日間耐えた。 |
| After his wife died, the man sought **solace in** his work. | 妻を亡くしてから，男性は仕事に**慰め**を求めた。 |
| He called me under the **pretext** of inviting me to a party. | 彼はパーティーに招くことを**口実**に，私に電話をかけてきた。 |
| The king's favorite was considered a mere **upstart** by the other courtiers. | 王の寵臣は，ほかの廷臣たちからはただの**成り上がり者**と見なされていた。 |
| One of his **quirks** was to read student essays in the bath. | 彼の**奇癖**の1つは風呂で学生のレポートを読むことだった。 |
| Peacekeeping forces only provided a temporary **respite from** the violence. | 平和維持軍は暴力の**一時的中断**をもたらしただけだった。 |
| Bees play an important role in the **pollination** of many fruit trees. | ミツバチは多くの果樹の**授粉**に重要な働きをする。 |
| An injury forced the soccer player to retire at the **pinnacle** of his career. | そのサッカー選手はキャリアの**絶頂期**にけがで引退を余儀なくされた。 |

transgression の gress は〈行く〉を意味するよ。ほかに gress の入った単語には，
**0839** progression「進行」，regression「後退」，digression「脱線」などがあるよ。

| 1129 **reparation**<br>[rèpəréɪʃən] | 償い [= amends] |
| --- | --- |
| 1130 **abolition**<br>[æbəlíʃən] | (制度などの)廃止，奴隷制度廃止<br>abolish 動　abolitionist 名 |
| 1131 **admiration**<br>[ædməréɪʃən] | 称賛，感嘆 [= great respect]<br>▶ have great admiration for ～ ～に大いに感嘆する |
| 1132 **aftermath**<br>[æftərmæθ] | 結果〈of 重大な出来事の〉，余波 |
| 1133 **anonymity**<br>[ænəníməti] | 匿名性<br>anonymous 形<br>▶ on condition of anonymity 匿名を条件に |
| 1134 **anthropology**<br>[ænθrəpá(ː)lədʒi] | 人類学<br>anthropologist 名 人類学者 |
| 1135 **antibody**<br>[ǽnṯibà(ː)di] | 抗体 |
| 1136 **bulk**<br>[bʌlk] | 大半〈of ～の〉，大部分 [= most, largest part]<br>bulky 形 かさばった |
| 1137 **cathedral**<br>[kəθíːdrəl] | 大聖堂，司教座聖堂 |
| 1138 **coercion**<br>[kouə́ːrʃən] | 威圧，強制<br>coerce 動　coercive 形 |

| | |
|---|---|
| As <u>reparation</u> for being late, he offered to pay for the meal. | 彼は遅刻の<u>償い</u>として食事代を払うと申し出た。 |
| The opposition party declared its support for the <u>abolition</u> of the death penalty. | 野党は死刑制度<u>廃止</u>の支持を表明した。 |
| By refusing to leave the capital during the bombing raids, the king won the <u>admiration</u> of his people. | 爆撃が続く間も首都を離れようとしなかったことで、国王は人民の<u>称賛</u>を勝ち得た。 |
| In the <u>aftermath</u> **of** the earthquake, many people suffered from cold and hunger. | 地震**の結果**、多くの人が寒さと飢えに苦しんだ。 |
| The <u>anonymity</u> of social networking services is often abused by people who leave insulting comments. | SNSの<u>匿名性</u>は、侮辱的なコメントを残す人たちによってしばしば悪用される。 |
| Many people see the discipline of <u>anthropology</u> as closely linked to imperialism. | 多くの人は<u>人類学</u>という学問分野は帝国主義と密接に関連すると考えている。 |
| Once the patient has developed sufficient <u>antibodies</u>, he or she becomes immune to the disease. | 患者に十分な<u>抗体</u>ができてしまえば、その人はその病気に対する免疫を獲得する。 |
| Although a few students were politically active, the <u>bulk</u> **of** them were completely indifferent to politics. | 政治に積極的な学生もわずかにいたが、学生**の**<u>大半</u>は政治にまったく無関心だった。 |
| The great medieval <u>cathedrals</u> of Europe often took more than a century to build. | ヨーロッパの著名な中世の<u>大聖堂</u>は、建てるのにしばしば100<u>年以上</u>を要した。 |
| The minister said that he would use persuasion rather than <u>coercion</u> to get the demonstrators to leave. | <u>威圧</u>ではなく説得を用いてデモ隊に帰ってもらう、と大臣は述べた。 |

| 1139 | | |
|---|---|
| **confirmation**<br>[kà(:)nfərméɪʃən] | 承認，確認<br>confirmatory 形 |

| 1140 | | |
|---|---|
| **contention**<br>[kənténʃən] | 論争，論戦 [= dispute]，主張<br>contend 動　contentious 形 |

| 1141 | | |
|---|---|
| **cruelty**<br>[krúːəlti] | 残酷さ，冷酷さ (⇔ kindness) |

| 1142 | | |
|---|---|
| **cue**<br>[kjuː] | (演技などの)きっかけ〈to do ～する〉，キュー，<br>合図 |

| 1143 | | |
|---|---|
| **debut**<br>[deɪbjúː] | デビュー，初出演，初登場 |

| 1144 | | |
|---|---|
| **determination**<br>[dɪtə̀ːrmɪnéɪʃən] | 決意，固い意志，決定<br>▶ show great determination 固い決意を示す |

| 1145 | | |
|---|---|
| **deterrent**<br>[dɪtə́ːrənt] | 抑止物，妨害物<br>形 抑止する<br>deter 動　deterrence 名 抑止 |

| 1146 | | |
|---|---|
| **dominance**<br>[dá(:)mɪnəns] | 優位，支配<br>dominant 形<br>▶ establish dominance over ～ ～に対する優位を確立する |

| 1147 | | |
|---|---|
| **editorial**<br>[èdɪtɔ́ːriəl] | 社説，論説 [= 🇬🇧 leading article, leader] |

| 1148 | | |
|---|---|
| **endorsement**<br>[ɪndɔ́ːrsmənt] | 承認，是認<br>endorse 動 |

| The witness provided **confirmation** of the defendant's alibi and so helped him to go free. | 証人は被告のアリバイを**承認**し，その結果被告が自由の身になる助けとなった。 |
| The document became a source of bitter **contention**, some saying it was fake and others that it was genuine. | その書類がもとで激しい**論争**になり，書類は偽物だと言う人も本物だと言う人もいた。 |
| Many Christian writers have emphasized the **cruelty** of the ancient Romans. | 多くのキリスト教徒の作家は，古代ローマ人の**残酷さ**を強調してきた。 |
| The actor waited at the side of the stage for his **cue** to enter. | その俳優は**登場する**きっかけを舞台袖で待った。 |
| Originally being a model, she made her acting **debut** only recently. | 彼女は元々モデルで，つい最近俳優**デビュー**を果たした。 |
| The tennis player herself said that her success owed more to **determination** than natural talent. | 自分の成功は持って生まれた才能より**決意**に負うところが大きい，とそのテニス選手は自ら語った。 |
| Many supporters of capital punishment believe that it is a **deterrent** against serious crime. | 死刑を支持する多くの人は，死刑は重大犯罪に対する**抑止力**だと考えている。 |
| The traditional male **dominance** of politics is being challenged by many younger female politicians. | 伝統的な政治の男性**優位**は，多くの若手女性政治家によって異議を突き付けられている。 |
| Many newspapers carried **editorials** condemning the president's intolerant remarks concerning minorities. | 多くの新聞が，マイノリティーに関する大統領の不寛容な発言を非難する**社説**を掲載した。 |
| The government's environmental policy won a lot of **endorsements** from climate activists from around the country. | 政府の環境政策は全国の気候変動活動家から多くの**承認**を得た。 |

| 1149 | |
|---|---|
| **excursion**<br>[ɪkskə́ːrʒən ] | 遠足，小旅行<br>▶ go on an excursion 小旅行に行く |

| 1150 | |
|---|---|
| **extremist**<br>[ɪkstríːmɪst] | 過激派，極端主義者<br>形 過激派の |

| 1151 | |
|---|---|
| **frustration**<br>[frʌstréɪʃən] | フラストレーション，欲求不満<br>▶ vent *one's* frustration フラストレーションを吐き出す |

| 1152 | |
|---|---|
| **glare**<br>[gleər] | まぶしい輝き<br>▶ non-glare glass ノングレアガラス |

| 1153 | |
|---|---|
| **groundwater**<br>[gráʊndwɔ̀ːtər] | 地下水 |

| 1154 | |
|---|---|
| **homicide**<br>[há(ː)mɪsàɪd] | 殺人 [= murder, manslaughter]<br>語源 homi（人間）+ cide（殺し） |

| 1155 | |
|---|---|
| **imagery**<br>[ímɪdʒəri] | 比喩的表現，詩的表現 |

| 1156 | |
|---|---|
| **interrogation**<br>[ɪntèrəgéɪʃən] | 尋問，取り調べ<br>interrogate 動　　interrogator 名 |

| 1157 | |
|---|---|
| **lecturer**<br>[léktʃərər] | ▆▆ 非常勤講師，▆▆ 常勤講師 |

| 1158 | |
|---|---|
| **legislator**<br>[lédʒəslèɪtər] | 議員，立法府の一員 |

| The schoolchildren were set to make an <u>excursion</u> to a science museum in the city. | 児童たちは市の科学博物館への<u>遠足</u>に行く準備ができていた。 |
|---|---|
| The political party had been infiltrated by <u>extremists</u> who sought to promote their own radical policies. | その政党には，自分たちの急進的政策を推し進めようとする<u>過激派</u>が潜り込んでいた。 |
| Each time he took the driver's test and failed, his <u>frustration</u> grew. | 運転免許試験を受けては落ちるたびに，彼の<u>フラストレーション</u>は募った。 |
| In order to reduce <u>glare</u>, they covered the gallery's windows with a film of plastic. | <u>まぶしい輝き</u>を減らすため，彼らは美術館の窓をプラスチックフィルムで覆った。 |
| Industrial pollution of <u>groundwater</u> is a threat to the health of both humans and animals. | <u>地下水</u>の産業汚染は，人間の健康にも動物の健康にも脅威を与える。 |
| The number of <u>homicides</u> in some US cities has dropped sharply over the past decade. | 米国の一部の都市では，<u>殺人件数</u>が過去10年で激減している。 |
| In the literature class, they discussed the nature <u>imagery</u> used by the poet. | 彼らは文学の授業で，その詩人が用いた自然の<u>比喩的表現</u>について議論した。 |
| Police <u>interrogations</u> are now always recorded so as to ensure that only legal methods are used. | 合法的な手段だけが確実に用いられるよう，警察の<u>尋問</u>は今では常に録音・録画されている。 |
| The young scholar worked as a <u>lecturer</u> at various universities. | その若い学者は<u>非常勤講師</u>としてさまざまな大学で働いた。 |
| <u>Legislators</u> have many other duties apart from debating and passing laws. | 法律について討議して可決することのほかに，<u>議員</u>には多くの職務がある。 |

273

| 1159 | liberation [lìbəréɪʃən] | 解放 liberator 图 解放者 |
|---|---|---|

| 1160 | lieutenant [lu:ténənt] | (米陸海軍・英陸軍などの)中尉 |
|---|---|---|

| 1161 | mandate [mǽndeɪt] | (選挙で与えられた)権限⟨to do ～する⟩ |
|---|---|---|

| 1162 | maternity [mətə́:rnəti] | (形容詞的に)妊産婦の，母であること，母性 cf. paternity 父性 ▶ maternity ward 産科病棟 |
|---|---|---|

| 1163 | membrane [mémbreɪn] | (細胞)膜，皮膜 |
|---|---|---|

| 1164 | memorial [məmɔ́:riəl] | 記念碑⟨to ～の⟩，記念(物) ▶ a memorial to the victims of ～ ～の犠牲者を悼む記念碑 |
|---|---|---|

| 1165 | merger [mə́:rdʒər] | (企業の)合併 merge 動 |
|---|---|---|

| 1166 | mob [mɑ(:)b] | (集合的に)暴徒，群衆 ▶ incite a mob 暴徒を扇動する |
|---|---|---|

| 1167 | monarchy [mɑ́(:)nərki] | 君主制，君主国 monarch 图 君主 |
|---|---|---|

| | |
|---|---|
| In its early days, the feminist movement was often called "women's <u>liberation</u>." | 初期のフェミニスト運動はしばしば「女性<u>解放</u>」と呼ばれた。 |
| A <u>lieutenant</u> is either the lowest or the second lowest rank of officer in an army. | <u>中尉</u>は陸軍将校の最も低い階級または2番目に低い階級だ。 |
| The president said that his victory in the election had given him a <u>mandate</u> to **expel** illegal immigrants. | 大統領は，選挙での勝利によって不法移民を**追放する**<u>権限</u>を与えられたと語った。 |
| A new law was passed guaranteeing <u>maternity</u> leave for all expectant mothers. | すべての妊婦に<u>出産</u>休暇を保証する新法が可決された。 |
| Viruses damage cells by penetrating their <u>membranes</u> and entering them. | ウイルスは細胞の<u>膜</u>を貫いて中に入ることによって細胞に損傷を与える。 |
| Every year, the monarch visits the war <u>memorial</u> and leaves a wreath in memory of those who died. | 君主は毎年戦争<u>記念碑</u>を訪れ，亡くなった人々をしのんで花輪をたむける。 |
| When the two companies announced their <u>merger</u>, many employees began to worry about their jobs. | 2社が<u>合併</u>を発表すると，多くの従業員が自分の仕事について心配し始めた。 |
| An angry <u>mob</u> gathered in the streets demanding that the government resign. | 怒った<u>暴徒</u>が通りに集まり，政府の退陣を要求した。 |
| The British <u>monarchy</u> has been through periods of extreme unpopularity in the past. | イギリスの<u>君主制</u>は過去にひどい不人気の時期を経てきている。 |

| 1168 | 隠された [= hidden, covert]，ずっと遠い |
| **ulterior** | [= further, remote] |
| [ʌltíəriər] | |

| 1169 | 過剰の，余分な [= excessive, unnecessary, |
| **superfluous** | redundant] |
| [supə́:rfluəs] | superfluity 图 |

| 1170 | 散発的な [= occasional, scattered]，突発的な |
| **sporadic** | [= not constant] |
| [spərǽdɪk] | |

| 1171 | 博学な，全知の [= all-knowing] |
| **omniscient** | |
| [ɑ(:)mníʃənt] | |

| 1172 | (血などを見て) すぐ吐き気を催す |
| **squeamish** | [≒ nauseous]，神経質な [= fastidious] |
| [skwíːmɪʃ] | |

| 1173 | 活気のない [= inactive, dull, slow-moving] |
| **sluggish** | sluggishness 图 |
| [slʌ́gɪʃ] | ▶ sluggish economy 停滞している経済 |

| 1174 | 心を打つ [= intense, moving]，痛切な [= keen] |
| **poignant** | |
| [pɔ́ɪnjənt] | |

| 1175 | 捕食性の，略奪する [= plundering, pillaging] |
| **predatory** | predator 图 捕食動物 |
| [prédətɔ̀:ri] | ▶ predatory tactics 略奪戦術 |

| 1176 | 回りくどい [= wordy, long-winded] |
| **verbose** | verbosity 图 |
| [vəːrbóus] | ▶ verbose report 冗長なレポート |

| 1177 | 厄介な [= burdensome]，煩わしい，骨の折れる |
| **onerous** | |
| [óʊnərəs] | |

| | |
|---|---|
| Their job offer to me was so generous that I suspected an <u>ulterior</u> motive. | 彼らの仕事の条件はあまりに気前がよかったので、私は隠された動機があるのではないかと疑った。 |
| Sometimes we tire of <u>superfluous</u> rules and regulations. | 私たちは時に過度の決まりと規則が嫌になる。 |
| He made only <u>sporadic</u> efforts to prepare for the entrance examinations. | 彼は入試の準備には時たま努力をしただけだった。 |
| The expert had an apparently <u>omniscient</u> knowledge of his field. | その専門家は自分の分野において博学な知識を持っているようだった。 |
| This movie is not for those who are <u>squeamish</u>. | この映画はすぐに気持ちが悪くなる人には向かない。 |
| The sloth is characterized by its unusually <u>sluggish</u> movements. | ナマケモノは異常に活気のない動きが特徴だ。 |
| This classic novel is one of the most famous and <u>poignant</u> love stories in Western literature. | この古典小説は、西洋文学の中で最も有名で心を打つラブストーリーの1つだ。 |
| Anthropologists still argue over early man's <u>predatory</u> nature. | 人類学者は初期人類の捕食性を巡って今でも議論している。 |
| I quickly got tired of the author's <u>verbose</u> style. | 私はその著者のくどい文体にすぐ飽きた。 |
| He found dealing with students' parents an especially <u>onerous</u> duty. | 生徒たちの親に対応することは特に厄介な仕事だと彼は思った。 |

science（科学）のsciは（知る）という意味で、omni（すべての）と合わせて、omniscient「全知の」という意味になるんだ。

| 1178 | | | |
|---|---|
| **abusive** [əbjúːsɪv] | 罵倒する，口汚い <br> ▶ abusive language 口汚い言葉 |

| 1179 | | | |
|---|---|
| **acidic** [əsídɪk] | 酸性の，酸を含む <br> acidify 働 酸化する，を酸化させる |

| 1180 | | | |
|---|---|
| **advantageous** [ædvəntéidʒəs] | 有利な，好都合な [= beneficial, helpful] <br> (⇔ disadvantageous) <br> advantageously 副 |

| 1181 | | | |
|---|---|
| **advisory** [ədváizəri] | 顧問の，助言を与える <br> ▶ advisory committee 諮問委員会 |

| 1182 | | | |
|---|---|
| **aquatic** [əkwάːṭɪk] | 水生の，水の <br> cf. terrestrial 陸生の |

| 1183 | | | |
|---|---|
| **capitalist** [kǽpəṭələst] | 資本主義の <br> 图 資本家，資本主義者 |

| 1184 | | | |
|---|---|
| **charismatic** [kærɪzmǽṭɪk] | カリスマ性のある <br> charisma 图 カリスマ性 |

| 1185 | | | |
|---|---|
| **cooperative** [kouά(ː)pərəṭɪv] | 協力的な [= willing to help] (⇔ uncooperative)，<br> 協同組合の |

| 1186 | | | |
|---|---|
| **definitive** [dɪfínəṭɪv] | 決定的な，最終的な <br> definitively 副 |

| 1187 | | | |
|---|---|
| **diagnostic** [dàɪəgnά(ː)stɪk] | 診断の，診断に役立つ <br> diagnosis 图 |

| After she published her articles, she received many **abusive** comments from members of the public. | 記事を発表した後，彼女は一般大衆の人たちから多くの**罵倒の**コメントを送られた。 |
| One effect of air pollution is to make seas and lakes more **acidic**. | 大気汚染の影響の1つは，海と湖をより**酸性**にすることだ。 |
| The study showed that coming from an educated family is **advantageous** in life. | その研究は，高学歴の家に生まれることが人生で**有利な**ことだと示していた。 |
| He worked for the prime minister in an **advisory** role. | 彼は**顧問の**役割で総理大臣に仕えた。 |
| Some **aquatic** mammals, such as dolphins, are highly intelligent. | イルカなど一部の**水生**哺乳類は非常に知能が高い。 |
| **Capitalist** countries are usually reluctant to allow the state to regulate economic activity. | **資本主義国**は，国家に経済活動を統制させておくことに普通消極的だ。 |
| She was a **charismatic** teacher, adored by her students. | 彼女は**カリスマ性のある**教師で，生徒たちに敬愛されていた。 |
| Contrary to his fears, the high school students turned out to be **cooperative** and friendly. | 彼の不安とは逆に，高校生たちは**協力的**で友好的だとわかった。 |
| Although no **definitive** proof for the theory has been found, many scientists assume it is true. | その理論の**決定的**証拠はまだ見つかっていないが，多くの科学者はそれが正しいと推測している。 |
| Artificial intelligence is increasingly being used as a **diagnostic** tool by doctors. | 人工知能は**診断**ツールとしてますます医師に利用されるようになっている。 |

| 1188 □□□ | |
|---|---|
| **distinctive**<br>[dɪstíŋktɪv] | 独特の，特徴的な [= characteristic]<br>distinctively 副　distinctiveness 名 |

| 1189 □□□ | |
|---|---|
| **doctoral**<br>[dá(:)ktərəl] | 博士の，博士号の<br>▶ doctoral dissertation [thesis] 博士論文 |

| 1190 □□□ | |
|---|---|
| **eventual**<br>[ɪvéntʃuəl] | 最終的な，結局の<br>eventually 副 |

| 1191 □□□ | |
|---|---|
| **foremost**<br>[fɔ́:rmòʊst] | 一流の，主要な [= leading, top]<br>副 真っ先に |

| 1192 □□□ | |
|---|---|
| **heroic**<br>[həróʊɪk] | 英雄的な，勇敢な [= courageous]<br>heroically 副 |

| 1193 □□□ | |
|---|---|
| **hierarchical**<br>[hàɪərá:rkɪkəl] | 階層制の，階級組織の<br>hierarchy 名 |

| 1194 □□□ | |
|---|---|
| **humane**<br>[hjuméɪn] | 人間味のある，思いやりのある (⇔inhumane)<br>humanely 副 |

| 1195 □□□ | |
|---|---|
| **incoming**<br>[ínkʌ̀mɪŋ] | 到着する，入って来る (⇔outgoing) |

| 1196 □□□ | |
|---|---|
| **infamous**<br>[ínfəməs] | 悪名 [悪評] の高い〈for ～で〉[= notorious]<br>infamy 名 |

| 1197 □□□ | |
|---|---|
| **insignificant**<br>[ìnsɪgnífɪkənt] | ささいな，取るに足りない [= unimportant,<br>trivial] (⇔significant)<br>insignificance 名 |

| | |
|---|---|
| The bird could be easily recognized by the <u>distinctive</u> red plumage on its head. | その鳥は頭の<u>独特な</u>赤い羽毛で容易にそれと見分けられた。 |
| The young woman was studying for a <u>doctoral</u> degree in chemistry and planned to become a researcher. | その若い女性は化学の<u>博士</u>号を取るために勉強していて，研究者になるつもりだった。 |
| The scientist had faith in the <u>eventual</u> success of the project, despite the difficulties she encountered. | その科学者は，直面する困難にもかかわらず，プロジェクトは<u>最終的に</u>成功すると確信していた。 |
| One of the <u>foremost</u> novelists of the day, he had won many prizes for his work. | 彼は当時の<u>一流</u>小説家の1人で，作品に対して多くの賞を受賞していた。 |
| To many people, the lawyer was a <u>heroic</u> individual who had fought injustice all her life. | 多くの人々にとり，その弁護士は生涯不正と闘った<u>英雄的</u>人物だった。 |
| The company had a very <u>hierarchical</u> structure, and younger employees rarely mingled with older ones. | その会社は強い階層構造で，年少の社員が年長の社員と打ち解けることはめったになかった。 |
| Many of those who advocated a more <u>humane</u> treatment of prisoners were devout Christians. | 囚人のより<u>人道的な</u>扱いを主張する人の多くは敬虔なキリスト教徒だった。 |
| <u>Incoming</u> migrants are usually housed in large camps where their applications to enter are processed. | <u>到着した</u>移民は，入国申請が処理される大きな収容所に通例入れられる。 |
| The area around the docks was <u>infamous for</u> its many seedy bars and clubs. | 港湾施設周辺の地域は，いかがわしいバーとクラブがたくさんあること<u>で悪名が高</u>かった。 |
| He believes that although vaccinations carry some risks, they are <u>insignificant</u> compared to the advantages. | 彼はワクチン接種にある程度のリスクは伴うが，メリットに比べればささいなものだと思っている。 |

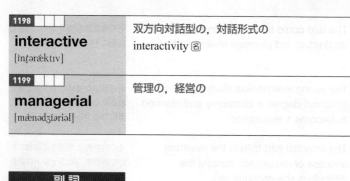

| 1198 | |
|---|---|
| **interactive**<br>[ìnṭəræktɪv] | 双方向対話型の，対話形式の<br>interactivity 名 |

| 1199 | |
|---|---|
| **managerial**<br>[mæ̀nədʒíəriəl] | 管理の，経営の |

### 副詞

| 1200 | |
|---|---|
| **desperately**<br>[déspərətli] | どうしても，是が非でも，必死に |

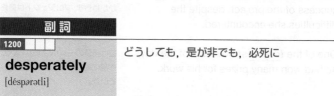

## 1分間 mini test

**(1)** This movie is not for those who are (　　　).

**(2)** I quickly got tired of the author's (　　　) style.

**(3)** He worked for the prime minister in an (　　　) role.

**(4)** She was a (　　　) teacher, adored by her students.

**(5)** The man (　　　) butter and honey on a chunk of bread.

ここから選んでね。※選択肢はすべて原形で表示しています。

① advisory ② charismatic ③ pretext ④ quirk
⑤ smear ⑥ solace ⑦ squeamish ⑧ stalemate
⑨ superfluous ⑩ verbose

| The department prided itself on its small **interactive** classes based on discussions between the teacher and the students. | その学部は，教師と学生の議論に基づく双方向対話型の少人数授業を誇りにしていた。 |
| These days, many people in **managerial** positions find themselves working longer and longer hours. | 近ごろは，管理職の多くの人の労働時間がいつの間にかどんどん長くなっている。 |
| The hospital said that it **desperately** needed volunteers to help treat those sick with the disease. | その病気にかかった人たちの治療を手伝うボランティアがどうしても必要だ，とその病院は言った。 |

◆◆◆◆◆◆◆◆◆◆◆◆◆◆◆◆◆◆◆◆◆◆◆◆◆◆◆◆◆◆◆◆◆◆◆◆◆◆◆◆◆◆◆◆◆◆◆◆◆◆◆◆◆◆◆◆◆◆

**(6)** After days of fighting, the armies reached a (　　　　).

**(7)** After his wife died, the man sought (　　　) in his work.

**(8)** Sometimes we tire of (　　　) rules and regulations.

**(9)** He called me under the (　　　　) of inviting me to a party.

**(10)** One of his (　　　) was to read student essays in the bath.

**正解**
....................................................................................

(1) ⑦ (→1172)　(2) ⑩ (→1176)　(3) ① (→1181)　(4) ② (→1184)　(5) ⑤ (→1109)
(6) ⑧ (→1120)　(7) ⑥ (→1122)　(8) ⑨ (→1169)　(9) ③ (→1123)　(10) ④ (→1125)

| 動詞 | |
|---|---|
| 1201<br>**sow**<br>[sou] | (もめ事などの種)をまく<br>▶ sow discord 不和の種をまく |
| 1202<br>**omit**<br>[oumít] | を省く〈from ~から〉, を省略する [= leave out]<br>omission 名 |
| 1203<br>**assuage**<br>[əswéɪdʒ] | (不安など)を和らげる, (怒りなど)を静める<br>[= relieve, lessen] |
| 1204<br>**cede**<br>[si:d] | を譲渡する〈to ~に〉, を割譲する<br>cession 名 |
| 1205<br>**coalesce**<br>[kòʊəlés] | 合体する〈into ~に〉, 合併する [= fuse,<br>amalgamate]<br>coalescence 名 |
| 1206<br>**divulge**<br>[dəvʌ́ldʒ] | (秘密など)を漏らす〈to ~に〉, を暴く [= reveal]<br>divulgence 名 |
| 1207<br>**domesticate**<br>[dəméstɪkèɪt] | を家畜化する, を飼いならす<br>domestication 名 |
| 1208<br>**douse**<br>[daʊs] | (火)を放水して消す, (明かり)を消す |
| 1209<br>**enchant**<br>[ɪntʃǽnt] | を魅了する, を魅惑する [= captivate, fascinate]<br>enchanting 形　　enchantment 名 |

| | |
|---|---|
| The failed revolution <u>sowed</u> the seeds of the guerrilla movement which sprang up later in the country's jungles. | 失敗に終わった革命は，後にその国のジャングルで湧き起こったゲリラ運動の種<u>をまいた</u>。 |
| Certain passages which criticized the government were <u>omitted</u> **from** later editions of the book. | 政府を批判したある特定の箇所がその本の以後の版<u>から省かれ</u>た。 |
| The foreign minister did his best to <u>assuage</u> public fears of a war breaking out. | 戦争が起きるのではないかという大衆の不安<u>を和らげる</u>ため，外務大臣は最善を尽くした。 |
| At the end of the war, the defeated country was forced to <u>cede</u> the islands **to** its neighbor. | 戦争が終わると，敗戦国はその島々を隣国<u>に譲渡</u>せざるを得なかった。 |
| The different environmental groups finally <u>coalesced</u> **into** one large organization. | さまざまな環境団体は最終的に<u>合体して</u>1つの大きな組織<u>になった</u>。 |
| The secretary refused to <u>divulge</u> the chairman's home telephone number but agreed to pass on a message. | 秘書は社長の自宅の電話番号<u>を漏らす</u>ことは拒否したが，メッセージを伝えることには同意した。 |
| <u>Domesticated</u> animals, such as cows and horses, have played a huge role in human history. | 牛や馬などの<u>家畜化された</u>動物は人間の歴史において非常に大きな役割を果たしてきた。 |
| The firefighters attempted to <u>douse</u> the flames, but they were unsuccessful and the house burned down. | 消防士たちは炎を<u>消火</u>しようとしたがうまくいかず，家は全焼した。 |
| When she went out on the balcony, she was <u>enchanted</u> by the beautiful view of the mountains. | バルコニーに出た彼女は山々の美しい眺めに<u>魅了</u>された。 |

語彙問題でわからない問題があっても，慌てずに気持ちを切り替えればきっと大丈夫だよ。

| | |
|---|---|
| **1210**<br>**impeach**<br>[ɪmpíːtʃ] | を弾劾する〈for ~のことで〉，を告発する<br>impeachment 名 |
| **1211**<br>**infringe**<br>[ɪnfríndʒ] | (を)侵害する〈on 権利などを〉，<br>(法など)を侵す [= violate]<br>infringement 名 |
| **1212**<br>**maim**<br>[meɪm] | の肢体を不自由にする [= cripple, incapacitate] |
| **1213**<br>**misinterpret**<br>[mìsɪntə́ːrprət] | を誤って解釈する〈as ~と〉[= misconstrue,<br>misread]<br>misinterpretation 名 |
| **1214**<br>**outstrip**<br>[àʊtstríp] | を上回る，に勝る [= exceed, surpass] |
| **1215**<br>**overemphasize**<br>[òʊvərémfəsàɪz] | を強調し過ぎる<br>overemphasis 名 |
| **1216**<br>**redirect**<br>[rìːdərékt] | の用途を変える〈to ~に〉，の方向を変える<br>redirection 名 |
| **1217**<br>**regress**<br>[rɪgrés] | 退化する〈to ~に〉，後退する (⇔ progress)<br>regression 名　regressive 形<br>語源 re (後ろへ) + gress (歩く) |
| **1218**<br>**reunify**<br>[riːjúːnɪfàɪ] | を再統一する，を再統合する<br>reunification 名 |
| **1219**<br>**sequester**<br>[sɪkwéstər] | を隔離する〈from ~から〉<br>sequestration 名 |

| The governor of the state was **impeached** **for** taking bribes from local businessmen. | 州知事は地元の実業家から賄賂を受け取った**として弾劾**された。 |
| --- | --- |
| Many people denounced the new law for **infringing** **on** the right to privacy. | 多くの人が新法はプライバシーの権利**を侵害**していると非難した。 |
| In the hospital, there were many soldiers who had been **maimed** during the war. | 病院には戦争中に**体が不自由になった**多くの兵士がいた。 |
| Many people **misinterpreted** the comedy **as** racist when in fact it was satirizing racist attitudes. | その喜劇は実際は人種差別的な態度を風刺していたが、多くの人は人種差別的**だと誤って解釈した**。 |
| The demand for tickets to the concert far **outstripped** the number of seats available. | そのコンサートのチケットの需要は、用意できる座席数**を**はるかに**上回った**。 |
| Universities naturally have a tendency to **overemphasize** their strengths and to downplay their weaknesses. | そもそも大学には、強み**を過度に強調**し弱みを軽く見せる傾向がある。 |
| The government decided to **redirect** some of its foreign aid **to** the defense budget. | 政府は海外援助の一部**を**防衛予算**に回す**ことに決めた。 |
| As the Roman Empire collapsed, some parts of Europe **regressed** **to** a more primitive lifestyle. | ローマ帝国が崩壊すると、ヨーロッパの一部地域はより原始的な生活様式**に退化した**。 |
| After America's Civil War, the most pressing need was to **reunify** the divided nation. | アメリカ南北戦争後の最も緊急の必要は、分裂した国家**を再統一する**ことだった。 |
| In the new reality show, ten ordinary people were **sequestered** **from** their daily lives and placed on a tropical island. | その新しいリアリティー番組では、一般人10人が日常生活**から隔離**され熱帯の島に置かれた。 |

| 1220 **solidify** [səlídɪfàɪ] | を固める，を強化する [= strengthen]，固まる solidification 名 |
|---|---|
| 1221 **venerate** [vénərèɪt] | を敬う〈as ～として〉，を深く尊敬する [= revere] veneration 名 |

## 名詞

| 1222 **protocol** [próʊṭəkà(ː)l] | 典範，定まった儀礼 ▶ diplomatic protocol 外交儀礼 |
|---|---|
| 1223 **raid** [reɪd] | (警察の)手入れ〈on ～への〉，急襲 動 に手入れを行う，を急襲する |
| 1224 **regeneration** [rɪdʒènəréɪʃən] | (器官などの)再生，再建 regenerate 動　regenerative 形 |
| 1225 **rein** [reɪn] | 統制力〈on ～に対する〉，制御 ▶ give a person free rein (人)にしたいようにさせる |
| 1226 **retailer** [ríːteɪlər] | 小売業者，小売商人 retail 名 動 |
| 1227 **rhetoric** [réṭərɪk] | レトリック，巧言 rhetorical 形 ▶ use empty rhetoric 空疎なレトリックを使う |
| 1228 **senate** [sénət] | (通例 the Senate) 上院 senator 名 上院議員 |

| The government gradually **solidified** its control of the rebel territory. | 政府は反乱軍の領土の支配を徐々に固めた。 |
| --- | --- |
| The old man was **venerated** by many younger athletes **as** the greatest athlete of the century. | その老人はその世紀の最も偉大なアスリートとして多くの年下のアスリートに敬われていた。 |
| Official **protocol** made it difficult for the king to comment on the rumors about his marriage. | 公式典範があるため，王が自らの結婚に関するうわさについてコメントするのは難しかった。 |
| At midnight, the police carried out a **raid** **on** the nightclub, looking for illegal drugs. | 午前0時に警察はそのナイトクラブに手入れを行い，違法薬物を捜索した。 |
| Cell **regeneration** occurs naturally in both plants and animals. | 細胞の再生は植物でも動物でも自然に生じる。 |
| She was a strict mother who kept a tight **rein on** her children's behavior. | 彼女は子供たちの振る舞いを厳しく統制する厳格な母親だった。 |
| During the economic recession, many small **retailers** went bankrupt. | 不況の間に多くの小規模小売業者が倒産した。 |
| The politician used emotive **rhetoric** to appeal to the audience. | その政治家は聴衆に訴えるため，感情をあおるレトリックを用いた。 |
| After years of serving in local government, he was able to win a seat in the **Senate**. | 長年地方自治で働いた後，彼は上院の議席を獲得することができた。 |

| 1229 | 発送物，出荷品，発送 |
|---|---|
| **shipment**<br>[ʃípmənt] | ship 動 を発送する |

| 1230 | 欠点，短所 [= defect, weakness] |
|---|---|
| **shortcoming**<br>[ʃɔ́:rtkÀmɪŋ] | |

| 1231 | 低木 |
|---|---|
| **shrub**<br>[ʃrʌb] | |

| 1232 | 懐疑心，疑い深さ |
|---|---|
| **skepticism**<br>[sképtɪsìzm] | skeptical 形　　skeptic 名 懐疑論者 |

| 1233 | 洗練，精巧さ |
|---|---|
| **sophistication**<br>[səfìstɪkéɪʃən] | sophisticated 形 |

| 1234 | (髪の毛の)房 |
|---|---|
| **strand**<br>[strænd] | ★ strand には動詞で「を立ち往生させる」という意味もある。 |

| 1235 | 合成，統合 |
|---|---|
| **synthesis**<br>[sínθəsɪs] | synthesize 動 |

| 1236 | 課税，税制 |
|---|---|
| **taxation**<br>[tækséɪʃən] | ▶ progressive taxation 累進課税 |

| 1237 | 借家人，借地人，テナント |
|---|---|
| **tenant**<br>[ténənt] | tenancy 名 借用 |

| 1238 | 王位，王座 |
|---|---|
| **throne**<br>[θroun] | ▶ succeed to the throne 王位を継承する |

| | |
|---|---|
| The customs officials used dogs to check all incoming **shipments** for concealed narcotics. | 麻薬が隠されていないか，税関の役人は犬を使ってすべての到着する<u>発送物</u>を調べた。 |
| Critics were quick to point out the **shortcomings** of her research, which relied on a very small body of evidence. | 批判者たちは，ほんのわずかの証拠に依拠する彼女の研究の<u>欠点</u>をすかさず指摘した。 |
| In general, **shrubs** are tougher and need less care than other kinds of plants. | 一般に，<u>低木</u>の方がほかの種類の植物より丈夫で，手入れもそれほど必要ない。 |
| His claim that alien beings had visited the Earth was met with widespread **skepticism**. | 宇宙人が地球を訪れたことがあるという彼の主張には広く<u>疑い</u>が向けられた。 |
| The **sophistication** of the young boy's language amazed everyone at the party. | その若い少年の言葉遣いの<u>洗練</u>は，パーティーにいたみんなを驚かせた。 |
| When she found **strands** of hair in the bath, she felt quite disgusted. | 彼女は風呂で髪の<u>房</u>を見つけてとてもむかついた。 |
| Chemical **synthesis** has led to the creation of many useful new products. | 化学<u>合成</u>によって多くの有用な新製品が創出されている。 |
| Conservative governments often lower the **taxation** of large companies, arguing that it allows the system of capitalism to flourish. | 保守政府はしばしば大企業への<u>課税</u>を引き下げ，そうすれば資本主義制度が繁栄できると主張する。 |
| When the landlord once again raised the rent, many **tenants** responded by withholding their payments. | 家主が家賃を再び上げると，多くの<u>借家人</u>は支払いを保留することで対応した。 |
| When the young prince came to the **throne**, he soon showed himself to be a wiser man than his father. | 若い王子は<u>王位</u>に就くと，父親より賢明な人物であることをすぐに証明した。 |

| 1239 **transcript**<br>[trǽnskrìpt] | ▆ 成績証明書，(音声を)文字起こししたもの |
|---|---|
| 1240 **vacuum**<br>[vǽkjuəm] | 電気掃除機 [= vacuum cleaner]<br>動 (を)電気掃除機で掃除する |
| 1241 **vulnerability**<br>[vʌ̀lnərəbíləṭi] | 受けやすいこと〈to 批判などを〉，<br>かかりやすいこと〈to 病気に〉<br>vulnerable 形 |
| 1242 **additive**<br>[ǽdəṭɪv] | 添加物<br>▶ food additives 食品添加物 |
| 1243 **billionaire**<br>[bìljənéər] | 億万長者 |
| 1244 **Christianity**<br>[krìstʃiǽnəṭi] | キリスト教<br>Christian 形 名 |
| 1245 **clot**<br>[klɑ(:)t] | (血などの)塊，凝血 |
| 1246 **condominium**<br>[kà(:)ndəmíniəm] | ▆ 分譲マンション [= condo]<br>★「賃貸マンション」は apartment |
| 1247 **dealership**<br>[díːlərʃìp] | ディーラー，特約店 |
| 1248 **foe**<br>[fou] | 敵 [= enemy] |

| | |
|---|---|
| Applicants were asked to produce an official **transcript** of their high school grades. | 応募者は，高校の成績の正式な<u>成績証明書</u>を提示するよう求められた。 |
| The inventor designed a new kind of **vacuum** cleaner, which quickly became a hit around the world. | その発明家は新しいタイプの<u>電気掃除機</u>を設計し，すぐに世界中でヒット商品になった。 |
| Illegal immigrants suffer from a **vulnerability to** blackmail and so often have to accept poor working conditions. | 不法移民には恐喝**を受けやすい**弱みがあるので，しばしば劣悪な労働条件を受け入れざるを得ない。 |
| Recently, more people have started to check what **additives** foodstuffs contain. | 最近，食料品にどんな<u>添加物</u>が含まれているかを確認し始める人が増えている。 |
| When his first song was a worldwide hit, the young singer became a **billionaire** overnight. | デビュー曲が世界中でヒットすると，その若い歌手は一夜にして<u>億万長者</u>になった。 |
| **Christianity** is usually said to have the most followers of any religion. | <u>キリスト教</u>はあらゆる宗教の中で最も信者が多いと普通言われる。 |
| Blood **clots** in the brain can be dangerous, as they are a cause of strokes. | 脳の<u>血栓</u>は脳卒中の原因になるので危険なことがある。 |
| Many **condominiums** had been built along the seafront in order to take advantage of the view. | 眺めを活用するために，海沿いの地域には多くの<u>分譲マンション</u>が建てられていた。 |
| Most towns in the United States have at least one car **dealership**. | 米国のほとんどの町には，車の<u>ディーラー</u>が少なくとも1軒はある。 |
| The politician infuriated his many **foes** by easily winning a third election. | その政治家は3度目の選挙で楽勝して多くの<u>敵</u>を激怒させた。 |

| 1249 | |
|---|---|
| **fund-raising**<br>[fʌ́ndrèɪzɪŋ] | 資金集め |

| 1250 | |
|---|---|
| **insurgency**<br>[ɪnsə́ːrdʒənsi] | 暴動，反乱 [= rebellion, uprising, insurrection]<br>insurgent 名 暴徒 |

| 1251 | |
|---|---|
| **nausea**<br>[nɔ́ːziə] | 吐き気 [= sickness]<br>nauseate 動 に吐き気を催させる |

| 1252 | |
|---|---|
| **patriotism**<br>[péɪtriətìzm] | 愛国心<br>patriot 名 愛国者　patriotic 形 |

| 1253 | |
|---|---|
| **replica**<br>[réplɪkə] | レプリカ，複製<br>▶ faithful replica 本物そっくりのレプリカ |

| 1254 | |
|---|---|
| **squeak**<br>[skwiːk] | きいきいという音 [声]，金切り声<br>動 きいきいという音 [声] を出す，辛うじて切り抜ける |

| 1255 | |
|---|---|
| **vaccination**<br>[væksɪnéɪʃən] | ワクチン接種<br>vaccinate 動 |

| 1256 | |
|---|---|
| **wrinkle**<br>[ríŋkl] | (顔・布などの) しわ [= crease]<br>wrinkled 形 |

| 1257 | |
|---|---|
| **migrant**<br>[máɪɡrənt] | 移住者<br>形 移住性の<br>cf. emigrant (他国への) 移住者，immigrant (他国からの) 移住者 |

| 1258 | |
|---|---|
| **accolade**<br>[ǽkəlèɪd] | 称賛，賛美 [= praise] |

| A big **fund-raising** dinner was held to support the building of a new wing at the hospital. | 病院の新病棟建設を支援するため，盛大な資金集め夕食会が開かれた。 |
| When an **insurgency** broke out in the north of the country, the government immediately sent in troops. | 国の北部で暴動が起きると，政府は直ちに軍隊を派遣した。 |
| One of the side effects of the medicine was an intense feeling of **nausea**. | その薬の副作用の1つは，強い吐き気を感じることだった。 |
| In many countries, older people worry about a lack of **patriotism** among the young. | 多くの国の年配の人たちは若者の間に愛国心がないことを心配している。 |
| In the local market, there were stalls selling cheap **replicas** of ancient coins and statues. | 地元の市場では，いくつもの露店で大昔の硬貨と彫像の安っぽいレプリカを売っていた。 |
| The boy heard some **squeaks** coming from the cupboard, and when he opened it, there was a mouse inside. | 食器棚からきいきいという音が聞こえたので少年が開けてみると，中にネズミがいた。 |
| These days, many false rumors about the dangers of **vaccinations** are being spread on the Internet. | 近ごろは，ワクチン接種の危険性に関する多くのデマがネット上で広まっている。 |
| Getting **wrinkles** is an inevitable part of human aging. | しわができるのは人の加齢の避けられない要素だ。 |
| When there is a downturn in the economy, **migrants** are usually among the first to be affected. | 景気が下降しているとき，移住者はたいてい最初に影響を受ける人たちの中にいる。 |
| The old actor received many **accolades** for his performance in the film. | その老優はその映画での演技で多くの称賛を受けた。 |

| 1259 | | |
|---|---|
| **bigotry** <br> [bígətri] | 偏狭，頑迷 <br> bigot 名 偏狭な人　　bigoted 形 |
| 1260 | | |
| **burglar** <br> [bə́:rglər] | 強盗，泥棒 <br> burglary 名 強盗（事件） |
| 1261 | | |
| **by-product** <br> [báiprà(:)dəkt] | 副産物 |
| 1262 | | |
| **conservationist** <br> [kà(:)nsərvéiʃənist] | 自然保護論者 |
| 1263 | | |
| **consternation** <br> [kà(:)nstərnéiʃən] | 仰天，驚愕<ruby>きょうがく<rt></rt></ruby> |
| 1264 | | |
| **criminality** <br> [krìmɪnǽləti] | 犯罪性，犯罪行為 |

## 形容詞

| 1265 | | |
|---|---|
| **multicultural** <br> [mʌ̀ltikʌ́ltʃərəl] | 多文化の <br> multiculturalism 名 多文化共存 |
| 1266 | | |
| **multinational** <br> [mʌ̀ltinǽʃənəl] | 多国籍の <br> 名 多国籍企業 |
| 1267 | | |
| **nasty** <br> [nǽsti] | (病気などが) 重い [= serious] (⇔ slight), <br> 不快な，意地悪な [= mean] (⇔ nice) <br> nastily 副　　nastiness 名 |

| The minority leader accused the police of **bigotry** and discrimination. | そのマイノリティーの指導者は警察の<u>偏狭さ</u>と差別を非難した。 |
| --- | --- |
| While she was away, **burglars** broke into her house and stole most of her jewelry. | 彼女の留守中に<u>強盗</u>が家に侵入し，宝石をほとんど盗んだ。 |
| The waste generated as a **by-product** when making leather is very harmful to the environment. | 革を作る際に<u>副産物</u>として生じる廃棄物は環境に非常に有害だ。 |
| In his later years, the philosopher became a leading **conservationist** and a critic of industrial capitalism. | その哲学者は晩年，<u>自然保護派</u>の指導者となり産業資本主義を批判するようになった。 |
| To the **consternation** of the audience, the professor tripped and fell off the stage. | 聴衆が<u>仰天した</u>ことに，教授はつまずいてステージから落ちた。 |
| Immigrants became unfairly identified with **criminality** and suffered much discrimination as a result. | 移民は<u>犯罪性</u>と不当に同一視されるようになり，その結果ひどい差別を被った。 |
| Implementing **multicultural** education brings with it many unforeseen challenges. | <u>多文化</u>教育の実行には多くの思いがけない困難が付き物だ。 |
| The industry is dominated by a handful of huge **multinational** corporations. | その産業は一握りの巨大<u>多国籍</u>企業が牛耳っている。 |
| During the rugby match, he suffered a **nasty** cut to the eye and had to retire from the game. | ラグビーの試合中，彼は目に<u>ひどい</u>切り傷を負い，試合を途中退場しなければならなかった。 |

| | |
|---|---|
| **1268**<br>**optimal**<br>[á(ː)ptɪməl] | 最善の，最適な [= optimum]<br>optimally 副 |
| **1269**<br>**organized**<br>[ɔ́ːrgənàɪzd] | (人が)てきぱきとした，<br>(活動などが)組織された (⇔ disorganized)<br>▶ organized crime 組織犯罪 |
| **1270**<br>**parliamentary**<br>[pɑ̀ːrləméntəri] | 議会の，議会制の<br>▶ parliamentary democracy 議会制民主主義 |
| **1271**<br>**pivotal**<br>[pívətəl] | 極めて重要な〈to ～に〉，決定的な [= critical]，<br>中心的な<br>▶ play a pivotal role 中心的な役割を担う |
| **1272**<br>**postwar**<br>[pòʊstwɔ́ːr] | 戦後の (⇔ prewar)<br>★ 特に第2次世界大戦後を言う。 |
| **1273**<br>**prestigious**<br>[prestíːdʒəs] | 名声の高い，威信のある<br>prestige 名 |
| **1274**<br>**residual**<br>[rɪzídʒuəl] | 残りの，残余の |
| **1275**<br>**tangible**<br>[tǽndʒəbl] | 明白な，確実な (⇔ intangible)<br>▶ tangible evidence 明白な証拠 |
| **1276**<br>**tribal**<br>[tráɪbəl] | 部族の<br>tribe 名 部族 |
| **1277**<br>**unavoidable**<br>[ʌ̀nəvɔ́ɪdəbl] | 避けられない，不可避の [= inevitable]<br>(⇔ avoidable)<br>unavoidably 副 |

| For **optimal** results, the diet should be combined with regular exercise such as jogging. | 最善の結果を得るには，食事はジョギングなどの定期的運動と組み合わせるべきだ。 |
| The new secretary was an extremely **organized** person and much more efficient than her boss. | 新しい秘書はものすごくてきぱきとした人で，上司よりはるかに有能だった。 |
| Under a **parliamentary** system, the prime minister is usually the leader of the party which gets the most votes. | 議会制度の下では，通例総理大臣は最も多く票を得た政党のリーダーだ。 |
| He believed that effective advertising would be **pivotal to** the success of the new product. | 新製品の成功には効果的な広告が極めて重要になると彼は考えていた。 |
| In many Western countries, social democratic parties won power in the immediate **postwar** period. | 多くの西洋諸国で，戦後間もない時期は社会民主主義政党が権力を握った。 |
| Entering a **prestigious** university is often the first step to a successful career. | 名門大学に入ることは，しばしばキャリアの成功への第一歩だ。 |
| After the strike was over, there was still some **residual** ill feeling between the workers and the management. | ストライキが終わった後，労使間にはまだ少ししこりが残っていた。 |
| Although the cut in tariffs was welcomed, it has yet to have **tangible** effects on the economy. | 関税削減は歓迎されたが，経済への明白な効果はまだ出ていない。 |
| In some African countries, **tribal** chiefs continue to play a role in government. | 一部のアフリカの国では，部族の長が政治において役割を担い続けている。 |
| Any radical policy on inflation is likely to have **unavoidable** negative consequences. | インフレに関するどんな急進的な政策もおそらく悪影響をもたらすことは避けられない。 |

| | |
|---|---|
| **1278**<br>**vertical**<br>[vớːrṭɪkəl] | 垂直の，縦の（⇔ horizontal 水平の）<br>vertically 副 |
| **1279**<br>**viable**<br>[váɪəbl] | 実行可能な，実現性のある [= feasible, workable]<br>viability 名 |
| **1280**<br>**virgin**<br>[vớːrdʒən] | 人跡未踏の，処女の，童貞の<br>▶ virgin birth 単為生殖 |
| **1281**<br>**wary**<br>[wéəri] | 用心深い⟨of ～に⟩，注意深い [= cautious]<br>（⇔ careless）<br>warily 副　wariness 名 |
| **1282**<br>**delinquent**<br>[dɪlíŋkwənt] | 🇺🇸 未納の，非行の |
| **1283**<br>**frustrating**<br>[frʌ́streɪtɪŋ] | 欲求不満を起こさせる<br>frustratingly 副 |
| **1284**<br>**immoral**<br>[ɪmɔ́(ː)rəl] | 不道徳な [= morally wrong]，ふしだらな<br>（⇔ moral）<br>immorality 名 |
| **1285**<br>**inspiring**<br>[ɪnspáɪərɪŋ] | 奮い立たせる，鼓舞する（⇔ uninspiring）<br>inspiringly 副 |
| **1286**<br>**interstate**<br>[ìnṭərstéɪt] | （主に米国の）各州間の<br>▶ interstate highway 州間高速道路 |
| **1287**<br>**misleading**<br>[mìslíːdɪŋ] | 誤解させる，判断を誤らせる [= deceptive]<br>mislead 動　misleadingly 副 |

| In some areas with limited space, farmers have begun growing plants on shelves arranged in a **vertical** fashion. | スペースが限られた一部の地域では、農家は**垂直に**配置した棚で植物を育て始めている。 |
| --- | --- |
| Although his invention attracted a lot of attention, it is still too expensive to be commercially **viable**. | 彼の発明は大きな注目を集めたが、商業的に**実現可能**になるにはやはりお金がかかり過ぎる。 |
| Early settlers soon began to clear the **virgin** forest in order to grow crops. | 初期の入植者は、作物を育てるためすぐに**原生**林を切り開き始めた。 |
| People should be **wary of** investment opportunities that offer very high rates of return. | 非常に高い収益率を提示する投資機会に**は用心した**方がいい。 |
| With the household's bills being overly **delinquent**, the electric company shut off the power to the house. | その世帯があまりに長く支払いを**滞納して**いたので、電力会社はその家への電気を止めた。 |
| The negotiations were extremely **frustrating**, as the other side refused to compromise even slightly. | 相手方がわずかな妥協も拒んだので、交渉は非常に**フラストレーションがたまる**ものだった。 |
| Many people feel that it is **immoral** to put the interests of wealthy investors before those of hard-working employees. | 勤勉な社員の利益より裕福な投資家の利益を優先するのは**道義に反する**、と多くの人が感じる。 |
| The guest speaker made an **inspiring** speech in which he urged graduates to give something back to society. | ゲストスピーカーは、社会に恩返しをするよう卒業生を促す、**気持ちを奮い立たせる**スピーチをした。 |
| In the United States, most **interstate** crimes are tried in federal and not state courts. | 米国では、**州をまたぐ**犯罪はほとんどが州裁判所ではなく連邦裁判所で裁かれる。 |
| Writers often use statistics in a **misleading** way to paint a false picture of the world. | 作家はしばしば**誤解を招くよう**な統計の使い方をして、世界を誤った形で描こうとする。 |

| 1288 | |
|---|---|
| **qualified** <br> [kwá(:)lɪfàɪd] | 適任の〈for ～に〉，資格のある〈for ～の〉 <br> [= eligible] <br> qualification 图 |

| 1289 | |
|---|---|
| **slack** <br> [slæk] | 緩んだ，たるんだ [= loose]，怠慢な [= careless] <br> 動 怠ける |

| 1290 | |
|---|---|
| **unconstitutional** <br> [ʌ̀nkɑ̀(:)nstətjúːʃənəl] | 違憲の，憲法違反の (⇔ constitutional) <br> unconstitutionality 图　unconstitutionally 副 |

| 1291 | |
|---|---|
| **unilateral** <br> [jùːnilǽtərəl] | (決定などが) 一方的な <br> unilaterally 副 <br> cf. bilateral 双方の．multilateral 多国間の |

| 1292 | |
|---|---|
| **autonomous** <br> [ɔːtɑ́(:)nəməs] | 自律的な，自立した [= independent, self-sufficient]，(車が) 自動運転の [= self-driving] <br> autonomy 图 |

| 1293 | |
|---|---|
| **arid** <br> [ǽrɪd] | ひどく乾燥した [= very dry] <br> aridity 图 |

| 1294 | |
|---|---|
| **asexual** <br> [eɪsékʃuəl] | 無性の，生殖器のない <br> asexuality 图 |

| 1295 | |
|---|---|
| **astounding** <br> [əstáʊndɪŋ] | 仰天するような [= amazing, astonishing] <br> astoundingly 副 |

| 1296 | |
|---|---|
| **benevolent** <br> [bənévələnt] | 善意の (⇔ malevolent) <br> benevolence 图 |

| 1297 | |
|---|---|
| **canine** <br> [kéɪnaɪn] | 犬の <br> cf. feline 猫の |

| | |
|---|---|
| Everyone was surprised when the most <u>qualified</u> candidate was not accepted for the job. | 最も<u>適任の</u>候補者がその職に採用されなかったとき、誰もが驚いた。 |
| She pounded her hammer on the <u>slack</u> nails in order to secure the roof of her house. | 彼女は自宅の屋根を固定するため、<u>緩んだ</u>くぎにハンマーを打ち下ろした。 |
| The judge declared the new law <u>unconstitutional</u> because it restricted freedom of speech. | 新法は言論の自由を制限しているので<u>違憲</u>だ、と裁判官は宣告した。 |
| At one point, Britain came close to a <u>unilateral</u> renunciation of its nuclear weapons. | ある時点で、イギリスは自国の核兵器を<u>一方的に</u>放棄する一歩手前まで行った。 |
| We aim to educate our students to be <u>autonomous</u> individuals who are capable of thinking for themselves. | 当校の目標は、生徒たちが自ら考えることのできる<u>自律的な</u>個人になるよう教育することである。 |
| Little grew in the <u>arid</u> desert, so local people had to find other ways of making a living besides farming. | <u>乾き切った</u>砂漠ではほとんど何も育たなかったので、地元民は農業以外の方法で生計を立てる必要があった。 |
| Although we think of reproduction as involving two sexes, <u>asexual</u> reproduction does occur in nature. | 生殖には2つの性が関与すると私たちは思うけれど、自然においては<u>無性生殖</u>が実際に生じる。 |
| The <u>astounding</u> cost of houses in the capital was the result of an influx of wealthy foreigners. | 首都の<u>仰天するような</u>住宅価格は、裕福な外国人の流入によるものだった。 |
| The government's intentions were <u>benevolent</u>, but the policy had a terrible effect on many people. | 政府の意図は<u>善意から出た</u>ものだったが、その政策は多くの人にひどい影響を与えた。 |
| Some <u>canine</u> diseases are actually very similar to those which afflict human beings. | <u>犬の</u>病気の中には、人間を悩ます病気に実際よく似たものもある。 |

| 1298 | | |
|---|---|
| **cardiopulmonary**<br>[kà:*r*dioupʌ́lmənèri] | 心肺の<br>▶ cardiopulmonary arrest 心肺停止 |

| 1299 | | |
|---|---|
| **conscientious**<br>[kà(:)nʃiénʃəs] | 誠実な，念入りな<br>conscientiously 副　conscientiousness 名 |

<br>

**副詞**

| 1300 | | |
|---|---|
| **radically**<br>[rǽdɪkəli] | 根本的に，徹底的に |

## 🕐 1分間 mini test

(1) Getting (　　　　) is an inevitable part of human aging.

(2) Cell (　　　　) occurs naturally in both plants and animals.

(3) Most towns in the United States have at least one car
(　　　　).

(4) When she found (　　　　) of hair in the bath, she felt quite
disgusted.

(5) The minority leader accused the police of (　　　　) and
discrimination.

😊 ここから選んでね。※選択肢はすべて原形で表示しています。

① accolade　　② bigotry　　③ Christianity　④ clot
⑤ dealership　⑥ regeneration　⑦ rein　　⑧ strand
⑨ synthesis　⑩ wrinkle

| Cardiopulmonary diseases are especially common among smokers. | 心肺の病気は喫煙者に特によく見られる。 |
| She was a conscientious worker who always carried out her duties on time. | 彼女は常に任務を時間どおりに実行する誠実な働き手だった。 |
| The new boss radically changed the company's approach to selling its products. | 新しい上司は製品を売る会社の手法を根本的に変えた。 |

* * *

**(6)** The old actor received many (　　　　　) for his performance in the film.

**(7)** Chemical (　　　　　) has led to the creation of many useful new products.

**(8)** (　　　　　) is usually said to have the most followers of any religion.

**(9)** She was a strict mother who kept a tight (　　　　　) on her children's behavior.

**(10)** Blood (　　　　　) in the brain can be dangerous, as they are a cause of strokes.

正解

**(1)** ⑩(→**1256**)　**(2)** ⑥(→**1224**)　**(3)** ⑤(→**1247**)　**(4)** ⑧(→**1234**)　**(5)** ②(→**1259**)

**(6)** ①(→**1258**)　**(7)** ⑨(→**1235**)　**(8)** ③(→**1244**)　**(9)** ⑦(→**1225**)　**(10)** ④(→**1245**)

移動中は単語を覚えるのに最適の時間だね。

| 動詞 | |
|---|---|
| **1301** ☐☐☐<br>**persist**<br>[pərsíst] | やり抜く，持続する，固執する<br>persistence 名　persistent 形　persistently 副<br>語源 per（完全に）+ sist（立つ） |
| **1302** ☐☐☐<br>**undertake**<br>[Àndərtéɪk] | を引き受ける（⇔ refuse を断る） |
| **1303** ☐☐☐<br>**confiscate**<br>[ká(:)nfɪskèɪt] | を没収する [= impound, seize]<br>confiscation 名 |
| **1304** ☐☐☐<br>**mock**<br>[má(:)k] | (仕草)をまねる，をからかう [= ridicule, scoff at]<br>mockery 名 あざけり |
| **1305** ☐☐☐<br>**epitomize**<br>[ɪpítəmàɪz] | の典型である [= embody]<br>epitome 名 典型，権化 |
| **1306** ☐☐☐<br>**expedite**<br>[ékspədàɪt] | をはかどらせる，を促進する [= hasten,<br>facilitate, speed up]（⇔ impede）<br>expedition 名 迅速，遠征 |
| **1307** ☐☐☐<br>**facilitate**<br>[fəsílətèɪt] | を容易にする [= make easy]，を助長する<br>[= assist] |
| **1308** ☐☐☐<br>**disseminate**<br>[dɪsémɪnèɪt] | を普及させる [= spread, circulate, disperse]<br>dissemination 名 |
| **1309** ☐☐☐<br>**corroborate**<br>[kərá(:)bərèɪt] | を確証する [= confirm]<br>corroboration 名<br>▶ corroborating evidence 補強証拠 |

| Despite numerous disappointments, the scientist **persisted** until he found a cure. | 何度となく失望したにもかかわらず, その科学者は治療法を見つけるまで<u>やり抜いた</u>。 |
| The soldiers **undertook** the responsibility to defend their country. | 兵士たちは母国を守る責任<u>を引き受けた</u>。 |
| Any cellphone found on school premises was automatically **confiscated**. | 学校の構内で見つかったすべての携帯電話は自動的に<u>没収された</u>。 |
| The comedian made his name by **mocking** politicians and other powerful figures. | そのコメディアンは, 政治家やほかの影響力のある人物<u>の物まね</u>で有名になった。 |
| For many people, the band's music **epitomized** the spirit of the 1960s. | 多くの人々にとって, そのバンドの音楽は1960年代の精神<u>の典型だった</u>。 |
| The company had to **expedite** the development of the new product to meet demand. | その会社は, 需要に対処するために新製品の開発<u>をはかどらせる</u>必要があった。 |
| I recently found a new book that **facilitated** my grasp of quantum mechanics. | 私は最近, 量子力学についての私の理解<u>を助けてくれる</u>新しい本を見つけた。 |
| The first printing press allowed people to easily **disseminate** the written word. | 印刷機が作られて初めて, 人々は書かれた言葉を容易に<u>流布させる</u>ことができるようになった。 |
| The detective tried to gather more evidence to **corroborate** the woman's accusations. | 刑事はその女性の訴え<u>を確証する</u>ため, もっと証拠を集めようとした。 |

| 1310 | |
|---|---|
| **curb** [kə:rb] | を抑制する [= control, restrain] 名 抑制，縁石 |

| 1311 | |
|---|---|
| **oppress** [əprés] | を抑圧する，を虐げる oppression 名 oppressive 形 語源 op (〜に対して) + press (押さえる) |

| 1312 | |
|---|---|
| **retard** [rɪtá:rd] | を遅らせる [= delay]，を妨げる [= impede, obstruct, hamper] |

| 1313 | |
|---|---|
| **avert** [əvə́:rt] | (視線・考えなど)をそらす〈from 〜から〉[= turn away] 語源 a (離れて) + vert (向ける) |

| 1314 | |
|---|---|
| **curtail** [kə:rtéɪl] | を切り詰める [= shorten] curtailment 名 短縮 |

| 1315 | |
|---|---|
| **demean** [dɪmí:n] | の品位を下げる [= debase] |

| 1316 | |
|---|---|
| **circumvent** [sə̀:rkəmvént] | の抜け道を見つける，を回避する [= avoid, eschew] |

| 1317 | |
|---|---|
| **dissect** [dɪsékt] | を分析する [= analyze]，を解剖する [= anatomize] dissection 名 詳細な分析，解剖 |

| 1318 | |
|---|---|
| **renounce** [rɪnáuns] | を放棄する [= abandon]，と関係を絶つ [= disown] renunciation 名 |

| 1319 | |
|---|---|
| **cajole** [kədʒóul] | (人)を言いくるめる [= coax, wheedle] |

| | |
|---|---|
| The mayor announced that he intended to **curb** spending on the city's parks. | 市長は市立公園への支出を<u>抑制する</u>つもりだと発表した。 |
| For years, the regime had **oppressed** the people, denying them their freedom. | 何年にもわたってその政権は民衆を<u>抑圧し</u>，自由を与えなかった。 |
| Government red tape has **retarded** progress on economic reform. | 政府の官僚的な形式主義は経済改革の進行を<u>遅らせて</u>きた。 |
| In her embarrassment, she **averted** her eyes **from** my gaze. | 彼女は当惑のあまり私の視線<u>から目をそらした</u>。 |
| We were forced to **curtail** our trip due to a family emergency. | 家族に緊急事態が発生したため，私たちは旅行日程を<u>切り詰め</u>ねばならなかった。 |
| The feminist group complained that the advertisements **demeaned** women. | その広告は女性の品位を<u>下げて</u>いる，とそのフェミニスト団体は苦情を述べた。 |
| He accused the company of trying to **circumvent** their earlier agreement. | 以前の取り決めの<u>抜け道を見つけ</u>ようとしているとして，彼はその会社を非難した。 |
| The philosopher carefully **dissected** the scientist's argument in order to disprove it. | その哲学者は，その科学者の論証が誤りであることを証明するために注意深く<u>分析した</u>。 |
| At an early age, the king **renounced** his throne and retreated into private life. | 若いころにその王は王位を<u>放棄</u>し，私人としてひっそりと暮らした。 |
| When at first I refused to help, she began to **cajole** me in a sweet tone of voice. | 最初助けることを拒絶したら，彼女は甘い口調で私を<u>言いくるめ</u>ようとし始めた。 |

| | |
|---|---|
| **1320**  □□□  **blur**  [blə:*r*] | を不明瞭にさせる [= make vague]  blurry 形 |
| **1321**  □□□  **dispatch**  [dɪspǽtʃ] | を急送する，を急派する [= expedite] |
| **1322**  □□□  **dissuade**  [dɪswéɪd] | に思いとどまらせる〈from 〜を〉[= discourage]  (⇔ persuade) |
| **1323**  □□□  **admonish**  [ədmá(:)nɪʃ] | を諭す〈for 〜の理由で〉，をたしなめる  [= reprimand]  admonishment 名 |
| **1324**  □□□  **traverse**  [trəvə́:*r*s] | を横断する [= travel across]  ▶ traverse a desert 砂漠を横断する |
| **1325**  □□□  **veto**  [ví:ṭoʊ] | (法案など)に拒否権を行使する  名 拒否権 |
| **1326**  □□□  **linger**  [líŋɡər] | ぶらぶらする [= loiter]，ぐずぐずする [= delay] |
| **1327**  □□□  **replenish**  [rɪplénɪʃ] | を補充する [= fill up] |
| **1328**  □□□  **disparage**  [dɪspǽrɪdʒ] | を見くびる [= undervalue]  disparagement 名    disparaging 形 |
| **1329**  □□□  **stray**  [streɪ] | はぐれる〈from 〜から〉[= wander off, move away]  形 迷った |

| The drizzling rain **blurred** my vision, making it dangerous to drive further. | そぼ降る雨で視界がぼやけ，それ以上車で進むのは危険になった。 |
| The company promises to **dispatch** all orders on the day that they are received. | 注文を受けたその日にすべての注文品を急送する，とその会社は約束している。 |
| A social worker managed to **dissuade** the man **from** jumping to his death. | ソーシャルワーカーがその男性の飛び降り自殺をどうにか思いとどまらせることができた。 |
| When the man **admonished** the teenagers **for** smoking, they just laughed. | 男性が10代の若者たちに喫煙を注意したとき，彼らは笑っただけだった。 |
| It took the explorers longer than expected to **traverse** the terrain. | 探検家たちがその地域を横断するのに，予想よりも長く時間がかかった。 |
| The president **vetoed** the Congressional bill cutting welfare to the poor. | 大統領は貧困層への福祉を削減する議会法案に拒否権を行使した。 |
| Even after school is over, that group of students likes to **linger** around. | 放課後になっても，あの生徒たちのグループはぶらぶら残っていたがる。 |
| Once a week the farmers drive to town to **replenish** their supplies. | 週に1度，農場主たちは生活必需品を補充するために車で町へ出る。 |
| Even members of the scientific community **disparaged** the cloning of a sheep. | 科学界の人々でさえ，羊のクローン化を見くびっていた。 |
| Visitors who **stray from** the path sometimes get lost in the woods. | 道から外れた観光客が時々森の中で迷子になる。 |

| 1330 | を強調する [= highlight] |
|---|---|
| **accentuate** [əkséntʃuèɪt] | |

| 1331 | を絶滅させる [= wipe out] |
|---|---|
| **exterminate** [ɪkstə́:rmɪnèɪt] | ▶ exterminate poverty 貧困を一掃する |

| 1332 | 言い返す，に反論する [= counter] |
|---|---|
| **retort** [rɪtɔ́:rt] | **語源** re（後ろへ）+ tort（ねじる） |

| 1333 | を要約する [= summarize]，をカプセルに入れる |
|---|---|
| **encapsulate** [ɪnkǽpsəlèɪt] | |

| 1334 | を避難させる〈from ～から〉，を立ち退かせる |
|---|---|
| **evacuate** [ɪvǽkjuèɪt] | evacuation 名 |

| 名詞 | |
|---|---|

| 1335 | (男子の)僧院，修道院 |
|---|---|
| **monastery** [má(:)nəstèri] | *cf.* convent（女子）修道院 |

| 1336 | 服従〈to ～への〉，従順（⇔ disobedience） |
|---|---|
| **obedience** [oʊbí:diəns] | obedient 形 |

| 1337 | (土地・家屋などの)居住者，占有者，(乗り物に)乗っている人 |
|---|---|
| **occupant** [á(:)kjʊpənt] | occupancy 名 |

| 1338 | 犯罪 [= crime]，違反 [= illegal act]，侮蔑 |
|---|---|
| **offense** [əféns] | offend 動　offender 名 |

| The politician tried to **accentuate** the positive achievements of the government. | その政治家は政府のよい成果を強調しようとした。 |
|---|---|
| The wolves were eventually **exterminated** by settlers in the area. | オオカミはその地域の入植者によってついに絶滅させられた。 |
| The comedian could always **retort** in a witty way to any comment. | その喜劇役者はいつも，どんなコメントにも機知に富んだ答えを返すことができた。 |
| The professor began by **encapsulating** his previous lectures on the subject. | 教授はそのテーマに関する以前の講義を要約することから始めた。 |
| People were **evacuated from** their homes because of the danger of an eruption. | 噴火の危険があるので，人々は自宅から避難させられた。 |

| Many Buddhist **monasteries** in China were built high up on the sides of mountains. | 中国の多くの仏教僧院は山の斜面の高い所に建てられた。 |
|---|---|
| As history shows, blind **obedience to** authority can lead to terrible crimes. | 歴史が示すように，権威への盲従は恐ろしい犯罪を招くことがある。 |
| The **occupant** of the apartment behaved in an eccentric way, shouting out comments to passing strangers. | アパートのその居住者は，通りかかる知らない人に大声で言葉をかけ，奇矯な振る舞いをした。 |
| Those who had committed serious **offenses** such as murder were imprisoned separately. | 殺人のような重い犯罪を犯した者は別々に収監された。 |

| 1339 | |
|---|---|
| **orchard**<br>[ɔ́ːrtʃərd] | 果樹園 |

| 1340 | |
|---|---|
| **patron**<br>[péɪtrən] | (芸術などの)後援者，パトロン<br>patronage 图 後援　patronize 動 |

| 1341 | |
|---|---|
| **petroleum**<br>[pətróʊliəm] | 石油 |

| 1342 | |
|---|---|
| **pigment**<br>[pígmənt] | 顔料，色素 |

| 1343 | |
|---|---|
| **placebo**<br>[pləsíːboʊ] | 偽薬，プラセボ，プラシーボ<br>▶ placebo effect プラセボ効果 |

| 1344 | |
|---|---|
| **probability**<br>[prɑ̀(ː)bəbíləti] | 見込み〈of ～の，that …という〉，公算<br>[= likelihood]<br>probable 形 |

| 1345 | |
|---|---|
| **proliferation**<br>[prəlìfəréɪʃən] | 急増，拡散 [= multiplication]<br>proliferate 動 |

| 1346 | |
|---|---|
| **detachment**<br>[dɪtǽtʃmənt] | 無私，超然<br>detached 形 |

| 1347 | |
|---|---|
| **diarrhea**<br>[dàɪəríːə] | 下痢<br>▶ develop diarrhea 下痢になる<br>*cf.* constipation 便秘 |

| 1348 | |
|---|---|
| **diorama**<br>[dàɪərǽmə] | ジオラマ |

| There were many apple <u>orchards</u> in the area that were badly damaged by the storm. | その地域には、嵐で大きな被害を受けた多くのリンゴ園があった。 |
| In the past, artists often had to rely on wealthy <u>patrons</u> to make a living. | 昔は、芸術家は生計を立てるためにしばしば裕福な後援者に頼らなければならなかった。 |
| Many <u>petroleum</u> companies have begun to invest in renewable forms of energy. | 多くの石油会社が再生可能なエネルギー形態に投資し始めている。 |
| The local cloth was dyed using natural <u>pigments</u>, which gave it a distinctive look. | その土地の布は天然の顔料を用いて染色されていて、そのため見た目が独特だった。 |
| Half of the patients were given the new drug, and half were given <u>placebos</u> that had no effect. | 患者の半数は新薬を与えられ、半数は何の効き目もない偽薬を与えられた。 |
| The weather forecast said that there was a strong <u>probability</u> **of** snow within the next 24 hours. | 今から24時間以内に雪になる見込みが高い、と天気予報は言っていた。 |
| The <u>proliferation</u> of fake medicines on the Internet is causing concern among doctors. | インターネットでのまがい物の薬の急増が医師の間に懸念をもたらしている。 |
| As an outsider, he could approach the issue with <u>detachment</u> and see both sides of the question. | 部外者である彼は無私な態度でその問題に取り組み、問題点の両面を見ることができた。 |
| A common symptom of food poisoning is <u>diarrhea</u>, but this usually does not last long. | 食中毒によくある症状は下痢だが、普通長くは続かない。 |
| The museum curator created a **diorama** of the city center, showing how it had been 200 years ago. | その博物館のキュレーターは、市の中心部の200年前の姿を表すジオラマを作った。 |

| | |
|---|---|
| 1349<br>**enactment**<br>[ɪnǽktmənt] | (法律の)制定<br>enact 動 |
| 1350<br>**exaggeration**<br>[ɪgzædʒəréɪʃən] | 誇張 [= overstatement]<br>exaggerate 動<br>▶ gross [wild] exaggeration ひどい誇張 |
| 1351<br>**figment**<br>[fígmənt] | 想像の産物<br>★ 通例 a figment of *a person's* imagination というフレーズで用いる。 |
| 1352<br>**hallucination**<br>[həlù:sɪnéɪʃən] | 幻覚<br>hallucinate 動 に幻覚を起こさせる<br>hallucinatory 形 |
| 1353<br>**incision**<br>[ɪnsíʒən] | 切開, 切り込み<br>incise 動 |
| 1354<br>**kickback**<br>[kíkbæk] | リベート, キックバック |
| 1355<br>**linguist**<br>[líŋgwɪst] | 言語学者<br>linguistic 形 言語(学)の　linguistics 名 言語学 |
| 1356<br>**litany**<br>[lítəni] | 延々と続くもの |
| 1357<br>**measles**<br>[mí:zlz] | はしか |
| 1358<br>**microcredit**<br>[màɪkrouəkrédɪt] | マイクロクレジット, 微少額貸付 |

| | |
|---|---|
| Before the **enactment** of the law, opium had been freely available on the open market. | その法律の**制定**前は，アヘンは一般市場で自由に手に入った。 |
| While the book contained few outright lies, it was full of misleading **exaggerations** of the truth. | その本にあからさまなうそはほとんど含まれていなかったが，誤解を招く真実の**誇張**だらけだった。 |
| She said that the stranger he had seen in the garden had just been a **figment** of his imagination. | 彼が庭で見かけた知らない人は彼の**想像の産物**にすぎない，と彼女は言った。 |
| Some psychedelic drugs can induce **hallucinations** such as the impression that one is flying. | 一部の幻覚剤は，自分が空を飛んでいる感じといった**幻覚**を引き起こすことがある。 |
| The surgeon made a deep **incision** in his chest as a prelude to carrying out heart surgery. | 心臓手術を行う幕開けに，外科医は彼の胸を深く**切開**した。 |
| After the politician died, evidence emerged that he had received **kickbacks** from arms manufacturers. | その政治家が亡くなった後，武器メーカーから**リベート**を受け取っていた証拠が明るみに出た。 |
| Many **linguists** doubt the idea that grammatical structures determine the way we think. | 多くの**言語学者**は，文法構造が私たちの考え方を決定するという考えを疑っている。 |
| History is often taught today as a **litany** of crimes and disasters. | 歴史は今日では犯罪と惨事の**延々とした羅列**として教えられることが多い。 |
| **Measles** is just one of the diseases that has been brought under control by vaccinations. | **はしか**は，ワクチン接種によって制圧された病気の1つである。 |
| **Microcredit**, which means providing very small loans to poor people, is now widely appreciated by economists. | **マイクロクレジット**は貧困層にわずかな融資をすることで，今では経済学者が広く評価している。 |

| 1359 **obsolescence**<br>[à(ː)bsəlésəns] | 廃れること，旧式になること<br>obsolescent 形 |
|---|---|
| 1360 **omnivore**<br>[á(ː)mnɪvɔ̀ːr] | 雑食動物<br>cf. carnivore 肉食動物，herbivore 草食動物 |
| 1361 **outlay**<br>[áʊtlèɪ] | （事業を始めるためなどの）出費，支出 |
| 1362 **overuse**<br>[òʊvərjúːs] | 使い過ぎ<br>動 [òʊvərjúːz] を使い過ぎる |
| 1363 **realtor**<br>[ríːəltər] | ▆ 不動産業者 [= ▆ real estate agent,<br>▨ estate agent] |
| 1364 **relapse**<br>[rɪlǽps] | （病気の）ぶり返し，（元の状態への）逆戻り<br>動 病気がぶり返す |
| 1365 **reverence**<br>[révərəns] | 尊敬〈for ～に対する〉，崇敬 [= respect,<br>admiration]<br>revere 動 |
| 1366 **revitalization**<br>[riːvàɪt̮ələzéɪʃən] | 再活性化，復興<br>revitalize 動<br>▶ urban revitalization 都市の再活性化 |
| 1367 **sustenance**<br>[sʌ́stənəns] | 食物，栄養，持続<br>sustain 動 を持続させる |
| 1368 **zoologist**<br>[zoʊá(ː)lədʒɪst] | 動物学者<br>zoology 名 動物学<br>cf. botanist 植物学者 |

| | |
|---|---|
| Rapid <u>obsolescence</u> has always been a characteristic of consumer electronics. | 急速に<u>廃れること</u>は，消費者向け電化製品の昔からの特徴だ。 |
| <u>Omnivores</u> are creatures, like humans, which eat both plants and animals. | <u>雑食動物</u>は人間のように植物も動物も食べる生物のことである。 |
| The initial <u>outlay</u> for establishing a dental practice is high, but the money can soon be earned back. | 歯科開業の初期<u>費用</u>は高額だが，そのお金はすぐに稼いで取り返すことができる。 |
| The <u>overuse</u> of antibiotics is leading to more and more bacterial infections that cannot be treated. | 抗生物質の<u>過度の使用</u>により，治療できない細菌感染がどんどん増えている。 |
| Based on the <u>realtor</u>'s advice, they decided to reduce the price they were asking for the house. | <u>不動産業者</u>のアドバイスに基づいて，彼らは家の売り値を下げることにした。 |
| The woman seemed to be recovering well, but then she suffered a <u>relapse</u> and went back into the hospital. | 女性は順調に回復しているように思えたが，その後<u>病気がぶり返し</u>て病院に逆戻りした。 |
| Many older people continued to feel a <u>reverence</u> for the monarchy. | 多くの年配の人は君主制<u>に尊敬</u>を感じ続けていた。 |
| The building of the new factory led to the <u>revitalization</u> of the whole area. | その新工場の建設が地域全体の<u>再活性化</u>につながった。 |
| The peasants were traditionally able to provide <u>sustenance</u> for themselves and their families. | 小作人たちは伝統的に自分と家族の<u>食物</u>は賄うことができた。 |
| <u>Zoologists</u> have been warning for some time that many species face extinction. | <u>動物学者</u>は，多くの種が絶滅の危機に瀕しているとしばらく前から警告し続けている。 |

| | |
|---|---|
| **1369**<br>**disguise**<br>[dɪsgáɪz] | 変装 [= camouflage]<br>動 を変装させる |
| **1370**<br>**privilege**<br>[prívəlɪdʒ] | 特典，特権<br>privileged 形 |
| **1371**<br>**breakthrough**<br>[bréɪkθrùː] | 大進歩 [= significant advance or achievement]，<br>突破<br>cf. break through 大進歩を遂げる |
| **1372**<br>**endowment**<br>[ɪndáʊmənt] | 寄付（金）[= contribution, donation of money] |
| **1373**<br>**verdict**<br>[vɜ́ːrdɪkt] | （陪審員の）評決，決定 [= decision]，判断<br>[= judgment]<br>語源 ver（真実）+ dict（言う） |
| **1374**<br>**momentum**<br>[moʊméntəm] | 勢い [= impetus]，運動量<br>▶ gather [gain] momentum 弾みをつける |
| **1375**<br>**brevity**<br>[brévəti] | （時の）短さ，簡潔さ [= shortness, briefness,<br>conciseness, terseness]<br>brief 形 |
| **1376**<br>**precedent**<br>[présɪdənt] | 前例 [= previous case]<br>precede 動 に先立つ　precedence 名 優先 |
| **1377**<br>**morale**<br>[mərǽl] | 勤労意欲，士気<br>cf. demoralize の士気をくじく |
| **1378**<br>**culprit**<br>[kʌ́lprɪt] | 犯人，罪人 [= criminal]<br>▶ principal culprit 主犯 |

| Nobody recognized the famous pop star through his **disguise**. | <u>変装</u>していたので，有名なポップスターに誰も気付かなかった。 |
| Railway employees have the **privilege** of being allowed to travel on any train for free. | 鉄道会社の社員は，どんな電車にも無料で乗れるという<u>特典</u>を持っている。 |
| It took several years to achieve any **breakthroughs** in AIDS research. | エイズ研究で何らかの<u>大進歩</u>が達成されるまでに数年かかった。 |
| A wealthy graduate had left the college a huge **endowment**. | 裕福な卒業生が大学に高額の<u>寄付</u>をしていた。 |
| The public was shocked by the jury's **verdict** of "guilty." | 大衆は陪審の「有罪」<u>評決</u>にショックを受けた。 |
| Coaches often say that **momentum** is an important part of winning a game. | コーチというのは，<u>勢い</u>は試合に勝つ重要な要素だ，とよく言うものだ。 |
| Haiku poets often suggest, at least indirectly, the **brevity** of life. | 俳人は，少なくとも遠回しに，人生の<u>はかなさ</u>といったことを詠むことが多い。 |
| His request was refused because there was no **precedent**. | 彼の要請は<u>前例</u>がなかったので拒否された。 |
| In an effort to improve **morale**, the boss announced a picnic for all his employees. | 何とかして<u>勤労意欲</u>を高めようと，社長は全社員参加のピクニックを発表した。 |
| After a long police search, the **culprit** was apprehended. | 警察による長期の捜索の末，<u>犯人</u>が逮捕された。 |

| 1379 | 居住に適した，住むことのできる |
|---|---|
| **habitable** | [= inhabitable]（⇔ uninhabitable） |
| [hǽbəṭəbl] | |

| 1380 | 人間に似た，人型の |
|---|---|
| **humanlike** | ▶ humanlike robot 人型ロボット |
| [hjú:mənlàɪk] | |

| 1381 | 数え切れない，無数の [= countless] |
|---|---|
| **innumerable** | |
| [ɪnjú:mərəbl] | |

| 1382 | 不本意な，不随意の（⇔ voluntary） |
|---|---|
| **involuntary** | involuntarily 副 |
| [ɪnvá(:)ləntèri] | ▶ involuntary movement 不随意運動 |

| 1383 | 論駁できない |
|---|---|
| **irrefutable** | irrefutably 副 |
| [ɪrɪfjú:ṭəbl] | |

| 1384 | かゆい |
|---|---|
| **itchy** | itch 動　itchiness 名 |
| [ítʃi] | ▶ scratch an itchy spot かゆい所をかく |

| 1385 | 長持ちする，長続きする [= lasting, durable] |
|---|---|
| **long-lasting** | |
| [lɔ́(:)ŋlæstɪŋ] | |

| 1386 | はっきりとわかる，目に見えるほどの |
|---|---|
| **measurable** | [= noticeable]，測定できる（⇔ immeasurable） |
| [méʒərəbl] | measurably 副 |

| 1387 | 曖昧な，漠然とした [= vague]（⇔ clear） |
|---|---|
| **nebulous** | |
| [nébjʊləs] | |

| 1388 | 遊牧の，遊牧民の |
|---|---|
| **nomadic** | nomad 名 遊牧民 |
| [noʊmǽdɪk] | |

| | |
|---|---|
| In time, humans spread out from Africa to all the **habitable** parts of the Earth. | やがて人間はアフリカから地球のあらゆる<u>居住に適した</u>場所へと広がった。 |
| Many mascots are **humanlike** animals that are associated with a particular area or sports team. | 多くのマスコットは，特定の地域やスポーツチームに関係する<u>人間に似た</u>動物だ。 |
| Modern medicine has saved **innumerable** people from diseases that were once fatal. | 現代医学は，かつては致死だった病気から<u>数え切れない</u>人を救ってきた。 |
| Although the government claimed the farmers had moved of their own free will, the relocations were actually **involuntary**. | 農民たちは自らの自由意志で引っ越したと政府は主張したが，転居は実は<u>不本意な</u>ものだった。 |
| The prosecutor said that he would provide **irrefutable** evidence that the accused was guilty of the crime. | 被告がその犯罪を犯した<u>反論の余地のない</u>証拠を示す，と検察官は言った。 |
| The little boy suffered from an **itchy** rash caused by an allergy. | その小さい男の子はアレルギーが原因で<u>かゆい</u>発疹が出た。 |
| Stone buildings are naturally much more **long-lasting** than ones made of wood. | 石の建物は木製の建物より当然ずっと<u>長持ちする</u>。 |
| The researchers found a **measurable** difference in the levels of air pollution in the area around the factory. | 研究者たちは，工場周辺地域の大気汚染レベルに<u>はっきりとわかる</u>違いがあることを発見した。 |
| Most people agree that the evidence for UFOs is too **nebulous** to be convincing. | UFOの証拠はあまりに<u>曖昧</u>で説得力がないという点でほとんどの人が一致している。 |
| The anthropologist studied one of the **nomadic** tribes that lived in the Sahara Desert. | その人類学者はサハラ砂漠に住む<u>遊牧</u>部族の1つを調査した。 |

| | |
|---|---|
| **1389**<br>**paradoxical**<br>[pæ̀rədɑ́(:)ksɪkəl] | 逆説的な<br>paradox 名 |
| **1390**<br>**rebellious**<br>[rɪbéljəs] | 反抗的な，反乱の<br>rebelliously 副　　rebelliousness 名 |
| **1391**<br>**reductionist**<br>[rɪdʌ́kʃənɪst] | 還元主義的な<br>名 還元主義者 |
| **1392**<br>**reliant**<br>[rɪláɪənt] | 頼りにした〈on, upon ～を〉，<br>当てにした [= dependent]<br>reliance 名 |
| **1393**<br>**self-centered**<br>[sèlfséntərd] | 自己本位の，利己的な [= selfish]<br>self-centeredness 名 |
| **1394**<br>**self-employed**<br>[sèlfɪmplɔ́ɪd] | 自営業の，自営の<br>self-employment 名<br>▶ the self-employed 自営業の人々 |
| **1395**<br>**soggy**<br>[sɑ́(:)gi] | びしょぬれの，水浸しの |
| **1396**<br>**subservient**<br>[səbsə́:rviənt] | 卑屈な，こびへつらう<br>subservience 名 |
| **1397**<br>**taxonomic**<br>[tæ̀ksənɑ́(:)mɪk] | 分類学上の，分類の<br>taxonomy 名 分類学 |
| **1398**<br>**unbiased**<br>[ʌ̀nbáɪəst] | 偏見のない，公平な [= impartial]（⇔ biased） |

| The general safety of modern life has the **paradoxical** effect of increasing people's fear of violent crime. | 現代生活の全般的安全には，暴力犯罪への人々の不安を増大させるという**逆説的な**効果がある。 |
| The scientist was opposed to **reductionist** accounts of consciousness that explained it in purely physical terms. | 多くの子供は10代になると**反抗期**を経験する。 |
| Many children go through a **rebellious** phase when they become teenagers. | 意識を純粋に物理学的な用語で説明する**還元主義的な**意識の記述にその科学者は反対だった。 |
| The medical expert argued that people today have become too **reliant on** painkillers. | 今の人々は鎮痛剤に**頼り**過ぎるようになっている，とその医療専門家は主張した。 |
| Like many older people, he regarded the younger generation as spoiled and **self-centered**. | 彼は多くの年配の人と同じように，若い世代は甘やかされていて**自己中心的**だと考えていた。 |
| **Self-employed** people are often suspected of paying less tax than those who work for companies. | **自営業**の人たちは，会社勤めの人たちより納税額が少ないのではないかとしばしば疑われる。 |
| The ground was **soggy** after the heavy rain, and she decided to wear boots to work. | 大雨の後地面は**ぬかるんで**いて，彼女はブーツを履いて仕事に行くことにした。 |
| He adopted a **subservient** attitude to his superiors and an arrogant one to those below him. | 彼は上役たちには**卑屈な**態度を，地位が下の者たちには尊大な態度を取った。 |
| He was not interested in **taxonomic** questions such as the proper definition of a species. | 彼は種の正式な定義といった**分類学の**疑問には関心がなかった。 |
| It is important that the media report the news in an objective and **unbiased** way. | メディアは客観的で**偏りのない**ようにニュースを伝えることが重要だ。 |

このあたりまで覚えておくと安心だね。え，もっと覚えるの〜!?

| 1399 unproductive [ʌ̀nprədʌ́ktɪv] | 非生産的な (⇔ productive) unproductively 副 |
|---|---|
| 1400 dense [dens] | 密集した [= closely packed], (霧・雲などが) 濃い ▶ dense fog 濃霧 |

## ⏱ 1分間 mini test

**(1)** It was difficult to get through the (　　　　) undergrowth.

**(2)** His request was refused because there was no (　　　　).

**(3)** In her embarrassment, she (　　　　) her eyes from my gaze.

**(4)** After a long police search, the (　　　　) was apprehended.

**(5)** A wealthy graduate had left the college a huge (　　　　).

😊 ここから選んでね。※選択肢はすべて原形で表示しています。

| ① avert | ② corroborate | ③ culprit | ④ curtail |
|---|---|---|---|
| ⑤ dense | ⑥ disguise | ⑦ endowment | ⑧ precedent |
| ⑨ retard | ⑩ verdict | | |

| The meeting between the two sides was **unproductive**, and they broke up without reaching an agreement. | 両者の会議は<u>非生産的</u>で，合意に達しないまま解散した。 |
| It was difficult to get through the **dense** undergrowth. | 低木の<u>密集した</u>場所を通り抜けるのは困難だった。 |

* * * * * * * * * * * * * * * * * * * * * * * * * * * * * * * * * * * * * * * * *

**(6)** The public was shocked by the jury's (　　　　) of "guilty."

**(7)** The detective tried to gather more evidence to (　　　　) the woman's accusations.

**(8)** Nobody recognized the famous pop star through his (　　　　).

**(9)** Government red tape has (　　　　) progress on economic reform.

**(10)** We were forced to (　　　　) our trip due to a family emergency.

正解

**(1)** ⑤(→1400)　**(2)** ⑧(→1376)　**(3)** ①(→1313)　**(4)** ③(→1378)　**(5)** ⑦(→1372)

**(6)** ⑩(→1373)　**(7)** ②(→1309)　**(8)** ⑥(→1369)　**(9)** ⑨(→1312)　**(10)** ④(→1314)

*To complete each item, choose the best word from among the four choices.*

*(1)* **A:** Senator Rigby has been accused of fraud. I'm a fan of his, so this news was really disappointing.

**B:** I wouldn't worry. These are groundless accusations from his political opponents who have no evidence of wrongdoing. I'm sure an investigation will ( ) him in the end.

**1** exasperate **2** alleviate **3** vindicate **4** incarcerate

*(2)* **A:** I have a ( ) that our history teacher is going to give us a pop quiz today.

**B:** I hope you're wrong. I haven't been keeping up with all the reading she's assigned.

**1** tenet **2** hunch **3** quirk **4** stigma

*(3)* The honeymooners thought the resort was ( ) when they first arrived. However, after three days, they found that the resort was lacking in cleanliness, service, and food quality.

**1** devious **2** sluggish **3** prolific **4** idyllic

---

**正解** *(1)* **3** (→**0703**) *(2)* **2** (→**0751**) *(3)* **4** (→**1083**)

**訳**

*(1)* A：リグビー上院議員が詐欺罪で告発された。私は彼の支持者だから，このニュースにはとてもがっかりしたよ。

B：私なら心配しないね。不正行為の証拠を何も挙げていない政敵たちによる根拠のない言いがかりだ。最終的には捜査によって必ず彼の容疑は晴らされると思う。

*(2)* A：歴史の先生が今日抜き打ちテストをするのではないかという予感がする。

B：君が間違っているといいな。先生が宿題として出した読み物を全部きちんと読んでいないんだ。

*(3)* 新婚旅行中の夫婦が最初にそのリゾートに着いたとき，のどかで美しいと思った。しかし，3日後には，リゾートには清潔さもサービスも食事の質も欠けていることがわかった。

でる度
**C**

# 単語編

力を伸ばす単語 **700**

*Section* 15 ............... 330

*Section* 16 ............... 352

*Section* 17 ............... 374

*Section* 18 ............... 396

*Section* 19 ............... 418

*Section* 20 ............... 440

*Section* 21 ............... 462

英検形式にチャレンジ！ ...... 484

| 動詞 | |
|---|---|
| 1401<br>**defame**<br>[dɪféɪm] | の名誉を傷つける，を中傷する [= slander]<br>defamation 名 |
| 1402<br>**contemplate**<br>[ká(:)ntəmplèɪt] | を熟考する，沈思黙考する<br>contemplation 名　　contemplative 形 |
| 1403<br>**adorn**<br>[ədɔ́:rn] | を飾る〈with ～で〉[= decorate]<br>adornment 名 |
| 1404<br>**deflect**<br>[dɪflékt] | をそらす [= divert]，外れる [= swerve]<br>語源 de (分離) + flect (曲げる) |
| 1405<br>**empathize**<br>[émpəθàɪz] | 共感する〈with ～に〉，感情移入する<br>[= sympathize, identify]<br>empathy 名 |
| 1406<br>**embezzle**<br>[ɪmbézl] | を横領する [= steal, misappropriate]<br>embezzlement 名 |
| 1407<br>**impair**<br>[ɪmpéər] | を損なう [= deteriorate, make worse]<br>impairment 名 |
| 1408<br>**mar**<br>[mɑ:r] | を損なう [= damage, disfigure, spoil, impair] |
| 1409<br>**pledge**<br>[pledʒ] | を誓約する [= promise solemnly] |

| | |
|---|---|
| The journalist was accused of **defaming** an honest businessman. | そのジャーナリストは，誠実な実業家の名誉を傷つけたとして告訴された。 |
| His heart sank as he **contemplated** the pile of work that lay on his desk. | 机に積まれた仕事の山のことを考えると彼の気持ちは沈んだ。 |
| To welcome the soldiers home, the station was **adorned** with flags. | 兵士の帰郷を歓迎するため，駅は旗で飾られた。 |
| Sunglasses are designed to **deflect** UV rays of direct sunlight. | サングラスは直射日光の紫外線をそらすことを目的として作られている。 |
| Although he **empathized** with the protestors' feelings, he did not support them. | 彼は抗議者たちの気持ちに共感したが，支持はしなかった。 |
| The banker was eventually sent to prison because he **embezzled** funds. | その銀行家は預金を横領したため，結局は刑務所に入れられた。 |
| His hearing was **impaired** from years of playing in a rock band. | 彼の聴力は長年のロックバンドでの演奏活動によって損なわれた。 |
| Yesterday's tornado **marred** some of the fields in the countryside. | 昨日の竜巻で，その地方の畑の一部が台無しになった。 |
| A medieval knight was required to **pledge** allegiance to his lord. | 中世の騎士は領主に忠誠を誓うことを要求された。 |

| 1410 | |
|---|---|
| **assimilate**<br>[əsíməlèɪt] | 同化する〈into ~に〉, を吸収する [= absorb]<br>assimilation 名 |

| 1411 | |
|---|---|
| **reap**<br>[ri:p] | を刈り取る [= harvest]<br>▶ You reap what you sow. 自分のまいた種は自分で刈り取る；自業自得である |

| 1412 | |
|---|---|
| **saturate**<br>[sǽtʃərèɪt] | を飽和状態にする, を完全に浸す<br>saturation 名 充満, 飽和状態 |

| 1413 | |
|---|---|
| **simulate**<br>[símjulèɪt] | を模擬実験する,<br>のふりをする [= counterfeit, feign, pretend]<br>simulation 名 |

| 1414 | |
|---|---|
| **amplify**<br>[ǽmplɪfàɪ] | を拡大する, を詳述する [= expand on],<br>を増幅する<br>amplification 名 増幅　amplifier 名 アンプ |

| 1415 | |
|---|---|
| **permeate**<br>[pə́ːrmièɪt] | に広まる [= pervade, spread through],<br>に浸透する [= penetrate]<br>語源 per（~を通して）+ meate（行く） |

| 1416 | |
|---|---|
| **reside**<br>[rɪzáɪd] | 住む [= live]<br>residence 名 住居, 居住 |

| 1417 | |
|---|---|
| **withhold**<br>[wɪðhóʊld] | を与えない, を抑える [= keep back],<br>を差し控える<br>▶ withhold payment 支払いを差し控える |

| 1418 | |
|---|---|
| **shatter**<br>[ʃǽtər] | を粉砕する [= break into pieces],<br>（健康など）を害する |

| 1419 | |
|---|---|
| **diversify**<br>[dəváːrsɪfàɪ] | を多様化する<br>diversification 名 |

| | |
|---|---|
| Immigrant workers sometimes found it difficult to <u>assimilate</u> **into** society. | 移民労働者たちは社会に同化するのが難しいと感じることもあった。 |
| The local farmers helped each other to <u>reap</u> the wheat. | その地方の農家は互いに助け合って小麦を刈り取った。 |
| The market for television sets is completely <u>saturated</u> in some countries. | テレビの市場が完全に飽和状態になっている国もある。 |
| At the army training camp, the soldiers must <u>simulate</u> a battle operation. | 陸軍の訓練キャンプでは，兵士たちは戦闘の模擬演習をしなければならない。 |
| He used his social media channels to <u>amplify</u> his message. | 彼はメッセージを広めるため，ソーシャルメディアチャネルを用いた。 |
| Anxiety about the future had **permeated** every part of the company. | 将来への不安が会社の至る所に広まっていた。 |
| After the couple retired, they <u>resided</u> in a small seaside town. | その夫婦は定年後，小さな海辺の町に住んだ。 |
| The government was accused of <u>withholding</u> information about the disease. | 政府はその病気に関する情報を公開しないことを責められた。 |
| The baseball <u>shattered</u> the huge picture window of a nearby house. | その野球のボールは近くの家の大きな見晴らし窓を粉々に割った。 |
| Many farmers <u>diversify</u> crops to hedge against unpredictable weather and climate. | 多くの農家は予測のつかない天気と気候に対する自衛手段として，作物を多様化している。 |

| | |
|---|---|
| **1420**<br>**capitulate**<br>[kəpítʃəlèɪt] | 屈服する〈to ~に〉[= yield, give in]，降伏する<br>[= surrender]<br>capitulation 图 |
| **1421**<br>**augment**<br>[ɔːgmént] | を増加させる [= increase]，を大きくする<br>[= enlarge]<br>augmentation 图 |
| **1422**<br>**acclaim**<br>[əkléɪm] | を称賛する [= praise highly]<br>acclamation 图 |
| **1423**<br>**prosecute**<br>[prá(:)sɪkjùːt] | を起訴する，を告訴する<br>prosecution 图 |
| **1424**<br>**anoint**<br>[ənóɪnt] | に油を注いで聖別する，に塗油する<br>anointment 图 |
| **1425**<br>**lurk**<br>[ləːrk] | 潜む [= hide, stay hidden]，<br>待ち伏せる [= lie in wait] |
| **1426**<br>**agitate**<br>[ǽdʒɪtèɪt] | を動揺させる [= perturb]，を扇動する [= stir up]<br>agitation 图 (人心を) 揺り動かすこと<br>agitator 图 扇動 (的活動) 家 |
| **1427**<br>**accost**<br>[əkɔ́(:)st] | (見知らぬ人) に声をかける，に近寄る<br>[≒ approach] |
| **1428**<br>**bridle**<br>[bráɪdl] | つんと怒る〈at ~に〉 |

| The official threatened retribution if they did not **capitulate** **to** his demands. | その役人は，彼らが自分の要求に屈服しなければ報復すると脅した。 |
| In order to **augment** my income, I work several part-time jobs. | 収入を増やすために，私はパートの仕事をいくつかしている。 |
| His films were **acclaimed** for their honesty and realism. | 彼の映画は誠実さと写実性で高く評価された。 |
| There was not enough evidence to **prosecute** the suspect. | 容疑者を起訴する十分な証拠がなかった。 |
| In a traditional ritual, the new king was **anointed** by a priest. | 伝統的な儀式で，新国王は司祭に油を注がれ聖別された。 |
| The scared child said that a monster was **lurking** under his bed. | おびえたその子は，ベッドの下に怪物が潜んでいると言った。 |
| He was so **agitated** when his daughter failed to come home by 11:00 that he called the police. | 娘が11時になっても帰宅しなかったので，彼は動揺して警察に電話した。 |
| As he walked past, a homeless man **accosted** him for money. | 彼が歩いて通りかかると，ホームレスの男が金をくれと彼に声をかけた。 |
| The girl **bridled** **at** the suggestion she was envious of her friend's success. | 友人の成功をねたんでいるのだろうとそれとなく言われたことに少女はつんと怒った。 |

**1429**

**tack**

[tæk]

（従来と異なる）方針，政策

▶ change tack 方針を転換する

---

**1430**

**agility**

[ədʒíləti]

敏しょう性，機敏さ [= nimbleness]

agile 形

---

**1431**

**allure**

[əlúər]

魅力 [= attraction]

alluring 形

---

**1432**

**affinity**

[əfínəti]

親近感〈for, with 〜への〉，相性 [= chemistry, rapport]，類似性 [= similarity]

---

**1433**

**hype**

[haɪp]

誇大宣伝

cf. hyperbole 誇張表現

---

**1434**

**benchmark**

[béntʃmàːrk]

基準，尺度 [= standard]

---

**1435**

**integration**

[ìnʈəgréɪʃən]

統合，差別撤廃による人種統合 (⇔ segregation)

integrate 動

---

**1436**

**libel**

[láɪbəl]

名誉毀損，中傷

libelous 形

---

**1437**

**annotation**

[æ̀nətéɪʃən]

注釈 [= footnote]

annotate 動

---

**1438**

**asylum**

[əsáɪləm]

亡命，保護，避難所 [= shelter]

▶ be granted asylum 亡命を認められる

| | |
|---|---|
| After the first clinical trial showed the ineffectiveness of the vaccine, the researchers took another tack. | 最初の治験でそのワクチンが有効でないとわかった後，研究者たちは別の方針を取った。 |
| The old man showed surprising agility as he climbed the mountain. | 老人はその山を登る際に驚くべき敏しょう性を見せた。 |
| The young actress could not resist the allure of Hollywood. | その若い女優はハリウッドの魅力にあらがえなかった。 |
| Although we had only met each other twice, we felt a great affinity for each other. | それまで2度しか会ったことがなかったが，私たちはお互いに強い親近感を持った。 |
| He refused to believe all the hype about the new invention. | 彼はその新発明に関する誇大宣伝をどれ一つ信じようとしなかった。 |
| The program was said to have set a new benchmark for documentaries. | その番組はドキュメンタリー番組の新しい基準を定めたと言われた。 |
| Racial integration of schools was eventually mandated by the American government. | 学校の人種統合は最終的にアメリカ政府により義務化された。 |
| The tabloid went bankrupt because so many people won libel suits against it. | そのタブロイド紙は，とても多くの人が同紙に名誉毀損訴訟で勝訴したので破産した。 |
| The scholar's annotations to the play were full of errors. | その学者がその戯曲に加えた注釈は間違いだらけだった。 |
| The refugees applied for political asylum as soon as they landed. | 難民たちは上陸するとすぐに政治亡命を申請した。 |

| 1439 **efficacy** [éfɪkəsi] | 効力，有効性 [= effectiveness] <br> efficacious 形 |
|---|---|
| 1440 **acrimony** [ǽkrəmòʊni] | とげとげしさ，辛辣さ [= asperity] <br> acrimonious 形 |
| 1441 **ordinance** [ɔ́ːrdənəns] | 条例 [= regulation]，法令 [= statute] <br> ordain 動 を命じる，を規定する |
| 1442 **discrepancy** [dɪskrépənsi] | 不一致〈in ～での〉[= disagreement, difference, inconsistency] <br> discrepant 形 |
| 1443 **hazard** [hǽzərd] | 危険〈to, for ～にとっての〉[= risk, peril, danger] <br> hazardous 形 |
| 1444 **predicament** [prɪdíkəmənt] | 苦境 [= plight] <br> ▶ financial predicament 財政的苦境 |
| 1445 **blunder** [blʌ́ndər] | 重大なミス [= bad mistake] |
| 1446 **rubble** [rʌ́bl] | がれき [= debris] <br> ▶ be reduced to rubble がれきと化す |
| 1447 **exodus** [éksədəs] | 大量出国，移住， <br> (the Exodus)(イスラエル人の)エジプト脱出 |
| 1448 **menace** [ménəs] | 脅威〈to ～に対する〉[= threat] <br> 動 を脅す　menacing 形 |

| One must often doubt the **efficacy** of the United Nations in world governance. | 世界の統治における国連の<u>効力</u>はしばしば疑問に付されなければならない。 |
| The problems were finally resolved but not without some **acrimony**. | 問題はやっと解決したが，いくらか<u>とげとげしさ</u>があった。 |
| A recent **ordinance** against smoking in public places has pleased many citizens. | 公共の場所での喫煙を禁じる最近の<u>条例</u>が，多くの市民を喜ばせている。 |
| An auditor found a large **discrepancy in** the accounts of the bank's transactions. | 会計検査官がその銀行の取引帳簿<u>に</u>大きな<u>不一致</u>を見つけた。 |
| The dump site was deemed a health **hazard to** people in the community. | そのごみ投棄場は地域住民<u>にとって</u>健康上<u>危険</u>であると考えられていた。 |
| He was saved from his **predicament** by a loan from his father-in-law. | 彼は義父からの融資によって<u>苦境</u>から救われた。 |
| The investigation blamed a series of **blunders** for the accident. | 調査は一連の<u>重大ミス</u>がその事故の原因だとした。 |
| Clearing away **rubble** after the accident was itself a huge task. | 事故の後で<u>がれき</u>を片付けること自体が大変な仕事だった。 |
| During the civil war, there was a mass **exodus** of the villagers into neighboring countries. | 内戦の間，村人の近隣諸国への<u>大量出国</u>があった。 |
| The politician said that young hooligans were becoming an increasing **menace to** society. | 不良少年たちはますます社会<u>に対する脅威</u>になっている，とその政治家は述べた。 |

| | |
|---|---|
| **1449** ☐☐☐<br>**curfew**<br>[kə́ːrfjuː] | 夜間外出禁止令, ▰▰ 門限<br>▶ be under curfew 夜間外出禁止令が出されている |
| **1450** ☐☐☐<br>**cinch**<br>[sɪntʃ] | 簡単なこと |
| **1451** ☐☐☐<br>**depiction**<br>[dɪpíkʃən] | 描写 [= delineation]<br>語源 de (下に) + pict (描く) + ion (名詞語尾) |
| **1452** ☐☐☐<br>**ordeal**<br>[ɔːrdíːl] | 厳しい試練, 苦難 [= affliction, anguish, torment, tribulation] |
| **1453** ☐☐☐<br>**incidence**<br>[ínsɪdəns] | 発生率 [= degree of occurrence], 影響の範囲<br>[= extent of influence] |
| **1454** ☐☐☐<br>**pageant**<br>[pǽdʒənt] | 華麗な行列 [= splendid procession], 山車 |
| **1455** ☐☐☐<br>**parameter**<br>[pərǽmətər] | 限界 [= limit]<br>語源 para (並ぶ) + meter (尺度) |
| **1456** ☐☐☐<br>**cramp**<br>[kræmp] | けいれん, (~s) 生理痛<br>▶ get a cramp in *one's* left leg 左脚がけいれんする |
| **1457** ☐☐☐<br>**limb**<br>[lɪm] | 手足 [= arm, leg]<br>▶ out on a limb 孤立して, 危険な立場で |
| **1458** ☐☐☐<br>**dissolution**<br>[dìsəlúːʃən] | 解体, 分解 [= disintegration],<br>(議会などの) 解散<br>dissolve 動 |

| The government imposed a <u>curfew</u> in an attempt to prevent further protests. | 政府はそれ以上の抗議行動を防ぐべく<u>夜間外出禁止令</u>を敷いた。 |
| --- | --- |
| After the exam, he said it had been a <u>cinch</u> and he was sure that he had passed. | 試験が終わると彼は，試験は<u>簡単</u>だったし合格を確信していると言った。 |
| Some felt that the film's <u>depiction</u> of the queen was disrespectful. | その映画での女王の<u>描写</u>が失礼だと感じる人たちもいた。 |
| She found that giving evidence in the trial was a terrible <u>ordeal</u>. | 裁判で証言するのは大変な<u>試練</u>だと彼女は感じた。 |
| Authorities were concerned about the increasing <u>incidence</u> of violent crime. | 暴力犯罪の<u>発生率</u>が上昇していることを当局は憂慮していた。 |
| Every year, a <u>pageant</u> is held to celebrate the town's history. | 毎年，その町の歴史を祝うために<u>華麗な行列</u>が開催される。 |
| The budget imposed strict <u>parameters</u> on how much could be spent on the project. | 予算はそのプロジェクトに使える金額に厳しい<u>限界</u>を課した。 |
| A <u>cramp</u> forced the star player out of the game at a crucial moment. | <u>けいれん</u>のため，そのスター選手は重大な時にやむを得ず試合を途中退場した。 |
| The scientist studied the body and <u>limbs</u> of the new animal species. | その科学者は新しい動物種の胴体と<u>手足</u>を研究した。 |
| The issue of slavery once threatened to cause the <u>dissolution</u> of the United States. | 奴隷制度問題が原因で米国は<u>解体</u>の危機に瀕したことがある。 |

| 1459 | |
|---|---|
| **deference**<br>[défərəns] | 敬意 [= respect]，服従 [= obedience]<br>defer 動<br>▶ pay deference to *one's* superiors 目上の人に敬意を払う |

| 1460 | |
|---|---|
| **advent**<br>[ǽdvènt] | 出現〈of ～の〉，到来 [= arrival, coming]<br>語源 ad（～へ）+ vent（来る） |

| 1461 | |
|---|---|
| **dividend**<br>[dívɪdènd] | (株の)配当金 |

| 1462 | |
|---|---|
| **connotation**<br>[kà(:)nətéɪʃən] | 言外の意味 [= hidden meaning]<br>*cf.* denotation 明示的意味 |

| 1463 | |
|---|---|
| **ebb**<br>[eb] | 衰退，減退，引き潮<br>▶ the ebb and flow of ～ ～の移り変わり |

| 1464 | |
|---|---|
| **primate**<br>[práɪmeɪt] | 霊長類 [= highest class of animals, including man, apes, and monkeys] |

| 1465 | |
|---|---|
| **conspiracy**<br>[kənspírəsi] | 共謀 [= collusion]，陰謀 [= plot]<br>conspire 動　　conspirator 名 共謀者 |

| 1466 | |
|---|---|
| **bankruptcy**<br>[bǽŋkrʌptsi] | 倒産<br>bankrupt 形 |

| 1467 | |
|---|---|
| **imposition**<br>[ìmpəzíʃən] | (税・重荷などを)課すること，負担 [= burden]<br>impose 動 |

| 1468 | |
|---|---|
| **absurdity**<br>[əbsə́:rdəti] | 不合理，不条理，ばかばかしさ<br>absurd 形 |

| | |
|---|---|
| In Asia particularly, one is expected to treat the elderly with **deference**. | 特にアジアでは，高齢者を敬意を持って遇するのが当然だと考えられている。 |
| The **advent** of television changed forever the way news was reported. | テレビの出現はニュースの報道方法を永遠に変えた。 |
| The shareholders waited patiently for the payment of their **dividends** at the end of the year. | 株主たちは年末の配当金の支払いを辛抱強く待った。 |
| Understanding the **connotations** of foreign words can be difficult. | 外国語の単語の言外の意味を理解するのは難しいことがある。 |
| There was an **ebb** in the company's fortunes as new rivals appeared. | 新たな競合相手が出現して，その企業の繁栄に衰えが見られた。 |
| Observation of human children reveals behavioral similarities to other **primates**. | 人間の子供を観察すると，ほかの霊長類と行動が似ていることが明らかになる。 |
| The dissident was accused of organizing a **conspiracy** against the government. | その反体制活動家は，政府に対する共謀を計画したとして告発された。 |
| A series of rash investments brought the company to **bankruptcy**. | 無謀な投資を続けたことがその会社の倒産を招いた。 |
| The sudden **imposition** of the new tax was widely resented. | 突然その新税が課されたことは多くの人の怒りを買った。 |
| He described the policy of paying farmers not to grow crops as a bureaucratic **absurdity**. | 農家に作物を作らせないために金を払う政策は官僚的な不合理だ，と彼は評した。 |

| | |
|---|---|
| **1469**<br>**apathy**<br>[ǽpəθi] | 無関心 [= indifference, unconcern], 無感動<br>apathetic 形<br>**語源** a (〜のない) + pathy (感情) |
| **1470**<br>**alignment**<br>[əláɪnmənt] | 調整 [= adjustment], 一列にすること<br>align 動 |
| **1471**<br>**annihilation**<br>[ənàɪəléɪʃən] | 絶滅 [= obliteration, eradication, extermination]<br>annihilate 動 を完全に破壊する |

## 形容詞

| | |
|---|---|
| **1472**<br>**altruistic**<br>[æltruístɪk] | 利他的な [= unselfish] (⇔ egoistic)<br>altruism 名 利他主義<br>**語源** alter (ほかの) + ic (形容詞語尾) |
| **1473**<br>**defunct**<br>[dɪfʌ́ŋkt] | 使用されていない [= disused] |
| **1474**<br>**ubiquitous**<br>[jubíkwəṭəs] | 遍在する [= omnipresent, universal]<br>ubiquity 名 |
| **1475**<br>**covert**<br>[kóʊvəːrt] | 内密の [= hidden, concealed, disguised] (⇔ overt) |
| **1476**<br>**clandestine**<br>[klændéstɪn] | 秘密の [= secret, hidden], 人目をはばかる<br>[= underhand] |
| **1477**<br>**austere**<br>[ɔːstíər] | 厳しい [= stern, severe, rigid, harsh]<br>austerity 名 |

| While I often enjoy my students arguing with me, I cannot tolerate their political <u>apathy</u>. | 私は学生とちょくちょく議論するのが好きだが，彼らの政治的<u>無関心</u>は我慢できない。 |
| --- | --- |
| After the minor car accident, I needed to take my car in for a wheel <u>alignment</u>. | ちょっとした自動車事故の後，私は自分の車をホイールの<u>調整</u>に出さなければならなかった。 |
| The world is threatened with <u>annihilation</u> from nuclear weapons. | 世界は核兵器による<u>絶滅</u>の危険にさらされている。 |

| The businessman said his donations had been <u>altruistic</u> in nature. | その実業家は，自分の寄付は本質的に<u>利他的な</u>ものだったと述べた。 |
| --- | --- |
| The factory had long been <u>defunct</u> and was now a ruin. | 工場は長い間<u>使用されておらず</u>，もはや廃墟になっていた。 |
| At certain times of the year in Bali, tourists seem to be <u>ubiquitous</u>. | バリ島では毎年ある時期になると観光客が<u>至る所にいる</u>ように見える。 |
| The <u>covert</u> activities of the CIA have been roundly condemned. | CIAの<u>秘密</u>活動は厳しく非難されている。 |
| Their meetings always had to be <u>clandestine</u> and brief. | 彼らが会うときはいつも<u>内密</u>かつ手短でなくてはならなかった。 |
| His <u>austere</u> expression and manner belied the kindness underneath. | <u>厳しい</u>表情と態度とは裏腹に，彼は根は親切だった。 |

ubiquitousは日本語化されているよ。「ユビキタス社会」とは，情報ネットワークにどこででもアクセスできる社会という意味なんだ。

| | |
|---|---|
| **1478**<br>**exquisite**<br>[ɪkskwízɪt] | この上なく見事な，とても優美な [= refined] |
| **1479**<br>**affluent**<br>[ǽfluənt] | 裕福な [= rich, opulent]，<br>豊富な [= ample, abundant]<br>affluence 名 |
| **1480**<br>**ambivalent**<br>[æmbívələnt] | 相反する感情を持った〈about, toward ～に〉，<br>曖昧な [= uncertain]<br>ambivalence 名 両面性 |
| **1481**<br>**adept**<br>[ədépt] | 熟練した〈at, in ～に〉<br>adeptly 副　　adeptness 名 |
| **1482**<br>**belligerent**<br>[bəlídʒərənt] | けんか腰の，好戦的な [= quarrelsome]，<br>交戦中の<br>belligerence 名 |
| **1483**<br>**aloof**<br>[əlú:f] | よそよそしい，冷淡な [= distant, remote]<br>aloofness 名 |
| **1484**<br>**endemic**<br>[endémɪk] | 特有の<br>語源 en (中に) + dem (人々) + ic (形容詞語尾) |
| **1485**<br>**pervasive**<br>[pərvéɪsɪv] | まん延した，隅々に広がった<br>pervade 動　　pervasion 名 |
| **1486**<br>**diffident**<br>[dífɪdənt] | 自信のない [= bashful, hesitant, timid]<br>(⇔ confident)<br>diffidence 名 |
| **1487**<br>**dilapidated**<br>[dɪlǽpɪdèɪtɪd] | 荒廃した [= tumbledown] |

| The lady's spring dress is of **exquisite** design and quality. | その婦人の春物のドレスはこの上なく見事なデザインと品質だ。 |
| As a population grows more **affluent**, it naturally begins to buy more luxury goods. | 人々がより裕福になれば，よりぜいたくな商品を買い始めるのは当然だ。 |
| He felt **ambivalent about** his promotion because it would involve more work. | 昇進すると仕事が増えるので，彼は昇進には相反する気持ちを抱いていた。 |
| Because the spokesperson was **adept at** handling difficult questions, he was able to answer smoothly. | その広報担当官は難しい質問の処理に長けていたので，よどみなく答えることができた。 |
| The tone of his voice sounded unnecessarily **belligerent** given the circumstances. | 状況から考えて，彼の声のトーンは不必要にけんか腰に聞こえた。 |
| Some of his colleagues resented his **aloof** attitude towards them. | 同僚の中には，自分たちに対する彼のよそよそしい態度に腹を立てる者もいた。 |
| The government was plagued with the **endemic** corruption in its bureaucracy. | 政府は官僚制に特有の腐敗に悩んでいた。 |
| Amid the **pervasive** gloom, the news of the royal wedding was very welcome. | まん延する沈滞感の中で，ロイヤルウェディングのニュースはとても喜ばしいものだった。 |
| He always seemed so **diffident**, so his speech was all the more impressive. | 彼はいつもとても自信なさげに見えたので，彼のスピーチはなおさら強い感銘を与えた。 |
| The valuable papers were found in a **dilapidated** hut in the garden. | その貴重な書類は庭の荒れ果てた小屋で見つかった。 |

| 1488 | |
|---|---|
| **pristine**<br>[prísti:n] | 汚されていない [= immaculate]，初期の<br>▶ in pristine condition 新品同様で |

| 1489 | |
|---|---|
| **fiscal**<br>[fískəl] | 財政の [= financial]，国庫の<br>▶ fiscal year 会計年度 |

| 1490 | |
|---|---|
| **auspicious**<br>[ɔːspíʃəs] | 幸先のよい，縁起のよい [= fortunate, propitious]<br>auspice 名 吉兆 |

| 1491 | |
|---|---|
| **petrified**<br>[pétrɪfàɪd] | (恐怖で)体がすくんだ，怖がった [= terrified] |

| 1492 | |
|---|---|
| **elusive**<br>[ɪlúːsɪv] | 理解しにくい，<br>捕まえにくい [= difficult to catch]<br>elude 動 を巧みに逃れる，に理解できない |

| 1493 | |
|---|---|
| **docile**<br>[dá(:)səl] | 従順な [= tame, submissive, obedient]<br>docility 名 |

| 1494 | |
|---|---|
| **pragmatic**<br>[præɡmǽtɪk] | 実利的な，実用的な，実用主義の<br>pragmatism 名 実利主義　　pragmatics 名 語用論 |

| 1495 | |
|---|---|
| **salient**<br>[séɪliənt] | 目立った，顕著な [= striking, prominent, conspicuous]<br>salience 名 |

| 1496 | |
|---|---|
| **oblivious**<br>[əblíviəs] | 気付いていない〈of ～に〉，忘れている〈of ～を〉<br>[= unmindful]<br>oblivion 名 |

| 1497 | |
|---|---|
| **addictive**<br>[ədíktɪv] | 中毒性のある<br>addict 名 (麻薬などの)常用者<br>addiction 名 (薬物などの)常用　　addicted 形 中毒の |

| | |
|---|---|
| Just walking on the <u>pristine</u> white carpet made him feel uncomfortable. | 汚れのない白いじゅうたんの上を歩くだけで，彼は落ち着かない気持ちだった。 |
| Leaders of many nations in the world ignore their <u>fiscal</u> responsibilities. | 世界の多くの国の指導者は<u>財政上の</u>責任を無視している。 |
| His first match was an <u>auspicious</u> start for the spring tournament. | 彼の初日の試合は，春のトーナメントでの<u>幸先のよい</u>スタートとなった。 |
| The girl was <u>petrified</u> to find a snake on her pillow. | 少女は枕の上にヘビを見つけて<u>体がすくんだ</u>。 |
| Many readers found his argument in the book somewhat <u>elusive</u>. | 多くの読者はその本での彼の主張を多少<u>理解しにくい</u>と思った。 |
| The farmer said that the dog was usually <u>docile</u> but could attack if threatened. | その犬は普段は<u>従順だ</u>が危険を感じると攻撃する可能性がある，と農場主は言った。 |
| Despite his strong religious convictions, he took a <u>pragmatic</u> attitude toward the issue. | 強い宗教的な信念を持つにもかかわらず，彼はその問題に対しては<u>実利的な</u>態度を取った。 |
| The most <u>salient</u> aspect of our trip was the incessant rainfall. | 私たちの旅行で最も<u>目立った</u>ことと言えば，絶え間なく降る雨だった。 |
| She was so intoxicated that she seemed <u>oblivious</u> **of** her actions. | 彼女は酔いが回り過ぎて，自分がしていること<u>に気付いていない</u>ようだった。 |
| Once he started gambling, he found it <u>addictive</u> and was unable to stop. | 彼は一度ギャンブルを始めると，それが<u>病みつきになる</u>とわかり，やめられなかった。 |

| 1498 | | |
|---|---|
| **amenable**<br>[əmíːnəbl] | 従順な〈to ～に〉[= obedient]，従う義務がある<br>▶ be amenable to advice 忠告に快く従う |

| 1499 | | |
|---|---|
| **astute**<br>[əstjúːt] | 鋭敏な [= acute]，洞察力のある [= insightful]，<br>抜け目のない [= shrewd] |

### 副詞

| 1500 | | |
|---|---|
| **blatantly**<br>[bléɪtəntli] | 露骨に [= broadly]<br>blatant 形 |

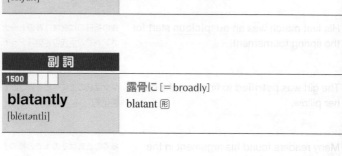

## 1分間 mini test

**(1)** The factory had long been (　　　　) and was now a ruin.

**(2)** Their meetings always had to be (　　　　) and brief.

**(3)** The girl was (　　　　) to find a snake on her pillow.

**(4)** The local farmers helped each other to (　　　　) the wheat.

**(5)** The budget imposed strict (　　　　) on how much could be spent on the project.

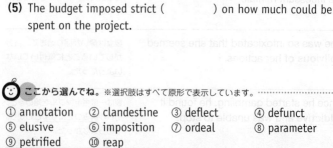

ここから選んでね。※選択肢はすべて原形で表示しています。

① annotation　② clandestine　③ deflect　④ defunct
⑤ elusive　⑥ imposition　⑦ ordeal　⑧ parameter
⑨ petrified　⑩ reap

| He seems more <u>amenable</u> **to** compromise after today's meeting. | 彼は今日の会議の後，妥協に一段と<u>応じやすく</u>なっているようだ。 |
|---|---|
| That film critic is famous for her <u>astute</u> and acerbic commentary. | その映画評論家は<u>鋭敏</u>で辛辣な批評で有名である。 |
| | |
| Even some of the president's supporters were <u>blatantly</u> critical of him. | 支持者にさえ大統領を<u>露骨に</u>批判する者がいた。 |

* * * * * * * * * * * * * * * * * * * * * * * * * * * * * * * * * * * * * * * * * *

**(6)** She found that giving evidence in the trial was a terrible
(          ).

**(7)** The sudden (          ) of the new tax was widely resented.

**(8)** The scholar's (          ) to the play were full of errors.

**(9)** Many readers found his argument in the book somewhat
(          ).

**(10)** Sunglasses are designed to (          ) UV rays of direct
sunlight.

正解

(1) ④(→**1473**)　(2) ②(→**1476**)　(3) ⑨(→**1491**)　(4) ⑩(→**1411**)　(5) ⑧(→**1455**)

(6) ⑦(→**1452**)　(7) ⑥(→**1467**)　(8) ①(→**1437**)　(9) ⑤(→**1492**)　(10) ③(→**1404**)

| 動詞 | |
|---|---|
| **1501**<br>**baffle**<br>[bæfl] | を困惑させる [= puzzle, confound]<br>baffling 形 |
| **1502**<br>**embroil**<br>[ɪmbrɔ́ɪl] | を巻き込む〈in 論争などに〉[= involve]<br>語源 em（～の中へ）+ broil（混ぜる） |
| **1503**<br>**enumerate**<br>[ɪnjúːmərèɪt] | を列挙する [= itemize]<br>語源 en（強意）+ numer（数える）+ ate（動詞語尾） |
| **1504**<br>**recede**<br>[rɪsíːd] | 遠ざかる〈into ～へ〉, 後退する<br>(⇔ proceed 前進する)<br>recess 名 休み　　recession 名 景気後退 |
| **1505**<br>**plead**<br>[pliːd] | (plead to *do* で) ～することを嘆願する,<br>嘆願する〈for ～を〉[= beg, solicit] |
| **1506**<br>**clump**<br>[klʌmp] | 群れを成す [= bunch, cluster]<br>★ しばしば together を伴う。 |
| **1507**<br>**tangle**<br>[tǽŋgl] | をもつれさせる [= entwine] |
| **1508**<br>**beguile**<br>[bɪgáɪl] | を欺いて導く〈into ～に〉, をだます [= dupe,<br>cheat, mislead, delude] |
| **1509**<br>**dissipate**<br>[dísɪpèɪt] | 散る [= disperse], を浪費する<br>dissipation 名 放蕩 |

| | |
|---|---|
| The students were totally **baffled** by the final examination questions. | 生徒たちは期末試験の問題にすっかり**面食らった**。 |
| Through no fault of his own, he became **embroiled in** a scandal. | 彼自身には何の過失もないのに，彼はスキャンダルに**巻き込まれた**。 |
| The consultant **enumerated** all the problems the company had. | コンサルタントはその会社が抱える問題をすべて**数え上げた**。 |
| As the war **receded into** the past, people began to analyze it more objectively. | 戦争が過去に**遠ざかっていく**につれて，人々は戦争をもっと客観的に分析し始めた。 |
| The girl **pleaded** in vain **to be** allowed to attend the concert. | 少女はそのコンサートに行かせてほしい**と切に頼んだ**が無駄だった。 |
| He could see the bacteria **clumping** together under the microscope. | 彼はバクテリアが**群れを成して**いるのを顕微鏡で見ることができた。 |
| The extension cord became so **tangled** that it was useless and had to be thrown away. | 延長コードはひどく**絡まって**使い物にならず，捨てなければならなかった。 |
| He was **beguiled** by the attractive saleswoman **into** buying a complete encyclopedia set. | 彼はその魅力的な女性販売員に**だまされて**百科事典一式を買わ**された**。 |
| As the sun rose, the fog began to **dissipate**. | 太陽が昇ってくると霧は**散り**始めた。 |

clumpは名詞では「かたまり」を意味するよ。
例としてはclump of trees「木立」などがあるよ。

| 1510 | |
|---|---|
| **strive**<br>[straɪv] | 懸命に努力する，がんばる [= try hard] |

| 1511 | |
|---|---|
| **taunt**<br>[tɔ:nt] | をあざける [= mock, ridicule]，をなじる |

| 1512 | |
|---|---|
| **confer**<br>[kənfə́:r] | 協議する〈with ～と〉，相談する<br>conference 名 会議 |

| 1513 | |
|---|---|
| **insulate**<br>[ínsəlèɪt] | を引き離す〈from ～から〉，を孤立させる [= isolate]<br>insulation 名<br>語源 insula (島) + ate (動詞語尾) |

| 1514 | |
|---|---|
| **liquidate**<br>[líkwɪdèɪt] | を清算する [= settle the accounts of]，<br>(会社など)を解散する<br>liquidation 名 |

| 1515 | |
|---|---|
| **meander**<br>[miǽndər] | (川・道などが)曲がりくねる<br>meandering 形 |

| 1516 | |
|---|---|
| **inculcate**<br>[ɪnkʌ́lkeɪt] | を教え込む〈into ～に〉[= instill] |

| 1517 | |
|---|---|
| **galvanize**<br>[gǽlvənàɪz] | を活気づける [= stir, rouse]，を刺激する<br>[= stimulate]，に電流を流す |

| 1518 | |
|---|---|
| **garner**<br>[gá:rnər] | を得る，を集める [= gather]<br>▶ garner a lot of votes 多くの票を得る |

| 1519 | |
|---|---|
| **flaunt**<br>[flɔ:nt] | を誇示する [= show off (proudly), display<br>ostentatiously] |

| However hard they **strove**, they still fell into debt by the end of the month. | どんなに一生懸命努力しても，やはり彼らは月末には赤字になった。 |
| The other boys **taunted** him about the Valentine card he had received. | 彼がもらったバレンタインカードのことで，ほかの男の子たちは彼をあざけった。 |
| After **conferring** with his client, the lawyer said that he had no more questions. | 依頼人と協議した後，弁護士はそれ以上質問はないと言った。 |
| When living in a remote area of Alaska, I was completely **insulated** from the real world. | アラスカの辺ぴな所に住んでいた当時，私は実社会から完全に隔離されていた。 |
| The company filed for bankruptcy and **liquidated** its assets. | その会社は破産を申請し資産を清算した。 |
| The view from this road is beautiful as it **meanders** through the mountains. | この道は山中を蛇行していて，道からの眺めが美しい。 |
| The teacher **inculcated** patriotism **into** his students. | その先生は生徒たちに愛国心を教え込んだ。 |
| The president's speech was intended to **galvanize** his public support. | 大統領の演説は大衆の彼に対する支持を活気づける目的があった。 |
| In an attempt to **garner** support, the mayor held a town meeting. | 市長は支持を得ようとして市民集会を開いた。 |
| People who like to **flaunt** their wealth are lacking in refinement. | 富を誇示したがる人々は品に欠ける。 |

**1507** tangle は糸や髪が絡まるという意味だけど，状況や関係がもつれるときにも使うんだ。日本語と同じだよ。

| 1520 | を失う，を没収される |
|---|---|
| **forfeit** | 名 没収される物　forfeiture 名 没収 |
| [fɔ́ːrfət] | |

## 名詞

| 1521 | 抜け穴〈in 法律などの〉 |
|---|---|
| **loophole** | |
| [lúːphòʊl] | |

| 1522 | 後ろめたさ〈about 〜についての〉[= scruple], |
|---|---|
| **compunction** | 良心の呵責 [= twinge of conscience] |
| [kəmpʌ́ŋkʃən] | |

| 1523 | 順守〈with 〜の〉[= observance] |
|---|---|
| **compliance** | comply 動 |
| [kəmpláɪəns] | ▶ in compliance with 〜 〜に従って |

| 1524 | 恩恵〈to, for 〜にとっての〉[= benefit, blessing, |
|---|---|
| **boon** | favor] |
| [buːn] | |

| 1525 | おとり [= decoy], ルアー, 魅力 [= enticement] |
|---|---|
| **lure** | |
| [ljʊər] | |

| 1526 | 寛大さ [= leniency], 慈悲 [= mercy] |
|---|---|
| **clemency** | clement 形 |
| [klémənsi] | |

| 1527 | 誠実, 正直 [= honesty], 完全 [= completeness] |
|---|---|
| **integrity** | |
| [ɪntégrəti] | |

| 1528 | 立証 [= substantiation] |
|---|---|
| **verification** | |
| [vèrɪfɪkéɪʃən] | |

| If we cannot afford to complete the deal now, we may **forfeit** our investment. | 今取引を完了することができなければ，われわれは投資金を失うかもしれない。 |
| He used a **loophole in** the law to avoid paying taxes. | 彼は納税を逃れるために法律の抜け穴を利用した。 |
| He was badly treated and felt no **compunction about** quitting the job. | 彼はひどい待遇を受けたので，仕事を辞めることに何の後ろめたさも感じなかった。 |
| The judge demanded the company's immediate **compliance with** his decision. | 裁判官は彼の下した判決を会社が直ちに順守することを要求した。 |
| We considered the splendid harvest a great **boon to** our fortunes. | 素晴らしい収穫は私たちの繁栄にとって大いなる恵みだと私たちは考えた。 |
| The undercover agent used the money as a **lure** to attract possible traitors. | 秘密捜査員は，裏切り者かもしれない者をおびき寄せるおとりとしてその金を利用した。 |
| The convicted murderer begged the governor for **clemency**. | 有罪となった殺人犯は知事に寛大な措置を請い求めた。 |
| Everyone admired the **integrity** and honesty of the judge. | 判事の誠実さと正直さを誰もが褒めたたえた。 |
| It was hard to provide convincing **verification** of the theory. | その理論を納得がいくように立証することは難しかった。 |

| 1529 | |
|---|---|
| **threshold**<br>[θréʃhould] | 境目，端緒，発端，敷居<br>▶ cross the threshold 家に入る |

| 1530 | |
|---|---|
| **multitude**<br>[mʌ́ltɪtjùːd] | 多数 [= large number]，群衆 [= crowd] |

| 1531 | |
|---|---|
| **configuration**<br>[kənfìgjəréɪʃən] | (各部分の)配置，形状，<br>(コンピューターの)接続機器の設定 |

| 1532 | |
|---|---|
| **diameter**<br>[daɪǽmət̬ər] | 直径<br>diametrical 形<br>*cf.* radius 半径 |

| 1533 | |
|---|---|
| **nucleus**<br>[njúːkliəs] | 核 [= kernel]，中心，核心 [= core] |

| 1534 | |
|---|---|
| **proposition**<br>[prà(ː)pəzíʃən] | 提案，計画 [= plan, scheme]，命題<br>propose 動　proposal 名 |

| 1535 | |
|---|---|
| **icon**<br>[áɪkɑ(ː)n] | 崇拝の対象 [= idol]，図形，記号<br>iconic 形 |

| 1536 | |
|---|---|
| **charade**<br>[ʃəréɪd] | 見え透いたごまかし [= false display]<br>▶ political charade 政治的茶番 |

| 1537 | |
|---|---|
| **catastrophe**<br>[kətǽstrəfi] | 災難，大災害 [= calamity, great disaster]<br>catastrophic 形 |

| 1538 | |
|---|---|
| **calamity**<br>[kəlǽməti] | 災難 [= disaster, cataclysm]，<br>不運 [= misery, mishap, adversity] |

| The scientist said she was on the **threshold** of a major discovery. | その科学者は大発見の<u>境目</u>にいると語った。 |
| The prince addressed the **multitude** of well-wishers from the balcony. | 王子はバルコニーから<u>大勢</u>の支援者に話しかけた。 |
| No matter what **configuration** we tried, our architectural design seemed flawed. | どんな<u>配置</u>を試してみても，私たちの建築デザインには欠陥があるようだった。 |
| He used a rope to measure the **diameter** of the artificial pond. | 彼はロープを使ってその人工池の<u>直径</u>を測定した。 |
| The atomic bomb was developed by splitting the **nucleus** of an atom. | 原子爆弾は原子<u>核</u>を分裂させることによって開発された。 |
| My friend said that he had a business **proposition** for me. | 私に対する仕事の<u>提案</u>があると友人は言った。 |
| His opposition to nuclear power made him an **icon** for environmentalists. | 原子力反対の姿勢が彼を環境保護論者の<u>崇拝の対象</u>にした。 |
| He denounced the investigation as a **charade** aimed at appeasing the public. | その調査は大衆をなだめることが目的の<u>見え透いたごまかし</u>だ，と彼は非難した。 |
| The fire was a terrible **catastrophe** for the victims' families. | その火事は犠牲者の家族にとって大変な<u>災難</u>だった。 |
| The typhoon was a major **calamity** to businesses in the area. | 台風はその地域の企業にとって大きな<u>災難</u>だった。 |

| | |
|---|---|
| **1539** <br> **expulsion** <br> [ɪkspʌ́lʃən] | 追放〈from ～からの〉, 除名 <br> expel 動 |
| **1540** <br> **extermination** <br> [ɪkstə̀ːrmɪnéɪʃən] | 駆除, 根絶 [= eradication] <br> exterminate 動 |
| **1541** <br> **legitimacy** <br> [lɪdʒítəməsi] | 正当性, 合法性 <br> legitimate 形 |
| **1542** <br> **condemnation** <br> [kà(:)ndemnéɪʃən] | 激しい非難 [= censure], 有罪宣告 [= conviction] <br> condemn 動 |
| **1543** <br> **retaliation** <br> [rɪtæ̀liéɪʃən] | 報復〈for 行為に対する〉 [= revenge] <br> retaliate 動 |
| **1544** <br> **discontent** <br> [dìskəntént] | 不満〈at, with, over ～に対する〉 [= dissatisfaction] <br> discontented 形 |
| **1545** <br> **demolition** <br> [dèməlíʃən] | 取り壊し, 解体 [= destruction] （⇔ construction） |
| **1546** <br> **detriment** <br> [détrɪmənt] | 害になるもの〈to ～に〉, 損失 [= loss, damage] <br> detrimental 形 有害な <br> ▶ to the detriment of ～ ～を犠牲にして |
| **1547** <br> **solidarity** <br> [sà(:)lədǽrəti] | 団結 [= unity] <br> ▶ solidarity among club members クラブ員の団結 |
| **1548** <br> **monarch** <br> [má(:)nərk] | (世襲的)君主 [= king, queen] <br> monarchy 名 君主制 |

| | |
|---|---|
| His activities as a spy resulted in his <u>expulsion</u> **from** the country. | 彼はスパイとして活動したことで結局国**から**<u>追放</u>された。 |
| They brought in specialists for the <u>extermination</u> of the rats that had infested the house. | 彼らは，家にはびこったネズミの<u>駆除</u>のために専門家に来てもらった。 |
| Questions were raised concerning the <u>legitimacy</u> of the decision to attack the enemy forces. | 敵軍を攻撃する決定の<u>正当性</u>に関して疑問の声が上がった。 |
| The religious leader expressed his immediate <u>condemnation</u> of the military's actions. | その宗教指導者は，軍の行動に対して即時の<u>非難</u>を表明した。 |
| The enemy stormed our base in <u>retaliation</u> **for** our earlier raid at their fort. | われわれが以前行った敵のとりでへの襲撃**に対する**<u>報復</u>として，敵はわれわれの基地を急襲した。 |
| There was growing <u>discontent</u> among the employees **with** the company's cost-cutting policies. | 会社のコスト削減策**に対する**<u>不満</u>が社員の間で高まっていた。 |
| Many people protested against the <u>demolition</u> of the old courthouse. | 多くの人が古い裁判所の<u>取り壊し</u>に抗議した。 |
| We viewed the US Secretary of State's actions as a major <u>detriment</u> **to** world peace. | われわれは米国国務長官の活動を世界平和**にとって**大きな<u>害になるもの</u>と見なした。 |
| The leaders often call for <u>solidarity</u> in times of national crisis. | 国家が危機の際は，指導者はしばしば<u>団結</u>を呼びかける。 |
| A <u>monarch</u> usually gains his or her power by virtue of his or her lineage. | <u>君主</u>はたいてい家系のおかげで権力を得る。 |

| 1549 | |
|---|---|
| **blemish**<br>[blémɪʃ] | 汚点 [= flaw, defect]，染み [= stain]<br>▶ without a blemish 完全無欠で |
| 1550 | |
| **brink**<br>[brɪŋk] | （破滅の）瀬戸際，（絶壁などの）縁 [= edge, verge]，端 |
| 1551 | |
| **dynasty**<br>[dáɪnəsti] | 王朝 [= family of sovereign rulers] |
| 1552 | |
| **tyranny**<br>[tírəni] | 専制政治 [= despotism]<br>tyrant 图 暴君<br>▶ political tyranny 暴政 |
| 1553 | |
| **decoy**<br>[díːkɔɪ] | おとり [= lure, bait]<br>▶ police decoy 警察のおとり |
| 1554 | |
| **segregation**<br>[sègrɪgéɪʃən] | 隔離 [= separation]，人種差別（⇔ integration）<br>segregate 動 |
| 1555 | |
| **diatribe**<br>[dáɪətràɪb] | 痛烈な皮肉〈against ～への〉 |
| 1556 | |
| **gadget**<br>[gǽdʒɪt] | 機器 [= appliance] |
| 1557 | |
| **fiasco**<br>[fiǽskoʊ] | 大失敗 [= blunder, total or ridiculous failure] |

| | |
|---|---|
| The only blemish on his record was a conviction for dangerous driving when he was a student. | 彼の経歴の唯一の汚点は，学生時代に危険運転で有罪判決を受けたことだった。 |
| The economy was hovering on the brink of a recession. | 経済は不況寸前のところで低迷していた。 |
| The Romanov dynasty came to an end with the Russian communist revolution. | ロマノフ王朝はロシア共産革命で終焉を迎えた。 |
| The students helped overthrow the dictator, and his reign of tyranny came to an end. | 学生たちは独裁者を打倒するのに協力し，彼の専制支配は終結した。 |
| The first brigade that advanced to the east was merely a decoy for the real attack. | 東へ進軍した第1旅団は，本格攻撃に向けたおとりにすぎなかった。 |
| Racial segregation in the American South continued long after the Civil War. | アメリカ南部の人種隔離は南北戦争後も長く続いた。 |
| The doctor delivered a diatribe against the dangers of smoking. | その医者は喫煙の危険性に関する痛烈な皮肉を述べた。 |
| The young man's room was full of IT gadgets. | その若者の部屋はIT機器でいっぱいだった。 |
| Our expedition to the Himalayas was a complete fiasco. | われわれのヒマラヤ遠征は完全な大失敗だった。 |

## 形容詞

### 1558
**prone**
[proʊn]

傾向がある〈to *do* ～する〉[= liable], うつ伏せの [= prostrate] (⇔ supine)

### 1559
**bleak**
[bli:k]

(見通しなどが)暗い, 荒涼とした [= desolate, dreary]

### 1560
**perennial**
[pəréniəl]

永遠の, 永続する [= enduring, everlasting], 多年生の
图 多年生植物

### 1561
**imperative**
[ɪmpérətɪv]

絶対に必要な, 緊急の [= urgent], 命令的な, 強制的な [= peremptory]

### 1562
**inanimate**
[ɪnǽnɪmət]

生命のない [= lifeless] (⇔ animate)
▶ inanimate eyes 生気のない目

### 1563
**decrepit**
[dɪkrépɪt]

老いぼれた [= senile], 使い古した [= worn-out]
decrepitude 图

### 1564
**receptive**
[rɪséptɪv]

受け入れやすい〈to ～を〉, 感受性のある〈to ～に〉
reception 图 受け入れ方　recipient 图 受取人
receptor 图 受容器

### 1565
**copious**
[kóupiəs]

多量の, 豊富な [= abundant, plentiful, ample, rich]

### 1566
**intimate**
[íntəmət]

個人的な, 私事の (⇔ public), 親密な
intimacy 图
▶ intimate friend 親密な友人

### 1567
**capricious**
[kəpríʃəs]

気まぐれな [= changeable, whimsical]
caprice 图

| I am afraid he is **prone to change** his mind without prior notice. | 彼は予告なしに考えを**変える傾向がある**と思う。 |
| The recent economic signs indicate **bleak** prospects for the near future. | 最近の経済の兆候は，近い将来の**暗い**展望を示している。 |
| The Christmas pantomime of *Sleeping Beauty* is a **perennial** favorite with British children. | クリスマスの無言劇『眠れる森の美女』は，イギリスの子供たちの**永遠の**お気に入りである。 |
| Immediate action is **imperative** to prevent an AIDS epidemic in the country. | その国のエイズまん延を防ぐために，直ちに行動を取ることが**絶対に必要**だ。 |
| The girl sat without moving, like an **inanimate** object. | その少女は**生命のない**物体のようにじっと座っていた。 |
| A **decrepit** old man clung to the pole as the train lurched forward. | 列車が突然前方へ揺れて，1人の**よぼよぼの**老人が手すりにしがみついた。 |
| The chairperson said that they would always be **receptive to** constructive proposals for improvement. | 改善に向けての建設的提案は**いつでも受け入れる**つもりだ，と社長は語った。 |
| We came to the party anticipating **copious** amounts of food and beverages. | 私たちは**大量の**食べ物と飲み物を期待してパーティーに来た。 |
| She was furious that **intimate** details of her private life had been made public. | 自分の私生活に関する**個人的**詳細が公にされて，彼女は激怒した。 |
| The young girl's **capricious** nature has baffled all her friends. | その若い女の子の**気まぐれな**性格は友人全員を困らせてきた。 |

| | |
|---|---|
| **1568**<br>**confrontational**<br>[kà(ː)nfrʌntéɪʃənəl] | 対決する覚悟の [= defiant]<br>**語源** con (共に) + front (前面) + ation (名詞語尾)<br>+ al (形容詞語尾) |
| **1569**<br>**stern**<br>[stəːrn] | 厳しい [= strict, severe, harsh] |
| **1570**<br>**coarse**<br>[kɔːrs] | (きめ・粒などが) 粗い [= rough, harsh],<br>下品な [= vulgar, indelicate, crude] |
| **1571**<br>**obscure**<br>[əbskjúər] | 曖昧な [= unclear], 無名の<br>obscurity 图<br>▶ obscure writer 無名の作家 |
| **1572**<br>**sterile**<br>[stérəl] | 殺菌した [= germ-free], 不毛の [= barren]<br>(⇔ fertile), 無益な [= fruitless]<br>sterility 图 |
| **1573**<br>**stationary**<br>[stéɪʃənèri] | 静止した, 定住の<br>▶ stationary population 変動しない人口 |
| **1574**<br>**countless**<br>[káuntləs] | 無数の [= numerous] |
| **1575**<br>**commonplace**<br>[ká(ː)mənplèɪs] | 平凡な [= ordinary]<br>▶ commonplace expression 面白みのない表現 |
| **1576**<br>**mediocre**<br>[mìːdióukər] | よくも悪くもない, 並の [= average,<br>commonplace]<br>mediocrity 图 平凡 |
| **1577**<br>**opaque**<br>[oupéɪk] | 不透明の (⇔ transparent), くすんだ [= dingy,<br>somber] |

| | |
|---|---|
| The politician lost many supporters because of his **confrontational** attitude. | その政治家は<u>挑戦的な</u>態度のせいで多くの支持者を失った。 |
| We stopped insisting on our point when the boss gave us a **stern** look. | 上司に<u>厳しい</u>顔を向けられて、私たちは主張に固執するのをやめた。 |
| The shirt looked beautiful, but its **coarse** fabric made it uncomfortable. | そのシャツは見た目は美しかったが、生地が<u>粗い</u>ので着心地が悪かった。 |
| His remarks were so **obscure** that few people understood them. | 彼の発言はとても<u>曖昧</u>だったので、ほとんどの人は理解しなかった。 |
| It is extremely important to use **sterile** bandages when treating a wound. | けがを治療するときは<u>殺菌した</u>包帯を使うことが非常に重要である。 |
| Please wait until the train is **stationary** before getting off. | 電車が<u>停止する</u>まで待ってから下車してください。 |
| As he looked up at the **countless** stars, he felt very small indeed. | 彼は<u>無数の</u>星を見上げたとき、自分自身を本当に小さく感じた。 |
| Although a brilliant researcher, he was a **commonplace** lecturer. | 彼は優れた研究者だが<u>平凡な</u>講演者だった。 |
| His latest movie is **mediocre** at best. | 彼の最新の映画はせいぜい<u>可もなく不可もなく</u>である。 |
| Transparent emeralds are much higher in value than **opaque** ones. | 透明なエメラルドの方が<u>不透明</u>なものよりずっと価値が高い。 |

| | |
|---|---|
| **1578** □□□<br>**disciplinary**<br>[dísəplənèri] | 懲戒の，規則上の<br>discipline 名<br>▶ disciplinary committee 懲罰委員会 |
| **1579** □□□<br>**bereaved**<br>[bɪríːvd] | （死によって近親などを）奪われた<br>bereavement 名 死別<br>▶ the bereaved 遺族 |
| **1580** □□□<br>**derelict**<br>[dérəlìkt] | 遺棄された<br>名 遺棄物，社会的な落後者 |
| **1581** □□□<br>**cohesive**<br>[kouhíːsɪv] | 結束した，団結した，密着した<br>cohesion 名 結合　　coherence 名 結合<br>coherent 形 |
| **1582** □□□<br>**carnivorous**<br>[kɑːrnívərəs] | 肉食の [= meat-eating]<br>*cf.* herbivorous 草食の，omnivorous 雑食性の |
| **1583** □□□<br>**prolonged**<br>[prəlɔ́(ː)ŋd] | 長引く<br>▶ prolonged period 長期間 |
| **1584** □□□<br>**exempt**<br>[ɪgzémpt] | 免除された〈from ～を〉<br>exemption 名 |
| **1585** □□□<br>**deferential**<br>[dèfərénʃəl] | 敬意を表する [= respectful]<br>deferentially 副 うやうやしく |
| **1586** □□□<br>**despondent**<br>[dɪspá(ː)ndənt] | 落胆した [= dejected]<br>despondency 名 |
| **1587** □□□<br>**incremental**<br>[ìŋkrɪméntəl] | だんだん増える，増加する [= increasing]<br>▶ incremental costs 次第に増えるコスト |

| | |
|---|---|
| The army decided to begin **disciplinary** proceedings against him. | 軍は彼に対して懲戒手続きを始めることを決定した。 |
| He tried to comfort his **bereaved** friend who was saddened by the loss of her elderly mother. | 彼は，高齢の母親を亡くして悲しむ親に先立たれた友人を慰めようとした。 |
| The **derelict** houses were demolished to make way for a new park. | 遺棄された家屋は，新しい公園用地にするために取り壊された。 |
| The immigrants formed a close, **cohesive** community. | 移民たちは密接で結束力のある地域社会を形成した。 |
| **Carnivorous** animals like cats need meat in their diet to survive. | 猫のような肉食動物は，生きていくためには食事に肉が必要だ。 |
| After a **prolonged** pause, the lecturer began to speak again. | 長い間の後，講師は再び話し始めた。 |
| Businesses that meet certain requirements are **exempt from** paying local taxes. | 一定の要件を満たす事業者は地方税の支払いを免除される。 |
| The younger scientist took a **deferential** attitude to the professor. | その若手科学者は教授に敬意を表する態度で接した。 |
| **Despondent** and sullen, she finally realized she needed psychiatric help. | 彼女は落胆してふさぎ込んでいたが，ようやく精神医学の助けが必要だと気付いた。 |
| He agreed to make **incremental** payments on the loan. | 彼は段階的に増加するローンの支払いに同意した。 |

carnivorous の carn は (肉) を意味するよ。ほかの例としては carnal「肉体の」，incarnation「化身」などがあるよ。

| 1588 | | |
|---|---|
| **cumulative** [kjúːmjʊlətɪv] | 累積する [= accumulating] ▶ cumulative deficit 累積赤字 |

| 1589 | | |
|---|---|
| **superficial** [sùːpərfíʃəl] | 表面的な superficiality 名　superficially 副 |

| 1590 | | |
|---|---|
| **murky** [mɔ́ːrki] | うさん臭い [= suspicious]，暗い [= dark] ▶ murky activities うさん臭い活動 |

| 1591 | | |
|---|---|
| **cerebral** [sérəbrəl] | 理知的な，(大)脳の cerebrum 名 大脳 ▶ cerebral action 脳の作用 |

| 1592 | | |
|---|---|
| **culpable** [kʌ́lpəbl] | 有罪の [= guilty]，非難に値する [= blameworthy]（⇔ inculpable） ▶ culpable negligence 有罪の過失 |

| 1593 | | |
|---|---|
| **demure** [dɪmjúər] | (特に女性が)控えめな, しとやかな [= modest] demureness 名 |

| 1594 | | |
|---|---|
| **sleek** [sliːk] | 滑らかでつやつやした [= smooth and glossy]，人当たりのよい |

| 1595 | | |
|---|---|
| **exuberant** [ɪɡzjúːbərənt] | 生気あふれる, 熱狂的な [= fervent, enthusiastic] exuberance 名 |

| 1596 | | |
|---|---|
| **frenetic** [frənétɪk] | 熱狂した [= frantic, frenzied, rapturous] |

| 1597 | | |
|---|---|
| **fraudulent** [frɔ́ːdʒələnt] | 詐欺的な [= dishonest, deceitful] fraud 名 詐欺　fraudulence 名 ごまかし |

| The **cumulative** effect of the rainfall weakened the soil and caused many landslides. | 降雨の蓄積作用で土壌が弱くなり，多くの地滑りを引き起こした。 |
| --- | --- |
| The newspaper's report was criticized as **superficial** and misleading. | その新聞の報道は表面的で誤解を招くものだと非難された。 |
| The investor was said to have a **murky** past in the construction business. | その投資家は建設業でうさん臭い過去があると言われていた。 |
| His approach to people is more **cerebral** than sympathetic. | 彼が人々に接する態度は，感情に訴えるというより理性に訴えるものである。 |
| After a long trial, the jury determined that the defendant was **culpable**. | 長い審理の後，被告は有罪であると陪審団は裁決した。 |
| It was hard to believe that the **demure** young woman before them was on trial for murder. | 彼らの前にいる控えめな若い女性が殺人容疑で公判中だとは信じ難かった。 |
| He brushed the cat's fur until it looked **sleek** and tidy. | 彼は猫の毛をつやつやしてこぎれいになるまでブラッシングした。 |
| Her **exuberant** and passionate acting debut won her wide acclaim. | 彼女の生気あふれる情熱的な俳優デビューは広く称賛を博した。 |
| With his rural background, he found it hard to adjust to the **frenetic** pace of the city. | 彼は地方出身で，都会の熱狂したようなペースに適応するのに困難を覚えた。 |
| When I suspected his dealings were **fraudulent**, I cut off all negotiations. | 彼の取引は詐欺的だと疑い，私はすべての交渉を打ち切った。 |

culpable「有罪の」のculpは（過失）を意味するよ。ほかの例としては **1378** culprit「犯人」，inculpate「に罪を負わせる」などがあるよ。

| 1598 |  |
|---|---|
| **full-fledged**<br>[fʊlflédʒd] | 本格的な，羽が生えそろった，一人前の<br>▶ full-fledged painter 一人前の画家 |

## 副詞

| 1599 |  |
|---|---|
| **drastically**<br>[drǽstɪkəli] | 思い切って，徹底的に<br>drastic 形 |

| 1600 |  |
|---|---|
| **disproportionately**<br>[dìsprəpó:rʃənətli] | 過度に，不釣り合いに |

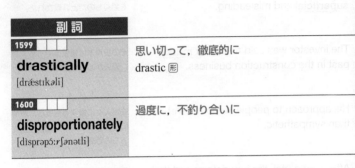

## ⏱ 1分間 mini test

**(1)** His latest movie is (　　　　) at best.

**(2)** As the sun rose, the fog began to (　　　).

**(3)** Businesses that meet certain requirements are (　　　)
from paying local taxes.

**(4)** He used a (　　　) in the law to avoid paying taxes.

**(5)** The immigrants formed a close, (　　　) community.

😊 ここから選んでね。※選択肢はすべて原形で表示しています。

① brink　　　② clemency　　③ cohesive　　④ dissipate
⑤ exempt　　⑥ inanimate　　⑦ incremental　⑧ loophole
⑨ mediocre　　⑩ proposition

| The general decided to launch a **full-fledged** attack on the town. | 将軍は市街地に本格的な攻撃を仕掛けることを決定した。 |
| The company **drastically** reduced the executives' expense allowances. | その会社は幹部の交際費を思い切って削減した。 |
| Many said the punishment inflicted on him, compared to that of other offenders, was **disproportionately** severe. | 多くの人は，彼に与えられた罰はほかの犯罪者の罰と比べて過度に厳しいと言った。 |

* * *

**(6)** He agreed to make (　　　　) payments on the loan.

**(7)** The economy was hovering on the (　　　　) of a recession.

**(8)** The girl sat without moving, like an (　　　　) object.

**(9)** The convicted murderer begged the governor for (　　　　).

**(10)** My friend said that he had a business (　　　　) for me.

**正解**

**(1)** ⑨(→**1576**) **(2)** ④(→**1509**) **(3)** ⑤(→**1584**) **(4)** ⑧(→**1521**) **(5)** ③(→**1581**)
**(6)** ⑦(→**1587**) **(7)** ①(→**1550**) **(8)** ⑥(→**1562**) **(9)** ②(→**1526**) **(10)** ⑩(→**1534**)

| 動詞 | |
|---|---|

**1601**

**inaugurate**

[ɪnɔ́ːgjərèit]

を(正式に)開始する

inauguration 图　　inaugural 形

**1602**

**rectify**

[réktɪfàɪ]

を修正する [= amend, redress]

rectification 图

語源 rect(まっすぐな) + fy(動詞語尾)

**1603**

**implore**

[ɪmplɔ́ːr]

に懇願する〈to *do* ~するように〉[= beg, entreat]

**1604**

**muster**

[mʌ́stər]

を集める [= assemble]，を奮い起こす [= gather]

**1605**

**recuperate**

[rɪkjúːpərèit]

回復する〈from 病気・損失から〉[= recover]

**1606**

**validate**

[vǽlɪdèit]

を認可する [= make valid]，を認証する

validity 图 有効性，効力

語源 valid(有効な) + ate(動詞語尾)

**1607**

**mollify**

[má(ː)lɪfàɪ]

(怒りなど)を和らげる [= assuage, pacify, appease]

**1608**

**modulate**

[má(ː)dʒəlèit]

(声)の調子[高さ]を変える [= vary the pitch of]

modulator 图 変調器

**1609**

**subjugate**

[sʌ́bdʒugèit]

を征服する [= subdue]，を隷属させる

subjugation 图

| | |
|---|---|
| The prime minister announced that he would **inaugurate** a new policy on education. | 首相は教育に関する新政策を正式に開始すると発表した。 |
| By the time the mistake was discovered, it was too late to **rectify** the official report. | その誤りが発見された時点では，公式報告書を修正するには手遅れだった。 |
| The students **implored** the teachers **to make** the examination easier. | 生徒たちは試験をもっと易しくするよう教師たちに懇願した。 |
| The general **mustered** all the forces for an early-morning attack. | 将軍は早朝の攻撃に向けて全軍を集めた。 |
| It took the driver six months to **recuperate from** his accident. | その運転手が事故から回復するのに半年かかった。 |
| The degrees given at the local art school are **validated** by a major university. | その地方の美術学校で与えられる学位は一流大学によって認可される。 |
| Nothing I said could **mollify** the anger of the boss. | 私が何を言っても，上司の怒りを和らげることはできなかった。 |
| That singer's voice coach advised him to **modulate** his voice more when singing. | その歌手のボイストレーナーは，歌うときにはもっと声の調子を変えるよう彼に助言した。 |
| Countries with power often **subjugated** weaker countries. | 力のある国はしばしば自分より弱い国を征服した。 |

| 1610 | をひどく苦しめる [= afflict]，を悩ます |
|---|---|
| **torment** | [= distress] |
| [tɔːrmént] | 图 [tɔ́ːrment] 苦痛，苦悩 |

| 1611 | を拒絶する [= reject] |
|---|---|
| **rebuff** | |
| [rɪbʌ́f] | |

| 1612 | を叱責する〈for 〜のことで〉[= blame, rebuke, |
|---|---|
| **reprimand** | berate, reproach] |
| [réprɪmænd] | |

| 1613 | を追放する [= banish from society]，を排斥する |
|---|---|
| **ostracize** | ostracism 图 |
| [á(ː)strəsàɪz] | |

| 1614 | を取り消す [= cancel, repeal, annul] |
|---|---|
| **revoke** | revocable 形 |
| [rɪvóʊk] | |

| 1615 | (重い物)を持ち上げる〈onto 〜に〉，引き上げる |
|---|---|
| **heave** | |
| [hiːv] | |

| 1616 | をねじる [= twist]，を捻挫する，を歪曲する |
|---|---|
| **wrench** | [= distort] |
| [rentʃ] | 图 (工具の)レンチ |

| 1617 | 符合する〈with 〜と〉，を集計する |
|---|---|
| **tally** | 图 勘定 |
| [tǽli] | |

| 1618 | を褒めちぎる〈as 〜だと〉，を押し売りする |
|---|---|
| **tout** | |
| [taʊt] | |

| 1619 | (急に)進路を変える，(政策などが)転換する |
|---|---|
| **veer** | ▶ veer off course 進路を外れる |
| [vɪər] | |

| | |
|---|---|
| The school bully delighted in **tormenting** the younger boys. | 学校のいじめっ子は，年下の男の子たち**を苦しめて**喜んでいた。 |
| She **rebuffed** all his advances, insisting she was not interested in him. | 彼女は彼に興味がないと言い切って，彼がいくら言い寄っても**拒絶した**。 |
| The school principal **reprimanded** the students **for** poor discipline. | 校長は規律を乱している**ことで**その生徒たち**を叱責した**。 |
| They were **ostracized** by the townspeople for breaking the law. | 彼らは法を破ったことで住民から**追放**された。 |
| The judge **revoked** his driver's license after finding him guilty of drunk driving. | 裁判官は飲酒運転で彼に有罪判決を下した後，彼の運転免許を**取り消した**。 |
| The men **heaved** the old sofa **onto** the back of the truck. | 男たちはその古いソファー**を持ち上げて**トラックの荷台**に載せた**。 |
| The force of the accident **wrenched** his torso so forcefully that he broke his back. | 事故の時，あまりにも強い力が彼の胴体**をひねった**ので，彼は背骨を折った。 |
| Their names did not **tally with** those on the guest list. | 彼らの名前は来賓名簿にある名前**と符合し**なかった。 |
| The mask was **touted as** the first line of defense against the spread of the airborne disease. | マスクは空気感染するその病気の拡大に対する防御の第一選択肢だ**と推奨**された。 |
| The driver **veered** to avoid a cat and crashed into the fence. | 運転手は猫をよけようと**急ハンドルを切り**，フェンスに激突した。 |

re- には（後ろに・再び）以外に（逆らう）という意味があるよ。
rebuff のほか，**1905** refute, refuse, reject などがイメージしやすいね。

| 1620 | |
|---|---|
| **wince** [wɪns] | 顔をしかめる，たじろぐ [= shrink] |

| 1621 | |
|---|---|
| **procure** [prəkjúər] | を入手する，を調達する [= obtain, secure] procurement 图 |

| 1622 | |
|---|---|
| **scrawl** [skrɔːl] | をぞんざいに書く [= scribble, write carelessly] |

| 1623 | |
|---|---|
| **predominate** [prɪdá(:)mɪnèɪt] | (数量などの点で) 優位を占める，優勢である predominance 图 **語源** pre (先に) + dominate (支配する) |

| 1624 | |
|---|---|
| **suffocate** [sʌ́fəkèɪt] | 窒息 (死) する [= smother] |

| 1625 | |
|---|---|
| **smother** [smʌ́ðər] | (火) を覆って消す〈with ~で〉，を窒息 (死) させる [= choke, stifle, suffocate] |

| 1626 | |
|---|---|
| **smuggle** [smʌ́gl] | を密輸する〈into ~に〉 smuggler 图 |

| 1627 | |
|---|---|
| **hibernate** [háɪbərnèɪt] | 冬眠する hibernation 图 |

| 1628 | |
|---|---|
| **loom** [luːm] | ぼんやり現れる [= appear dimly] ▶ loom large (危険などが) 不気味に迫る |

| 1629 | |
|---|---|
| **rumble** [rʌ́mbl] | ごろごろと鳴る |

| The patient **winced** when the dentist inserted the needle. | 歯科医が注射針を刺すと，患者は顔をしかめた。 |
| --- | --- |
| I was lucky to **procure** a ticket to the sold-out concert. | 私はその全席完売のコンサートのチケットを入手することができて幸運だった。 |
| His signature is unintelligible because he always **scrawls** his name. | 彼はいつも自分の名前を殴り書きするので，署名が判読できない。 |
| By and large, male students still **predominate** in engineering courses. | 概して，工学課程ではいまだに男子学生が数の上で優位を占めている。 |
| Most of the fire's victims had **suffocated** in the smoke. | その火事の犠牲者のほとんどは煙で窒息死していた。 |
| When the oil in the pan caught fire, she tried to **smother** the flames **with** a blanket. | フライパンの油が引火したとき，彼女は炎を毛布で覆って消そうとした。 |
| The drug ring successfully **smuggled** its narcotics **into** the country. | その麻薬組織はその国に首尾よく麻薬を密輸した。 |
| Bears must eat as much food as they can find before they **hibernate**. | 熊は冬眠する前に見つけられるだけ多くの食べ物を食べなければならない。 |
| In spite of the good weather forecast, a dark cloud **loomed** on the horizon. | 天気予報では晴天のはずだったのに，黒雲が地平線上にぼんやりと現れた。 |
| As we headed home, thunder **rumbled** in the western sky. | 家に向かう途中，西の空で雷がごろごろと鳴った。 |

| 1630 | | |
|---|---|
| **topple** [tá(:)pl] | バランスが崩れて倒れる [= overbalance] |

| 1631 | | |
|---|---|
| **jostle** [dʒá(:)sl] | を押しのける<br>▶ jostle *one's* way 押しのけて進む |

| 1632 | | |
|---|---|
| **resuscitate** [rɪsʌ́sɪtèɪt] | を生き返らせる，を復活させる [= revive]<br>resuscitation 图 |

| 1633 | | |
|---|---|
| **lurch** [lə́ːrtʃ] | 千鳥足で歩く [= stagger] |

| 1634 | | |
|---|---|
| **rankle** [rǽŋkl] | を(長い間)いら立たせる，を苦しめる |

| 1635 | | |
|---|---|
| **plunder** [plʌ́ndər] | を略奪する [= ransack, ravage]<br>▶ plunder a village 村を略奪する |

| 1636 | | |
|---|---|
| **extricate** [ékstrɪkèɪt] | を救い出す〈from ～から〉 [= relieve, rescue, liberate] |

| 1637 | | |
|---|---|
| **gnaw** [nɔ́ː] | かじって穴を開ける〈through ～を〉 |

| 1638 | | |
|---|---|
| **foment** [foʊmént] | を助長する [= encourage]，を扇動する<br>[= instigate, incite, abet] |

| | |
|---|---|
| The tall pile of books **toppled** and fell across his desk. | 高く積まれた本の山の<u>バランスが崩れて倒れ</u>，彼の机に落ちた。 |
| The fans **jostled** each other as they tried to get nearer to the stage. | ファンたちはステージに近づこうとして，互いに<u>押し合った</u>。 |
| The near-drowning victim was **resuscitated** by lifeguards. | その溺死しかけた人は救助員によって<u>蘇生された</u>。 |
| The drunk suddenly **lurched** into a group of people who were passing. | その酔っぱらいは，通りかかった一団の中に突然<u>千鳥足で入って行った</u>。 |
| The fact that he had not been promoted **rankled** him. | 彼は昇進を逃したことの<u>怒りが収まらなかった</u>。 |
| Pirates would attack ships and **plunder** whatever items of value they carried. | 海賊たちは船を襲い，積荷のうち価値のある物は何でも<u>略奪した</u>ものだった。 |
| The bank found it difficult to **extricate** itself **from** the financial disaster. | その銀行は財政難<u>から脱する</u>のは困難だと気付いた。 |
| They discovered that a rat had **gnawed** **through** the electricity cable. | 彼らはネズミが電気のコード<u>をかじって穴を開けた</u>ことを発見した。 |
| Her main objective seems to be to **foment** disharmony among staff members. | 彼女の主な目的はスタッフ間の不和<u>を助長する</u>ことのようだ。 |

| 1639 | 要点, 主旨 [= essence] |
|---|---|
| **gist** [dʒɪst] | ▶ get [understand] the gist of ~ ~の要点を理解する |

| 1640 | 実現可能性 [= feasibility] |
|---|---|
| **viability** [vàɪəbíləṭi] | viable 形 |

| 1641 | 必要条件⟨for ~の⟩ [= requirement] |
|---|---|
| **requisite** [rékwɪzɪt] | require 動 |

| 1642 | (前もって)必要なもの⟨for ~に⟩, 前提条件 |
|---|---|
| **prerequisite** [pri:rékwəzɪt] | |

| 1643 | 専門家 [= expert] |
|---|---|
| **pundit** [pándɪt] | |

| 1644 | 隠遁者 [= hermit] |
|---|---|
| **recluse** [réklu:s] | |

| 1645 | 神童 [= child genius] |
|---|---|
| **prodigy** [prá(:)dədʒi] | |

| 1646 | 派生物, 子会社 [= subsidiary] |
|---|---|
| **offshoot** [ɔ́(:)ffʃùːt] | |

| 1647 | (通例 ~s)(給料以外の)手当, 特権 [= perquisite, fringe benefit] |
|---|---|
| **perk** [pə:rk] | |

| 1648 | (病気の)予後 (⇔ diagnosis 診断) |
|---|---|
| **prognosis** [prɑ(:)gnóʊsəs] | |

| | |
|---|---|
| The <u>gist</u> of his speech was that he was against the plan. | 彼の演説の<u>要点</u>は，その計画に反対だということだった。 |
| Many questions were raised about the <u>viability</u> of the policy. | その方針の<u>実現可能性</u>に関して多くの疑問が挙がった。 |
| A good academic record is an important <u>requisite</u> **for** entering a prestigious university. | よい学業成績は名門大学入学の重要な<u>必要条件</u>だ。 |
| Strong walking boots are a <u>prerequisite</u> for anyone planning to climb the mountain. | 丈夫なウオーキングブーツは，その山に登ろうとする人なら<u>必需品</u>だ。 |
| Well-known <u>pundits</u> were invited to give their views on the election. | 有名な<u>専門家たち</u>が選挙についての見解を述べるために招かれた。 |
| The novelist retired from writing and lived as a <u>recluse</u> for the rest of his life. | その小説家は執筆活動を引退し余生を<u>隠遁者</u>として暮らした。 |
| Like many <u>prodigies</u>, his abilities declined as he became an adult. | 多くの<u>神童</u>と同様に，彼の才能は大人になるにつれて枯れていった。 |
| The new series was an <u>offshoot</u> of the original drama series set in the same hospital. | 新しいシリーズは，同じ病院が設定の元のドラマシリーズから<u>派生したもの</u>だった。 |
| One of the <u>perks</u> of the job was regular meals at restaurants. | その仕事の<u>手当</u>の1つは食堂での三度の食事だった。 |
| After he had taken some medical tests, the doctor told him that the <u>prognosis</u> was good. | 彼はいくつかの医療検査を受け，その後で医師が<u>予後</u>は順調だと告げた。 |

gistは「要点」だよ。summary「要約」との違いを理解して使い分けよう。 😊 383

| 1649 **penchant** [péntʃənt] | 傾向〈for ~の〉, 好み [= preference] |
|---|---|
| 1650 **grievance** [gríːvəns] | 不満〈against ~に対する〉, 苦情 [= complaint]<br>grieve 動 を嘆く　grief 名 深い悲しみ<br>grievous 形 悲痛な |
| 1651 **mayhem** [méɪhèm] | 大混乱 [= chaos], 暴力沙汰 |
| 1652 **impediment** [ɪmpédɪmənt] | 障害〈to ~の〉[= obstacle, obstruction]<br>impede 動 を妨げる |
| 1653 **hassle** [hǽsl] | 口論 [= squabble, dispute, quarrel],<br>わずらわしいこと [= bother, nuisance] |
| 1654 **vandalism** [vǽndəlìzm] | (芸術品・公共物などの)破壊 |
| 1655 **reprisal** [rɪpráɪzəl] | 報復 [= retaliation]<br>▶ in reprisal for ~ ~の報復に |
| 1656 **upheaval** [ʌphíːvəl] | (社会・政治などの)激変 [= disruption],<br>(地殻の)隆起 |
| 1657 **quandary** [kwá(ː)ndəri] | 板挟み [= dilemma],<br>苦境 [= predicament, crunch] |
| 1658 **ramification** [rӕmɪfɪkéɪʃən] | 派生的な問題, 分枝 |

| The professor had a penchant for expensive French restaurants. | その教授は高価なフランス料理店を好む傾向があった。 |
| --- | --- |
| He has a grievance against his company, which has never rewarded him for all his hard work. | 彼は，自分の激務に一度も報いてくれたことがない会社に不満を感じている。 |
| People began to fight and the meeting became mayhem. | 人々はけんかを始め，会議は大混乱となった。 |
| A series of environmental disasters created additional impediments to economic recovery. | 一連の環境災害が経済復興のさらなる障害となった。 |
| I got into a hassle with the tax office over my tax liability. | 私は納税額を巡って税務署と口論になった。 |
| The art critic said that the plans for the new city center were simply bureaucratic vandalism. | その美術批評家は，新都市センター計画は官僚的な破壊行為にほかならないと述べた。 |
| Following the rebellion, the government carried out savage reprisals. | 反乱の後，政府は容赦ない報復を行った。 |
| An environmental upheaval caused by a huge meteorite strike might have led to the mass extinction of the dinosaurs. | 巨大な隕石の衝突が引き起こした環境の激変が恐竜の大量絶滅を招いたのかもしれない。 |
| When he was offered both jobs, he found himself in a quandary. | 両方の仕事の内定をもらい，彼は板挟みの状況になった。 |
| The full ramifications of cloning are yet to be understood. | クローン作製の派生的な問題はまだすべてわかっていない。 |

| | |
|---|---|
| **1659**<br>**tantrum**<br>[tǽntrəm] | (特に子供の)かんしゃく，不機嫌 |
| **1660**<br>**proceeds**<br>[próʊsiːdz] | 収益 [= profits]，収入 [= income]<br>**語源** pro (前に) + ceeds (行く) |
| **1661**<br>**matrimony**<br>[mǽtrəmòʊni] | 結婚 [= marriage]<br>matrimonial 形 |
| **1662**<br>**lineage**<br>[líniidʒ] | 家系，血統 [= ancestry]<br>▶ person of good lineage 家柄のよい人 |
| **1663**<br>**obscurity**<br>[əbskjúərəṭi] | 世に知られていないこと<br>▶ rise from obscurity to renown 無名から身を起こして有名になる |
| **1664**<br>**mirage**<br>[mərάːʒ] | 幻影 [= illusion]，蜃気楼 |
| **1665**<br>**pendulum**<br>[péndʒələm] | (時計の)振り子 |
| **1666**<br>**rendition**<br>[rendíʃən] | 演奏，翻訳<br>render 動 |
| **1667**<br>**milestone**<br>[máɪlstòʊn] | 画期的な出来事〈in ～における〉[= epoch-making event]<br>▶ reach a milestone 重要な段階に達する |
| **1668**<br>**insurrection**<br>[ìnsərékʃən] | 暴動，反乱 [= uprising]<br>*cf.* insurgent 暴動の |

| | |
|---|---|
| The mother was embarrassed when her child threw a **tantrum** at the party. | 子供がパーティーでかんしゃくを起こして母親は恥ずかしい思いをした。 |
| The **proceeds** of the concert were used to help children in developing nations. | コンサートの収益金は発展途上国の子供たちを助けるために使われた。 |
| The couple is celebrating their 50 years of **matrimony** this year. | その夫婦は今年めでたく結婚50年を迎える。 |
| He was enormously proud of the distinguished **lineage** of his family. | 彼は自分の一家の高貴な家系をものすごく誇りに思っていた。 |
| The criminal's **obscurity** allowed him to disguise himself and escape. | その犯罪者は世に知られていないおかげで，変装して逃亡することができた。 |
| The huge profits he anticipated turned out to be a **mirage**, and he ended up broke. | 彼が期待していた莫大な利益は幻となり，ついに彼は破産した。 |
| With nothing to do, I just sat and watched the grandfather clock's **pendulum** swing to and fro. | することがなくて，私はただ座って箱形大時計の振り子が左右に揺れ動くのを眺めた。 |
| The audience was thrilled by the singer's **renditions** of various old favorites. | その歌手のさまざまな懐メロの歌唱に観客は感激した。 |
| The development of the vaccine was a **milestone** in medical history. | そのワクチンの開発は医学史上の画期的な出来事だった。 |
| Troops were sent in to crush the **insurrection** in the province. | その州の暴動を鎮圧するために軍隊が送り込まれた。 |

## 形容詞

**1669**
**manifest**
[mǽnɪfèst]

明らかな〈to ～に〉[= evident, clear, plain, obvious]
manifestation 图 明示，表明

**1670**
**tantamount**
[tǽn*t*əmàunt]

等しい〈to ～と〉[= equivalent, equal]

**1671**
**impervious**
[ɪmpə́ːrviəs]

影響されない〈to ～に〉

**1672**
**inept**
[ɪnépt]

能力［技能］に欠ける
ineptitude 图

**1673**
**meticulous**
[mətíkjuləs]

細かいことに気を遣う [= scrupulous, excessively careful about details]

**1674**
**impeccable**
[ɪmpékəbl]

申し分のない [= faultless, flawless, perfect]
impeccably 副

**1675**
**intangible**
[ɪntǽndʒəbl]

不可解な，無形の [= non-physical]（⇔ tangible）

**1676**
**inquisitive**
[ɪnkwízətɪv]

好奇心が強い [= curious, prying]

**1677**
**resplendent**
[rɪspléndənt]

光輝くばかりの [= brilliant]，まばゆい [= dazzling]

**1678**
**tenacious**
[tɪnéɪʃəs]

粘り強い [= persevering]
tenacity 图

| | |
|---|---|
| The problem was **manifest to** all those at the conference. | 会議に出席しているすべての人々に**とって**問題は**明らか**だった。 |
| His silence was **tantamount to** an admission of guilt. | 彼の沈黙は罪を認めた**に等しか**った。 |
| His mother begged him to study but he was **impervious to** her appeals. | どうか勉強してくれと母親は彼に頼んだが，彼は母親の訴えに**動じなかった**。 |
| The coach admitted to the press that his team's play had been **inept**. | コーチはチームのプレーが**力不足**だったことを報道陣に認めた。 |
| Gene mapping involves a **meticulous** procedure to isolate human genes. | 遺伝子地図作製には，人の遺伝子を分離する**綿密な**作業が含まれる。 |
| Although his financial judgment is poor, his personal taste is **impeccable**. | 彼のお金に対する判断は駄目だが，個人的な趣味のよさは**申し分ない**。 |
| He sensed an **intangible** atmosphere of tension in the room. | 彼はその部屋の**何とも言い難い**緊張した雰囲気を感じ取った。 |
| Young mammals are characteristically and relentlessly **inquisitive**. | 哺乳動物の子供は特性としてどこまでも**好奇心が強い**。 |
| The bride wore a **resplendent** dress made of lace. | 花嫁はレースでできた**光輝くばかりの**ドレスを着ていた。 |
| The **tenacious** effort of our team finally won us the match in overtime. | チームの**粘り強い**努力の結果，われわれは延長戦でようやく試合に勝った。 |

| 1679 | |
|---|---|
| **morbid**<br>[mɔ́ːrbɪd] | 病的な [= sickly, unhealthy] |

| 1680 | |
|---|---|
| **tepid**<br>[tépɪd] | 生ぬるい [= lukewarm]，熱意のない<br>[= half-hearted] |

| 1681 | |
|---|---|
| **hygienic**<br>[hàɪdʒiénɪk] | 衛生的な [= sanitary, clean]<br>hygiene 图 衛生状態 |

| 1682 | |
|---|---|
| **palatable**<br>[pǽlətəbl] | 美味な，口に合う [= delicious, savory, tasty]，<br>好ましい<br>*cf.* palate 口蓋，味覚 |

| 1683 | |
|---|---|
| **innocuous**<br>[ɪnɑ́(ː)kjuəs] | 悪意のない [= harmless, inoffensive] |

| 1684 | |
|---|---|
| **insular**<br>[ínsələr] | 偏狭な [= close-minded]，<br>(島のように) 孤立した<br>insulate 動 を絶縁する |

| 1685 | |
|---|---|
| **uncouth**<br>[ʌnkúːθ] | 粗野な [= ungraceful, crude, coarse]，<br>ぎこちない [= awkward, clumsy]（⇔ refined） |

| 1686 | |
|---|---|
| **somber**<br>[sɑ́(ː)mbər] | 重苦しい [= gloomy, depressing]，薄暗い<br>[= dusky] |

| 1687 | |
|---|---|
| **sedentary**<br>[sédəntèri] | 座りがちの [= sitting]，<br>ほとんど体を動かさない |

| 1688 | |
|---|---|
| **nonchalant**<br>[nὰ(ː)nʃəlɑ́ːnt] | 平然としている [= calm]<br>nonchalantly 副 |

| The American poet had a **morbid** fascination with death. | そのアメリカの詩人は<u>病的なまでに</u>死に魅せられていた。 |
| The water was too **tepid** to make a nice cup of tea with. | おいしいお茶を入れるには，湯が<u>生ぬる</u>過ぎた。 |
| The old hospital was not as **hygienic** as it should have been. | その古い病院は，本来そうであるべきほどには<u>衛生的</u>ではなかった。 |
| I seldom find British cuisine very **palatable**. | 私はイギリスの料理がとても<u>おいしい</u>とはめったに思わない。 |
| He seemed so **innocuous** that no one believed he could actually harm anyone. | 彼はあまりに<u>悪意がなく</u>見えたので，実際に人を傷つけることがあるとは誰も信じなかった。 |
| The young woman felt irritated by the villagers' **insular** attitudes. | その若い女性は村人たちの<u>偏狭な</u>態度にいら立った。 |
| Though uneducated and **uncouth**, this young man is quite intelligent. | 教育もなく<u>粗野</u>だが，この若い男はとても頭がよい。 |
| The growing international tension gave a **somber** atmosphere to the negotiations. | 国際的な緊迫の高まりのために，交渉には<u>重苦しい</u>雰囲気が漂っていた。 |
| A **sedentary** life can lead to heart problems and other health disorders. | <u>座りがちの</u>生活をしていると，心臓病やほかの健康障害につながることがある。 |
| The woman seemed quite **nonchalant** before her job interview. | その女性は就職の面接の前にずいぶん<u>平然としている</u>ように見えた。 |

| 1689 | |
|---|---|
| **stagnant**<br>[stǽgnənt] | よどんだ [= not flowing]，停滞した，不景気の<br>[= sluggish]<br>stagnation 图 |
| 1690 | |
| **propitious**<br>[prəpíʃəs] | 好都合の〈for ~に〉[= favorable]<br>▶ propitious date 縁起のいい日 |
| 1691 | |
| **placid**<br>[plǽsɪd] | 穏やかな [= calm, undisturbed, tranquil]<br>▶ in a placid voice 穏やかな声で |
| 1692 | |
| **gallant**<br>[gǽlənt] | 勇敢な [= brave, daring]，堂々とした<br>[= imposing, stately]<br>gallantry 图 |
| 1693 | |
| **extraterrestrial**<br>[èkstrətəréstriəl] | 地球外の<br>▶ extraterrestrial life 地球外生命 |
| 1694 | |
| **incongruous**<br>[ɪnká(ː)ŋgruəs] | 場違いな，不適切な [= out of place]<br>(⇔ appropriate)<br>▶ incongruous behavior ふさわしくない行動 |
| 1695 | |
| **insipid**<br>[ɪnsípɪd] | 退屈な [= dull, uninteresting]，味のない<br>[= tasteless]<br>▶ insipid life 退屈な生活 |
| 1696 | |
| **indelible**<br>[ɪndéləbl] | 消すことのできない [= cannot be erased] |
| 1697 | |
| **heinous**<br>[héɪnəs] | 極悪非道の [= abhorrent, abominable,<br>atrocious] |
| 1698 | |
| **indignant**<br>[ɪndígnənt] | 憤慨した〈at ~に〉[= very angry]<br>indignation 图 |

| | |
|---|---|
| In tropical climates, **stagnant** water can be a breeding place for mosquitoes. | 熱帯性気候では，よどんだ水は蚊の温床となり得る。 |
| The weather was highly **propitious for** their journey across the sea. | 海を渡る彼らの旅には大いに恵まれた天気だった。 |
| The sea today is **placid**, and the weather is sunny and bright. | 今日の海は穏やかで，天気は晴れて明るい。 |
| The knights of medieval times were supposed to be **gallant** and trustworthy. | 中世の騎士は勇敢で信頼できるとされていた。 |
| The movie was about a boy discovering an **extraterrestrial** life form. | その映画は地球外生物を見つけた少年の話だった。 |
| His remarks at the wedding struck many people as **incongruous**. | 結婚式での彼の発言は多くの人に場違いな印象を与えた。 |
| Most critics found his novel **insipid** and lifeless. | 評論家の大半は，彼の小説は退屈で生気がないと思った。 |
| Although the tragedy occurred in his childhood, its effects on him were **indelible**. | その悲劇が起きたのは子供時代のことだったが，彼に与えた影響は消すことができなかった。 |
| The prosecutor called it a **heinous** crime and demanded the maximum sentence. | 検事はその事件を凶悪犯罪と呼び，最高刑を求刑した。 |
| He was still **indignant at** the rude way the bureaucrat had spoken to him. | その官僚の彼に対する無礼な口の利き方に彼はまだ憤慨していた。 |

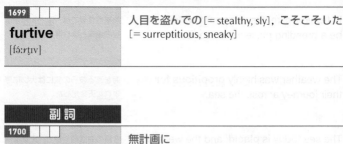

| 1699 | | |
|---|---|
| **furtive** [fə́ːrtɪv] | 人目を盗んでの [= stealthy, sly], こそこそした [= surreptitious, sneaky] |

## 副詞

| 1700 | | |
|---|---|
| **haphazardly** [hæphǽzərdli] | 無計画に haphazard 形 偶然の, でたらめの |

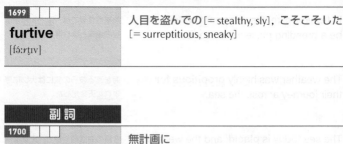

## ⏱ 1分間 mini test

**(1)** I seldom find British cuisine very (　　　　).

**(2)** The bride wore a (　　　　) dress made of lace.

**(3)** Nothing I said could (　　　　) the anger of the boss.

**(4)** People began to fight and the meeting became (　　　　).

**(5)** His silence was (　　　　) to an admission of guilt.

😀 ここから選んでね。※選択肢はすべて原形で表示しています。

① heave　② mayhem　③ mollify　④ palatable
⑤ resplendent　⑥ rumble　⑦ subjugate　⑧ tally
⑨ tantamount　⑩ wince

| | |
|---|---|
| His <u>furtive</u> glances at his colleagues led me to suspect a conspiracy. | 彼が<u>こっそり</u>同僚たちをチラチラ見るので，たくらみがあるのかと私は疑った。 |
| The cheap furniture was arranged <u>haphazardly</u> around the room. | それらの安い家具は<u>無計画に</u>部屋中に配置されていた。 |

\* \* \* \* \* \* \* \* \* \* \* \* \* \* \* \* \* \* \* \* \* \* \* \* \* \* \* \* \* \* \* \* \* \* \* \* \* \* \* \*

**(6)** As we headed home, thunder (　　　　　) in the western sky.

**(7)** Countries with power often (　　　　) weaker countries.

**(8)** The men (　　　　) the old sofa onto the back of the truck.

**(9)** Their names did not (　　　　) with those on the guest list.

**(10)** The patient (　　　　) when the dentist inserted the needle.

**正解**

(1) ④ (→**1682**) (2) ⑤ (→**1677**) (3) ③ (→**1607**) (4) ② (→**1651**) (5) ⑨ (→**1670**)
(6) ⑥ (→**1629**) (7) ⑦ (→**1609**) (8) ① (→**1615**) (9) ⑧ (→**1617**) (10) ⑩ (→**1620**)

## 動詞

| | |
|---|---|
| **1701**<br>**pulverize**<br>[pʌ́lvəràɪz] | を粉砕する [= crush] |
| **1702**<br>**reprieve**<br>[rɪpríːv] | を一時的に救う [= relieve temporarily],<br>の刑の執行を猶予する |
| **1703**<br>**rescind**<br>[rɪsínd] | を撤回する，を無効にする [= annul, revoke,<br>abrogate, repeal] |
| **1704**<br>**scour**<br>[skaʊər] | (場所)を捜し回る〈for ~を捜して〉，駆け巡る |
| **1705**<br>**pervade**<br>[pərvéɪd] | の隅々に広がる，にまん延する [= spread<br>throughout]<br>pervasion 图　pervasive 厖 |
| **1706**<br>**prod**<br>[prɑ(ː)d] | を駆り立てる〈to do ~するように〉[= urge,<br>prompt] |
| **1707**<br>**sojourn**<br>[sóʊdʒəːrn] | 滞在する [= stay]<br>▶ sojourn at one's aunt's おばの家に一時滞在する |
| **1708**<br>**parry**<br>[pǽri] | (攻撃・質問など)をかわす [= fend off] |
| **1709**<br>**procrastinate**<br>[prəkrǽstɪnèɪt] | 先延ばしにする [= delay, put off]<br>procrastination 图 |

| The shells were <u>pulverized</u> in order to create a fine powder. | 貝殻はきめ細かなパウダーを作るために<u>細かく砕</u>かれた。 |
| By a stroke of luck, the students were <u>reprieved</u> from taking the exam. | 思いがけない幸運で，学生たちはその試験を受けることを<u>猶予</u><u>された。</u> |
| The law was <u>rescinded</u> because it was found unconstitutional by the Supreme Court. | その法律は最高裁判所が違憲と判決したので<u>撤回</u>された。 |
| They <u>scoured</u> the apartment **for** the missing earring but were unable to find it. | 彼らはなくなったイヤリング**を**<u>求めてアパート内を捜し回った</u>が，見つけられなかった。 |
| A new, strange illness <u>pervaded</u> a large section of the city. | 新しい奇妙な病気が市の大部分<u>に広まった</u>。 |
| He <u>prodded</u> me **to continue** walking even after I was exhausted. | 私が疲れ果ててからも，彼は歩き**続けるよう**私を<u>駆り立てた</u>。 |
| During his trip, he <u>sojourned</u> for a few days on the tropical island. | 旅行中，彼は数日間その熱帯の島に<u>滞在した</u>。 |
| He cleverly <u>parried</u> the criticism by turning it back on his opponent. | 彼は批判を相手にそのまま返して巧みに<u>かわした</u>。 |
| The student continued to <u>procrastinate</u> in completing his senior thesis. | その学生は卒業論文の完成を<u>先</u><u>延ばしにし</u>続けた。 |

sojourn の journ には（1 日を過ごす）の意味があるよ。
ほかの例としては journey「旅行」，journal「日々の記録」などが思いつくね。

397

| 1710 | |
|---|---|
| **inundate**<br>[ínʌndèɪt] | を水浸しにする [= deluge, flood]，に殺到する<br>inundation 图 洪水，氾濫<br>▶ be inundated with phone calls 電話が殺到する |
| 1711 | |
| **chuckle**<br>[tʃʌ́kl] | くすくす笑う |
| 1712 | |
| **nurture**<br>[nə́ːrtʃər] | を育てる [= foster]，(考えなど)を抱く |
| 1713 | |
| **orient**<br>[ɔ́ːriènt] | (関心など)を向ける〈to, toward ~に〉<br>orientation 图 |
| 1714 | |
| **propel**<br>[prəpél] | を進ませる，を推進する |
| 1715 | |
| **stitch**<br>[stɪtʃ] | (傷口など)を縫い合わせる<br>★ しばしば up を伴う。 |
| 1716 | |
| **tilt**<br>[tɪlt] | 傾く，を傾ける [= tip]<br>▶ tilt one's head 首をかしげる |
| 1717 | |
| **tumble**<br>[tʌ́mbl] | 転がり落ちる，転ぶ<br>▶ come tumbling down 崩落する，崩壊する |
| 1718 | |
| **abduct**<br>[æbdʌ́kt] | を誘拐する，を拉致する [= kidnap]<br>abduction 图 誘拐　　abductor 图 誘拐者 |
| 1719 | |
| **despise**<br>[dɪspáɪz] | を軽蔑する〈for ~のことで〉[= disdain, scorn]，<br>をひどく嫌う [= loathe] |

| The valley was **inundated** when a large dam sprung a major leak. | 大きなダムが大規模な水漏れを起こし，谷は<u>水に漬かった</u>。 |
| --- | --- |
| When the class began to **chuckle**, the teacher looked up and noticed that a cat had entered the classroom. | クラスの生徒たちが<u>くすくす笑</u>い出すと先生は顔を上げ，猫が教室に入り込んだことに気付いた。 |
| The anthropologist worked to **nurture** a good relationship with the tribe. | その人類学者はその部族と良好な関係<u>を築こ</u>うと努力した。 |
| The scientist **oriented** his research **to** topics related to environmental destruction. | その科学者は研究<u>の方向性</u>を環境破壊に関係するトピック<u>に定めた</u>。 |
| The aircraft was **propelled** by two jet engines, one on each wing. | その飛行機は翼に1つずつある2つのジェットエンジンで<u>進んだ</u>。 |
| The nurse **stitched** up the wound and then put a bandage on it. | 看護師は傷口を<u>縫い合わせて</u>から包帯を巻いた。 |
| The tower was built on soft, marshy ground, and so it began to **tilt** after a few years. | 塔が建てられた地面は柔らかい湿地だったので，塔は数年後に<u>傾き</u>始めた。 |
| The little boy tripped and **tumbled** down the grass slope. | その小さな男の子はつまずいて草の斜面を<u>転がり落ちた</u>。 |
| The gang planned to **abduct** the millionaire's daughter and hold her for ransom. | ギャングの一味はその富豪の娘<u>を誘拐して</u>人質に取り，身代金を要求するつもりだった。 |
| The boy was used to being **despised for** his poverty by his wealthier classmates. | 少年は，自分より裕福なクラスメートに貧乏だと<u>軽蔑される</u>のに慣れていた。 |

| | |
|---|---|
| **1720**<br>**falter**<br>[fɔ́:ltər] | 勢いがなくなる，弱る，口ごもる |
| **1721**<br>**salvage**<br>[sǽlvɪdʒ] | (名声など)を回復する，(貴重なもの)を救う[= save]<br>salvageable 形 |
| **1722**<br>**wade**<br>[weɪd] | (水の中を)歩く，(川などを)歩いて渡る |
| **1723**<br>**whine**<br>[hwaɪn] | 泣き言を言う〈about ～のことで〉<br>whiny 形 |
| **1724**<br>**flinch**<br>[flɪntʃ] | びくっとする，たじろぐ<br>▶ not flinch from danger 危険にひるまない |
| **1725**<br>**fray**<br>[freɪ] | いら立つ，(神経などが)すり減る |
| **1726**<br>**trudge**<br>[trʌdʒ] | 重い足取りで歩く |
| **1727**<br>**twitch**<br>[twɪtʃ] | ぴくぴく動く，引きつる |
| **1728**<br>**delude**<br>[dɪlú:d] | (delude A into B で) A を欺いて B をさせる<br>[= deceive]<br>delusion 名 |
| **1729**<br>**demoralize**<br>[dɪmɔ́(:)rəlàɪz] | の士気をくじく [= discourage, dishearten, take down]<br>demoralization 名 |

| | |
|---|---|
| She was in the lead for most of the marathon, but near the end, she **faltered** and dropped out. | 彼女はそのマラソンのほとんどで先頭を走っていたが，最終盤に**失速し**脱落した。 |
| Following the scandal, the actor did his best to **salvage** his popularity. | スキャンダルの後，その俳優は人気を**取り戻そう**と最善を尽くした。 |
| After the heavy rain, local residents had to **wade** through flooded streets. | 豪雨の後，その地域の人たちは水に漬かった通りを**歩いて行か**なければならなかった。 |
| The child started **whining about** his broken toy. | その子は壊れたおもちゃの**こと**で泣き言を言い始めた。 |
| The little boy **flinched** when he heard his father call him in an angry voice. | 父親が怒った声で自分を呼ぶのを聞くと，男の子は**びくっとした**。 |
| As they became tired and hungry, the hikers' tempers began to **fray**. | 疲れて空腹になるにつれて，ハイカーたちの気が**いら立ち**始めた。 |
| The exhausted hikers started to **trudge** back to the camp for their evening meal. | 疲れ切ったハイカーたちは，夕食を食べるためキャンプに向かって**重い足取りで歩いて**帰り始めた。 |
| He noticed his wife's mouth **twitching** as she tried not to laugh at what he had said. | 彼の言葉に笑うまいとして妻の口が**びくびく動いて**いるのに彼は気付いた。 |
| The gambler **deluded** himself **into** believing that he could win back his losses. | そのギャンブラーは負けを取り返せると自分自身を**欺いて**信じ込ま**せた**。 |
| The politician's speech against the war ended up **demoralizing** the military's troops. | その政治家の反戦演説は，結局軍の兵士たちの**士気をくじく**こととなった。 |

| 1730 | |
|---|---|
| **eavesdrop**<br>[íːvzdrɑ̀(ː)p] | 盗み聞きする〈on ～を〉，<br>立ち聞きする [= listen in]<br>eavesdropper 名 |

| 1731 | |
|---|---|
| **embellish**<br>[ɪmbélɪʃ] | を潤色する，を粉飾する [= embroider]<br>embellishment 名 |

| 1732 | |
|---|---|
| **imbue**<br>[ɪmbjúː] | に吹き込む〈with 思想・主義などを〉 |

## 名詞

| 1733 | |
|---|---|
| **paucity**<br>[pɔ́ːsəti] | 不足〈of ～の〉，欠乏 [= scarcity, dearth, insufficiency] |

| 1734 | |
|---|---|
| **rapport**<br>[ræpɔ́ːr] | (調和した)関係 [= agreement, harmony]<br>▶ develop a close rapport with ～ ～と親密な関係を築く |

| 1735 | |
|---|---|
| **outcry**<br>[áutkràɪ] | 激しい抗議〈against ～に対する〉，<br>叫び声 [= shout]<br>*cf.* cry out 激しく抗議する，大声で叫ぶ |

| 1736 | |
|---|---|
| **premonition**<br>[prèməníʃən] | (悪い)予感〈that …という〉 [= presentiment]，<br>(悪い)前兆 [= foreboding]，<br>予告 [= forewarning] |

| 1737 | |
|---|---|
| **renunciation**<br>[rɪnʌ̀nsiéɪʃən] | 放棄 [= relinquishment]<br>renounce 動 |

| 1738 | |
|---|---|
| **prophecy**<br>[prá(ː)fəsi] | 予言<br>prophesy 動　prophet 名 予言者<br>prophetic 形 |

| | |
|---|---|
| The secretary put her ear to the door in order to **eavesdrop on** her boss's conversation. | 上司の会話**を盗み聞きする**ため，秘書はドアに耳を当てた。 |
| The historian was accused of **embellishing** the facts in order to create a more dramatic story. | その歴史家は，もっとドラマチックな話を創作するために事実**を潤色した**ことを非難された。 |
| His upbringing had **imbued** him **with** a strong sense of patriotism and a desire to serve his country. | 子供のころのしつけは，彼に強い愛国心と祖国に尽くしたいという欲求**を植え付けて**いた。 |
| I would like to travel after retirement, but I may be limited by a **paucity of** funds. | 定年後は旅をしたいが，資金の**不足**で限界があるかもしれない。 |
| We hoped that our meeting would help us develop a trusting and fruitful **rapport**. | 私たちの会議が信頼でき実りある**関係**を生む助けとなるといい，と私たちは思った。 |
| A public **outcry against** the decision was soon raised. | その決定**に反対する**大衆の激しい**抗議の声**がすぐに上がった。 |
| The fortune-teller had a **premonition that** her client would be in danger. | 占い師は，相談者が危機に陥る**という予感**がした。 |
| Following his **renunciation** of the throne, the former king led a quiet life. | 王座を**放棄**した後，前国王は静かな生活を送った。 |
| At the time, his **prophecy** of ecological catastrophe was ignored. | 当時，生態系破壊が起こるという彼の**予言**は無視された。 |

| 1739 □□□ **vestige** [véstɪdʒ] | 名残 [= remnant, trace] |
| | |
| 1740 □□□ **periphery** [pərífəri] | 周囲, 外縁 (地域) [= outskirts, vicinity] <br> peripheral 形 |
| 1741 □□□ **sabotage** [sǽbətàːʒ] | (労働争議の際などの)破壊行為 [= willful damage by workers], 妨害 <br> saboteur 名 破壊工作者 |
| 1742 □□□ **shackle** [ʃǽkl] | (〜s) 手かせ [= manacle], 足かせ [= fetter], <br> (通例 〜s) 拘束 [= restraint] |
| 1743 □□□ **spree** [spriː] | 浮かれ [ばか] 騒ぎ |
| 1744 □□□ **zeal** [ziːl] | 熱心さ, 熱意 [= fervor, ardor, zest] <br> zealous 形 |
| 1745 □□□ **allegiance** [əlíːdʒəns] | 忠誠〈to 〜に対する〉, 忠義 <br> ▶ pledge [swear] allegiance 忠誠を誓う |
| 1746 □□□ **aspiration** [æspəréɪʃən] | 願望, 熱望 [= ambition] <br> aspire 動 |
| 1747 □□□ **awe** [ɔː] | 畏敬, 畏怖 <br> ▶ be in awe of 〜 〜に畏敬の念を抱く |
| 1748 □□□ **backdrop** [bǽkdrà(ː)p] | (事件などの)背景 [= background] |

| The judges' wigs were a **vestige** of the country's colonial period. | 裁判官のかつらはその国の植民地時代の<u>名残</u>だった。 |
| The unkempt prisoner appeared in court still in **shackles**. | 髪がぼさぼさの囚人は<u>手錠</u>をはめられたまま出廷した。 |
| We posted guards on the **periphery** of the camp in case anyone tried to infiltrate in the night. | 誰かが夜間に侵入しようとするといけないので、われわれは野営地の<u>周囲</u>に見張りを置いた。 |
| An act of **sabotage** by unhappy workers broke the machine, and the factory's production came to a halt. | 不満を持つ労働者の<u>破壊行為</u>がその機械を壊し、工場の生産が停止した。 |
| The unkempt prisoner appeared in court still in **shackles**. | 髪がぼさぼさの囚人は<u>手錠</u>をはめられたまま出廷した。 |
| The family went on a shopping **spree** before Christmas and used all the money they had saved. | その家族はクリスマス前に買い物ざんまいをして、ためていたお金を使い果たした。 |
| While appreciating his **zeal**, his boss would prefer more care and accuracy. | 上司は彼の<u>熱心さ</u>を評価してはいるが、もっと注意力と正確さがあればと思っているだろう。 |
| When his chief supporter switched his **allegiance to** the rebels, the king knew he had lost the fight. | 第1の支援者が寝返って反逆者に<u>忠誠</u>を誓ったとき、王は戦いに敗れたと知った。 |
| It had always been her **aspiration** to become a successful novelist. | 小説家として成功することがずっと彼女の<u>願望</u>だった。 |
| When he reached the mountaintop, he was filled with **awe** by the beautiful scenery. | 山頂に到達すると、美しい景色に彼は<u>畏敬の念</u>で満たされた。 |
| The movie depicted a love affair set against the **backdrop** of a civil war. | その映画は内戦を<u>背景</u>にした恋愛を描いていた。 |

sabotageは日本語では「サボタージュ（＝労働などをしないこと）」の意味で使われているけれど、英語では「労働争議中に機械などに損傷を与えること」を意味するんだ。

| 1749 □□□ **bureaucrat** [bjúərəkræt] | 官僚, 役人 <br> bureaucratic 形 |
|---|---|
| 1750 □□□ **collateral** [kəlǽt̬ərəl] | 担保 [= security] <br> 形 付随する |
| 1751 □□□ **complexion** [kəmplékʃən] | 顔色, 肌の色 <br> ▶ healthy complexion 健康的な顔色 |
| 1752 □□□ **crackdown** [krǽkdàun] | 厳しい取り締まり〈on ~の〉 <br> cf. crack down (on ~) (~を)厳しく取り締まる |
| 1753 □□□ **curator** [kjʊəréit̬ər] | (博物館などの)学芸員, キュレーター |
| 1754 □□□ **groove** [gru:v] | (細く長い)溝 |
| 1755 □□□ **inclination** [ìnklɪnéɪʃən] | 気持ち〈to do ~したいという〉, 意向 <br> incline 動 |
| 1756 □□□ **nuisance** [njú:səns] | 迷惑な人 [行為, 物], 邪魔 <br> ▶ make a nuisance of oneself 人に迷惑をかける |
| 1757 □□□ **outskirts** [áutskə̀:rts] | 郊外, 町外れ <br> ★ suburb は中心部に近い住宅地を指す。 |
| 1758 □□□ **premise** [prémɪs] | 前提〈that …という〉, 根拠, (~s)敷地, 構内 |

| | |
|---|---|
| For many years, the writer worked as a **bureaucrat** in a government ministry. | その作家は長年政府の省で官僚として働いた。 |
| The woman put up a diamond necklace as **collateral** for her loan. | その女性はダイヤのネックレスをローンの担保に入れた。 |
| The boy's fair **complexion** meant that he was easily burnt by the sun. | 少年の色白の顔色は，日焼けで炎症を起こしやすいことを意味していた。 |
| The new president immediately ordered a **crackdown on** police corruption. | 新大統領は警察の腐敗の厳重な取り締まりを直ちに命じた。 |
| When he tried to photograph the famous painting, a **curator** immediately warned him that it was not allowed. | 彼がその有名な絵の写真を撮ろうとすると，すぐに学芸員が許可されていないと注意した。 |
| The running water had cut a deep **groove** in the surface of the rock. | 流れる水がその岩の表面に深い溝を刻んでいた。 |
| The man felt a sudden **inclination to visit** the town in which he had grown up. | 男性は自分が育った町を訪れたいという気持を突然感じた。 |
| The teacher told the boy to keep quiet and stop being a **nuisance**. | 静かにしなさい，迷惑をかけないで，と先生は少年に言った。 |
| People living in the **outskirts** of London often see foxes in their gardens. | ロンドンの郊外に住む人たちは，庭でしばしばキツネを見かける。 |
| The chairman's plan was drawn up on the **premise that** the company's profits would continue to grow. | 社長の計画は，会社の利益が伸び続けるという前提で立てられた。 |

| 1759 | |
|---|---|
| **retention** | 記憶（力），保持 |
| [rɪténʃən] | retain 動 を保つ |

| 1760 | |
|---|---|
| **lesion** | 病変，傷 |
| [líːʒən] | |

| 1761 | |
|---|---|
| **remnant** | 残り，残存者 [= remains] |
| [rémnənt] | |

| 1762 | |
|---|---|
| **trajectory** | （ロケットなどの）弾道，軌道 |
| [trədʒéktəri] | |

| 1763 | |
|---|---|
| **archipelago** | 群島，諸島 |
| [àːrkəpéləgou] | |

| 1764 | |
|---|---|
| **remorse** | 深い後悔〈for ～に対する〉，自責の念 |
| [rɪmɔ́ːrs] | remorseful 形 |

| 1765 | |
|---|---|
| **resilience** | 回復力，復元力 |
| [rɪzíliəns] | resilient 形 |

| 1766 | |
|---|---|
| **waiver** | 権利放棄証書 |
| [wéɪvər] | waive 動 |

| 1767 | |
|---|---|
| **vigil** | （見守り・祈りなどのための）徹夜，寝ずの番 |
| [vídʒɪl] | ▶ keep vigil at *a person's* bedside 徹夜で（人）の看病をする |

| | |
|---|---|
| The detective's <u>retention</u> of all the facts of the case was quite remarkable. | 刑事がその事件に関するすべての事実を<u>記憶していること</u>は，まったく驚くべきことだった。 |
| Many different illnesses can cause skin <u>lesions</u>, including viruses and cancers. | ウイルスとがんを含め，多くのさまざまな病気が皮膚の<u>病変</u>の原因になり得る。 |
| Following defeat in the battle, the <u>remnant</u> of the army surrendered to the enemy. | 戦闘での敗北の後，軍の<u>残り</u>は敵に降伏した。 |
| During the war, many people were employed in calculating the <u>trajectories</u> of enemy missiles. | 戦時中，敵のミサイルの<u>弾道</u>の計算に多くの人手が費やされた。 |
| The country was an enormous <u>archipelago</u> consisting of a multitude of islands. | その国は多数の島から成る巨大な<u>群島</u>だった。 |
| He was full of <u>remorse</u> **for** his behavior and apologized to his girlfriend repeatedly. | 彼は自分の振る舞い**に対する**深い<u>後悔</u>でいっぱいで，繰り返し恋人に謝罪した。 |
| Everybody was surprised at the local residents' <u>resilience</u> in the face of so many disasters. | それほど多くの惨事に直面しても<u>立ち直る</u>地元住民の<u>力</u>に誰もが驚いた。 |
| Shortly before he started his horseback riding, the instructor asked him to sign a liability <u>waiver</u>. | 彼が乗馬を始める直前に，インストラクターは<u>免責同意書</u>にサインしてほしいと言った。 |
| A crowd of people held a <u>vigil</u> to protest the death of the student at the hands of the police. | 警察の手によるその学生の死に抗議するため，大勢の人が<u>徹夜</u>をした。 |

| | |
|---|---|
| **1768** □□□<br>**petulant**<br>[pétʃələnt] | 不機嫌な，怒りっぽい [= peevish]<br>petulance 名 |
| **1769** □□□<br>**quaint**<br>[kweint] | 古風な，趣のある [≒ antique, archaic]，<br>風変わりで面白い [≒ oddly picturesque] |
| **1770** □□□<br>**sparse**<br>[spɑ:rs] | まばらな [= thin, thinly scattered or spread]<br>▶ sparse population 少ない人口 |
| **1771** □□□<br>**venerable**<br>[vénərəbl] | 由緒ある，敬うべき [≒ respectable]<br>venerate 動 |
| **1772** □□□<br>**state-of-the-art**<br>[stèɪtəvðiá:rt] | 最新鋭の<br>▶ state-of-the-art factory 最新鋭の工場 |
| **1773** □□□<br>**preemptive**<br>[priémptɪv] | 先制の<br>▶ preemptive attack 先制攻撃 |
| **1774** □□□<br>**prodigious**<br>[prədídʒəs] | 驚異的な，巨大な [= enormous]<br>prodigy 名 神童，驚異<br>▶ prodigious ability 素晴らしい能力 |
| **1775** □□□<br>**suave**<br>[swɑ:v] | 物腰の柔らかな<br>▶ suave tone 柔らかな口調 |
| **1776** □□□<br>**untenable**<br>[ʌnténəbl] | 批判に耐えられない，擁護できない (⇔ tenable) |
| **1777** □□□<br>**presumptuous**<br>[prɪzʌmptʃuəs] | ずうずうしい [= impertinent]<br>presume 動　presumption 名 |

| | |
|---|---|
| His colleagues were surprised by his **petulant** display of anger. | 同僚たちは，彼が機嫌悪く怒りをあらわにすることに驚いた。 |
| England is known for the **quaint** cottages in its lush green countryside. | イングランドは緑豊かな田園地帯にある古風な小家屋で知られる。 |
| In semi-arid conditions, rainfall is too **sparse** for most crops. | 半乾燥性の自然条件では，ほとんどの作物にとって降雨がまばら過ぎる。 |
| He believed that such a **venerable** tradition should not be cast aside lightly. | そのような由緒ある伝統は軽々しく放棄されるべきではないと彼は考えていた。 |
| The rich man installed a **state-of-the-art** security system in his house. | その金持ちの男性は最新鋭のセキュリティーシステムを家に設置した。 |
| The air force was ordered to launch a **preemptive** strike on the site. | 空軍はその場所に先制攻撃を開始するよう命令された。 |
| The hero from Greek mythology is legendary for his **prodigious** strength. | ギリシャ神話のその英雄は驚異的な大力で伝説となっている。 |
| The **suave** young man turned out to be an insurance salesman. | 物腰の柔らかなその若い男性は保険の販売員であることがわかった。 |
| It took the historian many years to admit that his theory was **untenable**. | 自分の説が批判に耐えられないものだとその歴史家が認めるには長い年月を要した。 |
| It was **presumptuous** of him to make so many demands of a stranger. | 見知らぬ人にそんなに多くの要求をするなんて，彼はずうずうしかった。 |

| 1778 | | |
|---|---|
| **pernicious**<br>[pərníʃəs] | 非常に有害な，破壊的な<br>▶ pernicious disease 極めて厄介な病気 |

| 1779 | | |
|---|---|
| **pungent**<br>[pándʒənt] | (味・匂いが)刺激性の，(批評などが)辛辣な<br>[= scathing]<br>▶ pungent sauce 香辛料のよく利いたソース |

| 1780 | | |
|---|---|
| **languid**<br>[læŋgwɪd] | 元気がない，物憂い [= listless, sluggish]<br>languish 動 |

| 1781 | | |
|---|---|
| **sullen**<br>[sálən] | 不機嫌な，うっとうしい<br>▶ sullen look 不機嫌な顔つき |

| 1782 | | |
|---|---|
| **subversive**<br>[səbvə́:rsɪv] | (秩序・政府などを)破壊 [転覆] させる<br>[= destructive]<br>名 破壊分子　subvert 動　subversion 名 |

| 1783 | | |
|---|---|
| **malleable**<br>[mǽliəbl] | 適応性のある，柔順な [= pliable]，可鍛性の<br>▶ malleable casting 可鍛鋳物 |

| 1784 | | |
|---|---|
| **pallid**<br>[pǽlɪd] | (顔・肌などが)青白い [= pale, wan]，<br>つまらない<br>▶ pallid performance つまらない演技 |

| 1785 | | |
|---|---|
| **upscale**<br>[ʌpskéɪl] | 高級な (⇔ downscale)<br>▶ upscale residential area 高級住宅地 |

| 1786 | | |
|---|---|
| **obtrusive**<br>[əbtrú:sɪv] | ひどく目立つ，押しつけがましい<br>obtrude 動<br>▶ obtrusive behavior でしゃばった振る舞い |

| 1787 | | |
|---|---|
| **opulent**<br>[á(:)pjʊlənt] | ぜいたくな，裕福な，豊富な<br>opulence 名 |

| | |
|---|---|
| Certain kinds of **pernicious** viruses thrive even in sanitary conditions. | ある種の<u>非常に有害な</u>ウイルスは衛生状態がよくても繁殖する。 |
| The moment he entered the house, he noticed a **pungent** smell of curry. | 彼は家に入った瞬間に、カレーの<u>刺激的な</u>匂いを感じた。 |
| The boy seemed so **languid** that we wondered if he was healthy. | その少年があまりに<u>元気がなく</u>思えたので、私たちは彼の健康をいぶかった。 |
| The little girl stood with a **sullen** expression on her face. | その小さな女の子は<u>不機嫌な</u>表情を顔に浮かべて立っていた。 |
| Under the military regime, many people were arrested and imprisoned for their **subversive** activities. | 軍事政権下で、多くの人が<u>破壊</u>活動で逮捕され投獄された。 |
| Many parents try to pass on their values to their children while their minds are at a **malleable** state. | 多くの親は、子供の心が<u>適応性のある</u>状態のうちに、自分たちの価値観を伝えようとする。 |
| After months of severe dieting, her face looks drawn and **pallid**. | 厳しいダイエットを数カ月した結果、彼女の顔はげっそりとして<u>青白く</u>見える。 |
| On their wedding anniversary, he took his wife to an **upscale** restaurant. | 結婚記念日に彼は妻を<u>高級</u>レストランに連れて行った。 |
| An **obtrusive** poster warned students not to smoke on campus. | <u>ひどく目立つ</u>ポスターが、学生に構内でタバコを吸わないようにと警告していた。 |
| She was surprised when she saw his **opulent** home with its expensive furnishings. | 高価な家具調度品のそろった彼の<u>ぜいたくな</u>家を見て、彼女は驚いた。 |

upscaleは「スケールの大きな」をイメージしてしまいそうになるけど、「高級な」を意味することをしっかり覚えよう。

413

| | |
|---|---|
| **1788**<br>**elastic**<br>[ɪlǽstɪk] | 融通 [順応] 性のある [= flexible],<br>弾力性のある<br>elasticity 图 |
| **1789**<br>**equitable**<br>[ékwəṭəbl] | 公平な, 公正な [= fair, just] (⇔ inequitable)<br>equitably 剾 |
| **1790**<br>**generic**<br>[dʒənérɪk] | 一般的な, 包括的な (⇔ specific 特定の)<br>generically 剾 |
| **1791**<br>**interim**<br>[ínṭərɪm] | 暫定的な, 一時的な [= temporary, provisional]<br>(⇔ permanent)<br>图 しばらくの間 |
| **1792**<br>**ludicrous**<br>[lú:dɪkrəs] | 滑稽な, ばかげた [= ridiculous, absurd] |
| **1793**<br>**marginal**<br>[má:rdʒɪnəl] | わずかな, ごく小さい [= slight], 限界の |
| **1794**<br>**overt**<br>[ouvə́:rt] | 公然の, 明白な [= obvious] (⇔ covert)<br>overtly 剾 |
| **1795**<br>**turbulent**<br>[tə́:rbjulənt] | 激動する, 荒れ狂う<br>turbulence 图 |
| **1796**<br>**anecdotal**<br>[æ̀nɪkdóuṭəl] | 逸話の, 体験談の<br>anecdote 图 逸話 |
| **1797**<br>**luminous**<br>[lú:mɪnəs] | 光り輝く, 光を発する [= shining]<br>luminosity 图 |

| The rules looked strict on paper, but they were in fact applied in a rather **elastic** way. | その規則は書類上では厳しく見えたが，実際はかなり融通が利いて適用された。 |
| In his will, the man tried to divide his fortune in an **equitable** way among his three sons. | 男性は遺書で，財産を3人の息子の間で公平に分けようとした。 |
| The film was a **generic** comedy with a dull plot and no famous actors. | その映画はプロットが退屈で有名な俳優も出ていない，一般的なコメディーだった。 |
| After the fire, the school was moved to another building nearby as an **interim** measure. | 火事の後，暫定的な措置としてその学校は近くの別の建物に移された。 |
| The **ludicrous** costumes of the clowns, with their funny hats and huge shoes, made everyone laugh. | おかしな帽子をかぶりばかでかい靴を履いたピエロたちの滑稽な衣装は皆を笑わせた。 |
| The new sales tax only had a **marginal** effect on wealthy people, but it hit the poor hard. | 新売上税は裕福な人々にはわずかな影響しかなかったが，貧困層には大きな打撃を与えた。 |
| Her **overt** opposition to the plan led to friction with other members. | 彼女がその計画に公然と反対したことが，ほかのメンバーとのあつれきを招いた。 |
| The early years of the king's reign were **turbulent** ones, with wars, strikes, and natural disasters. | その国王の治世初期は，戦争ありストライキあり自然災害ありの激動の年月だった。 |
| While **anecdotal** evidence suggested that the economy was improving, no hard statistics were available. | 事例証拠は景気が改善しつつあると示唆していたが，確実な統計はどこにもなかった。 |
| Only the most **luminous** stars are visible in the urban night sky. | 都会の夜の空で見えるのは最も明るく輝く星だけだ。 |

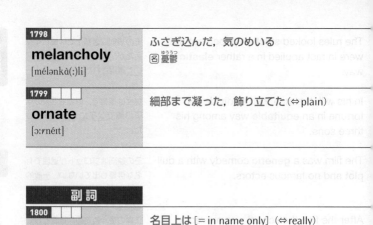

| 1798 | ふさぎ込んだ，気のめいる |
|---|---|
| **melancholy** | 名 憂鬱 |
| [mélənkà(:)li] | |

| 1799 | 細部まで凝った，飾り立てた (⇔ plain) |
|---|---|
| **ornate** | |
| [ɔːrnéit] | |

## 副詞

| 1800 | 名目上は [= in name only] (⇔ really) |
|---|---|
| **nominally** | |
| [ná(:)mənəli] | |

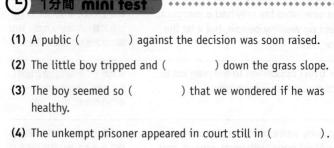

## 🕐 1分間 mini test

**(1)** A public (　　　　) against the decision was soon raised.

**(2)** The little boy tripped and (　　　　) down the grass slope.

**(3)** The boy seemed so (　　　　) that we wondered if he was healthy.

**(4)** The unkempt prisoner appeared in court still in (　　　　).

**(5)** A new, strange illness (　　　　) a large section of the city.

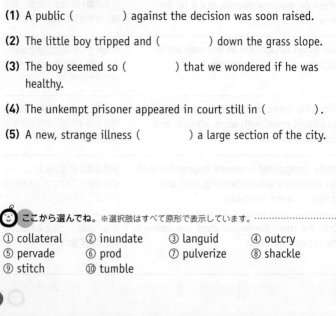

😊 ここから選んでね。※選択肢はすべて原形で表示しています。

① collateral　② inundate　③ languid　④ outcry
⑤ pervade　⑥ prod　⑦ pulverize　⑧ shackle
⑨ stitch　⑩ tumble

| | |
|---|---|
| She was a quiet, <u>melancholy</u> young woman who rarely became excited by things. | 彼女は物事にときめくことのめったにない，物静かで<u>ふさぎ込みがちの</u>若い女性だった。 |
| Inside the church, the wooden seats were decorated with <u>ornate</u> carvings. | 教会の中では，木製の座席は<u>細部まで凝った</u>彫刻で装飾されていた。 |
| Although he was <u>nominally</u> in charge, the real decisions were made by others. | 彼は<u>名目上</u>は責任者だったが，本当の決定はほかの人たちによってなされた。 |

◆◆◆◆◆◆◆◆◆◆◆◆◆◆◆◆◆◆◆◆◆◆◆◆◆◆◆◆◆◆◆◆◆◆◆◆◆◆◆◆◆◆◆◆◆◆◆◆◆◆◆◆

**(6)** The nurse (　　　　　) up the wound and then put a bandage on it.

**(7)** The valley was (　　　　　) when a large dam sprung a major leak.

**(8)** He (　　　　　) me to continue walking even after I was exhausted.

**(9)** The woman put up a diamond necklace as (　　　　　) for her loan.

**(10)** The shells were (　　　　　) in order to create a fine powder.

正解

**(1)** ④ (→**1735**)　**(2)** ⑩ (→**1717**)　**(3)** ③ (→**1780**)　**(4)** ⑧ (→**1742**)　**(5)** ⑤ (→**1705**)
**(6)** ⑨ (→**1715**)　**(7)** ② (→**1710**)　**(8)** ⑥ (→**1706**)　**(9)** ① (→**1750**)　**(10)** ⑦ (→**1701**)

| 動詞 | |
|---|---|
| 1801 □□□□<br>**impel**<br>[ɪmpél] | を駆り立てる〈to do ～するように〉，を強いる<br>語源 im（前の方へ）+ pel（押し進める） |
| 1802 □□□□<br>**lubricate**<br>[lú:brɪkèɪt] | に潤滑油を差す[塗る]<br>lubricant 图 潤滑油　　lubrication 图 潤滑 |
| 1803 □□□□<br>**nibble**<br>[níbl] | 少しずつかじる〈at, on ～を〉，<br>（食べ物）を少しずつかじる |
| 1804 □□□□<br>**polarize**<br>[póʊləràɪz] | （集団など）を二極化させる，を分裂させる<br>polarization 图 |
| 1805 □□□□<br>**pounce**<br>[paʊns] | ここぞとばかりに攻撃する〈on 失敗などを〉，<br>急襲する |
| 1806 □□□□<br>**retaliate**<br>[rɪtǽlièɪt] | 報復する〈with ～で〉，仕返しする<br>retaliation 图　　retaliatory 形 |
| 1807 □□□□<br>**rummage**<br>[rʌ́mɪdʒ] | かき回して捜す |
| 1808 □□□□<br>**spearhead**<br>[spíərhèd] | （運動など）の先頭に立つ |
| 1809 □□□□<br>**typify**<br>[típɪfàɪ] | を象徴する，の典型である |

| | |
|---|---|
| After listening to the lecture for thirty minutes, he felt **impelled to interrupt** and **object**. | 講義を30分聞いた後，彼は話を遮って反対したい気持ちに駆られた。 |
| The door hinges were squeaking so he **lubricated** them with some oil. | ドアのちょうつがいがキーキー鳴るので，彼は潤滑油を差した。 |
| The two men **nibbled at** the peanuts as they drank, and soon the bowl was completely empty. | 2人の男性は酒を飲みながらピーナツをポリポリつまみ，すぐにボウルはすっかり空になった。 |
| The country became **polarized** between supporters and opponents of the president. | その国は大統領の支持者と反対者の間で二極化した。 |
| When a student made a mistake, the teacher immediately **pounced on** it. | 生徒が間違うと，先生はここぞとばかりにすぐにその間違いを指摘した。 |
| After the attack on its forces, the other side **retaliated with** a bombing campaign. | 相手方は自軍に攻撃を受けた後，空爆作戦で報復した。 |
| When she asked for glue, he **rummaged** about in his desk drawer and produced some. | 接着剤をちょうだいと彼女に言われ，彼は机の引き出しをがさごそ捜して取り出した。 |
| The rock star **spearheaded** a campaign to prevent the chemical factory being built. | そのロックスターは，その化学工場が建設されるのを中止させる運動の先頭に立った。 |
| The expert said the low voter turnout **typified** the public's lack of interest in politics. | 低い投票率は大衆の政治に対する関心の欠如の象徴だ，とその専門家は述べた。 |

| 1810 | | | |
|---|---|
| **prowl**<br>[praʊl] | (獲物などを求めて)うろつく |

| 1811 | | | |
|---|---|
| **retract**<br>[rɪtrǽkt] | を撤回する,を取り消す [= withdraw, take back]<br>retraction 图 |

| 1812 | | | |
|---|---|
| **ruffle**<br>[rʌ́fl] | を動揺させる,の心を乱す<br>▶ ruffle a person's feathers (人)をかっとさせる |

| 1813 | | | |
|---|---|
| **detest**<br>[dɪtést] | をひどく嫌う [= hate, loathe] |

| 1814 | | | |
|---|---|
| **feign**<br>[feɪn] | のふりをする,を装う [= pretend, fake, simulate] |

| 1815 | | | |
|---|---|
| **fluctuate**<br>[flʌ́ktʃuèɪt] | 変動する,上下する [= undulate]<br>fluctuation 图<br>語源 fluct (流れる) + ate (動詞語尾) |

| 1816 | | | |
|---|---|
| **meddle**<br>[médl] | 干渉する〈in 〜に〉[= interfere]<br>meddlesome 形 おせっかいな<br>▶ meddle in internal affairs 内情に干渉する |

| 1817 | | | |
|---|---|
| **pamper**<br>[pǽmpər] | を甘やかす〈with 〜で〉[= spoil] |

| 1818 | | | |
|---|---|
| **peruse**<br>[pərúːz] | をざっと読む [= look over],を熟読する |

| 1819 | | | |
|---|---|
| **pique**<br>[piːk] | を立腹させる [= offend],を刺激する [= excite] |

| It can be dangerous to walk outside at night in the area because of the lions **prowling** for prey. | 獲物を探して**うろつく**ライオンがいるので，その地域では夜間に外を歩くのは危険なことがある。 |
| --- | --- |
| The prime minister demanded that the leader of the opposition **retract** his shocking accusations. | 首相は，野党の指導者が述べた無礼な非難を**撤回する**ことを要求した。 |
| The protesters tried to **ruffle** the mayor by shouting insults, but he paid no attention. | 抗議者たちは侮辱を浴びせて市長を**動揺させ**ようとしたが，市長は気に留めなかった。 |
| Even though he **detested** broccoli, his wife often served it. | 彼はブロッコリーが**大嫌いだった**のに，妻はそれをよく食事に出した。 |
| The students were bored by the lecture, but some tried to **feign** interest. | 学生たちは講義に退屈していたが，関心を持っている**ふりをし**ようとした者もいた。 |
| The exchange rate between the yen and the dollar has **fluctuated** wildly all year. | 円とドルの為替レートは一年中激しく**変動した**。 |
| The man advised his wife not to **meddle in** her friend's marriage. | 男性は妻に，友達の結婚に**干渉し**ないように忠告した。 |
| She **pampered** her pet cat **with** expensive foods such as smoked salmon. | 彼女はスモークサーモンのような高価な餌**を与えて**飼い猫**を甘やかした**。 |
| Over breakfast, he **perused** a copy of the local newspaper. | 朝食を食べながら，彼は地元の新聞**をざっと読んだ**。 |
| Her persistent complaints began to **pique** many of her colleagues. | 彼女がいつまでも文句を言っていたので，同僚の多くが**腹を立て**始めた。 |

| 1820 | |
|---|---|
| **indoctrinate** | に教え込む〈in, with 教義などを〉[= instruct, teach] |
| [ɪndá(:)ktrɪnèɪt] | *cf.* doctrine 教義 |

| 1821 | |
|---|---|
| **orchestrate** | を画策する, の段取りを整える |
| [ɔ́ːrkɪstrèɪt] | orchestration 图 |

| 1822 | |
|---|---|
| **fortify** | を強化する〈with 〜で〉[= strengthen] |
| [fɔ́ːrʈəfàɪ] | fort 图 要塞　fortification 图 防備の強化 |

| 1823 | |
|---|---|
| **bolster** | を高める [= boost], を支援する [= support] |
| [bóʊlstər] | |

| 1824 | |
|---|---|
| **exhort** | に熱心に勧める〈to *do* 〜することを〉[= urge, encourage] |
| [ɪgzɔ́ːrt] | |

| 1825 | |
|---|---|
| **coerce** | に強いる〈into 〜を〉[= force] |
| [koʊə́ːrs] | coercion 图 |

| 1826 | |
|---|---|
| **dazzle** | を幻惑する |
| [dǽzl] | dazzling 形 |

| 1827 | |
|---|---|
| **debunk** | の誤りを暴く [= disprove] |
| [dìːbʌ́ŋk] | |

| 1828 | |
|---|---|
| **surmise** | (surmise that ... で) …と推測する [= guess, conjecture] |
| [sərmáɪz] | |

| 1829 | |
|---|---|
| **reiterate** | を繰り返す [= repeat] |
| [riː(ː)íʈərèɪt] | reiteration 图 |

| The martial arts teacher **indoctrinated** his new students **with** basic fighting techniques. | 格闘技の教師は，新入生に基本的な戦闘技術を教え込んだ。 |
| The politician **orchestrated** a smear campaign against his rival. | その政治家はライバルに対する組織的な中傷を画策した。 |
| Nowadays, it is customary to **fortify** milk **with** vitamin D. | 最近では，ビタミンDで牛乳の栄養価を高めることが普通になっている。 |
| The government has recently taken steps to **bolster** market confidence. | 最近政府は市場の信頼性を高める対策を講じた。 |
| The teacher **exhorted** the students **to prepare** for the final exam. | その教師は期末試験の準備をするよう生徒たちに熱心に勧めた。 |
| Though the man was reluctant to sign the contract, he was **coerced into** doing it. | 男性は気が進まなかったが，契約書にサインすることを強いられた。 |
| **Dazzled** by the man's charm, the woman eventually agreed to a date. | 女性はその男性の魅力に幻惑され，結局デートに応じた。 |
| One effect of science has been to **debunk** many traditional beliefs. | 科学の効能の1つは，多くの伝統的な考えの誤りを暴いてきたことである。 |
| I **surmised that** I could do better by investing in real estate than in stocks. | 株より不動産に投資した方がうまくやれると私は推測した。 |
| The ambassador **reiterated** his nation's policy at the start of the meeting. | 大使は会議の初めに自国の政策を繰り返し述べた。 |

| 1830 | |
|---|---|
| **enunciate**<br>[ɪnʌ́nsièɪt] | を発表する [= announce]，を明瞭に発音する [= articulate]<br>enunciation 名 |

| 1831 | |
|---|---|
| **defuse**<br>[dìːfjúːz] | (爆弾など)から信管を除去する，<br>(危険)を取り除く，(緊張)を和らげる |

| 1832 | |
|---|---|
| **berate**<br>[bɪréɪt] | を責め立てる〈for 〜のことで〉[= blame, rebuke, reprimand, reproach] |

| 1833 | |
|---|---|
| **abscond**<br>[əbskáː)nd] | 持ち逃げする〈with 〜を〉，逃亡する |

| 1834 | |
|---|---|
| **broach**<br>[broutʃ] | (話題)を切り出す〈to, with 人に〉[= introduce, bring up] |

| 1835 | |
|---|---|
| **bask**<br>[bæsk] | 日光浴をする [= sunbathe]，享受する [= delight] |

## 名詞

| 1836 | |
|---|---|
| **wrath**<br>[ræθ] | 激怒 [= extreme anger]<br>wrathful 形 |

| 1837 | |
|---|---|
| **antiseptic**<br>[æntɪséptɪk] | 消毒剤 [= disinfectant]<br>形 消毒用の |

| 1838 | |
|---|---|
| **attrition**<br>[ətríʃən] | 消耗，摩滅 |

| | |
|---|---|
| My boss forcefully **enunciated** his policies to the employees. | 私の上司は従業員に対し力強い調子で彼の方針を発表した。 |
| Nowadays, many police forces have experts who can **defuse** bombs. | 最近，多くの警察隊には爆弾の信管を除去できる専門家がいる。 |
| He **berated** himself **for** having trusted a stranger with his money. | 彼は見知らぬ人にお金を預けてしまった**ことで**自分自身を責めた。 |
| The bank manager **absconded with** the money after his theft was revealed. | 銀行の支店長は，自身の窃盗が発覚した後その金**を持って**姿をくらました。 |
| Many parents find sex education an awkward subject to **broach with** their children. | 性教育は子供に切り出すのが厄介なテーマだと多くの親が感じる。 |
| In the summer, seals could be seen **basking** on the rocks. | 夏には，岩の上で日光浴をするアザラシの姿を見ることができた。 |
| The boy could imagine his father's **wrath** when he told him about the damage to the family car. | 家の車に与えた損傷のことを話したら父親がどんなに激怒するか，少年は想像できた。 |
| When she cut her finger, she immediately put **antiseptic** on it to stop it being infected. | 彼女は指を切ったとき，感染症にならないようにすぐ消毒薬を塗った。 |
| The government waged a long war of **attrition** against the rebel forces. | 政府は反乱軍相手に長い消耗戦を遂行した。 |

ab- は（離れて）という接頭辞。
abscond「姿をくらます」のほかにも abdicate「を退く」などがあるよ。

| 1839 | | |
|---|---|---|
| **bombardment** | 爆撃，砲撃 | |
| [bɑ(:)mbáːrdmənt] | bombard 動 | |
| | ▶ aerial bombardment 空爆 | |

| 1840 | | |
|---|---|---|
| **euphoria** | 幸福感，多幸感 | |
| [juːfɔ́ːriə] | euphoric 形 | |

| 1841 | | |
|---|---|---|
| **futility** | 無益，無駄 | |
| [fjuːtíləti] | futile 形 | |

| 1842 | | |
|---|---|---|
| **infatuation** | 夢中になること〈with ～に〉 | |
| [ɪnfætʃuéɪʃən] | infatuate 動 | |

| 1843 | | |
|---|---|---|
| **inhalation** | 吸入 (⇔ exhalation) | |
| [ìnhəléɪʃən] | inhale 動 | |

| 1844 | | |
|---|---|---|
| **labyrinth** | 迷路 [= maze] | |
| [lǽbərìnθ] | labyrinthine 形 | |

| 1845 | | |
|---|---|---|
| **reconnaissance** | 偵察 | |
| [rɪkɑ́(:)nəzəns] | ▶ reconnaissance aircraft 偵察機 | |

| 1846 | | |
|---|---|---|
| **remittance** | 送金 | |
| [rɪmítəns] | remit 動 | |

| 1847 | | |
|---|---|---|
| **rendezvous** | 待ち合わせ，会う約束，待ち合わせ場所 | |
| [ráːndeɪvùː] | 動 待ち合わせる | |

| 1848 | | |
|---|---|---|
| **restitution** | (盗難品などの)返還 [= restoration] | |
| [rèstɪtjúːʃən] | | |

| | |
|---|---|
| The city suffered nightly **bombardments** by the enemy. | その市は敵から毎夜の爆撃を受けた。 |
| The **euphoria** he had felt upon passing the bar examination soon faded. | 司法試験に合格して彼が感じた幸福感はすぐに消えていった。 |
| Gradually the local people became convinced of the **futility** of further resistance and began to surrender. | その地方の人々はそれ以上抵抗することの無益さを次第に確信するようになり，降伏し始めた。 |
| Many teenagers go through an **infatuation with** an older boy or girl, but these rarely last long. | 多くのティーンエージャーは年上の少年や少女に夢中になる時期を経るが，めったに長続きしない。 |
| The flu viruses usually enter the body through **inhalation**. | インフルエンザウイルスは普通息を吸うことによって体内に入る。 |
| The small back alleys formed a **labyrinth** in which it was easy to get lost. | 狭い路地はすぐに道に迷う迷路になっていた。 |
| The young soldier was sent on a **reconnaissance** mission into enemy territory. | その若い兵士は偵察の任務を帯びて敵地に派遣された。 |
| Many developing countries now depend on **remittances** sent by their citizens who work abroad. | 今では多くの発展途上国は，外国で働く国民が送る送金に頼っている。 |
| The young lovers planned a **rendezvous** outside the local library. | 若い恋人たちは地元の図書館の外で待ち合わせをする予定を立てた。 |
| A number of former colonies have demanded **restitution** of cultural treasures kept in European museums. | いくつかの旧植民地が，ヨーロッパの博物館に保管されている文化財の返還を要求している。 |

でちゃうくんも恋人と待ち合わせがしたいな…。

| 1849 | 中傷〈on 〜に対する〉，誹謗 |
|---|---|
| **slur** | ▶ cast a slur on *a person's* character (人)の人格を中傷する |
| [slə:r] | |

| 1850 | 争い，不和 [= conflict] |
|---|---|
| **strife** | ▶ political strife 政争 |
| [straɪf] | |

| 1851 | (女性への)求婚者 |
|---|---|
| **suitor** | |
| [súːtʃər] | |

| 1852 | 多才，多芸 |
|---|---|
| **versatility** | versatile 形 |
| [və̀:rsətíləti] | |

| 1853 | 合間，幕あい |
|---|---|
| **interlude** | |
| [íntərlùːd] | |

| 1854 | 素人，門外漢 (⇔ expert) |
|---|---|
| **layman** | |
| [léɪmən] | |

| 1855 | (動物・人が)どっと逃げ出すこと，集団暴走 |
|---|---|
| **stampede** | |
| [stæmpíːd] | |

| 1856 | (通例 〜s)(好ましくない)影響，余波 |
|---|---|
| **repercussion** | [= consequence, aftereffect] |
| [rìːpərkʌ́ʃən] | |

| 1857 | 譲歩 [= compromise] |
|---|---|
| **concession** | concede 動 |
| [kənséʃən] | |

| 1858 | 後知恵 (⇔ foresight 先見の明) |
|---|---|
| **hindsight** | 語源 hind (後ろ) + sight (視覚) |
| [háɪndsàɪt] | ▶ in [with] hindsight 後から考えると |

| The television personality said that the rumors about him were a **slur** **on** his good reputation. | 自分に関するそのうわさはよい評判**に対する**中傷だ，とそのテレビタレントは述べた。 |
| It was a period of great industrial **strife**, and strikes by workers were common all over the country. | そのころは産業界で紛争が多発した時期で，労働者のストライキは国中でよく起きていた。 |
| Eventually the girl agreed to introduce her **suitor** to her parents. | ついに少女は求婚者を両親に紹介することに同意した。 |
| The **versatility** of the new employee quickly made her indispensable to the company. | その新入社員は多才だったので，すぐに会社にとってなくてはならない存在になった。 |
| During the **interlude** between the end of classes and the beginning of the exams, most students studied hard. | 授業が終わり試験が始まるまでの合間に，ほとんどの生徒は熱心に勉強した。 |
| Many legal terms are quite incomprehensible to even a well-educated **layman**. | 教養のある素人にとってさえも，多くの法律用語は極めてわかりにくい。 |
| When a fire broke out in the sports stadium, it led to a **stampede** among the spectators. | そのスポーツ競技場で火事が発生したとき，観客がどっと逃げ出す結果になった。 |
| The **repercussions** of the debt crisis included a fall in stock prices. | 債務危機の影響の1つに株価の下落があった。 |
| However long we negotiated, our business partner refused to make any **concessions**. | どれだけ長時間交渉しても，ビジネスパートナーは一切の譲歩を拒んだ。 |
| In **hindsight**, the company realized that it could have prevented a grave mistake. | 後から考えると，その会社は重大な過ちを防げたかもしれないと気付いた。 |

| | |
|---|---|
| **1859**<br>**felicity**<br>[fəlísəti] | 幸福, 至福 [= bliss] |
| **1860**<br>**creed**<br>[kri:d] | 信条 [= belief] |
| **1861**<br>**farce**<br>[fɑ:rs] | 笑劇, 道化芝居<br>farcical 形 |
| **1862**<br>**juncture**<br>[dʒʌ́ŋktʃər] | (重大) 時期, 接合点 |
| **1863**<br>**gimmick**<br>[gímɪk] | 巧妙な仕掛け<br>gimmicky 形 |
| **1864**<br>**caliber**<br>[kǽləbər] | 能力 (の程度) [= faculty], (銃の) 口径<br>calibration 名 目盛り<br>▶ high-caliber researcher 能力のある研究者 |
| **1865**<br>**allegory**<br>[ǽləgɔ̀:ri] | 寓話, 例え話 [= story with a symbolic meaning]<br>allegorical 形 |
| **1866**<br>**ascension**<br>[əsénʃən] | 上昇, 即位 [= enthronement],<br>(the Ascension) キリストの昇天<br>ascend 動 |
| **1867**<br>**bout**<br>[baʊt] | 発病, 発作 [= attack], 短い期間 [= spell] |
| **1868**<br>**animosity**<br>[æ̀nɪmá(:)səti] | 憎悪〈between ～間の〉[= hatred], 敵意<br>[= enmity, hostility, antagonism] |

| | |
|---|---|
| Beneath a facade of domestic **felicity**, the marriage was in trouble. | うわべの家庭円満とは裏腹に，その結婚は危機に陥っていた。 |
| Although they follow different **creeds**, they still decided to marry. | 異なる信条を奉じていたが，それでも2人は結婚することに決めた。 |
| The comedian first made his name in a theatrical **farce**. | その喜劇役者が初めて有名になったのは，舞台で演じた笑劇だった。 |
| The upcoming election marks a critical **juncture** for the future of the country. | 来たる選挙はその国の将来にとって決定的な時期となる。 |
| He dismissed the new policy as just a **gimmick** to attract voters. | 新たな政策は有権者を引き付けるための巧妙な仕掛けにすぎない，と彼は退けた。 |
| There are not many lawyers of his **caliber** in the company. | その会社には彼ほど能力のある弁護士は多くない。 |
| This painting has been interpreted as an **allegory** of life and death. | この絵は生と死の寓話だと解釈されてきた。 |
| The singer's **ascension** to the rank of superstar was unusually quick. | その歌手はスーパースターの座に上り詰めるのが並外れて速かった。 |
| A **bout** of malaria generally leaves the victim much weakened. | マラリアを発症すると一般的に患者は体力がひどく低下する。 |
| It has been hard to overcome the **animosity** between Israel and its Arab neighbors. | イスラエルと近隣アラブ諸国との間の憎悪を克服するのはずっと困難だった。 |

| 1869 **affront** [əfrʌ́nt] | (公然の)侮辱〈to ~に対する〉[= insult, scorn, slight] |
|---|---|
| 1870 **barrage** [bərɑ́ːʒ] | 集中砲火〈of 質問などの〉，弾幕 |
| 1871 **brunt** [brʌnt] | 矢面，(攻撃の)矛先<br>▶ bear [take] the brunt of ~ ~の矢面に立つ |

## 形 容 詞

| 1872 **audacious** [ɔːdéɪʃəs] | 大胆な，無鉄砲な [= daring]<br>audacity 名　　audaciously 副 |
|---|---|
| 1873 **colloquial** [kəlóʊkwiəl] | 口語体の<br>colloquialism 名 口語表現 |
| 1874 **concerted** [kənsə́ːrtɪd] | 協力しての，共同での<br>▶ take concerted action 共同歩調を取る |
| 1875 **cumbersome** [kʌ́mbərsəm] | (大きく重くて)扱いにくい，手に負えない [= bulky] |
| 1876 **egregious** [ɪgríːdʒəs] | 実にひどい，途方もない<br>egregiously 副 |
| 1877 **eminent** [émɪnənt] | 高名な，傑出した [= renowned]<br>eminence 名 |

| | |
|---|---|
| The way he was treated at the hotel was an **affront** to his dignity. | そのホテルで彼が受けた扱いは彼の尊厳を侮辱するものだった。 |
| The film star was faced with a **barrage** of questions about his upcoming divorce. | その映画俳優は秒読み段階の離婚に関する質問の集中砲火に遭った。 |
| The capital city bore the **brunt** of the enemy's bombing campaign. | 首都は敵国の爆撃作戦の矢面に立った。 |
| The gang of thieves made an **audacious** attempt to rob the jewelry store in broad daylight. | 泥棒の一味は，白昼堂々その宝飾店を襲うという大胆な企てに出た。 |
| Although he had studied Chinese, he found the **colloquial** language of the fishermen difficult to follow. | 彼は中国語を学んでいたけれど，漁師たちの口語体の言葉についていくのは難しかった。 |
| Thanks to the **concerted** efforts of the drama club, the performance was ready on time. | 演劇部の一致協力した努力のかいあって，公演は時間どおりに準備ができた。 |
| The men found it difficult to move the **cumbersome** furniture up the stairs to the apartment. | 男性たちは扱いにくい家具を階段でアパートの上階に運ぶのは難しいと思った。 |
| The judge said it was one of the most **egregious** cases of tax evasion that he had ever seen. | それまで見た中で最もひどい脱税事件の1つだ，と裁判官は言った。 |
| Many **eminent** physicians examined the princess, but no one could say what was wrong with her. | 多くの高名な医師が王女を診察したが，王女のどこが悪いのか誰も言えなかった。 |

| 1878 **enigmatic** [ènɪgmǽtɪk] | 謎めいた, 不可解な<br>enigma 图 謎 |
|---|---|
| 1879 **extraneous** [ɪkstréɪniəs] | 無関係の, 本質的でない [= irrelevant] |
| 1880 **inconspicuous** [ìnkənspíkjuəs] | 目立たない, 地味な (⇔ conspicuous)<br>inconspicuously 副 |
| 1881 **indulgent** [ɪndʌ́ldʒənt] | 甘い, 寛大な<br>indulgence 图<br>*cf.* self-indulgent わがまま放題の |
| 1882 **queasy** [kwíːzi] | 吐き気のする [= nauseous] |
| 1883 **repulsive** [rɪpʌ́lsɪv] | 嫌悪感を起こさせる, 不快な [= disgusting, repellent]<br>repulsion 图 |
| 1884 **scruffy** [skrʌ́fi] | 汚らしい, だらしない [= shabby] |
| 1885 **contentious** [kənténʃəs] | 論争好きな [= controversial, quarrelsome]<br>contend 動　contention 图 |
| 1886 **inscrutable** [ɪnskrúːtəbl] | 不可思議な, 計り知れない [= mysterious] |
| 1887 **exemplary** [ɪgzémpləri] | 模範的な [= model]<br>exemplar 图 模範, 手本 |

| | |
|---|---|
| Her message was so **enigmatic** that he completely failed to understand it. | 彼女のメッセージはあまりに謎めいていて，彼には皆目理解できなかった。 |
| His professor told him that his thesis contained too much **extraneous** information. | 彼の指導教授は，彼の論文には無関係な情報が多過ぎると言った。 |
| The successful businessman lived in the same **inconspicuous** house in which he had grown up. | 成功を手にしたその実業家は，育った目立たない家にそのまま住んでいた。 |
| He was an **indulgent** father who usually let his daughters have whatever they wanted. | 彼は娘たちが欲しがるものはたいてい何でも与える甘い父親だった。 |
| After eating too much sweet food and then riding the roller coaster, she felt **queasy**. | 甘い物を食べ過ぎてからジェットコースターに乗った後，彼女は吐き気がした。 |
| The soup looked **repulsive**, but he forced himself to eat it. | スープは気持ちが悪くなる見た目だったが，彼は無理やり食べた。 |
| However much his mother tried to tidy him up, the schoolboy always looked **scruffy**. | 身ぎれいにさせようと母親がいくら努力しても，その男子生徒はいつも汚らしく見えた。 |
| It is often hard to deal with his **contentious** attitude. | 彼の論争好きな態度に対処するのは難しいことがよくある。 |
| The smile of the *Mona Lisa* is said to be **inscrutable**. | 『モナリザ』のほほ笑みは不可思議だと言われている。 |
| She was an **exemplary** student who earned straight A's. | 彼女は成績がオールAの模範的な学生だった。 |

| | |
|---|---|
| **1888** <br> **transient** <br> [trǽnziənt] | はかない [= passing, transitory, temporary, evanescent, fleeting] <br> transience 图 |
| **1889** <br> **latent** <br> [léɪtənt] | 潜在的な [= hidden, potential] <br> latency 图 <br> ▶ latent abilities 潜在能力 |
| **1890** <br> **extrinsic** <br> [ekstrínsɪk] | 外的な, 非本質的な [= unessential] (⇔ intrinsic) |
| **1891** <br> **adamant** <br> [ǽdəmənt] | 断固主張して〈that …ということを〉[= resolute] |
| **1892** <br> **abject** <br> [ǽbdʒekt] | 絶望的な, 悲惨な [= wretched] |
| **1893** <br> **adroit** <br> [ədrɔ́ɪt] | 巧みな [= adept, skillful], 器用な |
| **1894** <br> **arbitrary** <br> [ɑ́ːrbətrèri] | 独断的な, 専制的な [= despotic, tyrannical], 気まぐれな [= capricious] |
| **1895** <br> **benign** <br> [bənáɪn] | 優しい, 温和な [= mild], <br> (気候などが) 穏やかな, <br> (病理学的に) 良性の (⇔ malignant) |

| 副 詞 | |
|---|---|
| **1896** <br> **belatedly** <br> [bɪléɪt̬ɪdli] | 遅れて, 手遅れで <br> belated 形 |

436

| | |
|---|---|
| The <u>transient</u> nature of all living things is the essence of Buddhism. | 生きとし生けるもののはかない性質が仏教の本質である。 |
| All his <u>latent</u> hostility to his father was brought out by the incident. | 父親に抱いていた彼の潜在的な敵意が，その出来事によって全部引き出された。 |
| People do not work only for <u>extrinsic</u> rewards such as salary and promotion. | 人は給料や昇進といった外的な報酬のためだけに働くのではない。 |
| The accused man was <u>adamant</u> **that** he was innocent despite the evidence against him. | 被告人の男性は不利な証拠にもかかわらず，自分は無罪だと断固主張した。 |
| In his later years, the artist fell into <u>abject</u> poverty and died penniless. | その芸術家は晩年には絶望的な貧困に陥り，無一文で亡くなった。 |
| In the final moments of the game, he made an <u>adroit</u> pass that led to a winning goal. | 試合の終了間際に，彼は巧みなパスを出して決勝点を導いた。 |
| The president was criticized for the <u>arbitrary</u> nature of his decisions. | 大統領は，決定の際の独断的な性向を批判された。 |
| His intentions are always <u>benign</u>, though sometimes poorly communicated. | 彼の意図は，時にうまく伝わらないこともあるが，いつも優しい。 |
| The novelist was <u>belatedly</u> recognized as one of the greatest writers of his generation. | その小説家は，彼の世代の最も偉大な作家の1人だと遅ればせながら認められた。 |

| 1897 | |
| --- | --- |
| **cordially** [kɔ́(:)rdʒəli] | 心から，真心を込めて |

| 1898 | |
| --- | --- |
| **exponentially** [èkspənénʃəli] | （増加が）急激に，指数関数的に<br>exponential 形 |

| 1899 | |
| --- | --- |
| **figuratively** [fígjərəʈɪvli] | 比喩的に（⇔ literally 文字どおり）<br>*cf.* figure of speech 比喩（的表現） |

| 1900 | |
| --- | --- |
| **vehemently** [víːəməntli] | 激しく，猛烈に<br>vehement 形 |

## ⏱ 1分間 mini test

**(1)** The city suffered nightly (　　　　) by the enemy.

**(2)** The flu viruses usually enter the body through (　　　).

**(3)** She was an (　　　) student who earned straight A's.

**(4)** It is often hard to deal with his (　　　) attitude.

**(5)** The comedian first made his name in a theatrical (　　　).

😊 ここから選んでね。※選択肢はすべて原形で表示しています。

① bombardment　② contentious　③ detest　④ exemplary
⑤ farce　⑥ feign　⑦ fortify　⑧ inhalation
⑨ peruse　⑩ repulsive

| The visitor found herself **cordially** welcomed by the whole family at the front door. | その訪問客は，玄関で家族全員に心から歓迎された。 |
| The rabbit population increased **exponentially** until it seemed that there were rabbits everywhere. | ウサギの生息数が急激に増加し，ついには至る所にウサギがいるように思えるまでになった。 |
| He lives, **figuratively** speaking, in a bubble, completely unaware of the world around him. | 彼は比喩的に言うと泡の中に住んでいて，自分を取り巻く世界にまったく気付いていない。 |
| The boy **vehemently** disliked his school and never returned there after he graduated. | 少年は学校を激しく嫌っていて，卒業後は二度と戻らなかった。 |

**(6)** The students were bored by the lecture, but some tried to (　　　　) interest.

**(7)** Over breakfast, he (　　　　) a copy of the local newspaper.

**(8)** Nowadays, it is customary to (　　　　) milk with vitamin D.

**(9)** The soup looked (　　　　), but he forced himself to eat it.

**(10)** Even though he (　　　　) broccoli, his wife often served it.

正解

**(1)** ① (→**1839**)　**(2)** ⑧ (→**1843**)　**(3)** ④ (→**1887**)　**(4)** ② (→**1885**)　**(5)** ⑤ (→**1861**)
**(6)** ⑥ (→**1814**)　**(7)** ⑨ (→**1818**)　**(8)** ⑦ (→**1822**)　**(9)** ⑩ (→**1883**)　**(10)** ③ (→**1813**)

| 動詞 |
|---|

### 1901
**quell**
[kwel]

を抑える，を鎮める [= soothe, suppress]

### 1902
**quench**
[kwentʃ]

(渇き)を癒やす [= satisfy, relieve, slake]，
(欲望)を抑える [= subdue, suppress]

### 1903
**debase**
[dɪbéɪs]

(品位・評判)を落とす [= demean]
debasement 名

### 1904
**elude**
[ɪlúːd]

をうまくかわす，から逃れる [= evade]
elusive 形 理解しにくい，捕まえにくい

### 1905
**refute**
[rɪfjúːt]

を論破する [= disprove]，に反駁する
refutation 名

### 1906
**rebut**
[rɪbʌt]

に反論する，の反証を挙げる
rebuttal 名

### 1907
**lambaste**
[læmbéɪst]

を厳しくとがめる [= berate, rebuke]，
をひどく殴る

### 1908
**purge**
[pəːrdʒ]

から追放する〈of ~を〉[= expunge]，を清める
[= cleanse]

### 1909
**renege**
[rɪníɡ]

破る〈on 約束などを〉[= back out]

| | |
|---|---|
| He **quelled** his fear and dove into the river to rescue the boy. | 彼は恐怖心を抑え，少年を救助するために川に飛び込んだ。 |
| After hours in the hot sun, he drank several beers to **quench** his thirst. | 暑い日なたに何時間もいた後，彼は喉の渇きを癒やすためビールを数杯飲んだ。 |
| The star **debased** his reputation by appearing in a series of cheap, sensational movies. | 一連の安っぽい扇情的な映画に出演したことで，そのスターは評判を落とした。 |
| Although I looked everywhere for my student, she **eluded** me. | 私は受け持ちの生徒をあちこち捜したが，彼女は私からうまく逃れた。 |
| The politician finally succeeded in **refuting** his enemies' accusations. | その政治家はついに政敵たちの非難を論破することに成功した。 |
| The defense lawyer successfully **rebutted** all the prosecutor's claims. | 被告側の弁護士は見事に検察官のすべての主張に反論した。 |
| The newspaper editorial **lambasted** the government for their poor economic policies. | その新聞の社説は経済政策が拙劣だと政府を厳しくとがめた。 |
| The mayor promised to **purge** the police **of** corrupt officers. | 市長は警察から汚職警官を追放すると約束した。 |
| Suddenly, the bank **reneged on** its promise of a loan. | その銀行は突然融資の約束を破った。 |

| 1910 | |
|---|---|
| **thwart**<br>[θwɔːrt] | (計画など)を阻止する, を挫折させる [= foil, frustrate, baffle, prevent] |

| 1911 | |
|---|---|
| **dislodge**<br>[dɪslá(ː)dʒ] | (敵)を退陣させる〈from ～から〉, を除去する [= remove] |

| 1912 | |
|---|---|
| **dawdle**<br>[dɔ́ːdl] | ぐずぐずする [= idle, waste time] |

| 1913 | |
|---|---|
| **encrypt**<br>[ɪnkrípt] | を暗号化する (⇔ decrypt を解読する)<br>encryption 图<br>語源 en (にする) + crypt (秘密) |

| 1914 | |
|---|---|
| **fetter**<br>[féṭər] | を拘束する [= bind] |

| 1915 | |
|---|---|
| **teeter**<br>[tíːṭər] | ぐらつく, シーソーに乗る<br>▶ teeter on the edge [brink] of ～ ～の瀬戸際にある |

| 1916 | |
|---|---|
| **concoct**<br>[kənká(ː)kt] | をでっち上げる [= fabricate, cook up], を混ぜ合わせて作る<br>concoction 图 |

| 1917 | |
|---|---|
| **delve**<br>[delv] | (徹底的に)調査する〈into ～を〉[= search] |

| 1918 | |
|---|---|
| **tarnish**<br>[táːrnɪʃ] | (名声など)を損なわせる [= stain, taint], (金属など)の表面を曇らせる<br>▶ tarnish *a person's* image (人)のイメージを傷つける |

| 1919 | |
|---|---|
| **spurn**<br>[spəːrn] | をきっぱりと拒絶する [= refuse, reject] |

| | |
|---|---|
| The FBI managed to **thwart** a terrorist plan to attack government buildings. | FBIは，政府の建物を攻撃するテロリストの計画を何とか阻止することができた。 |
| They found it difficult to **dislodge** the enemy **from** their mountain fort. | 彼らは，山の要塞から敵を退陣させることは困難だと悟った。 |
| The principal scolded the students for **dawdling** in the school parking lot. | 校長は，学校の駐車場でぐずぐずしていたことで生徒たちを叱った。 |
| The message was **encrypted** in a mysterious enemy code. | その伝達文は謎めいた敵の符号で暗号化されていた。 |
| The new president soon found himself **fettered** by his campaign promises. | 新大統領はすぐに自身が選挙公約に拘束されていることに気付いた。 |
| The country was **teetering** on the edge of a war with its neighbor. | その国は隣国との戦争の瀬戸際に立っていた。 |
| He tried to **concoct** a good excuse for not having done his homework. | 彼は宿題をしていないことのうまい言い訳をでっち上げようとした。 |
| I **delved into** that question for over a week but never found an answer. | その疑問点を1週間以上調べたが，答えは見つからなかった。 |
| The bribery accusation **tarnished** his reputation forever. | 賄賂容疑の告発は永久に彼の評判を損なわせた。 |
| She **spurned** the offer of a job at her company's chief rival. | 彼女は自社の最大のライバル会社での仕事の誘いをきっぱりと拒絶した。 |

| 1920 | |
|---|---|
| **improvise** [ímprəvàɪz] | 即興で演奏する, を即席で作る [= extemporize] improvisation 图 |

| 1921 | |
|---|---|
| **mesmerize** [mézməràɪz] | を魅了する [= fascinate, spellbind], に催眠術をかける [= hypnotize] |

| 1922 | |
|---|---|
| **remit** [rɪmít] | を送金する [= send], を免じる [= pardon, forgive] remittance 图 送金　remission 图 免除, 容赦 |

| 1923 | |
|---|---|
| **redeem** [rɪdíːm] | (紙幣)を兌換(だかん)する, を買い戻す, (名誉など)を回復する redemption 图 |

| 1924 | |
|---|---|
| **congregate** [ká(:)ŋɡrɪgèɪt] | 集まる [= gather, assemble] congregation 图 集会 語源 con (共に) + gregate (群がる) |

| 1925 | |
|---|---|
| **censure** [sénʃər] | を非難する〈for ～のことで〉[= criticize, blame] 图 非難 |

| 1926 | |
|---|---|
| **coax** [koʊks] | (coax A into B で) A をなだめて B をさせる [= persuade, entice] |

| 1927 | |
|---|---|
| **astound** [əstáʊnd] | をびっくり仰天させる [= astonish, stun] astounding 形 |

| 1928 | |
|---|---|
| **absolve** [əbzá(:)lv] | を解放する〈of 義務・約束などから〉, を免除する [= acquit] absolution 图 |

| Jazz musicians must <u>improvise</u> as they play their music. | ジャズミュージシャンは演奏中に<u>即興で演奏し</u>なければならない。 |
| Students were <u>mesmerized</u> by his astonishing lectures. | 学生たちは彼の驚くべき講義に<u>魅了</u>された。 |
| I agreed to <u>remit</u> the balance of my account within thirty days. | 私は30日以内に勘定の残高<u>を送金する</u>ことに同意した。 |
| In the past, American dollars could be <u>redeemed</u> for gold at certain banks. | 昔は，アメリカのドルは特定の銀行で金と<u>兌換する</u>ことができた。 |
| The principal told the children to <u>congregate</u> in front of the school at 8 a.m. | 校長先生は子供たちに，午前8時に学校前に<u>集合する</u>よう言った。 |
| After he was publicly <u>censured</u>, the high-ranking government official resigned from office. | 公に<u>けん責</u>された後，その政府高官は辞職した。 |
| The police officer tried to <u>coax</u> the old lady's cat **into** coming down from the tree. | 警官はそのおばあさんの猫<u>をなだめ</u>て木から降りて来<u>させ</u>ようとした。 |
| Many scientists were <u>astounded</u> at reports of primitive life on Mars. | 多くの科学者が火星上の原始生命の報告を聞いて<u>びっくり仰天し</u>た。 |
| The official inquiry <u>absolved</u> him **of** any responsibility for the accident. | 公式調査は，彼をその事故に対する一切の責任<u>から解放した</u>。 |

知らない単語が多かったセクションは，よりたくさん見直そう。
むしろ得意な単語になっちゃうかも！

| | |
|---|---|
| **名詞** | |

<table>
<tr><td>

**1929** ☐☐☐

**knack**

[næk]
</td><td>

こつ〈of, for ～の〉，要領
</td></tr>
<tr><td>

**1930** ☐☐☐

**jinx**

[dʒɪŋ*ks*]
</td><td>

不運をもたらすもの[人]〈on ～に〉[= bad luck]
</td></tr>
<tr><td>

**1931** ☐☐☐

**omen**

[óumən]
</td><td>

前兆〈for ～にとっての〉[= prognostic, augury, foreboding]
</td></tr>
<tr><td>

**1932** ☐☐☐

**facet**

[fǽsɪt]
</td><td>

(物事の)一面 [= face, aspect]
</td></tr>
<tr><td>

**1933** ☐☐☐

**consort**

[ká(:)nsɔːrt]
</td><td>

(特に国王・女王の)配偶者 [= spouse]

▶ prince consort 王配，女王の配偶者
</td></tr>
<tr><td>

**1934** ☐☐☐

**demeanor**

[dɪmíːnər]
</td><td>

振る舞い，品行 [= deportment, conduct]

*cf.* misdemeanor 非行，軽犯罪
</td></tr>
<tr><td>

**1935** ☐☐☐

**eminence**

[émɪnəns]
</td><td>

高名 [= renown]

eminent 形
</td></tr>
<tr><td>

**1936** ☐☐☐

**elocution**

[èləkjúːʃən]
</td><td>

発声法，雄弁術

語源 e (外へ) + locution (話し方)
</td></tr>
<tr><td>

**1937** ☐☐☐

**decorum**

[dɪkɔ́ːrəm]
</td><td>

礼儀正しさ [= decency, propriety]

▶ perfect decorum 完璧な礼儀作法
</td></tr>
<tr><td>

**1938** ☐☐☐

**fidelity**

[fɪdéləți]
</td><td>

忠誠心〈to ～に対する〉[= loyalty]
</td></tr>
</table>

| | |
|---|---|
| It took the little girl a few days to get the **knack of** how to ride her bike. | その幼い少女が自転車の乗り方**のこつ**をつかむのに数日かかった。 |
| The ship was rumored among sailors to have a **jinx on** it. | その船には**悪運**が付きまとっていると船員の間でうわさされていた。 |
| The signs of recent economic instability may be serious **omens for** the future. | 最近の経済的不安定の兆候は，未来**への**重大な**前兆**かもしれない。 |
| The committee was asked to look at every **facet** of the problem. | 委員会はその問題のすべての**側面**を検討するよう求められた。 |
| The prince's **consort** was a beautiful, successful woman. | その王子の**配偶者**は美しくて成功を収めた女性だった。 |
| His **demeanor** always appears serious, but actually he is quite a wit. | 彼の**振る舞い**はいつも堅苦しく見えるが，実際には彼は機知に富んだ男だ。 |
| After she received the Nobel Prize, the professor's **eminence** grew even greater. | ノーベル賞を受賞した後，教授の**高名**はさらに上がった。 |
| The young actress studied **elocution** in order to improve her accent. | その若い女優はなまりを改善するために**発声法**を学んだ。 |
| Students at the girls' school were told to maintain **decorum** at all times. | その女子校の生徒たちは，常に**礼儀正しさ**を保つように言われた。 |
| The assistant was known for his intense **fidelity to** his boss. | そのアシスタントは上司**への**高い**忠誠心**で知られていた。 |

| 1939<br>**duplicity**<br>[djuplísəti] | 二枚舌 [= deceit, double-dealing]<br>duplicitous 形 |
|---|---|
| 1940<br>**indolence**<br>[índələns] | 怠惰 [= idleness]<br>indolent 形 |
| 1941<br>**conveyance**<br>[kənvéıəns] | 輸送(機関), (権利の)譲渡 [= transfer]<br>convey 動　conveyor 名 コンベヤー |
| 1942<br>**contraband**<br>[ká(:)ntrəbænd] | (集合的に)密輸品 [= smuggled goods]<br>語源 contra (反) + ban (禁止する) |
| 1943<br>**contingency**<br>[kəntíndʒənsi] | 不慮の出来事 [= accident], 偶然 [= chance],<br>不確実 [= uncertainty] |
| 1944<br>**jest**<br>[dʒest] | 冗談 [= joke] |
| 1945<br>**misgiving**<br>[mìsgívıŋ] | (通例 ~s)不安〈about ~に関する〉[= uneasiness],<br>疑念 [= doubt] |
| 1946<br>**scruple**<br>[skrú:pl] | (通例 ~s)罪の意識〈about ~に対する〉,<br>良心の呵責 [= qualm] |
| 1947<br>**eulogy**<br>[jú:lədʒi] | 弔辞 [= memorial address],<br>賛辞 [= speech of praise] |
| 1948<br>**homage**<br>[há(:)mıdʒ] | 敬意 [= respect, reverence] |

| | |
|---|---|
| When we could no longer tolerate her **duplicity**, we confronted her directly. | 彼女の二枚舌にもはや我慢できず，私たちは彼女と直接対決した。 |
| The teacher felt irritated by the **indolence** of his students. | その教師は生徒たちの怠惰にいら立ちを感じた。 |
| The millionaire paid for the **conveyance** of the tents to the area affected by the earthquake. | その富豪は，地震の被災地に送るテントの輸送費用を負担した。 |
| It was suspected that the boat carried **contraband**, though none was found. | その船は密輸品を運んでいるという疑いをかけられたが，何も見つからなかった。 |
| The mayor insisted on preparing the city for any **contingency**. | 市長は市がいかなる不慮の出来事にも備えることを主張した。 |
| The announcer's casual **jest** offended many viewers. | そのアナウンサーの何気ない冗談が多くの視聴者の怒りを買った。 |
| Many had serious **misgivings about** the new plan to restructure the company. | 会社再建の新計画に多くの人が強い不安を抱いた。 |
| The man felt no **scruples about** betraying his country. | 男性は祖国を裏切ることにまったく罪の意識を感じなかった。 |
| At the funeral, a friend delivered a **eulogy** to the deceased. | 葬儀で1人の友人が故人への弔辞を述べた。 |
| Although we did not always agree with his views, we never ceased to pay him **homage**. | われわれはいつも彼と見解を共にしたわけではなかったが，常に彼に敬意を払っていた。 |

| 1949 | |
|---|---|
| **defiance**<br>[dɪfáɪəns] | 反抗，挑戦 [= challenge]<br>defiant 形<br>▶ in defiance of ～ ～を無視して |

| 1950 | |
|---|---|
| **derision**<br>[dɪríʒən] | 嘲笑 [= mockery]<br>deride 動 |

| 1951 | |
|---|---|
| **fallacy**<br>[fǽləsi] | 誤信，誤った考え [= misconception]<br>fallacious 形 |

| 1952 | |
|---|---|
| **decree**<br>[dɪkríː] | 法令，布告 [= edict] |

| 1953 | |
|---|---|
| **dearth**<br>[dəːrθ] | 不足，欠乏 [= scarcity]，飢饉 [= famine] |

| 1954 | |
|---|---|
| **conflagration**<br>[kà(:)nfləgréɪʃən] | 大火 [= large fire] |

| 1955 | |
|---|---|
| **spillage**<br>[spílɪdʒ] | 流出 [= leakage]<br>spill 動 |

| 1956 | |
|---|---|
| **rampage**<br>[rǽmpeɪdʒ] | 狂暴な行動<br>▶ go on a rampage 荒れ狂う |

| 1957 | |
|---|---|
| **commotion**<br>[kəmóuʃən] | 騒動，動揺 [= tumult, uproar, disturbance] |

| 1958 | |
|---|---|
| **amity**<br>[ǽməṭi] | 友好 [= friendship]（⇔ enmity 敵意）<br>▶ treaty of amity 友好条約 |

| After the military coup, tens of thousands of citizens flooded the streets in a show of <u>defiance</u>. | 軍事クーデターの後，数万人の市民が反抗の意を示して街を埋め尽くした。 |
| --- | --- |
| Despite the <u>derision</u> of the critics, the movie was a big success. | 批評家たちの嘲笑にもかかわらず，その映画は大ヒットした。 |
| He said that the idea that price always indicated quality was a <u>fallacy</u>. | 価格は常に品質を示すという考えは誤信だと彼は言った。 |
| The dictator issued a <u>decree</u> banning all political parties. | その独裁者はすべての政党を禁止する法令を発布した。 |
| A <u>dearth</u> of fresh water meant that the barren farmland had to be irrigated. | 淡水不足のため，その不毛な農地をかんがいする必要があった。 |
| Massive <u>conflagrations</u> have nearly destroyed the city on several occasions. | 過去に何度か，大火災がその市をほぼ壊滅状態にしたことがある。 |
| The accident led to a <u>spillage</u> of dangerous chemicals. | その事故の結果，危険な化学薬品が流出した。 |
| The soccer fans went on a <u>rampage</u>, breaking shop windows. | サッカーファンたちは狂暴な行動に出て，商店の窓を割った。 |
| The teacher heard a <u>commotion</u> going on in a neighboring classroom. | その教師は隣の教室で騒動が起こっているのを聞いた。 |
| The festival was intended to promote <u>amity</u> between the nations. | その祭りは国家間の友好の促進を目的としていた。 |

| 1959 □□□ **alacrity** [əlǽkrəti] | 敏活さ，活発さ [= briskness, agility]<br>▶ with alacrity てきぱきと，きびきびと |
|---|---|
| 1960 □□□ **abomination** [əbὰ(ː)mɪnéɪʃən] | 嫌悪感を起こさせるもの，嫌悪 [= detestation, loathing]<br>abominate 動 |
| 1961 □□□ **caricature** [kǽrɪkətʃʊ̀ər] | 風刺画 [= sarcastic cartoon]<br>動 の風刺画を描く |
| 1962 □□□ **culmination** [kὰlmɪnéɪʃən] | 絶頂 [= height, zenith, climax, acme]<br>culminate 動 |
| 1963 □□□ **brawl** [brɔːl] | 乱闘 [= commotion]，口げんか [= row] |
| 1964 □□□ **acquittal** [əkwítəl] | 無罪放免，（義務などの）免除 [= absolution]<br>acquit 動 |

### 形容詞

| 1965 □□□ **stringent** [stríndʒənt] | 厳しい [= strict, rigorous, exacting] |
|---|---|
| 1966 □□□ **meager** [míːgər] | （収入・食事などが）乏しい [= lean, scanty, paltry]，やせた<br>▶ meager meal 粗末な食事 |
| 1967 □□□ **impending** [ɪmpéndɪŋ] | 差し迫った [= imminent, about to happen]<br>語源 im（でない）+ pend（つるす）+ ing（動詞活用語尾） |

| He marched ahead with such **alacrity** that we could scarcely keep up. | 彼があまりに**きびきびと**先に進むので，私たちはほとんどついて行けなかった。 |
| The expert denounced the conditions in the prison as an **abomination**. | 専門家はその刑務所の状況を**嫌悪感を起こさせるもの**だと糾弾した。 |
| In America, it is very common to see **caricatures**, even of the president. | アメリカでは**風刺画**はとてもよく見られるもので，大統領が対象のものすらある。 |
| His life's work reached its **culmination** when he won the Nobel Prize. | 彼の生涯の仕事はノーベル賞を獲得したとき**頂点**に達した。 |
| The **brawl** at the soccer stadium left many wounded. | サッカースタジアムでの**乱闘**で大勢が負傷した。 |
| New evidence led to the **acquittal** of all the defendants. | 新しい証拠によって被告は全員**無罪放免**となった。 |
| The standards set for passing the exam were quite **stringent**. | その試験に合格するために設定された基準はかなり**厳しかっ**た。 |
| The young couple can barely live on their **meager** income. | その若い夫婦は，2人の**乏しい**収入では生活するのがやっとだ。 |
| Weather forecasters warned of **impending** high winds from the hurricane. | 気象予報士たちはハリケーンによる**差し迫った**暴風を警告した。 |

| | |
|---|---|
| **1968**  ☐☐☐<br>**frugal**<br>[frú:gəl] | 倹約的な [= thrifty, economical]，質素な<br>frugality 图 |
| **1969**  ☐☐☐<br>**obstinate**<br>[á(:)bstɪnət] | 頑固な [= stubborn]<br>▶ (as) obstinate as a mule とても頑固な |
| **1970**  ☐☐☐<br>**ecstatic**<br>[ɪkstǽtɪk] | 有頂天の，恍惚とした<br>ecstasy 图 |
| **1971**  ☐☐☐<br>**precarious**<br>[prɪkéəriəs] | 不安定な [= unsure, uncertain, unstable]<br>▶ precarious position 不安定な立場 |
| **1972**  ☐☐☐<br>**deplorable**<br>[dɪplɔ́:rəbl] | 嘆かわしい [= shameful]<br>deplore 動 |
| **1973**  ☐☐☐<br>**succinct**<br>[səksíŋkt] | 簡潔な [= concise, compact]<br>succinctly 副 |
| **1974**  ☐☐☐<br>**pandemic**<br>[pændémɪk] | (病気が) 世界 [全国] に広がる，<br>パンデミックの |
| **1975**  ☐☐☐<br>**scrupulous**<br>[skrú:pjʊləs] | 細心の注意を払って [= cautious, circumspect,<br>minutely careful]，良心的な |
| **1976**  ☐☐☐<br>**erratic**<br>[ɪrǽtɪk] | 不規則な [= irregular]，風変わりな [= eccentric,<br>odd] |
| **1977**  ☐☐☐<br>**derogatory**<br>[dɪrá(:)gətɔ̀:ri] | 軽蔑的な [= dismissive, disdainful] |

454

| | |
|---|---|
| Despite years of **frugal** management, the company is still struggling. | <u>倹約した</u>経営を何年も続けたにもかかわらず，会社は依然として苦闘している。 |
| She knew that her husband, with his **obstinate** character, would be difficult to persuade. | 夫は<u>頑固な</u>性格なので，説得するのは難しいだろうと彼女はわかっていた。 |
| When the president saw the excellent sales figures, he felt **ecstatic**. | 売り上げの素晴らしい数字を見て，社長は<u>有頂天</u>になった。 |
| Peace in this country depends on a **precarious** balance of force and diplomacy. | この国の平和は武力と外交の<u>危うい</u>バランスに依存している。 |
| The decision to expel the refugees was a **deplorable** one. | 難民を国外に追放するという決定は<u>嘆かわしい</u>ものだった。 |
| The White House issued a **succinct** statement denying all allegations. | ホワイトハウスはすべての申し立てを否定する<u>簡潔な</u>声明を発表した。 |
| The disease was once **pandemic** but is now quite rare. | その病気はかつて<u>世界的に広がった</u>が，今ではめったに発生しない。 |
| Her **scrupulous** attention to detail makes her an excellent editor. | 彼女は細部に<u>細心の</u>注意を払うので，優秀な編集者である。 |
| Since his wife passed away, his habits have become quite **erratic**. | 妻が亡くなって以来，彼の生活習慣はかなり<u>不規則</u>になった。 |
| I read an extremely **derogatory** column about the prime minister in a local paper. | 私は地方紙で総理大臣についての極めて<u>軽蔑的な</u>コラムを読んだ。 |

pandemic の pan は「すべての」の意味を持つんだよ。

| | |
|---|---|
| **1978**<br>**destitute**<br>[déstɪtjùːt] | 極貧の [= extremely poor]，まったく持たない〈of ～を〉[= devoid]<br>destitution 名 |
| **1979**<br>**unscathed**<br>[ʌnskéɪðd] | 痛手を受けていない [= unharmed] |
| **1980**<br>**flagrant**<br>[fléɪgrənt] | 目に余る [= outrageous]，極悪の [= notorious] |
| **1981**<br>**grueling**<br>[grúːəlɪŋ] | 極度にきつい [= exhausting]<br>▶ grueling schedule 厳しいスケジュール |
| **1982**<br>**invincible**<br>[ɪnvínsəbl] | 不屈の，無敵の [= unconquerable, unbeatable]<br>invincibility 名 |
| **1983**<br>**incessant**<br>[ɪnsésənt] | 絶え間ない [= ceaseless, continual, constant] |
| **1984**<br>**pedantic**<br>[pɪdǽntɪk] | 枝葉末節にこだわる，衒学的な<br>pedant 名 学者ぶる人 |
| **1985**<br>**perceptible**<br>[pərséptəbl] | 知覚できる [= discernible]<br>perception 名 |
| **1986**<br>**negligent**<br>[néglɪdʒənt] | 不注意な，怠慢な [= neglectful]<br>negligence 名 |
| **1987**<br>**perfunctory**<br>[pərfʌ́ŋktəri] | おざなりの，いい加減な [= cursory, negligent]<br>(⇔ careful) |

| After the volcanic eruption, many people found themselves <u>destitute</u> and homeless. | 火山の噴火後，多くの人は気付いてみると<u>極貧で</u>家すらなかった。 |
| He seemed <u>unscathed</u> by the many years fighting his chronic illness. | 彼は長年持病と闘っても<u>痛手を受けていない</u>ように見えた。 |
| Such <u>flagrant</u> disregard for international law will not be tolerated. | そのような<u>甚だしい</u>国際法の軽視は許されない。 |
| The explorers were exhausted after their <u>grueling</u> journey across the mountains. | 探検家たちは<u>極度にきつい</u>山岳旅行の後で疲れ果てていた。 |
| The man we thought to be <u>invincible</u> suddenly died from heart failure. | 私たちが<u>不屈</u>だと思っていた男性が心不全で急死した。 |
| The teachers' <u>incessant</u> complaining made life difficult for the principal. | 教師たちが<u>絶えず</u>文句を言うので，校長は気苦労が絶えなかった。 |
| My classmates and I found the professor to be <u>pedantic</u> in her lectures. | クラスメートと私は，教授は講義で<u>枝葉末節にこだわる</u>と思った。 |
| After the speech, there was a <u>perceptible</u> change in the audience's attitude. | スピーチの後，聴衆の態度には<u>目に見えた</u>変化があった。 |
| Although he was not guilty of murder, his behavior was certainly <u>negligent</u>. | 彼は殺人罪では無実となったが，彼の行為は確かに<u>不注意だ</u>った。 |
| The teacher gave her report a <u>perfunctory</u> glance and handed it back to her. | 先生は彼女のレポートを<u>おざなりに</u>ざっと見て，彼女に返した。 |

perfunctory の per は（完全に），funct は（実行する），ory は（ような）を表すよ。「完全に実行したような」，つまり，「うわべだけの，おざなりの」を意味するんだ。

| 1988 | | | |
|---|---|
| **drab** <br> [dræb] | さえない [= dull, not bright], <br> 単調な [= monotonous], 薄茶色の |
| 1989 | |
| **imprudent** <br> [imprú:dənt] | 軽率な [= incautious] (⇔ prudent) <br> imprudence 图 |
| 1990 | |
| **gaudy** <br> [gɔ́:di] | けばけばしい [= garish] |
| 1991 | |
| **hereditary** <br> [hərédətèri] | 遺伝する [= genetically transmitted], 世襲の <br> [= passed down by inheritance] |
| 1992 | |
| **deceased** <br> [disí:st] | 亡くなった [= dead] <br> ▶ the deceased 故人 |
| 1993 | |
| **laudable** <br> [lɔ́:dəbl] | 称賛に値する [= commendable, admirable] <br> laud 動 |
| 1994 | |
| **conducive** <br> [kəndjú:siv] | 貢献する〈to 〜に〉 <br> conduce 動 至る, 貢献する <br> 語源 con (共に) + duc (導く) + ive (形容詞語尾) |
| 1995 | |
| **banal** <br> [bəná:l] | 陳腐な, ありふれた [= hackneyed, trite] |
| 1996 | |
| **archaic** <br> [ɑːrkéiik] | 古風な [= antiquated, old-fashioned], 古代の <br> [= ancient] |
| 1997 | |
| **bountiful** <br> [báunʧifəl] | 豊富な [= abundant] <br> ▶ bountiful harvest 豊作 |

| The gray walls with green trim gave the room such a <u>drab</u> appearance. | 緑の縁取りが付いた灰色の壁が，その部屋をとてもさえなく見せていた。 |
| His <u>imprudent</u> criticisms of his boss got him into trouble. | 上司に対する軽率な批判が彼をトラブルに巻き込んだ。 |
| The nightclub was full of young people wearing <u>gaudy</u> clothes. | そのナイトクラブはけばけばしい服を着た若者でいっぱいだった。 |
| Scientists have learned that Alzheimer's disease is often <u>hereditary</u>. | アルツハイマー病はしばしば遺伝することを科学者たちは知った。 |
| Now that his siblings are all <u>deceased</u>, he feels completely alone. | 兄弟姉妹が全員亡くなってしまい，彼は完全に独りぼっちになったと感じている。 |
| The team made a <u>laudable</u> effort but they could not win the match. | そのチームは称賛に値する努力をしたが，試合に勝つことはできなかった。 |
| The beautiful new university library is very <u>conducive</u> to studying. | その美しい新大学図書館では勉強がとてもはかどる。 |
| His speech was well organized, but its content was rather <u>banal</u>. | 彼の演説はしっかり構成されていたが，内容はかなり陳腐だった。 |
| Many countries around the world still have <u>archaic</u> laws that restrict women's rights. | 世界中の多くの国に，女性の権利を制限する古風な法律がいまだにある。 |
| The hotel provided its guests with a <u>bountiful</u> buffet breakfast. | そのホテルは客に豊富なビュッフェ式朝食を提供した。 |

| 1998 assiduous [əsídʒuəs] | 勤勉な [= diligent, industrious, persevering]<br>assiduity 图 |
|---|---|
| 1999 consummate [kάːnsəmət] | 完成された [= complete, perfect]<br>consummation 图<br>語源 con（共に）+ sum（合わせる）+ ate（形容詞語尾） |

## 副詞

| 2000 benevolently [bənévələntli] | 慈悲深く [= benignly] |
|---|---|

## ⏲ 1分間 mini test

(1) The announcer's casual (　　　　　) offended many viewers.

(2) Suddenly, the bank (　　　　　) on its promise of a loan.

(3) The disease was once (　　　　　) but is now quite rare.

(4) The message was (　　　　) in a mysterious enemy code.

(5) The man felt no (　　　　) about betraying his country.

😊 ここから選んでね。※選択肢はすべて原形で表示しています。

① consort　② encrypt　③ gaudy　④ jest
⑤ meager　⑥ pandemic　⑦ renege　⑧ scruple
⑨ spillage　⑩ tarnish

| She is the most **assiduous** and dedicated student in the class. | 彼女はクラスで最も<u>勤勉で</u>ひたむきな学生だ。 |
| He has always been good, but now he has become a **consummate** violinist. | 彼はずっと上手だったが，今では**完璧な**バイオリニストになった。 |
| The school was run **benevolently** by a gentle old lady. | その学校は優しい老婦人によって善意で運営されていた。 |

◆◆◆◆◆◆◆◆◆◆◆◆◆◆◆◆◆◆◆◆◆◆◆◆◆◆◆◆◆◆◆◆◆◆◆◆◆◆◆◆◆◆◆◆◆◆◆◆◆◆◆◆

**(6)** The prince's (　　　　) was a beautiful, successful woman.

**(7)** The accident led to a (　　　　) of dangerous chemicals.

**(8)** The nightclub was full of young people wearing (　　　　) clothes.

**(9)** The bribery accusation (　　　　) his reputation forever.

**(10)** The young couple can barely live on their (　　　　) income.

正解

**(1)** ④ (→**1944**)　**(2)** ⑦ (→**1909**)　**(3)** ⑥ (→**1974**)　**(4)** ② (→**1913**)　**(5)** ⑧ (→**1946**)
**(6)** ① (→**1933**)　**(7)** ⑨ (→**1955**)　**(8)** ③ (→**1990**)　**(9)** ⑩ (→**1918**)　**(10)** ⑤ (→**1966**)

| 動詞 | |
|---|---|
| **2001**<br>**rejuvenate**<br>[rɪdʒúːvənèɪt] | を再活性化させる [= revitalize] |
| **2002**<br>**emigrate**<br>[émɪɡrèɪt] | 移住する〈to 他国へ, from 自国から〉[= migrate] |
| **2003**<br>**redress**<br>[rɪdrés] | (損害など)を償う, (問題など)を是正する<br>[= rectify, remedy]<br>▶ redress the balance 均衡を取り戻す |
| **2004**<br>**drench**<br>[drentʃ] | をびしょぬれにする, を水浸しにする<br>▶ get drenched in the rain 雨でずぶぬれになる |
| **2005**<br>**repel**<br>[rɪpél] | を追い払う [= expel, reject, spurn]<br>repellent 图 防虫剤　形 寄せ付けない<br>▶ repel an enemy 敵を撃退する |
| **2006**<br>**jeer**<br>[dʒɪər] | やじる〈at ～を〉[= mock, gibe] |
| **2007**<br>**sneer**<br>[snɪər] | あざ笑う〈at ～を〉[= scoff, jeer, gibe] |
| **2008**<br>**dispel**<br>[dɪspél] | を追い散らす [= disperse, scatter, drive away] |
| **2009**<br>**distend**<br>[dɪsténd] | を膨らませる, 膨らむ [= swell]<br>distention 图 |

| | |
|---|---|
| The new young CEO set about **rejuvenating** the old company. | 若い新 CEO はその古い会社**を再活性化する**ことに取り掛かった。 |
| As the economy worsened, many people **emigrated to** other countries. | 経済状態が悪化したので，多くの人たちがほかの国々**へ移住した**。 |
| The victims demanded that their pain and suffering be **redressed**. | 被災者たちは，自分たちの痛みと苦しみが**償わ**れることを要求した。 |
| He caught a cold after becoming **drenched** in a sudden rainstorm. | 突然の暴風雨で**ずぶぬれになっ**た後，彼は風邪をひいた。 |
| In the tropics, we must use special ointments to **repel** disease-bearing insects. | 熱帯地方では，病気を運ぶ昆虫**を追い払う**ために特別な塗り薬を使わなければならない。 |
| The unruly soccer fans **jeered at** the referee and threw bottles. | 乱暴なサッカーファンたちが審判**にやじを飛ばし**，瓶を投げた。 |
| The scientists **sneered at** their colleague's hypotheses on theoretical physics. | 科学者たちは理論物理学に関する同僚の仮説**をあざ笑った**。 |
| The riot police **dispelled** the violent protestors. | 機動隊は暴力的な抗議者たち**を追い散らした**。 |
| The sight of the children, their stomachs **distended** with hunger, moved the journalist to tears. | 飢えで腹を膨らませている子供たちの光景は，ジャーナリストを涙ぐませた。 |

| 2010 | |
|---|---|
| **evict**<br>[ɪvíkt] | を立ち退かせる〈from ~から〉[= expel by legal procedure]<br>eviction 图 |

| 2011 | |
|---|---|
| **deprecate**<br>[déprəkèɪt] | を軽んじる[=depreciate, belittle, make light of]<br>deprecation 图 |

| 2012 | |
|---|---|
| **deface**<br>[dɪféɪs] | の表面を汚す〈with ~で〉[= tarnish]<br>語源 de(悪化)+ face(顔) |

| 2013 | |
|---|---|
| **emblazon**<br>[ɪmbléɪzən] | を飾る〈with ~で〉[= ornament]<br>emblazonment 图 |

| 2014 | |
|---|---|
| **transpose**<br>[trænspóʊz] | を置き換える〈to ~に〉<br>transposition 图 |

| 2015 | |
|---|---|
| **incriminate**<br>[ɪnkrímɪnèɪt] | に罪を負わせる, を告発する [= accuse, charge with a crime]<br>incrimination 图 |

| 2016 | |
|---|---|
| **engulf**<br>[ɪngʌ́lf] | を飲み込む[= swallow up] |

| 2017 | |
|---|---|
| **waver**<br>[wéɪvər] | 心が揺らぐ〈in 信念などの点で〉[= vacillate], 動揺する |

| 2018 | |
|---|---|
| **surmount**<br>[sərmáʊnt] | に打ち勝つ[= overcome, get the better of] |

| 2019 | |
|---|---|
| **mortify**<br>[mɔ́ːrṭəfàɪ] | に恥をかかせる[= embarrass]<br>mortifying 形　mortifyingly 副 |

| | |
|---|---|
| It took over six months to <u>evict</u> them legally **from** the property. | その土地から合法的に彼ら<u>を立ち退かせる</u>のに半年以上かかった。 |
| He <u>deprecated</u> his own work as something of little value. | 彼は価値がほとんどないものだと自分の仕事<u>を軽んじた</u>。 |
| A gang of youths <u>defaced</u> the statue **with** spray paint. | 若者の一団がスプレー式塗料で その像<u>を汚した</u>。 |
| The walls of the castle were <u>emblazoned</u> **with** bright banners. | 城壁は明るい色の旗で<u>飾られて</u>いた。 |
| When the classic novel was made into a film, its setting was <u>transposed</u> **to** a modern one. | その名作小説が映画化されたとき，舞台が現代に<u>置き換えられ</u>た。 |
| In American courts, suspects cannot be forced to <u>incriminate</u> themselves. | アメリカの法廷では，自分<u>の不利になる供述をする</u>よう容疑者に強制してはならない。 |
| The typhoon totally <u>engulfed</u> that small fishing community. | 台風は完全にその小さな漁村<u>を飲み込んだ</u>。 |
| No matter how much pressure he felt, he never <u>wavered</u> **in** his decision. | どんなに圧力を感じても，彼の決心は<u>揺るが</u>なかった。 |
| He had to <u>surmount</u> a number of legal problems before he could set up the new company. | 彼は新しい会社を設立する前に，いくつかの法律上の問題<u>を乗り越え</u>なくてはならなかった。 |
| The mother was sometimes <u>mortified</u> by the behavior of her children in public. | その母親は人前での子供たちの行動によって時々<u>恥をかかされ</u>た。 |

surmount の sur は（上に）を意味するよ。例えば，surrender は sur（上に）+ render（与える）なので「降伏する」とイメージできるね。

| 2020 | |
|---|---|
| **poach** [poutʃ] | を密猟する, を侵害する [= intrude into] poacher 图 密猟者 ▶ poach on *a person's* territory (人) の領域を侵す |

| 2021 | |
|---|---|
| **guzzle** [gázl] | をがぶがぶ飲む, をがつがつ食べる [= devour] guzzler 图 |

| 2022 | |
|---|---|
| **dangle** [dǽŋgl] | を (欲しがるように) ちらつかせる 〈before, in front of 人の前で〉 |

| 2023 | |
|---|---|
| **incapacitate** [ìnkəpǽsɪtèɪt] | を無力化する incapacitation 图 |

| 2024 | |
|---|---|
| **denote** [dɪnóʊt] | (記号などが) を示す [= indicate, represent] denotation 图 (言葉の) 明示的意味 |

| 2025 | |
|---|---|
| **evoke** [ɪvóʊk] | を呼び起こす [= draw forth, conjure up] evocation 图 |

| 2026 | |
|---|---|
| **grapple** [grǽpl] | 真剣に取り組む 〈with ~に〉 [= struggle] |

| 2027 | |
|---|---|
| **antagonize** [æntǽgənàɪz] | の反感を買う [= arouse the hostility of] |

| 2028 | |
|---|---|
| **deduce** [dɪdjúːs] | を推測する [= infer] 語源 de (離れて) + duce (導く) |

| 2029 | |
|---|---|
| **levitate** [lévɪtèɪt] | (奇術などで) 空中浮揚する [= rise into the air] |

466

| | |
|---|---|
| In the past, **poaching** animals from the royal forests was punishable by death. | 昔は，王室林の動物を密猟することは死をもって罰せられた。 |
| The little boy **guzzled** his lemonade and ran out to meet his friends. | その小さな男の子はレモネードをがぶがぶ飲んで，友達に会いに外へ走って行った。 |
| The boss persuaded him to cooperate by **dangling** the prospect of promotion **before** him. | 上司は彼の目の前で昇進の可能性をちらつかせて，協力するように説得した。 |
| The guerrillas used grenades to **incapacitate** the army's tanks. | ゲリラは軍の戦車を無力化するために手りゅう弾を使った。 |
| In many cultures, black clothes **denote** a state of mourning. | 多くの文化において，黒い衣服は喪に服していることを示す。 |
| The film I just saw **evoked** memories of my childhood in the Midwest. | 私がたった今見た映画は，中西部での子供時代の記憶を呼び起こした。 |
| Junior colleges around Japan must **grapple with** lowered enrollments in the future. | 日本中の短大は今後の入学者数の減少に取り組まねばならない。 |
| Everything the new secretary did **antagonized** her employer. | 新しい秘書のやることなすことが雇用主の反感を買った。 |
| The journalist asked the detective what he had **deduced** so far. | 今のところ何を推測したか，と記者は刑事に尋ねた。 |
| The magician claimed he could **levitate** two meters in the air. | その奇術師は，地上2メートルを空中浮揚することができると主張した。 |

| 2030 | |
|---|---|
| **adjudicate**<br>[ədʒúːdikèit] | に判決を下す，を裁く |

| 2031 | |
|---|---|
| **litigate**<br>[lítəgèit] | 訴訟を起こす<br>litigation 图 訴訟　litigious 形 訴訟好きの |

| 2032 | |
|---|---|
| **infiltrate**<br>[infíltreit] | に潜入する [= sneak into]<br>▶ infiltrate an organization 組織に潜入する |

## 名詞

| 2033 | |
|---|---|
| **rationale**<br>[ræʃənǽl] | 理論的根拠〈behind, for, of ～の〉<br>rationalize 動 を合理化する　rationality 图 合理性<br>rational 形 |

| 2034 | |
|---|---|
| **gorge**<br>[gɔːrdʒ] | 渓谷，小峡谷 |

| 2035 | |
|---|---|
| **paragon**<br>[pǽrəgà(ː)n] | 模範 [= perfect example] |

| 2036 | |
|---|---|
| **platitude**<br>[plǽtətjùːd] | ありきたりの決まり文句 [= cliché]<br>platitudinous 形 |

| 2037 | |
|---|---|
| **tinge**<br>[tindʒ] | かすかな意味合い〈of ～の〉<br>▶ tinge of color 色合い |

| 2038 | |
|---|---|
| **travesty**<br>[trǽvəsti] | まがい物 [= poor imitation] |

| | |
|---|---|
| The murder case will be **adjudicated** in the High Court next month. | その殺人事件は，来月最高裁で**判決が下さ**れる。 |
| He decided not to **litigate** because of the expense it would involve. | 彼は訴訟にかかる費用を考えて，**訴訟を起こさ**ないことにした。 |
| Their spy managed to **infiltrate** the rival company and discover their plans. | 彼らのスパイは，どうにかライバル会社**に潜入し**彼らの計画を知ることができた。 |
| The finance minister explained the **rationale behind** the tax reforms. | 財務大臣は，税制改革**の理論的根拠**を説明した。 |
| They peered over the edge of the **gorge** and looked at the stream far below. | 彼らは**渓谷**のへり越しにのぞき込み，はるか下の小川を眺めた。 |
| Being a **paragon** of virtue, she was held in high regard by all who knew her. | 彼女は美徳の**模範**で，彼女を知るすべての人からとても尊敬されていた。 |
| The ambassador's speech was full of **platitudes** about the need for peace. | 大使のスピーチは，平和の必要性について**ありきたりの決まり文句**が並んでいた。 |
| Her comments about the company contained a **tinge of** resentment. | その会社についての彼女のコメントには怒り**がにじんで**いた。 |
| Critics denounced the production as a **travesty** of Shakespeare's play. | 評論家たちはその作品をシェークスピア劇の**まがい物**だと非難した。 |

| | |
|---|---|
| **2039**<br>**infirmity**<br>[ɪnfə́ːrməti] | 病気 [= sickness]，衰弱<br>infirm 形 衰弱した<br>語源 in（でない）＋ firm（固い）＋ ity（名詞語尾） |
| **2040**<br>**graft**<br>[grǽft] | 移植 [= transplant]，接ぎ木<br>▶ graft cell 移植細胞 |
| **2041**<br>**delusion**<br>[dɪlúːʒən] | 妄想 [= mistaken belief]，錯覚<br>delusive 形<br>▶ be under the delusion that ... …という妄想を抱いている |
| **2042**<br>**dissertation**<br>[dìsərtéɪʃən] | 論文 [= thesis] |
| **2043**<br>**innuendo**<br>[ìnjuéndou] | ほのめかし，当てこすり [= insinuation,<br>implication]<br>▶ make innuendoes about ~ ~について当てこすりを言う |
| **2044**<br>**foliage**<br>[fóuliɪdʒ] | （集合的に）木の葉 [= leafage] |
| **2045**<br>**luminary**<br>[lúːmənèri] | 傑出した人物，名士 |
| **2046**<br>**remuneration**<br>[rɪmjùːnəréɪʃən] | 報酬 [= reward, recompense, compensation]，<br>給料 [= pay, salary]<br>remunerate 動 |
| **2047**<br>**gradient**<br>[gréɪdiənt] | 傾斜，坂 [= slope]，勾配 |
| **2048**<br>**disposition**<br>[dìspəzíʃən] | 気質 [= inclination]，傾向 [= tendency]<br>dispose 動 |

| | |
|---|---|
| He suffered from an **infirmity** that made it difficult to breathe. | 彼は呼吸困難になる病気を患っていた。 |
| The bomb victims needed extensive skin **grafts** for their burns. | 被爆者はやけど跡に広範囲な皮膚の移植を必要とした。 |
| The man suffered from the **delusion** that he was from another planet. | その男性は，自分が別の惑星からやって来たという妄想に取り付かれていた。 |
| The scholar spent years writing his doctoral **dissertation**. | その学者は博士論文の執筆に何年も費やした。 |
| He resented the **innuendo** that he owed his success to his father. | 彼の成功は父親のおかげだというほのめかしに彼は怒った。 |
| He sat drinking tea and admiring the colors of the autumn **foliage**. | 彼は座ってお茶を飲みながら，秋の木の葉の色に感じ入っていた。 |
| At the society, various scientific **luminaries** met and exchanged views. | その協会では，さまざまな科学界の権威が会合を持ち意見を交換した。 |
| The job was so difficult that no one would agree to do it without generous **remuneration**. | その仕事はとても大変だったので，高額な報酬なしには誰も引き受けようとしなかった。 |
| As the **gradient** became steeper, some of the cyclists gave up. | 傾斜が急になるにつれ，ギブアップするサイクリストもいた。 |
| We could never tell his **disposition** from the expression on his face. | 私たちは表情からは彼の気質がまったくわからなかった。 |

| 2049 | |
|---|---|
| **idiosyncrasy**<br>[ìdiəsíŋkrəsi] | 風変わりな癖，奇行 [= eccentricity]，特質<br>idiosyncratic 形 |

| 2050 | |
|---|---|
| **ingenuity**<br>[ìndʒənjúːəti] | 独創性 [= inventiveness]<br>ingenious 形<br>▶ show remarkable ingenuity 素晴らしい独創性を発揮する |

| 2051 | |
|---|---|
| **veracity**<br>[vəræsəti] | 真実性，正しさ [= truthfulness] |

| 2052 | |
|---|---|
| **deity**<br>[díːəti] | 神 [= god] |

| 2053 | |
|---|---|
| **plagiarism**<br>[pléidʒərìzm] | 盗用，盗作 [= copying, piracy]<br>plagiarize 動 |

| 2054 | |
|---|---|
| **semblance**<br>[sémbləns] | 見かけ，うわべ |

| 2055 | |
|---|---|
| **protrusion**<br>[prətrúːʒən] | 突起部，突出部 [= bump]<br>protrude 動 |

## 形容詞

| 2056 | |
|---|---|
| **valiant**<br>[væljənt] | 勇敢な [= chivalrous, dauntless, gallant] |

| 2057 | |
|---|---|
| **reclusive**<br>[rɪklúːsɪv] | 隠遁（いんとん）している<br>recluse 名 隠遁者 |

| | |
|---|---|
| We could all tolerate his **idiosyncrasies** as long as he contributed to our work. | 彼が私たちの仕事に寄与する限り，私たちは皆彼の**風変わりな癖**を許せた。 |
| Everyone praised the **ingenuity** of the new car's design. | 皆が新車のデザインの**独創性**を褒めた。 |
| The lawyer threw doubt on the **veracity** of the witness's account. | 弁護士は目撃者の発言の**真実性**に疑問を投げかけた。 |
| The building was a shrine to a **deity** of the local people. | その建物は土地の人々の**神**を祭る神社だった。 |
| Many American universities are expelling students found guilty of **plagiarism**. | 多くのアメリカの大学は，**剽窃行為**をした学生を退学させている。 |
| The pandemic was over, and people's lives gradually regained a **semblance** of a normal life. | パンデミックが終わり，人々の生活は次第に平常の**生活らしさ**を取り戻した。 |
| There was a large rocky **protrusion** on the side of the hill. | 山腹には大きな岩の**突起**があった。 |
| | |
| The firefighter made a **valiant** attempt to enter the house, but he was driven back by the heat. | 消防士は**勇敢にも**家の中に入ろうとしたが，熱で追い返された。 |
| After the film star retired, she lived a **reclusive** life on her own in the country. | その映画スターは引退した後，田舎に1人で**隠遁して**暮らした。 |

| 2058 | |
|---|---|
| **flimsy**<br>[flímzi] | 見え透いた [= makeshift]，壊れやすい<br>[= fragile] |
| 2059 | |
| **obsequious**<br>[əbsí:kwiəs] | こびへつらうような [= fawning] |
| 2060 | |
| **lackluster**<br>[lǽklʌ̀stər] | 精彩を欠いた，ぱっとしない<br>*cf.* luster 光沢，つや |
| 2061 | |
| **lurid**<br>[lúrəd] | (色などが)毒々しい，扇情的な [= sensational] |
| 2062 | |
| **shrewd**<br>[ʃru:d] | 鋭い [= astute]，機転が利く [= clever]<br>▶ shrewd politician 目端の利く政治家 |
| 2063 | |
| **inclement**<br>[ınklémənt] | (天候が)荒れ模様の，厳しい [= rough, severe,<br>stormy, tempestuous] (⇔ clement) |
| 2064 | |
| **facetious**<br>[fəsí:ʃəs] | 滑稽な，ひょうきんな [= jocular] |
| 2065 | |
| **implicit**<br>[ımplísıt] | 暗に示された [= implied]，暗黙の (⇔ explicit<br>明確な)，絶対の [= absolute] |
| 2066 | |
| **garbled**<br>[gá:rbld] | (メールなどが)文字化けした，<br>誤って伝えられた |
| 2067 | |
| **vicarious**<br>[vıkéəriəs] | 自分のことのように感じられる，<br>代わりの [= delegated, substitute, deputy]<br>▶ vicarious agent 代理人 |

| The teacher refused to believe the boy's <u>flimsy</u> excuse. | その教師は少年の<u>見え透いた</u>言い訳を信じようとしなかった。 |
| Wearing an <u>obsequious</u> expression, the man apologized. | <u>こびへつらうような</u>表情を浮かべて男性は謝罪した。 |
| Following a <u>lackluster</u> season, the soccer player announced that he was retiring. | <u>精彩を欠いた</u>シーズンの後, そのサッカー選手は引退を発表した。 |
| The face of the monster appeared <u>lurid</u> and evil in the candlelight. | ろうそくに照らされた怪物の顔は<u>毒々しく</u>邪悪に見えた。 |
| The psychology professor was known to be a <u>shrewd</u> observer of human behavior. | その心理学教授は人間行動の<u>鋭い</u>観察者として知られていた。 |
| The tournament was canceled due to the <u>inclement</u> weather. | <u>荒れ模様の</u>天候のため, トーナメントは中止された。 |
| I did not realize at first that his comments were intended to be <u>facetious</u>. | 彼の発言が<u>笑わせようとする</u>意図だとは, 私は初め気付かなかった。 |
| The country's actions were an <u>implicit</u> rejection of the request for compromise. | その国の行為は, 歩み寄りの要請に対する拒絶を<u>暗に示す</u>ものだった。 |
| When he opened the file, the letters were completely <u>garbled</u>. | 彼がファイルを開くと, 完全に<u>文字化けしていた</u>。 |
| Although he was too short to play basketball, he enjoyed a <u>vicarious</u> thrill watching his brother slam-dunk the ball. | 彼はバスケをするには背が低過ぎたが, 弟の強烈なダンクを見て<u>わがことのような</u>スリルを味わった。 |

lackluster は, 光沢 (luster) を欠く (lack) と覚えられるね。

| | |
|---|---|
| **2068**<br>**tentative**<br>[téntətɪv] | 仮の [= provisional]<br>▶ tentative plan 試案 |
| **2069**<br>**dormant**<br>[dɔ́ːrmənt] | (火山などが) 活動していない [= inactive],<br>休眠中の<br>dormancy 图 |
| **2070**<br>**emphatic**<br>[ɪmfǽtɪk] | 強調する〈that …ということを〉, 語気が強い,<br>強調的な<br>emphasize 動 |
| **2071**<br>**irresolute**<br>[ɪrézəlùːt] | 優柔不断な [= indecisive](⇔ resolute 断固とした) |
| **2072**<br>**irate**<br>[àɪréɪt] | 怒った [= angry, wrathful, enraged, furious] |
| **2073**<br>**personable**<br>[pə́ːrsənəbl] | 好感の持てる [= likable], 魅力的な<br>[= charming] |
| **2074**<br>**efficacious**<br>[èfɪkéɪʃəs] | 効果のある [= effective]<br>▶ efficacious treatment 効果的な治療 |
| **2075**<br>**urbane**<br>[əːrbéɪn] | あか抜けた [= polished, refined]<br>▶ urbane taste あか抜けたセンス |
| **2076**<br>**submissive**<br>[səbmísɪv] | 従順な [= obedient, docile]<br>submit 動　submission 图 |
| **2077**<br>**jubilant**<br>[dʒúːbɪlənt] | 大喜びの [= elated, shouting with joy]<br>▶ jubilant look 喜びに満ちた面持ち |

| We reached only a <u>tentative</u> agreement after months of negotiation. | 何カ月も交渉した後，われわれは<u>暫定的な</u>合意にしか到達しなかった。 |
| The many <u>dormant</u> volcanoes around the world may suddenly become active. | 世界中の多くの<u>休火山</u>が突然活動を始めるかもしれない。 |
| In his statement, he was <u>emphatic</u> **that** he was innocent of the crime. | 供述の中で彼はその犯罪にまったく関与していない**ことを**<u>強調した</u>。 |
| The government's <u>irresolute</u> response to the economic crisis only made things worse. | 経済危機に対する政府の<u>優柔不断</u>な対応は事態を悪化させただけだった。 |
| When students slept in class, their teacher would suddenly become very <u>irate</u>. | 学生たちが授業中に眠ると，先生は突然激しく<u>怒り</u>出すのだった。 |
| His assistant was a <u>personable</u> and intelligent young man. | 彼のアシスタントは<u>好感の持てる</u>知的な若い男性だった。 |
| The new drug proved an <u>efficacious</u> remedy against the disease. | 新薬はその病気に<u>効果のある</u>治療薬であることがわかった。 |
| His <u>urbane</u> manners and classy attire contributed to his business success. | 彼の<u>あか抜けた</u>物腰と洗練された服装は彼がビジネスで成功するのに役立った。 |
| Confronted by the larger dog, the puppy adopted the <u>submissive</u> pose of rolling onto its back. | 自分よりも大きな犬に相対して，子犬はあおむけに寝転がり<u>服従</u>のポーズを取った。 |
| We all had a <u>jubilant</u> celebration at our high school reunion. | 私たちは皆高校の同窓会で<u>歓喜に満ちた</u>お祝いをした。 |

| 2078 **devout** [dɪváut] | 敬虔な[けいけん] [= religious, pious]，熱心な[= earnest] |
|---|---|
| 2079 **optimum** [á(:)ptɪməm] | 最適の[= best, optimal]，最高の[= superlative] 名 最適条件 |
| 2080 **ingenious** [ɪndʒíːniəs] | 巧妙な[= inventive, resourceful]，器用な [= clever, skillfully made] ingenuity 名 |
| 2081 **unruly** [ʌnrúːli] | 手に負えない[= disorderly] |
| 2082 **malevolent** [məlévələnt] | 悪意のある[= spiteful, evil-minded, ill-disposed] (⇔ benevolent) malevolence 名 |
| 2083 **haughty** [hɔ́ːṭi] | 傲慢な[ごうまん] [= arrogant, supercilious] ▶ take a haughty attitude 傲慢な態度を取る |
| 2084 **arcane** [ɑːrkéɪn] | 秘密の[= covert]，難解な |
| 2085 **fallible** [fæləbl] | 誤りやすい，当てにならない[= fallacious] (⇔ infallible) fallacy 名 誤った考え |
| 2086 **trite** [traɪt] | 陳腐な[= hackneyed, stale, threadbare] triteness 名 |
| 2087 **devoid** [dɪvɔ́ɪd] | 欠いている〈of ～を〉[= destitute, empty] |

| My mother is a liberal but completely **devout** Roman Catholic. | 母はリベラルだが完全に<u>敬虔な</u>ローマ・カトリック教徒である。 |
| --- | --- |
| The **optimum** solution is for us to share the workload. | <u>最善の</u>解決策は，私たちが作業量を分担することだ。 |
| His inventions are **ingenious** solutions to practical problems. | 彼の発明品は現実的な問題に対する<u>巧妙な</u>解決法である。 |
| As the mob became more **unruly**, the police sent for help. | 暴徒がさらに<u>手に負えなく</u>なったので，警察は増援を呼んだ。 |
| This fantasy novel is about a young wizard who fights against and defeats a **malevolent** wizard. | このファンタジー小説は，<u>よこしまな</u>魔法使いと戦って倒す若い魔法使いの物語だ。 |
| The high society ladies were **haughty** and condescending toward the poor. | 上流社会の女性たちは貧しい人々に対し<u>横柄</u>で，見下した態度を取っていた。 |
| The sect's most **arcane** teachings were never written down. | その宗派の最大の<u>秘密の</u>教義は決して文字に記されなかった。 |
| It was easy to forgive his error since everyone is **fallible**. | 人は誰でも<u>誤りを犯すもの</u>だから，彼の誤りを許すことはたやすかった。 |
| The original novel was excellent, but the screenplay was a **trite** imitation. | 原作小説は素晴らしかったのに，映画のシナリオは<u>陳腐な</u>模倣であった。 |
| The novel was well written but **devoid of** any excitement. | その小説はよく書けてはいたが，刺激を<u>まったく欠いてい</u>た。 |

| 2088<br>**dreary**<br>[dríəri] | 陰うつな，わびしい，もの寂しい，退屈な<br>▶ dreary work 退屈な仕事 |
|---|---|
| 2089<br>**lax**<br>[læks] | 締まりのない，だらしない [= loose, flabby, slack] |
| 2090<br>**disheveled**<br>[dɪʃévəld] | 身なりのだらしない，(髪・服が)乱れた [= untidy, tousled] |
| 2091<br>**rudimentary**<br>[rùːdɪméntəri] | 基礎的な [= basic, elementary, fundamental]，原始的な<br>▶ rudimentary knowledge 初歩知識 |
| 2092<br>**impulsive**<br>[ɪmpʌ́lsɪv] | 直情的な，衝動的な<br>impulse 图<br>▶ impulsive remarks 衝動的な発言 |
| 2093<br>**reticent**<br>[réṭəsənt] | 無口な [= taciturn, reserved]<br>reticence 图 |
| 2094<br>**lanky**<br>[lǽŋki] | 背が高くて細い |
| 2095<br>**succulent**<br>[sʌ́kjʊlənt] | 多汁質の [= juicy] |
| 2096<br>**paltry**<br>[pɔ́ːltri] | ごくわずかな [= meager]，価値のない，卑劣な |
| 2097<br>**bucolic**<br>[bjukɑ́(ː)lɪk] | 牧歌的な [= pastoral]，田舎の [= rural, rustic] |

| | |
|---|---|
| She was so happy that even the <u>dreary</u> weather could not depress her. | 彼女はあまりにうれしかったので、<u>陰うつな</u>天気でも気がめいらなかった。 |
| The government inspectors criticized the <u>lax</u> discipline in the school. | 政府の視察官たちは、その学校の<u>緩い</u>規律を批判した。 |
| After two weeks in the wilderness, we all looked rough and <u>disheveled</u>. | 2週間荒野で生活した後、私たちはみんな粗野で<u>だらしなく</u>見えた。 |
| My seven-year-old son is just learning the <u>rudimentary</u> principles of math. | 私の7歳の息子は、ちょうど数学の<u>基本的な</u>原理を学んでいる。 |
| She was a very <u>impulsive</u> person and often did things she regretted later. | 彼女はとても<u>直情的な</u>人間で、後で悔やむようなことをよくやった。 |
| Though usually <u>reticent</u>, he is sometimes quite talkative. | 彼は普段は<u>無口</u>だが、時々とてもおしゃべりになる。 |
| Despite having been a small child, he was now a <u>lanky</u> teenager. | 背の低い子供だったのに、彼は今では<u>ひょろりとした</u>10代の若者になった。 |
| He plucked a <u>succulent</u> peach and began to eat it. | 彼は<u>水気の多い</u>桃をもぎ取り、食べ始めた。 |
| He felt insulted by the <u>paltry</u> sum he was paid for the translation. | 彼は翻訳の代金として支払われた<u>はした金</u>に侮辱された気がした。 |
| My mother enjoys buying paintings of <u>bucolic</u> scenes. | 母は<u>牧歌的な</u>風景画を購入することを楽しんでいる。 |

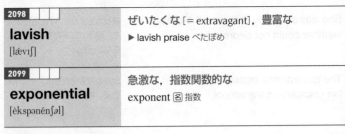

| 2098 | | |
|------|---|---|
| **lavish** [lǽvɪʃ] | ぜいたくな [= extravagant]，豊富な ▶ lavish praise べたぼめ | |

| 2099 | | |
|------|---|---|
| **exponential** [èkspənénʃəl] | 急激な，指数関数的な exponent 图 指数 | |

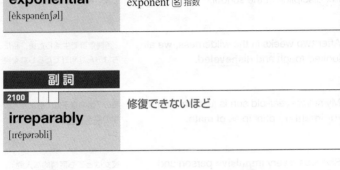

### 副詞

| 2100 | | |
|------|---|---|
| **irreparably** [ɪrépərəbli] | 修復できないほど | |

## 1分間 mini test

(1) He plucked a (　　　　) peach and began to eat it.

(2) The riot police (　　　　) the violent protestors.

(3) A gang of youths (　　　　) the statue with spray paint.

(4) Everyone praised the (　　　　) of the new car's design.

(5) The teacher refused to believe the boy's (　　　　) excuse.

ここから選んでね。※選択肢はすべて原形で表示しています。

① deface　　② deity　　③ deprecate　　④ devoid
⑤ dispel　　⑥ flimsy　　⑦ ingenuity　　⑧ optimum
⑨ succulent　　⑩ unruly

| The foreign dignitaries were treated to a <u>lavish</u> banquet consisting of ten different courses. | 各国高官は，10種類のコース料理から成る<u>ぜいたくな</u>晩餐会でもてなされた。 |
| Following five years of <u>exponential</u> growth, the country had huge reserves of foreign currency. | 5年間の<u>急激な</u>成長の後，その国は膨大な外貨を蓄えていた。 |
| The technician said the computer was <u>irreparably</u> damaged. | コンピューターは<u>修復できないほど</u>損傷している，と技術者は言った。 |

* * * * * * * * * * * * * * * * * * * * * * * * * * * * * * * * * * * * * *

**(6)** The (　　　　) solution is for us to share the workload.

**(7)** The building was a shrine to a (　　　　) of the local people.

**(8)** He (　　　　) his own work as something of little value.

**(9)** As the mob became more (　　　　), the police sent for help.

**(10)** The novel was well written but (　　　　) of any excitement.

正解

(1) ⑨(→2095)　(2) ⑤(→2008)　(3) ①(→2012)　(4) ⑦(→2050)　(5) ⑥(→2058)
(6) ⑧(→2079)　(7) ②(→2052)　(8) ③(→2011)　(9) ⑩(→2081)　(10) ④(→2087)

*To complete each item, choose the best word from among the four choices.*

*(1)* After the tennis player's nasty fall on the court, he was forced to (　　) the match due to a serious knee injury.

**1** taunt　　　**2** topple　　　**3** heave　　　**4** forfeit

*(2)* After the archaeologists unearthed the ancient city, they sifted through the (　　) of the ruins in an effort to determine what had caused the city's destruction.

**1** blunder　　　**2** charade　　　**3** rubble　　　**4** lesion

*(3)* Though the suspect (　　) denied his involvement in the crime throughout the investigation, a video recording proved that he was at the scene when the robbery occurred.

**1** vehemently　　　　　　**2** benevolently
**3** exponentially　　　　　**4** irreparably

---

**正解**　*(1)* **4** (→1520)　*(2)* **3** (→1446)　*(3)* **1** (→1900)

**訳**

*(1)* そのテニス選手はコートで激しく転倒してから，膝の大けがにより試合を<u>没収され</u>ざるを得なかった。

*(2)* 考古学者たちが古代都市を発掘した後，彼らはその都市が破壊された原因を突き止めようと遺跡のがれきを入念に調べた。

*(3)* 容疑者は，捜査中一貫して犯罪への関与を<u>激しく</u>否定したが，ビデオの録画映像によってその強盗事件が起こったときに現場にいたことが証明された。

# 熟語編 **300**

*Section* 22 ·································· 486

*Section* 23 ·································· 501

*Section* 24 ·································· 516

| 2101 **abide by ~** | （規則など）に従う [= stand by] |
|---|---|
| The boy was warned that if he did not **abide by** the school's rules, he would be expelled. | 校則に従わないならば退学になる，とその男の子は警告を受けた。 |

| 2102 **act up** | （興奮して）暴れる，（機械などが）異常に作動する [= go rampant] |
|---|---|
| At the banquet table, two drunken men were **acting up**. | 宴会の席では2人の酔っ払った男性が暴れていた。 |

| 2103 **add up to ~** | 結局（合わせて）~になる [= amount to] |
|---|---|
| His skill at the piano and her beautiful voice **added up to** a winning combination. | 彼のピアノの技量と彼女の美声は，必勝のコンビになった。 |

| 2104 **adhere to ~** | ~に従う，~を忠実に守る [= stick to] |
|---|---|
| I must ask you to **adhere to** the terms of our agreement and not reveal any information to outsiders. | われわれの合意の条件に従っていただき，情報は一切外部に漏らさないようお願いしたい。 |

| 2105 **attribute A to B** | AはBに起因すると考える |
|---|---|
| The writer **attributed** his success **to** luck and good teachers. | その作家は自身の成功を運とよい先生たちのおかげだと考えた。 |

| 2106 **back out** | （約束・契約などを）破棄する |
|---|---|
| The two banks were all set to merge when one of them suddenly **backed out** of the agreement. | 2つの銀行の合併の手はずがすっかり整ったそのとき，突然一方が合意を破棄した。 |

| 2107 ⬜⬜⬜ **bail out** | （企業など）を救済する，<br>〜を保釈する |
|---|---|
| The central bank was criticized for **bailing out** companies that had made risky loans. | リスクの高い融資を行った企業を救済したことで，中央銀行は批判された。 |

| 2108 ⬜⬜⬜ **bank on 〜** | 〜を当てにする [= depend on] |
|---|---|
| The president always **banks on** the hardworking nature of his employees. | 社長は従業員たちのよく働く性格を常に当てにしている。 |

| 2109 ⬜⬜⬜ **bargain on 〜** | 〜（があるだろう）と思う |
|---|---|
| The small political party warned the government not to **bargain on** their support of the new law. | その小政党は政府に，自分たちが新法を支持するとは思わないようにと警告した。 |

| 2110 ⬜⬜⬜ **barge through 〜** | 〜をかき分けて進む [= push through] |
|---|---|
| Guests had to **barge through** a crowd of journalists who were waiting for the pop star in front of the hotel. | 客はホテルの前で人気歌手を待つ記者の群れをかき分けて進まなければならなかった。 |

| 2111 ⬜⬜⬜ **bawl out** | 〜を厳しく叱りとばす |
|---|---|
| His teacher **bawled** him **out** for missing the math test. | 先生は彼が数学のテストを受けなかったことで彼を厳しく叱りとばした。 |

| 2112 ⬜⬜⬜ **beef up** | 〜を強化する [= strengthen] |
|---|---|
| The company headhunted a number of specialists in order to **beef up** its IT department. | その企業は IT 部門を強化するため，専門家を数名ヘッドハンティングした。 |

| 2113 ⬜⬜⬜ **belt out** | 〜を大声で歌う [= sing out loud] |
|---|---|
| At the end of the ceremony, the students **belted out** the school song. | 式典の最後に生徒たちは校歌を大声で歌った。 |

| 2114 | | | |
|---|---|

### blot out

~を消し去る [= efface, erase]

The woman did her best to **blot out** all memory of the incident.

女性はその出来事のすべての記憶を消し去るために最善を尽くした。

| 2115 | | | |
|---|---|

### blurt out

~を出し抜けに言い出す

At first the witness remained silent, but after a while, he **blurted out** what had really happened.

目撃者は最初沈黙を守っていたが、しばらくして本当に起こったことを出し抜けに話し始めた。

| 2116 | | | |
|---|---|

### boil down to ~

~に帰着する

The dispute between the two countries **boiled down to** the question of which was the rightful owner of the island.

その2国間の紛争は、詰まるところその島の正当な所有者はどちらかという問題だった。

| 2117 | | | |
|---|---|

### bottle up

(感情など)を抑える

The young man had a tendency to **bottle up** his feelings and then suddenly explode with anger.

その若い男性には、感情を押し殺したかと思うと突然怒りを爆発させる傾向があった。

| 2118 | | | |
|---|---|

### bottom out

底値を打つ

He was lucky to have sold his stock in the company before its value **bottomed out**.

その会社の株価が底値を打つ前に株を売ることができて彼は幸運だった。

| 2119 | | | |
|---|---|

### bow out

辞任する

The retiring chairman said he intended to **bow out** gracefully.

退任の近い会長は、潔く辞任するつもりだと言った。

| 2120 | | | |
|---|---|

### bowl over

~を非常に驚かせる

The girls at the school were **bowled over** by their handsome new French teacher.

その学校の女子たちは、新任のハンサムなフランス語教師に騒然となった。

| 2121 □□□ **box up** | 〜を箱詰めする |
|---|---|
| Her parents **boxed up** her belongings and sent them to her. | 両親は彼女の持ち物を箱詰めし，彼女に送った。 |

| 2122 □□□ **breeze in** | すっと入って来る |
|---|---|
| The new employee **breezed in** two hours late and sat down without even apologizing. | その新しい社員は2時間遅刻して何食わぬ顔で入って来て，謝罪もなしに座った。 |

| 2123 □□□ **brim over** | みなぎる [= be full] |
|---|---|
| The new parents were **brimming over** with joy at the birth of their baby. | 初めて親になった2人は赤ん坊が生まれた喜びであふれんばかりだった。 |

| 2124 □□□ **buckle down** | (仕事などに)本気で取りかかる |
|---|---|
| After having a cup of coffee, he **buckled down** to writing the report and finished it in an hour. | コーヒーを飲んだ後，彼はレポート書きに真剣に取り組み，1時間で書き終えた。 |

| 2125 □□□ **bunch up** | ひと固まりに集まる，〜をひと固まりに集める |
|---|---|
| The students stood **bunched up** in one corner of the room. | 生徒たちは部屋の隅にひと固まりになって立った。 |

| 2126 □□□ **butt in** | 口を挟む [= horn in, cut in] |
|---|---|
| As she explained the situation, her husband kept **butting in** and correcting her remarks. | 彼女が状況について説明していると，夫が口を挟んで，彼女の発言を訂正し続けた。 |

| 2127 □□□ **butter up** | 〜にごまをする [= flatter, apple-polish] |
|---|---|
| I hate being **buttered up** by students who think that compliments will win them a good grade. | お世辞を言えばいい成績が取れると思っている学生にごまをすられるのが私は大嫌いだ。 |

| 2128 | |
|---|---|
| **buy off** | 〜を買収する [= bribe] |

| The crooked businessman tried to **buy off** the local police, but he was arrested for bribery instead. | その悪徳業者は地元警察を買収しようとしたが、反対に贈賄で逮捕された。 |
|---|---|

| 2129 | |
|---|---|
| **capitalize on 〜** | 〜に乗じる [= take advantage of, cash in on] |

| The band tried to **capitalize on** their initial success, but were unable to write another hit song. | そのバンドは最初の成功に乗じようとしたが、もうヒット曲を書くことはできなかった。 |
|---|---|

| 2130 | |
|---|---|
| **cart off** | 〜を運び去る |

| Some men arrived and began to **cart off** the old office furniture that was no longer wanted by the company. | 男性が何人かやって来て、会社ではもう不要になった古いオフィス家具を運び去り始めた。 |
|---|---|

| 2131 | |
|---|---|
| **carve up** | 〜を分割する [= divide] |

| The victorious nations **carved up** the territory into colonies. | 戦勝諸国はその領土を分割して植民地にした。 |
|---|---|

| 2132 | |
|---|---|
| **cash in on 〜** | 〜に乗じる [= take advantage of, capitalize on] |

| In an attempt to **cash in on** the China fad, the TV network dramatized a classic Chinese novel. | 中国ブームに乗じようと、そのテレビネットワークは中国の古典小説をドラマ化した。 |
|---|---|

| 2133 | |
|---|---|
| **cast off** | 〜を捨て去る |

| After the pop star became famous, he quickly **cast off** his previous girlfriend and began dating a glamorous model. | その人気歌手は有名になるとすぐに前の恋人を捨て、魅力的なモデルと付き合い始めた。 |
|---|---|

| 2134 | |
|---|---|
| **cater to 〜** | 〜の要求を満たす |

| The small hotel was proud of **catering to** every need, however strange, of its wealthy clientele. | その小さなホテルは、どんな奇妙な要求だろうと、裕福な顧客たちのあらゆる要求に応えるのが誇りだった。 |
|---|---|

| | |
|---|---|
| **2135**<br>**cave in** | 屈服する [= give in] |
| After days of negotiations, the management finally **caved in** to the union's demands. | 何日もの交渉の後，経営者側はついに組合の要求に屈した。 |
| **2136**<br>**change over** | 交代する [= take turns] |
| On their journey, the two drivers **changed over** every few hours. | 旅行中，2人の運転手は数時間ごとに交代した。 |
| **2137**<br>**chew out** | ～を叱りとばす |
| After being **chewed out** by his professor for his sloppy work, the student was in a thoroughly bad mood. | 研究がいい加減だと教授に叱り付けられた後，その学生は完全にご機嫌斜めだった。 |
| **2138**<br>**chime in** | 話に加わる |
| When the boy complained about the grade, the other students quickly **chimed in**. | その成績に少年が不平を言うと，ほかの生徒たちもすぐに話に加わった。 |
| **2139**<br>**chip away at ～** | ～を徐々に減らす |
| In the second week of the campaign, the challenger began to **chip away at** the president's lead in the polls. | 選挙戦の2週目に，挑戦者は世論調査でリードする大統領との差を少しずつ縮め始めた。 |
| **2140**<br>**choke back** | （涙・怒りなど）をこらえる |
| Although he was angry, he **choked back** his complaints and remained silent. | 彼は怒っていたが，文句を言うのをこらえて黙っていた。 |
| **2141**<br>**choke off** | （供給など）を止める |
| The army hoped that, by destroying the poppy crop, it could **choke off** the supply of opium to its troops. | ケシ畑を壊滅させることで部隊へのアヘンの供給を断つことができる，と軍は願った。 |

| | |
|---|---|
| **2142** ⬜⬜⬜ **choke up** | （感情の高ぶりで）絶句する |
| As she told the story of the horrifying experience, the victim **choked up** and became unable to continue. | その恐ろしい経験の話をしていた被害者は言葉に詰まり，話し続けられなくなった。 |
| **2143** ⬜⬜⬜ **chug along ～** | しゅっしゅっと音を立てて～を進む |
| The old tugboat was **chugging along** the coastal route, but then it suddenly came to a halt. | 古いタグボートは海岸沿いのルートをしゅっしゅっと進んでいたが，突然停止した。 |
| **2144** ⬜⬜⬜ **churn out** | ～を（機械的に）大量生産する [= crank out, grind out] |
| The writer found it easy to come up with plots for his detective stories, and so he **churned out** two a year for many years. | その作家は推理小説のプロットを簡単に思い付いたので，何年もの間1年に2作を量産した。 |
| **2145** ⬜⬜⬜ **clam up** | 黙り込む [= fall silent] |
| When the teacher questioned the boy, he **clammed up** immediately. | 先生に質問されると，少年はすぐさま黙り込んだ。 |
| **2146** ⬜⬜⬜ **clog up** | ～を詰まらせる |
| Over time, mud and vegetation had **clogged up** the drains, and they were no longer functioning. | 長年の間に泥と草が排水路を詰まらせており，排水路はもはや機能していなかった。 |
| **2147** ⬜⬜⬜ **cloud up** | 曇る |
| As he ran the hot bath, the mirror **clouded up** and he was no longer able to see his reflection. | 風呂にお湯を入れると鏡が曇り，彼はもはや自分の映った姿が見えなかった。 |
| **2148** ⬜⬜⬜ **coast along** | 気楽に（行動）する |
| His father warned him not to waste his life by **coasting along** and avoiding any challenges. | 父親は彼に，のらくら生きて困難から逃げ続けることで人生を無駄にするなと警告した。 |

## 2149
# come around

意見を変える

She knew that if she waited long enough, her husband would eventually **come around** and agree with her plan.

十分長い間待てば夫は最終的に考えを変えて計画に同意してくれる，と彼女にはわかっていた。

## 2150
# come down on *A*

Aを厳しく叱る

The manager **came down on** the staff for being late to the meeting.

マネージャーは，会議に遅れたことを理由にスタッフを厳しく叱った。

## 2151
# come in at ~

~（の値段）で売られている

As the velvet **came in at** over 1,000 dollars a roll, the designer was reluctant to use it for curtains.

そのベルベットは一巻き千ドル以上の価格で売られており，デザイナーはそれをカーテンに使いたくなかった。

## 2152
# come in for ~

（非難など）を受ける [= be subjected to]

After the riot, the police **came in for** a lot of criticism for their handling of the incident.

暴動の後，警察は事件の処理に関して多くの非難を受けた。

## 2153
# coop up

~を閉じ込める

The children were **cooped up** indoors by the rain which fell all day.

子供たちは1日中降った雨で室内に閉じ込められた。

## 2154
# cop out

約束に背く，
（責任などから）逃避する

The employee said that he would oppose the boss's plan, but at the last moment he **copped out** and remained silent.

その社員は上司の計画に反対すると言ったのに，土壇場になって約束に背き，ずっと黙っていた。

## 2155
# crack down on ~

~を厳しく取り締まる

The principal warned that he was going to **crack down on** students copying their homework from each other.

生徒がお互いの宿題を写し合うことを厳しく取り締まるつもりだ，と校長は警告した。

| | |
|---|---|
| **2156**<br>**crack up** | 精神的に参る，笑いこける |
| He **cracked up** under the pressure of his job and had to spend six months on leave to recover. | 彼は仕事の重圧で精神的に参ってしまい，回復するために半年休みを取らなければならなかった。 |
| **2157**<br>**crank out** | ～を機械的に量産する<br>[= churn out, grind out] |
| The thriller writer **cranked out** a novel a year for ten years. | そのスリラー作家は10年間，年に1冊の割合で小説を次々と量産した。 |
| **2158**<br>**creep into ～** | （感情・間違いなどが）～に入り込む |
| A suspicion that he was being cheated **crept into** his mind. | だまされているのではないかという疑念が彼の心に忍び込んだ。 |
| **2159**<br>**crop up** | （問題などが）急に持ち上がる<br>[= come up] |
| The launch of the new car was delayed after a number of small problems **cropped up** at the last moment. | 土壇場になっていくつか小さな問題が持ち上がった後，新車の発売は延期された。 |
| **2160**<br>**dawn on A** | Aに初めてわかる |
| After the third time the girl canceled their date, it began to **dawn on** him that she was not interested in him. | その女の子にデートを3回キャンセルされた後，自分には関心がないのだとやっと彼にわかり始めた。 |
| **2161**<br>**deck out** | ～を飾る [= decorate] |
| The building was **decked out** with flags and banners to celebrate the anniversary of the country's victory. | 国の戦勝記念日を祝うため，その建物は旗と横断幕で飾られていた。 |
| **2162**<br>**defer to ～** | （敬意を表して）～に従う，<br>～を尊重する |
| **Deferring to** his boss, the department head agreed to sack the young man. | 上司の考えに従い，部長はその若い男性を首にすることに同意した。 |

| 2163 | | |
|---|---|
| **detract from ～** | （価値など）を損なう [= take away from] |

| His latest book was a failure but did not **detract** much **from** his good reputation. | 彼の最新刊は失敗作だったが，彼の名声をそれほど損なうことはなかった。 |
|---|---|

| 2164 | | |
|---|---|
| **dip into ～** | （貯金など）に手をつける |

| The little boy **dipped into** his piggy bank to buy the latest toy. | その小さな男の子は，最新のおもちゃを買うために貯金箱のお金に手をつけた。 |
|---|---|

| 2165 | | |
|---|---|
| **dispense with ～** | ～なしで済ませる [= do without] |

| The school decided to **dispense with** the services of the caretaker. | その学校は管理人の業務なしで済ませることに決めた。 |
|---|---|

| 2166 | | |
|---|---|
| **distract *A* from *B*** | BからAの気を散らす |

| She told her husband not to **distract** their son **from** his homework. | 彼女は夫に，宿題から息子の気を散らさないでと言った。 |
|---|---|

| 2167 | | |
|---|---|
| **dole out** | ～を配る |

| Their mother kept the cookies in a locked cupboard and only **doled out** one a day to each of them. | 彼らの母親はクッキーを鍵のかかった戸棚にしまっていて，1人に1日1枚ずつ配るだけだった。 |
|---|---|

| 2168 | | |
|---|---|
| **dote on *A*** | Aを溺愛する |

| Both sets of grandparents **doted on** the new baby. | 両家の祖父母は生まれたばかりの赤ん坊を溺愛した。 |
|---|---|

| 2169 | | |
|---|---|
| **drag on** | （会議などが）だらだら長引く [= run on] |

| As the lecture **dragged on**, the audience gradually became more and more restless. | 講演がだらだら長引くと，聴衆はどんどん落ち着かなくなっていった。 |
|---|---|

| 2170 | |
|---|---|
| **draw** *A* **into** *B* | AをBに引き込む |

| The small country did its best to avoid getting **drawn into** the conflict between its two large neighbors. | その小国は，隣接する2つの大国間の争いに引き込まれるのを避けるため最善を尽くした。 |
|---|---|

| 2171 | |
|---|---|
| **drone on** | だらだら話す |

| He hated listening to his father **drone on** about how much better things had been in the old days. | 昔は何でもずっとよかったのに，といったことを父親が<u>だらだら話す</u>のを聞くのが彼は嫌だった。 |
|---|---|

| 2172 | |
|---|---|
| **drown out** | ～を（かき）消す |

| He turned up the volume of his TV to **drown out** the sound of heavy traffic outside his home. | 彼はテレビの音量を上げて，家の外の激しい交通量の音を<u>かき消した</u>。 |
|---|---|

| 2173 | |
|---|---|
| **drum up** | （支持・取引など）を懸命に得ようとする |

| He went from door to door trying to **drum up** support for his campaign against the new supermarket. | スーパーマーケット新設に反対する運動への支援を<u>得る</u>べく，彼は一軒一軒家を回った。 |
|---|---|

| 2174 | |
|---|---|
| **duck out** | （仕事・責任などを）逃れる |

| It was said that the politician had used family connections to **duck out** of military service during the war. | その政治家は家族のコネを使って戦時中に兵役を<u>逃れた</u>と言われていた。 |
|---|---|

| 2175 | |
|---|---|
| **dwell on ～** | ～を力説する，～を長々と話す |

| In his speech, the school principal **dwelt on** the need for students to prepare properly for classes. | 校長はスピーチの中で，生徒たちが授業の準備をきちんとすることの必要性を<u>力説した</u>。 |
|---|---|

| 2176 | |
|---|---|
| **ease off** | （雨などが）小降りになる，和らぐ，緩む [= calm down] |

| The campers were finally able to set up their tent after the rain began to **ease off**. | 雨が<u>小降り</u>になり始めてから，キャンパーたちはようやくテントを張ることができた。 |
|---|---|

| 2177 | |
|---|---|
| **ease up on ~** | ～をほどほどにする |

| Following his doctor's advice, he decided to **ease up on** high-calorie snacks. | かかりつけ医師のアドバイスに従って，彼は高カロリーのお菓子を控えることに決めた。 |
|---|---|

| 2178 | |
|---|---|
| **egg on** | ～をそそのかす |

| The boy's friends stood around, **egging** him **on** to fight the bully. | 少年の友人たちが周りを取り囲み，そのいじめっ子と戦えと少年をけしかけた。 |
|---|---|

| 2179 | |
|---|---|
| **eke out** | (生計) を何とかして立てる，～の不足分を補う [= make up for] |

| For a few years, he **eked out** a living doing odd jobs. | 2，3年間，彼はいろんなアルバイトをして生計を立てた。 |
|---|---|

| 2180 | |
|---|---|
| **etch** *A* **into** *B* | AをBに深く印象付ける |

| The scene of the crash was **etched into** his memory, and even today he can easily recall every detail. | 衝突事故の光景は彼の記憶に深く刻み込まれ，今でも彼は細部の一つ一つを容易に思い出すことができる。 |
|---|---|

| 2181 | |
|---|---|
| **factor in** | ～を考慮に入れる [= allow for, take ~ into consideration] |

| After **factoring in** all the expenses, they decided the plan would not make a profit. | すべての経費を考慮に入れた後，彼らはその計画は利益が出ないと判断した。 |
|---|---|

| 2182 | |
|---|---|
| **fall back on ~** | (いざという時に)～に頼る |

| The teacher assured her that she could always **fall back on** him. | いつでも自分に頼っていいと言って先生は彼女を安心させた。 |
|---|---|

| 2183 | |
|---|---|
| **fall flat** | 失敗に終わる [= get nowhere] |

| The advertising campaign **fell flat** when its star was arrested. | 起用したスターが逮捕されて，その広告キャンペーンは失敗に終わった。 |
|---|---|

| 2184 | |
|---|---|
| **fall in with A** | Aとたまたま付き合うようになる |

| During his college years, he **fell in with** a bad crowd and dropped out of school eventually. | 彼は大学生の時に悪い仲間と付き合うようになり，ついには学校を辞めた。 |

| 2185 | |
|---|---|
| **fall through** | (計画などが) 駄目になる |

| As long as the deal doesn't **fall through** at the last moment, the contract will be signed next Friday. | 商談が土壇場で頓挫しない限り，契約は次の金曜日に締結される。 |

| 2186 | |
|---|---|
| **fan out** | 四方八方に散らばる |

| Volunteers **fanned out** over the countryside in their search for the missing girl. | 行方不明になった少女を捜して，ボランティアたちが田園地帯の四方八方に散らばった。 |

| 2187 | |
|---|---|
| **farm out** | ～を下請けに出す [= contract out] |

| When he was busy, the translator **farmed out** work to his students. | 忙しいとき，その翻訳家は教え子たちに仕事を下請けに出した。 |

| 2188 | |
|---|---|
| **fawn over A** | Aにへつらう |

| The hotel staff **fawned over** the visiting film star as if he were royalty. | ホテルのスタッフは，訪れた映画スターが王族であるかのようにへつらった。 |

| 2189 | |
|---|---|
| **fend for oneself** | 自力で生きていく [= stand up for oneself] |

| After her husband passed away, the widow had to **fend for herself**. | 夫が亡くなった後，その未亡人は自力で生きていかなければならなかった。 |

| 2190 | |
|---|---|
| **fend off** | (質問) をかわす |

| The singer tried to **fend off** questions about the rumor by talking about her new album. | その歌手は自身の新しいアルバムの話をして，うわさに関する質問をかわそうとした。 |

| 2191 | |
|---|---|
| **fire away** | 質問を始める，話し始める |

| The actor, anxious to promote his new movie, told the reporter to **fire away** with his questions. | 自分の新作映画を宣伝したいその俳優は，質問を始めるよう記者に言った。 |

| 2192 | |
|---|---|
| **fizzle out** | 途中で失敗に終わる |

| The protest eventually **fizzled out** after it began to rain heavily. | 大雨が降り出した後，抗議運動は最終的に尻すぼみに終わった。 |

| 2193 | |
|---|---|
| **flare up** | かっとなる [= fly into a temper] |

| Sometimes her boss **flared up** at her for no clear reason. | 彼女の上司は，はっきりした理由もなく時折彼女に**かっとなった**。 |

| 2194 | |
|---|---|
| **flesh out** | ～に肉付けする，～を具体化する [= embody] |

| The teacher told her to **flesh out** her idea a bit and then bring it back for further consideration. | 考えにもう少し肉付けしてから，さらなる検討に向けて再提出するように，と先生は彼女に言った。 |

| 2195 | |
|---|---|
| **flick through** | (本など)をぱらぱらめくる |

| The detective **flicked through** his notebook until he found the page that he was looking for. | 探しているページが見つかるまで，刑事はノートをぱらぱらめくった。 |

| 2196 | |
|---|---|
| **flip out** | かっとなる，ひどく興奮する |

| When he found out he was going to be fired, he **flipped out** completely. | 首になるとわかると，彼は完全に怒り狂った。 |

| 2197 | |
|---|---|
| **flood in** | 殺到する [= pour in] |

| Invitations for the singer to appear on stage **flooded in** from TV companies. | その歌手への出演依頼がテレビ局から殺到した。 |

## fly at ~

~に飛びかかる

In the savanna, I saw a lion **fly at** a group of animals.

私はサバンナで，動物の群れに飛びかかるライオンを見た。

## follow through

やり遂げる，やり抜く

Unfortunately, he failed to **follow through** on his original offer.

残念ながら，彼は最初の提案を最後までやり通すことができなかった。

## fork out

（大金）を支払う [= shell out]

He resented **forking out** money for his son's graduate studies.

彼は息子の大学院での研究に大金を支払うことを腹立たしく思った。

---

### ● 形容詞はリアル体験で定着させよう！

形容詞が覚えにくいとよく聞きます。そこでお勧めなのは，リアルな体験と結び付けて記憶を定着させることです。

例えば，水分たっぷりの果物を食べながら **2095** succulentを思い浮かべたり，大人気なく機嫌を損ねる上司を見て「**1768** petulantだなぁ」と考えたりしてみましょう。華やかなパーティー会場では **1677** resplendentを思い出し，そこで場違いな行動を取る人を見かけたら，**1685** uncouth や **1694** incongruousなどの単語を心の中でつぶやいてしまうかもしれませんね。

単語は文字だけでなく映像と連携させることでより印象に残ります。あらかじめ日常で使えそうな形容詞を本書からピックアップしておき，日々の生活に取り入れてみましょう。

| 2201 | |
|---|---|
| **fork over** | (土など)を(農業用)フォークで掘り返す |
| She planted some seeds in a row and **forked over** some soil to cover them up. | 彼女は1列に種を植え，<u>フォークで土を掘り返して</u>かぶせた。 |

| 2202 | |
|---|---|
| **foul up** | ～でへまをやる |
| Everyone on the team knew that if they **fouled up** this match, they would be out of the contest. | この試合<u>でへまをする</u>と競技会から敗退するとチームの全員がわかっていた。 |

| 2203 | |
|---|---|
| **freeze up** | 身動きできなくなる，口が利けなくなる |
| When he got up to speak, he suddenly **froze up** and stood there silently. | 発言しようと立ち上がったとき，彼は突然<u>体が凍り付き</u>，黙ったまま立ちすくんだ。 |

| 2204 | |
|---|---|
| **fritter away** | ～を無駄遣いする [= waste, squander] |
| The girl got a part-time job to save up money, but she **frittered away** her earnings on game apps. | 少女はお金をためようとアルバイトを始めたが，ゲームアプリに稼ぎを<u>無駄遣いした</u>。 |

| 2205 | |
|---|---|
| **front for ～** | ～の隠れみのとなる |
| It was widely known that the businessman **fronted for** one of the big drug cartels. | その実業家が大規模な麻薬カルテルの1つの<u>隠れみのになっている</u>ことは広く知られていた。 |

| 2206 | |
|---|---|
| **frown on ～** | ～に難色を示す |
| Although the professors were allowed to advertise commercial products, the university **frowned on** them doing so. | 教授たちは営利目的の製品の宣伝をすることを許されていたが，大学は彼らがそうすることに<u>難色を示した</u>。 |

| 2207 | |
|---|---|
| **gain on ~** | ～に迫る，～に近付く |

| The new company rapidly began to **gain on** its rivals in the field. | 新会社はその分野での競合会社に急速に迫り始めた。 |

| 2208 | |
|---|---|
| **gang up on A** | A を集団で攻撃する |

| The girl complained that her classmates were always **ganging up on** her. | クラスメートがいつも自分を寄ってたかっていじめる，と少女は苦情を言った。 |

| 2209 | |
|---|---|
| **get across** | (考えなど) をわからせる |

| The politician used social media to **get across** his message to his supporters. | その政治家は支持者にメッセージを理解させるためにソーシャルメディアを用いた。 |

| 2210 | |
|---|---|
| **glance over ~** | ～にざっと目を通す |

| He asked one of his colleagues to **glance over** his presentation and give feedback. | 彼は同僚の1人に，プレゼンにざっと目を通して意見を聞かせてくれないかと頼んだ。 |

| 2211 | |
|---|---|
| **gloss over ~** | ～を取り繕う |

| You cannot just **gloss over** his poor performance. | 君は彼の能力不足を取り繕うわけにはいかないよ。 |

| 2212 | |
|---|---|
| **gnaw at ~** | ～を (絶えず) 苦しめる |

| The murder he had committed **gnawed at** his conscience, and eventually he confessed his crime to the police. | 自分の犯した殺人が彼の良心を苦しめ，ついに彼は警察に罪を自白した。 |

| 2213 | |
|---|---|
| **go at A** | A を攻撃する [= attack]，A と言い争う |

| In the presidential debate, the two candidates **went at** each other ferociously. | 大統領選挙討論会で2人の候補者は激しく互いを攻撃した。 |

| | |
|---|---|
| **2214**<br>**go through with ~** | ～をやり通す |
| The gang plotted to rob the bank, but in the end they did not **go through with** their plan. | ギャングはその銀行を襲おうとたくらんだが、結局計画を果たすことはなかった。 |
| **2215**<br>**goof off** | 怠ける |
| His boss warned him that if she caught him **goofing off** again, she would fire him on the spot. | 怠けているところをまた見つけたら即座に首にする、と上司は彼に警告した。 |
| **2216**<br>**grate on ~** | ～に不快感を与える [= annoy, bother] |
| His colleagues' silly jokes about his new haircut eventually began to **grate on** him. | 新しい髪型についての同僚たちのくだらない冗談が、ついに彼の気に障り始めた。 |
| **2217**<br>**harp on ~** | （同じ話）をしつこく繰り返す |
| She hated the way her boss **harped on** sticking to their budget all the time. | 彼女は上司が始終予算を厳守しろとくどくどと言うのが嫌だった。 |
| **2218**<br>**head off** | ～を阻止する [= prevent] |
| The company president said that he was confident they would be able to **head off** the threat from their new rivals. | 新参の競合会社による脅威を食い止められる自信はある、と社長は言った。 |
| **2219**<br>**head up** | （組織など）を統率する |
| A young detective was chosen to **head up** a new unit that would investigate the spate of art thefts. | 多発する芸術品の盗難を捜査する新部隊を統率するべく、若い刑事が選ばれた。 |
| **2220**<br>**hem in** | ～を取り囲む |
| After **hemming in** the enemy, the army attacked them at dawn. | 敵を取り囲んだ後、軍隊は夜明けに敵を攻撃した。 |

| 2221 | |
|---|---|
| **hike up** | 〜を大幅に [急に] 引き上げる |

| The government decided to raise revenue by **hiking up** the tax on cigarettes. | 政府はタバコ税を大幅に引き上げることで歳入を増やすことにした。 |

| 2222 | |
|---|---|
| **hinge on 〜** | 〜次第である [= depend on] |

| The team's chance of victory **hinged on** the performance of its star players. | そのチームの勝利の可能性はスター選手たちのパフォーマンスにかかっていた。 |

| 2223 | |
|---|---|
| **hold A (to be) B** | AをBと見なす |

| Though disgraced by many scandals, the ex-mayor is still **held to be** a hero in her political circle. | 多くのスキャンダルで信用を落としたものの、元市長は依然として政治家仲間の間では英雄と見なされている。 |

| 2224 | |
|---|---|
| **hold down** | (職など) を (がんばって) 続ける |

| The young man **held down** a good job at a high salary. | その若者は高給料のいい仕事を手放さずに続けた。 |

| 2225 | |
|---|---|
| **hold out on A** | Aに隠し事をしている |

| The detective got the impression the informant was **holding out on** him. | 刑事は、情報提供者が自分に隠し事をしているという印象を受けた。 |

| 2226 | |
|---|---|
| **hole up** | 隠れる |

| The escaped convicts **holed up** in a remote farmhouse. | 脱獄囚たちは人里離れた農家に潜伏した。 |

| 2227 | |
|---|---|
| **horse around** | ばか騒ぎをする |

| The teacher came in to find the students **horsing around**. | 先生が入って来ると生徒たちがばか騒ぎをしていた。 |

---

**2228**

## hunker down

身を潜める

Most residents **hunkered down** in their homes until the storm passed.

ほとんどの住民は嵐が過ぎ去るまで家に身を潜めた。

---

**2229**

## ingratiate *oneself* with *A*

*A* に取り入る

The new employee did her best to **ingratiate herself with** her older colleagues.

その新入社員は，年上の同僚たちに取り入ろうと最善を尽くした。

---

**2230**

## interfere with ～

～を妨げる

The noise from the traffic outside **interfered with** his concentration, making it difficult for him to study.

外の交通の騒音に集中力を妨げられて，彼はなかなか勉強できなかった。

---

**2231**

## iron out

～を解決する [= solve, resolve]

The computer engineer spent the weekend **ironing out** various bugs in the new program.

そのコンピューターエンジニアは，新しいプログラムのさまざまな不具合を解決するのに週末を費やした。

---

**2232**

## jockey for ～

～を得ようと画策する

A number of employees were **jockeying for** promotion to the position of head of sales.

数人の社員が，営業部長の座への昇進をつかもうと競い合っていた。

---

**2233**

## keel over

転倒する [= fall over]

The female athlete looked certain to win the marathon, when she suddenly **keeled over** and lay at the side of the road.

その女性アスリートはマラソンでの勝利が確実に見えたその時，突然倒れて道路脇に横たわった。

---

**2234**

## key up

～の神経を高ぶらせる

The tennis player felt very **keyed up** by his approaching match with the reigning champion.

そのテニス選手は，現チャンピオンとの試合が近づいてとても神経が高ぶっていた。

---

| | |
|---|---|
| **2235**　□□□<br>**kick around** | （計画など）をあれこれ検討する |
| The senior executives spent a couple of hours **kicking around** the idea of launching a new brand. | 重役たちは，新ブランドを立ち上げる考え<u>をあれこれ検討して</u>数時間費やした。 |
| **2236**　□□□<br>**knuckle down** | 真剣に取り組む [= adopt a serious stance] |
| She told her daughter to **knuckle down** and write her science report. | 彼女は娘に，<u>本腰を入れて</u>理科のレポートを書きなさいと言った。 |
| **2237**　□□□<br>**knuckle under** | 屈服する [= submit, give in] |
| Their lazy son finally **knuckled under** to their threats and got a job. | ついに彼らのぐうたらな息子は彼らの脅しに<u>屈し</u>仕事に就いた。 |
| **2238**　□□□<br>**lag behind ～** | ～に後れを取る |
| For most of the race, he was **lagging behind** the other runners but he made a supreme effort and came in first. | レースの大半で彼はほかの選手に<u>後れを取っ</u>ていたが，力を振り絞り1位でゴールした。 |
| **2239**　□□□<br>**lash out** | 痛烈に非難する |
| The president **lashed out** at critics, saying they were in the pay of a foreign government. | 外国政府の回し者だと言って大統領は批判者たちを<u>痛烈に非難した</u>。 |
| **2240**　□□□<br>**lead up to ～** | （時間的に）～に至る，<br>（事件などが）～につながっていく |
| Polls showed that the presidential candidate's agenda gained in popularity in the weeks **leading up to** the election. | 世論調査は，その大統領候補の政策課題が選挙に<u>至る</u>までの数週間で人気を博したことを示した。 |
| **2241**　□□□<br>**leaf through** | ～をぱらぱらめくって目を通す |
| While she waited, she **leafed through** the magazines on the table. | 彼女は待っている間，テーブルの上の雑誌<u>をぱらぱらめくって目を通した</u>。 |

| 2242 | |
|---|---|
| **leap out at *A*** | *A* の目に飛び込む |

| He looked through the mug shots, but none of the faces **leaped out at** him as the man he saw rob the bank. | 彼は容疑者の写真に目を通したが，目撃した銀行強盗として彼の目に飛び込んできた顔は1つもなかった。 |

| 2243 | |
|---|---|
| **let down** | ～を失望させる [= disappoint] |

| Everybody felt **let down** when their team failed to win the final. | チームが決勝戦で負けたとき，皆が失望した。 |

| 2244 | |
|---|---|
| **let on** | 秘密を漏らす |

| She was careful not to **let on** to her husband that she had received a telephone call from an old boyfriend. | 彼女は昔の恋人から電話があったことを夫に漏らさないように気を付けた。 |

| 2245 | |
|---|---|
| **let up on ～** | ～に対して手を緩める，<br>～に対して気を抜く |

| She decided to **let up on** her kids and their curfew after years of strict parenting. | 彼女は何年にもわたる厳格な子育ての後，子供たちと彼らの門限に対して手を緩めることにした。 |

| 2246 | |
|---|---|
| **level off** | （進行・成長などが）横ばいになる |

| Finally, the rise in the value of the dollar began to **level off**. | ようやくドル高は横ばいになり始めた。 |

| 2247 | |
|---|---|
| **level with *A*** | *A* に対して率直に言う |

| I need to **level with** you. If your play does not improve, I will take you off the team. | 率直に言わせてもらいます。プレーが上達しなければ，あなたをチームから外します。 |

| 2248 | |
|---|---|
| **limber up** | （準備体操などで）体をほぐす |

| The players were just **limbering up** for the soccer match when it suddenly began to rain. | 選手たちがサッカーの試合に備えて体をほぐしていたちょうどその時，突然雨が降り出した。 |

| 2249 | |
|---|---|
| **live down** | (失敗など)を人に忘れさせる |

| He never **lived down** his failure to secure the deal, and eventually he left the company for another one. | 彼はその取引をまとめられなかったことを人々の記憶から消すことができず，結局，社を去って他社に移った。 |
|---|---|

| 2250 | |
|---|---|
| **load up on ~** | ～をどっさり買い込む [= stock up on] |

| Before setting out on the next leg of their journey, the explorers **loaded up on** supplies. | 旅の次の行程に出発する前に，探検家たちは補給品をどっさり買い込んだ。 |
|---|---|

| 2251 | |
|---|---|
| **louse up** | ～を台無しにする [= mess up] |

| The actress told the man that his bad acting was **lousing up** the whole play. | あなたの下手な演技が芝居全体を台無しにしている，とその女優はその男性に言った。 |
|---|---|

| 2252 | |
|---|---|
| **make off with ~** | ～を持ち逃げする |

| During the bomb scare at the museum, a thief **made off with** a valuable painting. | 美術館への爆破予告の間に，泥棒が貴重な絵画を盗んで逃げた。 |
|---|---|

| 2253 | |
|---|---|
| **mark up** | (原稿など)に手を入れる |

| The professor **marked up** my essay and added suggestions on how I could improve my writing. | 教授は私の論文に手を入れ，文章をどのように改善できるか提案を加えた。 |
|---|---|

| 2254 | |
|---|---|
| **mete out** | (罰など)を割り当てる |

| The teacher **meted out** extra homework to the boys as a punishment for their misbehavior. | 先生は不品行の罰として少年たちに追加の宿題を科した。 |
|---|---|

| 2255 | |
|---|---|
| **mill about [around] (~)** | 目的もなく(～を)動き回る |

| People were **milling about** the stadium parking lot waiting for the gates to open. | 開場を待つ人たちがスタジアムの駐車場をうろうろ動き回っていた。 |
|---|---|

| 2256<br>**mouth off** | (意見・批判・不平などを)激しい<br>口調で言う |
|---|---|
| The old man **mouthed off** about the gradual increases in the cost of living in his neighborhood. | その老人は，住む近辺で生活費が徐々に上がっていることについて大声で文句を言った。 |

| 2257<br>**muddle through** | 何とか切り抜ける |
|---|---|
| Although their budget soon ran out, they somehow **muddled through** and completed the project. | 予算はすぐに尽きたが，彼らはどうにかこうにか切り抜けてプロジェクトを完了した。 |

| 2258<br>**mull over** | ～を熟考する [= consider, chew over] |
|---|---|
| She asked for a few weeks to **mull over** the offer and to discuss it with her family. | その申し出についてよく考え家族と話し合うために，2，3週間もらえないかと彼女は頼んだ。 |

| 2259<br>**muscle into ～** | ～に強引に割り込む |
|---|---|
| He **muscled into** the crowd to pick up a popular but rare toy for his son. | 彼は，人気があるが珍しいおもちゃを息子のために手に入れようと，人込みに強引に割り込んだ。 |

| 2260<br>**nail down** | (日取りなど)を確定する<br>[= determine] |
|---|---|
| He finally managed to **nail down** a meeting with the very busy executive. | ようやく彼は何とかその多忙な重役との面会を取り付けた。 |

| 2261<br>**narrow down** | ～を絞り込む |
|---|---|
| The detective **narrowed down** the suspects to two men. | 刑事は容疑者を2人の男に絞り込んだ。 |

| 2262<br>**nod off** | うとうとして眠り込む [= doze off] |
|---|---|
| It had been such a long day that he kept **nodding off** during the play. | その日はとても長い1日だったので，彼は観劇中にうとうとし続けていた。 |

| 2263 | |
|---|---|
| **nose around ~** | ~を捜し回る |

| He hated it when his boss started **nosing around** his desk. | 彼は上司が彼の机を捜し回り始めるのがとても嫌だった。 |
|---|---|

| 2264 | |
|---|---|
| **opt for ~** | ~を選ぶ [= choose, select] |

| When given the choice, most students **opted for** taking an exam instead of writing an essay. | 選択肢を与えられると，ほとんどの学生はレポートを書くことより試験を受ける方を選んだ。 |
|---|---|

| 2265 | |
|---|---|
| **opt out of ~** | ~しないことにする |

| When I signed up for the gym, I decided to **opt out of** receiving monthly newsletters. | 私はジムに入会するとき，毎月の会報を受け取らないことにした。 |
|---|---|

| 2266 | |
|---|---|
| **own up to ~** | ~を白状する [= confess to] |

| After the teenager **owned up to** smoking in the backyard, his father gave him a lecture on the danger to his health. | その10代の若者が裏庭でタバコを吸ったことを白状すると，父親は彼に健康への危険性について説教した。 |
|---|---|

| 2267 | |
|---|---|
| **palm off** | （偽物など）を売りつける |

| The merchant made a living by **palming off** fake antiques as genuine ones. | その商人は偽の骨董品を本物だと言って売りつけることで生計を立てていた。 |
|---|---|

| 2268 | |
|---|---|
| **pan out** | 成功する |

| His dream of becoming a famous guitarist didn't **pan out**, so he went back to college to earn a degree. | 有名ギタリストになる夢がかなわなかったので，彼は学位を取るため大学に戻った。 |
|---|---|

| 2269 | |
|---|---|
| **pass down** | （後世に）~を伝える [= hand down] |

| The jewelry had been **passed down** in his mother's family for generations. | その宝石は彼の母方の一族に代々受け継がれていたものだった。 |
|---|---|

| 2270 | |
|---|---|
| **pass up** | (機会など)を見送る |

| She **passed up** the promotion, believing that the salary increase would not make up for the greater responsibilities. | 責任が重くなるのだから昇給しても割に合わないと彼女は考え，昇進を見送った。 |

| 2271 | |
|---|---|
| **patch up** | ～に応急処置をする |

| The doctor swiftly **patched up** the wound on his arm with a few stitches. | 医者は彼の腕の傷を数針縫って素早く応急処置をした。 |

| 2272 | |
|---|---|
| **pay off** | (計画・事業などが)うまくいく，(借金など)を完済する |

| He took a big risk buying the shares in the company, but it **paid off** and he was able to use the profit to start his own business. | 彼は大きなリスクを冒してその会社の株を買ったが，成果が出て，彼はその利益を使って自分の事業を始めることができた。 |

| 2273 | |
|---|---|
| **peter out** | 次第に消滅する |

| After a while, the letters from their son **petered out** and they never heard from him again. | しばらくすると，息子からの手紙は次第に来なくなり，再び息子から便りが届くことはなかった。 |

| 2274 | |
|---|---|
| **phase out** | ～を段階的に廃止する |

| The auto company gradually **phased out** production of the old model although it was still selling well. | その旧型車の売り上げは依然として好調だったものの，自動車会社はその生産を少しずつ段階的に廃止した。 |

| 2275 | |
|---|---|
| **pick up on ～** | ～に気付く |

| In his lecture, he confused two painters, but luckily no one in the audience **picked up on** his mistake. | 彼は講演で2人の画家を混同したが，幸い聴衆は誰も彼の間違いに気付かなかった。 |

| 2276 | |
|---|---|
| **piece together** | (事実・情報など)をつなぎ合わせる [= put together] |

| When he **pieced together** the evidence, he realized what had happened. | 証拠をつなぎ合わせたとき，彼は何が起こったか悟った。 |

| 2277 | |
|---|---|
| **pile in** | （乗り物に）どっと乗り込む |

| When the school bus arrived, the waiting children **piled in**, shouting and screaming. | スクールバスが到着すると、待っていた子供たちはギャーギャー騒ぎながら<u>どっと乗り込んだ</u>。 |
|---|---|

| 2278 | |
|---|---|
| **pile up** | （仕事・心配事などが）どんどんたまる |

| His tasks kept **piling up**, and he was forced to work overtime almost every day. | 仕事が<u>どんどんたまり</u>続け、彼はほとんど毎日残業せざるを得なかった。 |
|---|---|

| 2279 | |
|---|---|
| **pin down** | ～を突き止める [= run down] |

| He found it impossible to **pin down** the cause of the problem. | 彼はその問題の原因を<u>突き止める</u>のは不可能だとわかった。 |
|---|---|

| 2280 | |
|---|---|
| **pine for ～** | ～を切望する [= covet] |

| She was **pining for** a chance to play on the school team. | 彼女は学校のチームでプレーできる機会を<u>切望</u>していた。 |
|---|---|

| 2281 | |
|---|---|
| **pitch in** | 協力する [= cooperate] |

| Everyone **pitched in** with cleaning up after the party, and the work was finished in no time. | パーティーの後片付けには全員が<u>協力し</u>、作業はあっという間に終わった。 |
|---|---|

| 2282 | |
|---|---|
| **play off** | プレーオフを行う |

| As there was no score, the teams had to **play off** the following week. | 試合は無得点だったので、両チームは翌週<u>プレーオフを行わ</u>なければならなかった。 |
|---|---|

| 2283 | |
|---|---|
| **plow through ～** | （仕事）を骨折ってする、<br>～を読み進める |

| All the students thought it would be impossible to **plow through** the big assignment in a week. | 生徒全員が、その大量の宿題を1週間で<u>やり進める</u>のは不可能だと思った。 |
|---|---|

| | |
|---|---|
| **2284** | |
| **plug away at ～** | ～に根気よく励む |
| The student **plugged away at** learning Chinese until he could hold a conversation on his own. | その生徒は独力で会話を続けられるまで中国語の学習に根気よく励んだ。 |
| **2285** | |
| **plug in** | ～のプラグを電源に差し込む |
| He thought the computer was broken, but actually he had just forgotten to **plug** it **in**. | 彼はパソコンが壊れたと思ったが，実はプラグを差し忘れていただけだった。 |
| **2286** | |
| **poke around** | 探し回る，引っかき回す |
| The professor loves **poking around** in second-hand bookshops, looking for works by his favorite authors. | 教授は古書店をのぞき回ってお気に入りの作家の作品を探すのが大好きだ。 |
| **2287** | |
| **polish up** | （技能など）に磨きをかける |
| He decided to **polish up** his French before his visit to Paris. | 彼はパリを訪れる前にフランス語に磨きをかけようと決心した。 |
| **2288** | |
| **pore over ～** | ～を熟読する，～を熟考する |
| He **pored over** the letter, reading it again and again until he had nearly memorized it. | 彼はその手紙を熟読し，ほとんど暗記するまで何度も何度も読み返した。 |
| **2289** | |
| **prop up** | （存続の危うい企業など）を支援する |
| The chairman spent his whole fortune trying to **prop up** the failing company. | つぶれそうな会社を支援しようと，社長は全財産を費やした。 |
| **2290** | |
| **pull off** | ～をやってのける |
| After weeks of practice, he was able to **pull off** the magic trick and fool everyone. | 何週間も練習した後，彼はその手品をやってのけ，みんなをだますことができた。 |

## 2291
**push for ～**

～を要求する

The union **pushed for** a reduction in working hours, but the company refused to accept their demands.

組合は労働時間の削減を求めたが，会社は要求の受け入れを拒んだ。

## 2292
**put across**

～をよく理解させる

The leader of the ecological group said they needed to work harder at **putting across** their ideas to the public.

環境保護団体の指導者は，自分たちの考えを大衆にうまく伝えることにもっと努力する必要があると語った。

## 2293
**put forth**

（計画・案など）を提唱する

The professor **put forth** a new hypothesis that could dramatically alter our understanding of physics.

その教授は，物理学の理解を劇的に変える可能性のある新しい仮説を提唱した。

## 2294
**put in for ～**

～に応募する

He **put in for** one of the university's scholarships but was rejected because of his poor grades.

彼は大学の奨学金の1つに応募したが，成績が悪くて却下された。

## 2295
**put out**

（ニュースなど）を発表する

The journalist started her own website to **put out** news that is overlooked by the mainstream media.

そのジャーナリストは，主流メディアによって見落とされているニュースを発表するために自身のウェブサイトを始めた。

## 2296
**put upon A**

Aを利用する，Aに付け込む

The secretary felt **put upon** by her boss because he asked her to do so many errands for him.

彼女は上司にしょっちゅう使い走りを頼まれるので，上司にいいように利用されていると感じた。

## 2297
**puzzle over ～**

～に頭を悩ませる [= rack *one's* brain(s) over]

He sat **puzzling over** the math problem for at least an hour.

彼は少なくとも1時間，その数学の問題に頭を悩ませて座っていた。

| 2298 | | |
|---|---|
| **rack up** | (利益など)を蓄積する<br>[= accumulate], (損失など)を重ねる |
| After **racking up** his first million dollars, he decided to retire. | <u>ためた</u>お金が100万ドルになったところで,彼は引退することにした。 |

| 2299 | | |
|---|---|
| **rail against ~** | ~を激しく非難する [= lash out] |
| The union leader **railed against** the government's economic policies. | 労働組合の指導者は政府の経済政策<u>を激しく非難した</u>。 |

| 2300 | | |
|---|---|
| **rattle off** | ~をすらすらと言う [書く, 行う] |
| Although her son got poor grades at school, he could **rattle off** the names of all the players in the football league. | 彼女の息子は学校の成績は悪かったが, フットボールリーグの選手全員の名前<u>をすらすら言う</u>ことができた。 |

熟語編 Section 23

## ● "educated guess" のすすめ

単語の学習には終わりがありません。多くの英語に触れていると, どうしても知らない単語に出くわすことがあるでしょう。そんなときにお勧めなのが "educated guess" (知識に基づいた推測) です。

まずは接頭辞などから, 「プラス」の意味か「マイナス」の意味かの判断をつけてみましょう。そして次に重要なのが文脈です。逆接などの接続表現がヒントになることも少なくありません。

普段からすぐに辞書を引かずに, 「推測」することを習慣づけましょう。その後, 辞書で確認すると, 単語の使われ方が明確に理解され, 記憶として定着します。

| 2301 | |
|---|---|
| **reckon on *A doing*** | Aが～するものと予想する |
| The general admitted that he had never **reckoned on** the enemy **launching** a counterattack so quickly. | 敵がそんなにすぐに反撃を<u>開始するとは予想</u><u>して</u>いなかったと将軍は認めた。 |

| 2302 | |
|---|---|
| **reel off** | ～をすらすら話す |
| When he asked the girl to name a few famous scientists, she **reeled off** the names of twenty or so. | 彼がその女の子に有名な科学者の名前を数人言うように頼んだ際、彼女は20ほどの名前<u>をすらすら挙げた</u>。 |

| 2303 | |
|---|---|
| **revel in ～** | ～を大いに楽しむ [= enjoy very much] |
| Following the scandal, the model **reveled in** all the attention she received from the media. | スキャンダルの後、そのモデルはメディアから浴びたあらゆる注目<u>を大いに楽しんだ</u>。 |

| 2304 | |
|---|---|
| **ride out** | (困難など)を無事に乗り切る |
| The prime minister managed to **ride out** the wave of hostility unleashed by the tax increases. | 首相は増税で火がついた敵意の高まり<u>を何とか無事に乗り切る</u>ことができた。 |

| 2305 | |
|---|---|
| **rifle through** | ～をくまなく探す |
| He caught his colleague **rifling through** the drawers of his desk. | 彼は同僚が彼の机の引き出し<u>をくまなく調べ</u><u>ている</u>ところを見つけた。 |

| 2306 | |
|---|---|
| **rig up** | ～を急ごしらえする |
| After the wind blew away the sail of the boat, the crew **rigged up** a new one using a blanket. | 風がボートの帆を吹き飛ばした後、乗組員は毛布を使って新しい帆を間に合わせで作った。 |

| 2307 | |
|---|---|
| **rip into ～** | ～を激しく非難する |

| The reviewer **ripped into** the film, criticizing every aspect of it from the filming to the actors. | その評論家はその映画を酷評し，撮影から俳優まで映画のあらゆる面を批判した。 |

| 2308 | |
|---|---|
| **roll out** | （新製品）を発売する [= launch] |

| The company announced that it would **roll out** a new line of automobiles in the spring. | その会社は春に新しいラインアップの自動車を発売すると発表した。 |

| 2309 | |
|---|---|
| **root for _A_** | Aを応援する |

| The presidential candidate was from the town, so naturally everyone there was **rooting for** him. | その大統領候補者はその町の出身だったので，当然町の全員が彼を応援していた。 |

| 2310 | |
|---|---|
| **root out** | ～を根絶する，～を一掃する |

| The new president promised to **root out** all the corruption in the federal government within her first year in office. | 新大統領は，就任1年以内に連邦政府のすべての汚職を根絶することを約束した。 |

| 2311 | |
|---|---|
| **rope _A_ into _B_** | AをうまくBに引っ張り込む |

| Although he wanted to go to a movie, he got **roped into** helping clean the house. | 彼は映画を見に行きたかったのに，家の掃除の手伝いに引っ張り込まれた。 |

| 2312 | |
|---|---|
| **rub off on _A_** | （性質・才能などが）Aに乗り移る，Aに影響を与える |

| The teacher wished some of the boy's serious attitude would **rub off on** his classmates. | その少年のまじめな態度がいくらかクラスメートに感化するといいのだがと先生は思った。 |

| 2313 | |
|---|---|
| **scoot over** | 席を詰める |

| She asked him to **scoot over** so that she could share the sofa with him. | 一緒にソファーに座れるように少し詰めて，と彼女は彼に頼んだ。 |

| 2314 | |
|---|---|
| **scrape by** | 何とか暮らしていく |
| The elderly couple just managed to **scrape by** on their small pension. | その老夫婦は，わずかな年金でかろうじて<u>何とか暮らしていく</u>ことができた。 |

| 2315 | |
|---|---|
| **scratch out** | ～を (線で) 消す，～を抹消する |
| She **scratched out** the college from her list of schools to apply to, upon realizing it had no volleyball team. | バレーボール部がないことに気付き，彼女は出願する学校のリストからその大学を<u>削除した</u>。 |

| 2316 | |
|---|---|
| **scrimp on ～** | ～を倹約する |
| His rent was so high that he had to **scrimp on** his food and drink to pay it. | 家賃がとても高かったので，彼は家賃を払うために飲食費<u>を切り詰め</u>なければならなかった。 |

| 2317 | |
|---|---|
| **settle on ～** | ～を決める [= decide on] |
| After much discussion, they finally **settled on** a date for the wedding. | さんざん話し合った後，彼らはやっと挙式の日取り<u>を決めた</u>。 |

| 2318 | |
|---|---|
| **settle up** | (勘定などの) 支払いをする |
| While her boyfriend **settled up** with the hotel, she packed up their luggage. | 恋人がホテルの<u>支払いを済ませる</u>間に，彼女は自分たちの荷物をまとめた。 |

| 2319 | |
|---|---|
| **shell out ～** | (大金) を (しぶしぶ) 支払う [= fork out] |
| The teenager **shelled out** all of his savings on a baseball card signed by his favorite player. | そのティーンエイジャーは，お気に入りの選手がサインした野球カードに彼の貯金<u>をすべて費やした</u>。 |

| 2320 | |
|---|---|
| **shoot for ～** | ～を目指す |
| That year, the school swimming team decided to **shoot for** the national championships. | その年，その学校の水泳部は全国優勝を<u>目指そう</u>と決めた。 |

| 2321 **shrug off** | 〜を無視する，〜を一笑に付す |
|---|---|
| Whatever failures he suffered, he always **shrugged** them **off** and began again. | どんな失敗を経験しても，彼はいつもそれを気にせず再び始めた。 |

| 2322 **shy away from 〜** | 〜を避ける，〜を敬遠する |
|---|---|
| The newborn cat **shied away from** all the people smiling at it. | その生まれたばかりの猫は，笑顔を向けているみんなから遠ざかった。 |

| 2323 **side with A** | A に味方する |
|---|---|
| When his mother **sided with** his brother against him, he felt a strong sense of betrayal. | 母親が自分に反対して兄の肩を持ったとき，彼は裏切られたと強く感じた。 |

| 2324 **sift through 〜** | 〜を入念に調べる |
|---|---|
| He **sifted through** a pile of old photographs trying to find one of his father. | 彼は父親の写真を見つけようと，古い写真の山を入念に調べた。 |

| 2325 **simmer down** | 気持ちが静まる [= calm down] |
|---|---|
| After he **simmered down**, he regretted losing his temper and resigned from his post. | 彼は落ち着いてから，かっとなったことを後悔し辞職した。 |

| 2326 **sit in for 〜** | 〜の代理を務める |
|---|---|
| The vice president said that he was **sitting in for** the president, who had been called away on urgent business. | 副大統領は，緊急の用で呼び出された大統領の代理を務めると言った。 |

| 2327 **skim off** | (金)を着服する |
|---|---|
| It was discovered that the bank manager had been **skimming off** money from his customers' accounts for years. | 銀行の支店長が長年にわたって顧客たちの口座からお金を着服していたことが発覚した。 |

| 2328 | |
|---|---|
| **slip through ~** | ~を気付かれずに通過する |
| The thief **slipped through** the building's security system and found the safe that was inside. | 泥棒はビルのセキュリティーシステム<u>をすり抜け</u>，中にある金庫を見つけた。 |

| 2329 | |
|---|---|
| **smooth down** | （髪など）をなでつける |
| She tried to **smooth down** her hair for the class picture, but it still stuck up in several places. | クラス写真を撮るので彼女は髪<u>をなでつけよ</u>うとしたが，まだ何カ所か跳ねていた。 |

| 2330 | |
|---|---|
| **smooth over** | （問題など）を和らげる，<br>~の解決を容易にする |
| He tried to **smooth over** the mistake, but it was quickly noticed. | 彼はミス<u>を丸く収め</u>ようとしたが，すぐに見つかってしまった。 |

| 2331 | |
|---|---|
| **snap off** | ~をぽきっと折る |
| The boys **snapped off** the long icicles and used them as swords. | 少年たちは長いつらら<u>をぽきっと折り</u>，刀として使った。 |

| 2332 | |
|---|---|
| **snap out of ~** | （惨めな状態など）から立ち直る |
| Although she felt gloomy, she did her best to **snap out of** it and get on with her work. | 彼女はさえない気分だったが，<u>気を取り直し</u>て仕事を続けようと最善を尽くした。 |

| 2333 | |
|---|---|
| **snap up** | ~を先を争って買う |
| Demand for housing was so strong that any new properties that came on the market were **snapped up** immediately. | 住宅の需要が非常に高かったので，売りに出た新しい物件はどんなものでもすぐに<u>先を争って買わ</u>れた。 |

| 2334 | |
|---|---|
| **snuff out** | （希望など）を消滅させる |
| The government did its best to **snuff out** the rumors about the leader's health before they spread. | 政府は，指導者の健康状態に関するうわさが広がる前にそのうわさ<u>を消そ</u>うと全力を尽くした。 |

| | |
|---|---|
| **2335** ☐☐☐ <br> **soak up** | (雰囲気など)をたっぷり楽しむ, <br> ~を吸い取る [= absorb] |
| For a few days, he just **soaked up** the local atmosphere of the town. | 数日間, 彼はただ町のローカルな雰囲気をたっぷり楽しんだ。 |

| | |
|---|---|
| **2336** ☐☐☐ <br> **sort out** | ~を整理する [= organize], <br> ~を解決する [= resolve] |
| Her first job was to **sort out** all the papers left by her predecessor. | 彼女の最初の仕事は, 前任者が残したすべての書類を整理することだった。 |

| | |
|---|---|
| **2337** ☐☐☐ <br> **sound out** | (人の意見・気持ち)を打診する, <br> ~に当たってみる |
| **Sound** him **out** on whether he is interested in coming. | 来る気があるかどうか, 彼に打診してくれ。 |

| | |
|---|---|
| **2338** ☐☐☐ <br> **spin out** | (話)を長引かせる [= drag out, prolong] |
| Although the professor did not have much to say, he managed to **spin out** his speech for about two hours. | 教授には大して話すことはなかったのだが, 何とか2時間ほどスピーチを長引かせた。 |

| | |
|---|---|
| **2339** ☐☐☐ <br> **spring up** | 急に現れる, 急に起こる |
| In no time at all, new factories began to **spring up** in the town. | あっという間に, 町に新しい工場が次々に建ち始めた。 |

| | |
|---|---|
| **2340** ☐☐☐ <br> **spruce up** | ~の身なりを整える |
| He tried to **spruce** himself **up** for the party but without much success. | 彼はパーティーに行くために身なりを整えようとしたが, あまりうまくいかなかった。 |

| | |
|---|---|
| **2341** ☐☐☐ <br> **spur on** | ~を奮い立たせる [= motivate, encourage] |
| He did not enjoy studying law, but he was **spurred on** by the thought of the money he could make in the future. | 法律の勉強は楽しくなかったが, 将来稼げるお金のことを考えると, 彼は奮い立った。 |

## 2342
### square off
対戦する

The two players were set to **square off** in the second round of the tennis tournament.

2人の選手は，テニス選手権大会の2回戦で対戦する予定になっていた。

## 2343
### square up
支払いを済ませる [= pay]

After **squaring up** with the cashier, the couple left the restaurant.

レジで支払いを済ませて，そのカップルはレストランを出た。

## 2344
### squeak by
辛うじて切り抜ける

When she began working in the city, she found that she could only **squeak by** on her salary.

その市で暮らし始めてみると，彼女は給料で辛うじて生活するのがやっとだった。

## 2345
### stack up
匹敵する，比べられる

The professor told her that parts of her essay were interesting, but they did not **stack up** to a coherent argument.

教授は彼女に，彼女の論文には興味深い部分もあるが，一貫した立論に匹敵するようなものではないと言った。

## 2346
### stake out
〜の張り込みをする

The police **staked out** the jewelry store and were able to catch the thieves red-handed.

警察はその宝石店に張り込み，泥棒たちを現行犯で捕らえることができた。

## 2347
### stand in for *A*
Aの代役を務める [= deputize for]

The old man fell ill so his son had to **stand in for** him at the ceremony.

その老人は病気になったので，息子が式典で彼の代役を務めなければならなかった。

## 2348
### stave off
〜を防ぐ，〜を避ける

While he waited for dinner to be served, he **staved off** his hunger by eating peanuts.

ディナーが出てくるのを待つ間，彼はピーナツを食べて空腹をしのいだ。

| 2349 | | | |
|---|---|

**stick around**　　　　　　　　　　近くで待つ，辺りをぶらぶらする

He told me to **stick around** after the game so we could play catch.

キャッチボールをするので試合が終わっても<u>近くで待っていて</u>，と彼は僕に言った。

| 2350 | | | |
|---|---|

**stir up**　　　　　　　　　　（感情など）をかき立てる，（騒ぎなど）を引き起こす

The union leader was accused of trying to **stir up** discontent among the workers.

労働組合の指導者は，労働者たちの不満を<u>かき立て</u>ようとしたとして非難された。

| 2351 | | | |
|---|---|

**stock up on ～**　　　　　　　　　　～を（大量に）蓄える

The couple drove to a big supermarket in order to **stock up on** food before the holidays began.

休暇が始まる前に食料品を<u>買いだめし</u>ようと，その夫婦は車で大きなスーパーマーケットに行った。

| 2352 | | | |
|---|---|

**stop off**　　　　　　　　　　途中で寄る

He asked her to **stop off** at a liquor store and buy some wine to drink with dinner.

酒屋に<u>寄って</u>，夕食のときに飲むワインを買って来てくれないかと彼は彼女に頼んだ。

| 2353 | | | |
|---|---|

**storm out**　　　　　　　　　　（怒って）激しい勢いで出て行く

Suddenly, the boss lost his temper and **stormed out** of the meeting.

突然上司は怒り出し，会議の席から<u>猛然と退場した</u>。

| 2354 | | | |
|---|---|

**stow away**　　　　　　　　　　密航する

The escaped criminal tried to leave the country by **stowing away** on a ship, but he was soon discovered.

逃亡犯は船で<u>密航して</u>国を出ようとしたが，すぐに発見された。

| 2355 | | | |
|---|---|

**strike on ～**　　　　　　　　　　（考えなど）を思い付く

One day, while he was watching a movie, he **struck on** an idea for a new way to prove his theory.

ある日彼は映画を見ている間に，自分の理論を証明する新方法のアイデアを<u>思い付いた</u>。

| 2356 | |
|---|---|
| **strike up** | （関係）を取り結ぶ，（会話など）を始める，演奏を始める |
| The two new employees **struck up** a friendship that was to last the rest of their lives. | 2人の新入社員は，生涯続くことになる友情を結んだ。 |

| 2357 | |
|---|---|
| **stub out** | （タバコなど）をもみ消す |
| When he saw his wife coming, he quickly **stubbed out** his cigarette. | 彼は妻が来るのを見ると，すぐにタバコをもみ消した。 |

| 2358 | |
|---|---|
| **stumble upon ~** | ～を偶然見つける，～に思いがけず出くわす |
| Late one night, the scientist **stumbled upon** a solution to the problem. | ある晩遅く，その科学者はその問題の解決方法を偶然発見した。 |

| 2359 | |
|---|---|
| **swear by ~** | ～に全幅の信頼を寄せる |
| His father had always **sworn by** the traditional remedy of eating chicken soup to cure a cold. | 彼の父親は，チキンスープを飲むという伝統的な風邪の治療法にずっと全幅の信頼を置いていた。 |

| 2360 | |
|---|---|
| **swear in** | ～を宣誓させて就任させる |
| The new recruits to the army were **sworn in** in a special ceremony. | 新兵たちは特別な式典で就任の宣誓を行った。 |

| 2361 | |
|---|---|
| **tail off** | 徐々に減少する |
| By late afternoon, visitors to the museum had begun to **tail off**, and soon there was nobody left. | 午後遅くには美術館の来館者は徐々に減り始めており，間もなく誰も残っていなかった。 |

| 2362 | |
|---|---|
| **take in** | ～をだます [= deceive]，～を理解する [= understand] |
| She had been completely **taken in** by her friend's lie, so she was shocked to discover his claim was not true. | 彼女は友達のうそにすっかりだまされていたので，彼の主張が真実でないとわかってショックを受けた。 |

| 2363 | | |
|---|---|
| **take it out on _A_** | _A_ に当たり散らす |

| My mother **takes it out on** me when she feels frustrated. | 母はむしゃくしゃすると私に当たり散らす。 |

| 2364 | | |
|---|---|
| **take off** | 軌道に乗る,<br>(売り上げが) 急に伸びる |

| At first, the new product looked as though it might not **take off**, but then in March, sales began to soar. | その新製品は最初は軌道に乗らないように思われたが, 3月になって売り上げが急に伸び始めた。 |

| 2365 | | |
|---|---|
| **take on** | (性質など) を帯びる [= assume],<br>(仕事など) を引き受ける |

| The leaves are **taking on** their brilliant hues. | 木々の葉が素晴らしい色合いを帯びてきている。 |

| 2366 | | |
|---|---|
| **tamper with ~** | ~に (害を与えるような) 手を加える |

| Somebody had **tampered with** the fire alarm, preventing it from going off. | 誰かが火災報知機に手を加え, 鳴らないようにしていた。 |

| 2367 | | |
|---|---|
| **tap into ~** | ~を利用する, ~を活用する |

| The clothing store decided to launch a new youth brand in order to **tap into** the expanding teenage market. | その衣料品店は, 拡大するティーン市場を取り込むべく, 若者向けの新ブランドを立ち上げることにした。 |

| 2368 | | |
|---|---|
| **taper off** | 次第に減少する |

| At first, sales grew steadily, but then they began to **taper off** as the economy weakened. | 初めのうち売り上げは着実に伸びたが, 不景気になると先細りになり始めた。 |

| 2369 | | |
|---|---|
| **tear down** | (建物など) を取り壊す [= demolish],<br>(考え・議論など) を打ち砕く |

| She was strongly opposed to the plan to **tear down** the old city hall and build a new one. | 古い市役所を取り壊して新築する計画に彼女は猛反対していた。 |

| 2370 | |
|---|---|
| **tear into ~** | ～を激しく非難する |
| Suddenly he began to **tear into** his girlfriend, accusing her of ruining his life. | 突然彼は恋人をなじり始め，自分の人生を台無しにしたと彼女を責めた。 |

| 2371 | |
|---|---|
| **throw in the towel** | 敗北を認める |
| The boy **threw in the towel** during the table tennis match after his opponent gained a substantial lead. | 卓球の試合中に対戦相手がかなりのリードを獲得した後，その男の子は敗北を認めた。 |

| 2372 | |
|---|---|
| **throw out** | （提案など）を拒否する，（熱・煙など）を出す，（体の一部）をさっと（前に）出す |
| The appeals court judges reexamined the evidence of the lawsuit and **threw out** the lower court's verdict. | 控訴裁判所の裁判官は，訴訟の証拠を再検討し，下級裁判所の評決を却下した。 |

| 2373 | |
|---|---|
| **thumb through ~** | ～のページをぱらぱらめくる |
| While he waited for his dental appointment, he **thumbed through** some of the magazines in the waiting room. | 歯医者の予約を待つ間，彼は待合室にあった雑誌を何冊かぱらぱらめくった。 |

| 2374 | |
|---|---|
| **tide *A* over** | （金銭的援助で）Aに困難を乗り切らせる |
| The girl asked her parents for a loan to **tide** her **over** until her new job started. | その女の子は両親に，新しい仕事が始まるまでしのげるよう借金を頼んだ。 |

| 2375 | |
|---|---|
| **tip off** | ～に密告する [= give away] |
| One of the terrorists **tipped off** the local police about the bomb. | テロリストの1人が爆弾のことを地元の警察に密告した。 |

| 2376 | |
|---|---|
| **tower over ~** | ～をはるかに超える |
| The scientist's achievements **towered over** those of his contemporaries. | その科学者の業績は彼と同時代の人たちの業績をはるかに超えていた。 |

| 2377 **trickle down** | (金・富などが)(富裕層から貧困層に)徐々に行き渡る |
|---|---|
| The theory was that the richer wealthy people became, the more money would **trickle down** to the poor. | その理論は、富裕層が豊かになればなるほど、より多くのお金が貧困層に徐々に行き渡るというものだった。 |

| 2378 **trip up** | ~を間違えさせる |
|---|---|
| The questions on the test were designed to **trip up** careless students. | そのテストの問題は、不注意な生徒を引っかけようとするものだった。 |

| 2379 **trump up** | ~を捏造する [= cook up, fabricate, fake] |
|---|---|
| He said the police had **trumped up** the charges in order to punish him. | 自分を罰するために警察が罪を捏造した、と彼は言った。 |

| 2380 **vouch for ~** | ~を保証する [= guarantee, endorse] |
|---|---|
| Is there anyone who can **vouch for** the truth of what you say? | あなたの言っていることが正しいと保証できる人は誰かいますか。 |

| 2381 **wallow in ~** | (感情)におぼれる |
|---|---|
| He told his son to stop **wallowing in** self-pity and to go out and find a new job. | 自己憐憫に浸るのはやめて、外に出て新しい仕事を探せと彼は息子に言った。 |

| 2382 **ward off** | (危険・攻撃など)をかわす、~を避ける |
|---|---|
| It is said that garlic has the power to **ward off** attacks by vampires. | ニンニクには吸血鬼の攻撃をかわす力があると言われている。 |

| 2383 **wash over A** | (感情などが)Aを激しく襲う |
|---|---|
| As he read the old letter, a feeling of nostalgia **washed over** him. | その古い手紙を読んでいると、郷愁感が彼を激しく襲った。 |

| 2384 | |
|---|---|
| **waste away** | (人・体力が)衰弱する |

| He started a new exercise program because he wanted to prevent his muscles from **wasting away**. | 彼は筋肉が衰えるのを防ぎたいと思ったので，新しい運動プログラムを始めた。 |
|---|---|

| 2385 | |
|---|---|
| **wear down** | ～の力を徐々に弱める |

| The boxer **wore down** his opponent by skillfully dodging and blocking his attacks. | そのボクサーは対戦相手の攻撃を巧みにかわしてブロックすることで相手の力を徐々に弱めた。 |
|---|---|

| 2386 | |
|---|---|
| **wear through** | 擦り切れて穴が開く |

| The beggar's trousers were so old that they had **worn through** at the knees. | 物乞いのズボンはとても古く，膝が擦り切れて穴が開いていた。 |
|---|---|

| 2387 | |
|---|---|
| **weed out** | ～を排除する [= remove] |

| The background check was designed to **weed out** troublemakers from the organization. | その身元調査は，組織から厄介者を排除することが目的だった。 |
|---|---|

| 2388 | |
|---|---|
| **weigh in** | 意見を強く述べる，(意見を述べて)議論に強くかかわる |

| In the middle of the argument, her brother **weighed in** to support her. | 口論の最中に，彼女の兄が彼女を支持する意見をはっきり述べた。 |
|---|---|

| 2389 | |
|---|---|
| **whip up** | (感情)をかき立てる [= rouse]，～を手早くこしらえる [= cook up] |

| The politician was accused of **whipping up** anger against the immigrant community. | その政治家は移民のコミュニティーに対する怒りをかき立てているとして糾弾された。 |
|---|---|

| 2390 | |
|---|---|
| **whisk away** | ～をさっと持ち去る |

| Right after he showed them the painting, he **whisked** it **away** for safekeeping. | 彼はその絵を彼らに見せるとすぐに，保管のためにそれをさっさと片付けた。 |
|---|---|

| 2391 | |
|---|---|
| **whisk off** | 〜をさっと連れて行く |

| She was delighted when her father appeared and **whisked** her **off** to an expensive restaurant. | 父親が現れて高級レストランに<u>さっと連れて行っ</u>てくれたので彼女はうれしかった。 |

| 2392 | |
|---|---|
| **wind down** | 徐々に終わる |

| The party started to **wind down** around 7:30, far earlier than the planners had expected. | そのパーティーは，立案者たちが予想していたよりもはるかに早く，7時30分ごろに<u>終わり</u>始めた。 |

| 2393 | |
|---|---|
| **wipe out** | 〜を撲滅する [= eradicate]，<br>〜をひどく疲れさせる |

| Thanks to the vaccine, the disease has now been almost completely **wiped out** in Africa. | ワクチンのおかげで，今その病気はアフリカではほとんど完全に<u>撲滅</u>されている。 |

| 2394 | |
|---|---|
| **wolf down** | 〜をがつがつ食べる [= scarf down] |

| She told her son not to **wolf down** his food so quickly. | 彼女は息子に，そんなに急いで食べ物を<u>がつがつ食べ</u>ないようにと言った。 |

| 2395 | |
|---|---|
| **worm _one's_ way out of 〜** | 〜をまんまと免れる |

| He wanted to **worm his way out of** visiting his wife's parents, but he could not think of a good excuse. | 彼は妻の両親の家に行くのを<u>うまい具合に逃れ</u>たかったが，いい言い訳が思い付かなかった。 |

| 2396 | |
|---|---|
| **wrap up** | 〜を終える [= finish] |

| Let's **wrap up** our homework and hit the sack. | 宿題を<u>終わらせて</u>寝よう。 |

| 2397 | |
|---|---|
| **wriggle out of 〜** | 〜を何とかして逃れる [= evade] |

| He had always managed to **wriggle out of** criminal charges before. | それまで彼はいつも何とか刑事告発を<u>うまく逃れ</u>てきた。 |

| 2398 | ~を重要でないと判断する, |
| --- | --- |
| **write off** | ~を (失敗者などと) 見なす |

| He knew that his family had **written** him **off** as a failure many years before. | 家族が何年も前に失敗者として自分に見切りをつけたことを彼は知っていた。 |
| --- | --- |

| 2399 | ~に照準を合わせる [= home in on, |
| --- | --- |
| **zero in on ~** | focus on] |

| Scientists **zeroed in on** the cause of the epidemic. | 科学者たちはその伝染病の原因に狙いを定めた。 |
| --- | --- |

| 2400 | |
| --- | --- |
| **zip by** | びゅっと通り過ぎる |

| She tried to invite him to her birthday party, but he **zipped by** before she could say anything. | 彼女は彼を誕生会に招待しようとしたが, 彼女が何も言えないうちに彼はびゅっと通り過ぎた。 |
| --- | --- |

---

### ● 類義語をまとめて覚えるメリット

とあるアメリカのホームドラマを見ていたら, 父親が幼い娘に "I'm apprehensive." と言った後に "I'm worried." と易しい単語で言い直す場面がありました。実はネイティブスピーカーもこのように語彙を増やしていくのです。

例えば, **0578** detrimental と **1778** pernicious は, 類義語の harmful と併せて覚えましょう。

英検１級の内容一致問題では, 本文で使われた単語が選択肢では言い換えられているので, 類義語を知っていると正解を選びやすくなります。さらに, 英作文問題で同じ単語の繰り返しを避けたいときにも役立ちます。

## 単語編

### A

| | |
|---|---|
| □ abduct | 1718 |
| □ abject | 1892 |
| □ abolish | 0205 |
| □ abolition | 1130 |
| □ abomination | 1960 |
| □ abscond | 1833 |
| □ absolve | 1928 |
| □ absurdity | 1468 |
| □ abuse | 0023 |
| □ abusive | 1178 |
| □ academia | 0867 |
| □ accelerate | 0418 |
| □ accentuate | 1330 |
| □ acceptance | 0430 |
| □ acclaim | 1422 |
| □ accolade | 1258 |
| □ accost | 1427 |
| □ accountability | 0539 |
| □ accountable | 0379 |
| □ accusation | 0144 |
| □ acidic | 1179 |
| □ acidification | 0640 |
| □ acquisition | 0540 |
| □ acquittal | 1964 |
| □ acre | 0541 |
| □ acrimony | 1440 |
| □ activist | 0156 |
| □ adamant | 1891 |
| □ addictive | 1497 |
| □ additive | 1242 |
| □ address | 0004 |
| □ adept | 1481 |
| □ adequate | 0688 |
| □ adherence | 0759 |
| □ adjudicate | 2030 |
| □ adjunct | 1088 |
| □ administer | 0110 |
| □ administrative | 0380 |
| □ admiration | 1131 |
| □ admittedly | 0796 |
| □ admonish | 1323 |
| □ adoption | 0333 |
| □ adorn | 1403 |
| □ adroit | 1893 |
| □ advantageous | 1180 |
| □ advent | 1460 |
| □ adverse | 0392 |
| □ advisory | 1181 |
| □ advocate | 0034 |
| □ affinity | 1432 |
| □ affluent | 1479 |
| □ affront | 1869 |
| □ aftermath | 1132 |

| | |
|---|---|
| □ agenda | 0228 |
| □ aggression | 0542 |
| □ aggressively | 0597 |
| □ agility | 1430 |
| □ agitate | 1426 |
| □ agrarian | 0479 |
| □ ailment | 0753 |
| □ alacrity | 1959 |
| □ albeit | 0800 |
| □ algorithm | 0053 |
| □ alienate | 0509 |
| □ alignment | 1470 |
| □ allay | 0705 |
| □ allegedly | 0797 |
| □ allegiance | 1745 |
| □ allegory | 1865 |
| □ alleviate | 0928 |
| □ alliance | 0250 |
| □ allocate | 0304 |
| □ allowance | 0760 |
| □ allure | 1431 |
| □ aloof | 1483 |
| □ altruism | 0141 |
| □ altruistic | 1472 |
| □ ambivalent | 1480 |
| □ ambush | 0515 |
| □ amenable | 1498 |
| □ amend | 0615 |
| □ amendment | 0031 |
| □ amenity | 1051 |
| □ amity | 1958 |
| □ ammunition | 0431 |
| □ amplify | 1414 |
| □ anchor | 1111 |
| □ anecdotal | 1796 |
| □ anesthetic | 1055 |
| □ animosity | 1868 |
| □ annihilation | 1471 |
| □ annotation | 1437 |
| □ anoint | 1424 |
| □ anomaly | 0860 |
| □ anonymity | 1133 |
| □ anonymous | 0494 |
| □ antagonize | 2027 |
| □ anthropology | 1134 |
| □ antibiotic | 0030 |
| □ antibody | 1135 |
| □ antiseptic | 1837 |
| □ antiwar | 0677 |
| □ apathetic | 1077 |
| □ apathy | 1469 |
| □ appalling | 0891 |
| □ appealing | 0295 |
| □ appease | 1002 |
| □ appraise | 0817 |
| □ aquatic | 1182 |
| □ arbitrary | 1894 |

| | |
|---|---|
| □ arcane | 2084 |
| □ archaeological | 0183 |
| □ archaeologist | 0048 |
| □ archaic | 1996 |
| □ archipelago | 1763 |
| □ architectural | 0194 |
| □ archive | 0742 |
| □ arid | 1293 |
| □ array | 0657 |
| □ arthritis | 0761 |
| □ articulate | 0722 |
| □ artifact | 0954 |
| □ artillery | 0432 |
| □ ascension | 1866 |
| □ ascribe | 0818 |
| □ asexual | 1294 |
| □ aspiration | 1746 |
| □ assault | 0113 |
| □ assemble | 1019 |
| □ assertion | 0543 |
| □ assessment | 0248 |
| □ asset | 0070 |
| □ assiduous | 1998 |
| □ assimilate | 1410 |
| □ assuage | 1203 |
| □ astonishing | 0885 |
| □ astound | 1927 |
| □ astounding | 1295 |
| □ astronomer | 0762 |
| □ astute | 1499 |
| □ asylum | 1438 |
| □ atrocity | 0747 |
| □ attorney | 0334 |
| □ attribute | 0050 |
| □ attrition | 1838 |
| □ audacious | 1872 |
| □ auditorium | 0425 |
| □ augment | 1421 |
| □ auspicious | 1490 |
| □ austere | 1477 |
| □ authentic | 0285 |
| □ authenticity | 0544 |
| □ autism | 0429 |
| □ autonomous | 1292 |
| □ autonomy | 0670 |
| □ aversion | 1044 |
| □ avert | 1313 |
| □ avid | 1076 |
| □ awe | 1747 |

### B

| | |
|---|---|
| □ backdrop | 1748 |
| □ backlash | 0970 |
| □ baffle | 1501 |
| □ balance | 0039 |
| □ ballot | 0665 |
| □ banal | 1995 |
| □ bankruptcy | 1466 |
| □ barrage | 1870 |
| □ barren | 0991 |

| | | | | | | | |
|---|---|---|---|---|---|---|---|
| ☐ basin | 1057 | ☐ canine | 1297 | ☐ clone | 0641 |
| ☐ bask | 1835 | ☐ canopy | 0548 | ☐ clot | 1245 |
| ☐ beguile | 1508 | ☐ capitalism | 0064 | ☐ clout | 0535 |
| ☐ belatedly | 1896 | ☐ capitalist | 1183 | ☐ clump | 1506 |
| ☐ belligerent | 1482 | ☐ capitulate | 1420 | ☐ coalesce | 1205 |
| ☐ benchmark | 1434 | ☐ capricious | 1567 | ☐ coalition | 0332 |
| ☐ benevolent | 1296 | ☐ captive | 0968 | ☐ coarse | 1570 |
| ☐ benevolently | 2000 | ☐ captivity | 0336 | ☐ coax | 1926 |
| ☐ benign | 1895 | ☐ captor | 0170 | ☐ coefficient | 0436 |
| ☐ berate | 1832 | ☐ carbohydrate | 0433 | ☐ coerce | 1825 |
| ☐ bereaved | 1579 | ☐ cardiopulmonary | 1298 | ☐ coercion | 1138 |
| ☐ bestow | 0932 | ☐ caricature | 1961 | ☐ cognition | 0538 |
| ☐ bias | 0046 | ☐ carnivorous | 1582 | ☐ cognitive | 0192 |
| ☐ bibliography | 0664 | ☐ carriage | 0549 | ☐ cohesive | 1581 |
| ☐ bid | 0253 | ☐ carrier | 0337 | ☐ coincidence | 0661 |
| ☐ bigotry | 1259 | ☐ cast | 0101 | ☐ collaborate | 0404 |
| ☐ billionaire | 1243 | ☐ casualty | 0764 | ☐ collateral | 1750 |
| ☐ biodiversity | 0335 | ☐ catalyst | 0366 | ☐ collective | 0381 |
| ☐ blatantly | 1500 | ☐ catastrophe | 1537 | ☐ collision | 0331 |
| ☐ bleak | 1559 | ☐ catastrophic | 0789 | ☐ colloquial | 1873 |
| ☐ blemish | 1549 | ☐ catering | 0338 | ☐ colonial | 0176 |
| ☐ blight | 0367 | ☐ cathedral | 1137 | ☐ combustion | 0428 |
| ☐ blunder | 1445 | ☐ Catholic | 0186 | ☐ commander | 0340 |
| ☐ blur | 1320 | ☐ caustic | 1074 | ☐ commence | 0923 |
| ☐ bolster | 1823 | ☐ cautious | 0481 | ☐ commitment | 0062 |
| ☐ bombardment | 1839 | ☐ cavity | 0369 | ☐ commodity | 0143 |
| ☐ boon | 1524 | ☐ cease | 0112 | ☐ commonplace | 1575 |
| ☐ booth | 0545 | ☐ cede | 1204 | ☐ commotion | 1957 |
| ☐ bountiful | 1997 | ☐ cellular | 0278 | ☐ communal | 0985 |
| ☐ bounty | 0750 | ☐ cement | 0339 | ☐ communism | 0130 |
| ☐ bout | 1867 | ☐ censorship | 0765 | ☐ comparable | 0790 |
| ☐ brandish | 1012 | ☐ censure | 1925 | ☐ compelling | 0283 |
| ☐ brawl | 1963 | ☐ cerebral | 1591 | ☐ compensation | 0131 |
| ☐ breakthrough | 1371 | ☐ certification | 0157 | ☐ complacency | 1052 |
| ☐ breeder | 0763 | ☐ certify | 0406 | ☐ complex | 0028 |
| ☐ brevity | 1375 | ☐ cessation | 0748 | ☐ complexion | 1751 |
| ☐ bribery | 0424 | ☐ chain | 0434 | ☐ complexity | 0551 |
| ☐ bridle | 1428 | ☐ chaos | 1058 | ☐ compliance | 1523 |
| ☐ brink | 1550 | ☐ chaotic | 0992 | ☐ complication | 0158 |
| ☐ broach | 1834 | ☐ charade | 1536 | ☐ complimentary | 0487 |
| ☐ broadcaster | 0546 | ☐ charismatic | 1184 | ☐ component | 0038 |
| ☐ brunt | 1871 | ☐ charitable | 0482 | ☐ composition | 0230 |
| ☐ brutality | 0254 | ☐ charlatan | 1053 | ☐ comprehensive | 0493 |
| ☐ bucolic | 2097 | ☐ chatter | 0808 | ☐ comprise | 0218 |
| ☐ bud | 0547 | ☐ chimney | 0435 | ☐ compunction | 1522 |
| ☐ budge | 0819 | ☐ Christianity | 1244 | ☐ concede | 0621 |
| ☐ bulk | 1136 | ☐ chuckle | 1711 | ☐ conception | 0437 |
| ☐ buoyant | 1079 | ☐ cinch | 1450 | ☐ concerted | 1874 |
| ☐ bureaucrat | 1749 | ☐ circumstantial | 1081 | ☐ concession | 1857 |
| ☐ burgeon | 0943 | ☐ circumvent | 1316 | ☐ concoct | 1916 |
| ☐ burglar | 1260 | ☐ civic | 0290 | ☐ concussion | 0421 |
| ☐ bypass | 1112 | ☐ claim | 0001 | ☐ condemn | 0521 |
| ☐ by-product | 1261 | ☐ clamor | 0758 | ☐ condemnation | 1542 |
| | | ☐ clandestine | 1476 | ☐ condolence | 1050 |
| **C** | | ☐ clarity | 0766 | ☐ condominium | 1246 |
| | | ☐ clash | 0550 | ☐ conducive | 1994 |
| ☐ cajole | 1319 | ☐ clemency | 1526 | ☐ confederate | 0767 |
| ☐ calamity | 1538 | ☐ clergy | 0439 | ☐ confer | 1512 |
| ☐ caliber | 1864 | ☐ climatic | 0587 | ☐ confession | 0768 |
| ☐ canal | 0129 | ☐ clique | 1049 | ☐ confidential | 0695 |
| ☐ candid | 1075 | | | | |

| | | | | | | |
|---|---|---|---|---|---|
| □ configuration | 1531 | □ coordination | 0341 | □ decimate | 0520 |
| □ confinement | 0978 | □ copious | 1565 | □ decisive | 0296 |
| □ confirmation | 1139 | □ cordially | 1897 | □ decorum | 1937 |
| □ confiscate | 1303 | □ cornerstone | 0359 | □ decoy | 1553 |
| □ conflagration | 1954 | □ corps | 0133 | □ decree | 1952 |
| □ confrontational | 1568 | □ correction | 0257 | □ decrepit | 1563 |
| □ conglomerate | 1042 | □ correlate | 0522 | □ deduce | 2028 |
| □ congregate | 1924 | □ corroborate | 1309 | □ deduction | 0957 |
| □ congress | 0029 | □ corrupt | 0685 | □ deem | 1113 |
| □ congressional | 0382 | □ corruption | 0072 | □ deepen | 0724 |
| □ congressman | 0438 | □ cortex | 0537 | □ deface | 2012 |
| □ conjecture | 1046 | □ cosmetic | 0791 | □ defame | 1401 |
| □ conjunction | 0769 | □ counselor | 0232 | □ defect | 0371 |
| □ conjure | 0809 | □ counterfeit | 0373 | □ defendant | 0554 |
| □ connotation | 1462 | □ countless | 1574 | □ deference | 1459 |
| □ conquest | 0255 | □ coup | 0233 | □ deferential | 1585 |
| □ conscience | 0472 | □ covenant | 0772 | □ defiance | 1949 |
| □ conscientious | 1299 | □ coverage | 0152 | □ deficit | 0956 |
| □ consciousness | 0552 | □ covert | 1475 | □ definitive | 1186 |
| □ consecrate | 1016 | □ crack | 0065 | □ deflect | 1404 |
| □ consensus | 0159 | □ crackdown | 1752 | □ defunct | 1473 |
| □ consequently | 0200 | □ cramp | 1456 | □ defuse | 1831 |
| □ conservationist | 1262 | □ credibility | 0533 | □ defy | 0514 |
| □ conserve | 0723 | □ creed | 1860 | □ deity | 2052 |
| □ considerable | 0279 | □ criminality | 1264 | □ delinquent | 1282 |
| □ considerably | 0598 | □ cripple | 0810 | □ delude | 1728 |
| □ consideration | 0132 | □ criterion | 0069 | □ deluge | 1047 |
| □ consistently | 0397 | □ critical | 0193 | □ delusion | 2041 |
| □ consort | 1933 | □ crucial | 0174 | □ delve | 1917 |
| □ conspicuous | 0986 | □ cruelty | 1141 | □ demean | 1315 |
| □ conspiracy | 1465 | □ crust | 0258 | □ demeanor | 1934 |
| □ conspirator | 0325 | □ cue | 1142 | □ demise | 0534 |
| □ consternation | 1263 | □ culminate | 0811 | □ demolition | 1545 |
| □ constituent | 0231 | □ culmination | 1962 | □ demoralize | 1729 |
| □ constitutional | 0378 | □ culpable | 1592 | □ demure | 1593 |
| □ consultation | 0770 | □ culprit | 1378 | □ denote | 2024 |
| □ consummate | 1999 | □ cultivate | 0212 | □ denounce | 0507 |
| □ containment | 0861 | □ cultivation | 0440 | □ dense | 1400 |
| □ contaminate | 0610 | □ cumbersome | 1875 | □ density | 0145 |
| □ contamination | 0229 | □ cumulative | 1588 | □ depict | 0213 |
| □ contemplate | 1402 | □ curator | 1753 | □ depiction | 1451 |
| □ contemporary | 0173 | □ curb | 1310 | □ deplorable | 1972 |
| □ contend | 0107 | □ curfew | 1449 | □ deploy | 0221 |
| □ contention | 1140 | □ curtail | 1314 | □ deportation | 1045 |
| □ contentious | 1885 | □ cynical | 1090 | □ deprecate | 2011 |
| □ contingency | 1943 | | | □ depressed | 0489 |
| □ contraband | 1942 | **D** | | □ derelict | 1580 |
| □ contractor | 0256 | □ dangle | 2022 | □ derision | 1950 |
| □ contradict | 0026 | □ dawdle | 1912 | □ derive | 0907 |
| □ contradiction | 0654 | □ dazzle | 1826 | □ derogatory | 1977 |
| □ contradictory | 0993 | □ dealership | 1247 | □ descend | 0523 |
| □ contributor | 0771 | □ dearth | 1953 | □ descendant | 0743 |
| □ controversial | 0092 | □ debase | 1903 | □ desperately | 1200 |
| □ conventional | 0377 | □ debris | 0368 | □ despise | 1719 |
| □ conversion | 0669 | □ debunk | 1827 | □ despondent | 1586 |
| □ conveyance | 1941 | □ debut | 1143 | □ destitute | 1978 |
| □ convict | 0011 | □ decay | 0210 | □ detachment | 1346 |
| □ conviction | 0071 | □ deceased | 1992 | □ detect | 0005 |
| □ convincing | 0488 | □ decent | 0289 | □ detection | 0149 |
| □ cooperative | 1185 | □ deception | 0553 | □ deter | 0322 |

数字は見出し語番号だよ。ページ数ではないので気をつけてね。 ☺

| | |
|---|---|
| ☐ deteriorate | 0617 |
| ☐ deterioration | 0342 |
| ☐ determination | 1144 |
| ☐ deterrent | 1145 |
| ☐ detest | 1813 |
| ☐ detriment | 1546 |
| ☐ detrimental | 0578 |
| ☐ devastate | 0502 |
| ☐ devastation | 0673 |
| ☐ deviate | 1004 |
| ☐ devious | 0998 |
| ☐ devise | 0725 |
| ☐ devoid | 2087 |
| ☐ devout | 2078 |
| ☐ diagnose | 0021 |
| ☐ diagnosis | 0329 |
| ☐ diagnostic | 1187 |
| ☐ diameter | 1532 |
| ☐ diarrhea | 1347 |
| ☐ diatribe | 1555 |
| ☐ dictate | 0726 |
| ☐ dictatorship | 0441 |
| ☐ differentiate | 0727 |
| ☐ diffident | 1486 |
| ☐ dilapidated | 1487 |
| ☐ dilemma | 0735 |
| ☐ diminish | 0203 |
| ☐ diminutive | 1085 |
| ☐ diorama | 1348 |
| ☐ diplomacy | 0442 |
| ☐ diplomat | 0555 |
| ☐ diplomatic | 0184 |
| ☐ disastrous | 0792 |
| ☐ disband | 1005 |
| ☐ discard | 0511 |
| ☐ disciplinary | 1578 |
| ☐ discomfort | 0343 |
| ☐ discontent | 1544 |
| ☐ discrepancy | 1442 |
| ☐ discriminate | 0312 |
| ☐ disdain | 0940 |
| ☐ disguise | 1369 |
| ☐ disheveled | 2090 |
| ☐ dislodge | 1911 |
| ☐ dismantle | 0219 |
| ☐ dismiss | 0024 |
| ☐ disparage | 1328 |
| ☐ disparate | 0393 |
| ☐ disparity | 0672 |
| ☐ dispatch | 1321 |
| ☐ dispel | 2008 |
| ☐ disperse | 0508 |
| ☐ displace | 0611 |
| ☐ disposal | 0955 |
| ☐ disposition | 2048 |
| ☐ disproportionate | 0886 |
| ☐ disproportionately | 1600 |
| ☐ dispute | 0055 |
| ☐ disrupt | 0419 |
| ☐ disruptive | 0093 |

| | |
|---|---|
| ☐ dissect | 1317 |
| ☐ disseminate | 1308 |
| ☐ dissent | 0728 |
| ☐ dissertation | 2042 |
| ☐ dissident | 0783 |
| ☐ dissipate | 1509 |
| ☐ dissolution | 1458 |
| ☐ dissolve | 1020 |
| ☐ dissuade | 1322 |
| ☐ distend | 2009 |
| ☐ distinct | 0690 |
| ☐ distinctive | 1188 |
| ☐ diverse | 0497 |
| ☐ diversify | 1419 |
| ☐ diversity | 0032 |
| ☐ divert | 0401 |
| ☐ dividend | 1461 |
| ☐ divulge | 1206 |
| ☐ docile | 1493 |
| ☐ doctoral | 1189 |
| ☐ doctrine | 0773 |
| ☐ domesticate | 1207 |
| ☐ domesticated | 0096 |
| ☐ dominance | 1146 |
| ☐ dominant | 0188 |
| ☐ dormant | 2069 |
| ☐ douse | 1208 |
| ☐ downfall | 0868 |
| ☐ downplay | 1017 |
| ☐ downside | 0862 |
| ☐ drab | 1988 |
| ☐ drain | 0316 |
| ☐ drastic | 0686 |
| ☐ drastically | 1599 |
| ☐ drawback | 0427 |
| ☐ dreary | 2088 |
| ☐ drench | 2004 |
| ☐ dub | 0937 |
| ☐ duplicity | 1939 |
| ☐ duration | 0950 |
| ☐ dwelling | 0774 |
| ☐ dwindle | 0708 |
| ☐ dynasty | 1551 |

| E | |
|---|---|
| ☐ eavesdrop | 1730 |
| ☐ ebb | 1463 |
| ☐ echelon | 1043 |
| ☐ eclipse | 0607 |
| ☐ ecstatic | 1970 |
| ☐ edible | 0698 |
| ☐ editorial | 1147 |
| ☐ efficacious | 2074 |
| ☐ efficacy | 1439 |
| ☐ egregious | 1876 |
| ☐ elaborate | 0909 |
| ☐ elastic | 1788 |
| ☐ electoral | 0090 |
| ☐ elicit | 0701 |
| ☐ eligible | 0691 |

| | |
|---|---|
| ☐ elocution | 1936 |
| ☐ elude | 1904 |
| ☐ elusive | 1492 |
| ☐ embargo | 0977 |
| ☐ embellish | 1731 |
| ☐ embezzle | 1406 |
| ☐ emblazon | 2013 |
| ☐ embrace | 0303 |
| ☐ embroil | 1502 |
| ☐ emergence | 0443 |
| ☐ emigrate | 2002 |
| ☐ eminence | 1935 |
| ☐ eminent | 1877 |
| ☐ empathize | 1405 |
| ☐ emphatic | 2070 |
| ☐ emulate | 0506 |
| ☐ enact | 0321 |
| ☐ enactment | 1349 |
| ☐ encapsulate | 1333 |
| ☐ enchant | 1209 |
| ☐ enclosure | 0775 |
| ☐ encompass | 0625 |
| ☐ encroach | 1003 |
| ☐ encrypt | 1913 |
| ☐ endemic | 1484 |
| ☐ endorsement | 1148 |
| ☐ endow | 1013 |
| ☐ endowment | 1372 |
| ☐ enforce | 0022 |
| ☐ enforcement | 0225 |
| ☐ engender | 1008 |
| ☐ engulf | 2016 |
| ☐ enhance | 0105 |
| ☐ enigmatic | 1878 |
| ☐ enlighten | 0505 |
| ☐ enormous | 0086 |
| ☐ enroll | 0916 |
| ☐ ensue | 0935 |
| ☐ entail | 0912 |
| ☐ entice | 0702 |
| ☐ entitle | 0214 |
| ☐ entity | 0974 |
| ☐ entrenched | 0678 |
| ☐ entrepreneur | 0958 |
| ☐ entrust | 0911 |
| ☐ enumerate | 1503 |
| ☐ enunciate | 1830 |
| ☐ envelop | 1116 |
| ☐ environmentalist | 0134 |
| ☐ envision | 0116 |
| ☐ enzyme | 0119 |
| ☐ epidemic | 0984 |
| ☐ episode | 0444 |
| ☐ epitomize | 1305 |
| ☐ equitable | 1789 |
| ☐ equivalent | 0375 |
| ☐ eradicate | 1006 |
| ☐ erratic | 1976 |
| ☐ erroneous | 1078 |
| ☐ erupt | 0922 |

| | | | | | | | |
|---|---|---|---|---|---|---|---|
| ☐ escalate | 0602 | ☐ extremist | 1150 | ☐ founder | 0060 |
| ☐ eschew | 1014 | ☐ extricate | 1636 | ☐ fraction | 0445 |
| ☐ ethic | 0344 | ☐ extrinsic | 1890 | ☐ fraud | 0531 |
| ☐ ethical | 0287 | ☐ exuberant | 1595 | ☐ fraudulent | 1597 |
| ☐ eulogy | 1947 | ☐ eyewitness | 0139 | ☐ fray | 1725 |
| ☐ euphoria | 1840 | | | ☐ freelance | 0793 |
| ☐ euphoric | 1086 | **F** | | ☐ freight | 0731 |
| ☐ evacuate | 1334 | ☐ facet | 1932 | ☐ frenetic | 1596 |
| ☐ evade | 0930 | ☐ facetious | 2064 | ☐ frigid | 1089 |
| ☐ evaluation | 0736 | ☐ facial | 0588 | ☐ frivolous | 1082 |
| ☐ evaporate | 0626 | ☐ facilitate | 1307 | ☐ frugal | 1968 |
| ☐ eventual | 1190 | ☐ faction | 0327 | ☐ frustrating | 1283 |
| ☐ evict | 2010 | ☐ faculty | 0120 | ☐ frustration | 1151 |
| ☐ evident | 0483 | ☐ fallacy | 1951 | ☐ fuel | 0014 |
| ☐ evoke | 2025 | ☐ fallible | 2085 | ☐ fugitive | 1040 |
| ☐ evolve | 0006 | ☐ falter | 1720 | ☐ full-fledged | 1598 |
| ☐ exacerbate | 0623 | ☐ famine | 0471 | ☐ fumble | 1010 |
| ☐ exaggeration | 1350 | ☐ farce | 1861 | ☐ fundamentally | 0297 |
| ☐ exasperate | 1031 | ☐ far-reaching | 0892 | ☐ fund-raising | 1249 |
| ☐ excavate | 0927 | ☐ fastidious | 1087 | ☐ furtive | 1699 |
| ☐ excavation | 0776 | ☐ feasible | 0582 | ☐ futility | 1841 |
| ☐ excel | 0619 | ☐ feat | 0948 | | |
| ☐ exclusive | 0693 | ☐ feign | 1814 | **G** | |
| ☐ exclusively | 0599 | ☐ felicity | 1859 | ☐ gadget | 1556 |
| ☐ excursion | 1149 | ☐ felony | 1054 | ☐ gallant | 1692 |
| ☐ execute | 0108 | ☐ fervent | 1084 | ☐ galvanize | 1517 |
| ☐ execution | 0122 | ☐ fetter | 1914 | ☐ gamble | 0307 |
| ☐ exemplary | 1887 | ☐ fiasco | 1557 | ☐ garbled | 2066 |
| ☐ exemplify | 1011 | ☐ fidelity | 1938 | ☐ garner | 1518 |
| ☐ exempt | 1584 | ☐ figment | 1351 | ☐ gaudy | 1990 |
| ☐ exert | 0620 | ☐ figuratively | 1899 | ☐ generic | 1790 |
| ☐ exhort | 1824 | ☐ finalize | 0308 | ☐ generosity | 0780 |
| ☐ exodus | 1447 | ☐ firearm | 0778 | ☐ genetically | 0100 |
| ☐ exonerate | 0206 | ☐ fireplace | 0272 | ☐ geneticist | 0642 |
| ☐ exorbitant | 0787 | ☐ firmly | 0799 | ☐ genre | 0781 |
| ☐ expand | 0003 | ☐ fiscal | 1489 | ☐ gentrification | 0466 |
| ☐ expedite | 1306 | ☐ flagrant | 1980 | ☐ gifted | 0280 |
| ☐ expedition | 0737 | ☐ flaunt | 1519 | ☐ gimmick | 1863 |
| ☐ expel | 0914 | ☐ flee | 0407 | ☐ gist | 1639 |
| ☐ expenditure | 0976 | ☐ flimsy | 2058 | ☐ glare | 1152 |
| ☐ expertise | 0328 | ☐ flinch | 1724 | ☐ gloat | 1007 |
| ☐ expire | 0305 | ☐ flock | 1021 | ☐ glue | 0234 |
| ☐ explicit | 0988 | ☐ flourish | 0405 | ☐ gnaw | 1637 |
| ☐ exploit | 0318 | ☐ fluctuate | 1815 | ☐ gorge | 2034 |
| ☐ exploitation | 0777 | ☐ fluctuation | 0556 | ☐ govern | 0117 |
| ☐ explosive | 0383 | ☐ foe | 1248 | ☐ governor | 0557 |
| ☐ exponential | 2099 | ☐ foliage | 2044 | ☐ grab | 0408 |
| ☐ exponentially | 1898 | ☐ foment | 1638 | ☐ gradient | 2047 |
| ☐ expulsion | 1539 | ☐ foray | 0756 | ☐ graft | 2040 |
| ☐ exquisite | 1478 | ☐ forefront | 0779 | ☐ grapple | 2026 |
| ☐ extensively | 0798 | ☐ foremost | 1191 | ☐ grassroots | 0894 |
| ☐ extent | 0125 | ☐ forensic | 0175 | ☐ gravity | 0659 |
| ☐ exterminate | 1331 | ☐ foresee | 0812 | ☐ gregarious | 1080 |
| ☐ extermination | 1540 | ☐ forfeit | 1520 | ☐ grievance | 1650 |
| ☐ extinct | 0089 | ☐ forge | 0413 | ☐ groove | 1754 |
| ☐ extinction | 0041 | ☐ forgery | 0227 | ☐ groundwater | 1153 |
| ☐ extol | 0942 | ☐ forlorn | 0893 | ☐ grueling | 1981 |
| ☐ extract | 0209 | ☐ formidable | 0989 | ☐ guarantee | 0007 |
| ☐ extraneous | 1879 | ☐ formula | 1059 | ☐ guerrilla | 0558 |
| ☐ extraterrestrial | 1693 | ☐ fortify | 1822 | ☐ guilt | 0446 |

数字は見出し語番号だよ。ページ数ではないので気をつけてね。

| | |
|---|---|
| ☐ gullible | 0579 |
| ☐ gunpowder | 0273 |
| ☐ guzzle | 2021 |

## H

| | |
|---|---|
| ☐ habitable | 1379 |
| ☐ habitat | 0045 |
| ☐ hail | 0309 |
| ☐ hallucination | 1352 |
| ☐ halt | 0208 |
| ☐ hamper | 0512 |
| ☐ haphazardly | 1700 |
| ☐ harness | 0314 |
| ☐ hassle | 1653 |
| ☐ hasten | 1117 |
| ☐ hatch | 0608 |
| ☐ hatred | 0447 |
| ☐ haughty | 2083 |
| ☐ havoc | 0674 |
| ☐ hazard | 1443 |
| ☐ hazardous | 0484 |
| ☐ heave | 1615 |
| ☐ hedge | 0504 |
| ☐ heinous | 1697 |
| ☐ herd | 0345 |
| ☐ hereditary | 1991 |
| ☐ heritage | 0469 |
| ☐ heroic | 1192 |
| ☐ hibernate | 1627 |
| ☐ hierarchical | 1193 |
| ☐ hierarchy | 0448 |
| ☐ high-intensity | 0679 |
| ☐ hinder | 0618 |
| ☐ hindrance | 1048 |
| ☐ hindsight | 1858 |
| ☐ hoard | 1018 |
| ☐ hoax | 1041 |
| ☐ holder | 1060 |
| ☐ homage | 1948 |
| ☐ homeopathy | 0147 |
| ☐ homicide | 1154 |
| ☐ honesty | 0559 |
| ☐ hostage | 0160 |
| ☐ hostile | 0395 |
| ☐ hostility | 0259 |
| ☐ hub | 0971 |
| ☐ huddle | 0719 |
| ☐ humane | 1194 |
| ☐ humanitarian | 0589 |
| ☐ humanity | 0078 |
| ☐ humanlike | 1380 |
| ☐ hunch | 0751 |
| ☐ hurdle | 0824 |
| ☐ hydrogen | 0066 |
| ☐ hygiene | 0470 |
| ☐ hygienic | 1681 |
| ☐ hype | 1433 |
| ☐ hypothesis | 0128 |
| ☐ hypothesize | 1015 |

## I

| | |
|---|---|
| ☐ icon | 1535 |
| ☐ ideally | 0896 |
| ☐ identical | 0576 |
| ☐ ideological | 0794 |
| ☐ ideology | 0738 |
| ☐ idiosyncrasy | 2049 |
| ☐ idyllic | 1083 |
| ☐ ignite | 0222 |
| ☐ illicit | 0282 |
| ☐ illustrious | 0785 |
| ☐ imagery | 1155 |
| ☐ imbue | 1732 |
| ☐ immaculate | 0995 |
| ☐ immoral | 1284 |
| ☐ immunity | 0656 |
| ☐ immunization | 0079 |
| ☐ impair | 1407 |
| ☐ impeach | 1210 |
| ☐ impeccable | 1674 |
| ☐ impede | 0939 |
| ☐ impediment | 1652 |
| ☐ impel | 1801 |
| ☐ impending | 1967 |
| ☐ imperative | 1561 |
| ☐ impervious | 1671 |
| ☐ implant | 0104 |
| ☐ implement | 0008 |
| ☐ implementation | 0346 |
| ☐ implicate | 1009 |
| ☐ implication | 0123 |
| ☐ implicit | 2065 |
| ☐ implore | 1603 |
| ☐ imposition | 1467 |
| ☐ imprison | 0524 |
| ☐ imprisonment | 0260 |
| ☐ improvise | 1920 |
| ☐ imprudent | 1989 |
| ☐ impulsive | 2092 |
| ☐ inadvertently | 0795 |
| ☐ inanimate | 1562 |
| ☐ inaugurate | 1601 |
| ☐ incapacitate | 2023 |
| ☐ incarcerate | 0820 |
| ☐ incarceration | 0372 |
| ☐ incense | 1001 |
| ☐ incentive | 0082 |
| ☐ inception | 0729 |
| ☐ incessant | 1983 |
| ☐ incidence | 1453 |
| ☐ incision | 1353 |
| ☐ incite | 0941 |
| ☐ inclement | 2063 |
| ☐ inclination | 1755 |
| ☐ incline | 0801 |
| ☐ incoming | 1195 |
| ☐ incompetent | 0590 |
| ☐ incomplete | 0384 |
| ☐ incongruous | 1694 |

| | |
|---|---|
| ☐ inconspicuous | 1880 |
| ☐ incremental | 1587 |
| ☐ incriminate | 2015 |
| ☐ inculcate | 1516 |
| ☐ indelible | 1696 |
| ☐ indication | 0449 |
| ☐ indigenous | 0085 |
| ☐ indignant | 1698 |
| ☐ indispensable | 0495 |
| ☐ individually | 0897 |
| ☐ indoctrinate | 1820 |
| ☐ indolence | 1940 |
| ☐ induce | 0913 |
| ☐ indulgent | 1881 |
| ☐ industrialize | 0410 |
| ☐ inept | 1672 |
| ☐ inevitable | 0088 |
| ☐ inevitably | 0199 |
| ☐ infamous | 1196 |
| ☐ infatuation | 1842 |
| ☐ infectious | 0189 |
| ☐ infer | 0220 |
| ☐ infiltrate | 2032 |
| ☐ infirmity | 2039 |
| ☐ inflammation | 0965 |
| ☐ inflict | 0525 |
| ☐ influential | 0195 |
| ☐ influx | 0326 |
| ☐ infringe | 1211 |
| ☐ ingenious | 2080 |
| ☐ ingenuity | 2050 |
| ☐ inhabitant | 0061 |
| ☐ inhalation | 1843 |
| ☐ inherent | 0286 |
| ☐ inherently | 0898 |
| ☐ inheritance | 0560 |
| ☐ inhibit | 0306 |
| ☐ initially | 0099 |
| ☐ initiative | 0261 |
| ☐ inject | 0921 |
| ☐ injection | 0262 |
| ☐ injustice | 0561 |
| ☐ inmate | 0040 |
| ☐ innate | 0477 |
| ☐ innocence | 0161 |
| ☐ innocuous | 1683 |
| ☐ innuendo | 2043 |
| ☐ innumerable | 1381 |
| ☐ inquisitive | 1676 |
| ☐ insane | 0591 |
| ☐ inscrutable | 1886 |
| ☐ insignificant | 1197 |
| ☐ insipid | 1695 |
| ☐ insistence | 0450 |
| ☐ inspiration | 0825 |
| ☐ inspiring | 1285 |
| ☐ instability | 0826 |
| ☐ instigate | 0926 |
| ☐ instill | 0934 |
| ☐ instrumental | 0870 |

536

| | |
|---|---|
| ☐ insufficient | 1091 |
| ☐ insular | 1684 |
| ☐ insulate | 1513 |
| ☐ insulation | 0827 |
| ☐ insurgency | 1250 |
| ☐ insurmountable | 0788 |
| ☐ insurrection | 1668 |
| ☐ intact | 0575 |
| ☐ intake | 0662 |
| ☐ intangible | 1675 |
| ☐ integral | 0580 |
| ☐ integrate | 0019 |
| ☐ integration | 1435 |
| ☐ integrity | 1527 |
| ☐ intensify | 0802 |
| ☐ intent | 0347 |
| ☐ interactive | 1198 |
| ☐ interestingly | 0298 |
| ☐ interim | 1791 |
| ☐ interlude | 1853 |
| ☐ intern | 0828 |
| ☐ internationally | 0499 |
| ☐ interpretation | 0124 |
| ☐ interrogation | 1156 |
| ☐ interstate | 1286 |
| ☐ intervene | 0908 |
| ☐ intervention | 0249 |
| ☐ intimate | 1566 |
| ☐ intricate | 1069 |
| ☐ intrigue | 0919 |
| ☐ intriguing | 1098 |
| ☐ intrinsic | 0981 |
| ☐ inundate | 1710 |
| ☐ invertebrate | 0871 |
| ☐ investigative | 0872 |
| ☐ inveterate | 1099 |
| ☐ invincible | 1982 |
| ☐ invoke | 0624 |
| ☐ involuntary | 1382 |
| ☐ irascible | 1097 |
| ☐ irate | 2072 |
| ☐ ironically | 0198 |
| ☐ irradiation | 0171 |
| ☐ irrational | 0288 |
| ☐ irrefutable | 1383 |
| ☐ irrelevant | 0572 |
| ☐ irreparably | 2100 |
| ☐ irresolute | 2071 |
| ☐ irrigation | 0423 |
| ☐ islander | 0080 |
| ☐ itchy | 1384 |

## J K

| | |
|---|---|
| ☐ janitor | 0360 |
| ☐ jeer | 2006 |
| ☐ jest | 1944 |
| ☐ jinx | 1930 |
| ☐ joint | 0196 |
| ☐ jostle | 1631 |
| ☐ journalism | 0162 |

| | |
|---|---|
| ☐ jubilant | 2077 |
| ☐ judicial | 0396 |
| ☐ juncture | 1862 |
| ☐ jurisdiction | 1034 |
| ☐ juror | 0667 |
| ☐ justify | 0010 |
| ☐ juvenile | 0480 |
| ☐ keystone | 0869 |
| ☐ kickback | 1354 |
| ☐ kitten | 0451 |
| ☐ knack | 1929 |

## L

| | |
|---|---|
| ☐ laborer | 0057 |
| ☐ labyrinth | 1844 |
| ☐ lackluster | 2060 |
| ☐ lag | 0562 |
| ☐ lambaste | 1907 |
| ☐ lament | 1030 |
| ☐ landlord | 0163 |
| ☐ languid | 1780 |
| ☐ lanky | 2094 |
| ☐ larva | 0164 |
| ☐ lasting | 0680 |
| ☐ latent | 1889 |
| ☐ latitude | 0658 |
| ☐ laudable | 1993 |
| ☐ lavish | 2098 |
| ☐ lax | 2089 |
| ☐ layman | 1854 |
| ☐ lease | 0215 |
| ☐ lecturer | 1157 |
| ☐ left-wing | 0097 |
| ☐ legacy | 0073 |
| ☐ legislator | 1158 |
| ☐ legislature | 0964 |
| ☐ legitimacy | 1541 |
| ☐ legitimate | 0190 |
| ☐ lesion | 1760 |
| ☐ lethal | 0584 |
| ☐ lethargic | 1095 |
| ☐ leverage | 1039 |
| ☐ levitate | 2029 |
| ☐ liaison | 0370 |
| ☐ libel | 1436 |
| ☐ liberation | 1159 |
| ☐ liberty | 1061 |
| ☐ lieutenant | 1160 |
| ☐ limb | 1457 |
| ☐ lineage | 1662 |
| ☐ lineup | 0829 |
| ☐ linger | 1326 |
| ☐ linguist | 1355 |
| ☐ linguistics | 0563 |
| ☐ liquidate | 1514 |
| ☐ litany | 1356 |
| ☐ literary | 0185 |
| ☐ litigate | 2031 |
| ☐ lobby | 0114 |
| ☐ lodge | 0803 |

| | |
|---|---|
| ☐ logistics | 0643 |
| ☐ longevity | 0973 |
| ☐ long-lasting | 1385 |
| ☐ long-standing | 0895 |
| ☐ loom | 1628 |
| ☐ loophole | 1521 |
| ☐ loyalist | 0830 |
| ☐ lubricate | 1802 |
| ☐ lucrative | 0687 |
| ☐ ludicrous | 1792 |
| ☐ lull | 0813 |
| ☐ luminary | 2045 |
| ☐ luminous | 1797 |
| ☐ lurch | 1633 |
| ☐ lure | 1525 |
| ☐ lurid | 2061 |
| ☐ lurk | 1425 |

## M

| | |
|---|---|
| ☐ magnetic | 0177 |
| ☐ maim | 1212 |
| ☐ malevolent | 2082 |
| ☐ malleable | 1783 |
| ☐ managerial | 1199 |
| ☐ mandate | 1161 |
| ☐ mandatory | 0376 |
| ☐ maneuver | 1068 |
| ☐ manifest | 1669 |
| ☐ manipulate | 0017 |
| ☐ manipulation | 0263 |
| ☐ mankind | 1062 |
| ☐ mantle | 0146 |
| ☐ mar | 1408 |
| ☐ margin | 0564 |
| ☐ marginal | 1793 |
| ☐ martial | 0873 |
| ☐ massacre | 0532 |
| ☐ mate | 0264 |
| ☐ maternity | 1162 |
| ☐ matrimony | 1661 |
| ☐ mayhem | 1651 |
| ☐ meager | 1966 |
| ☐ meander | 1515 |
| ☐ measles | 1357 |
| ☐ measurable | 1386 |
| ☐ meddle | 1816 |
| ☐ medieval | 0987 |
| ☐ mediocre | 1576 |
| ☐ melancholy | 1798 |
| ☐ membrane | 1163 |
| ☐ memorial | 1164 |
| ☐ menace | 1448 |
| ☐ menial | 1094 |
| ☐ merge | 0918 |
| ☐ merger | 1165 |
| ☐ mesmerize | 1921 |
| ☐ methane | 0223 |
| ☐ methodology | 0866 |
| ☐ meticulous | 1673 |
| ☐ microbe | 0047 |

数字は見出し語番号だよ。ページ数ではないので気をつけてね。

| | | | | | | |
|---|---|---|---|---|---|
| ☐ microcredit | 1358 | ☐ naval | 0178 | ☐ organized | 1269 |
| ☐ microscopic | 0592 | ☐ nebulous | 1387 | ☐ orient | 1713 |
| ☐ midwife | 0127 | ☐ negate | 1108 | ☐ ornate | 1799 |
| ☐ migrant | 1257 | ☐ negligent | 1986 | ☐ orphan | 0645 |
| ☐ migrate | 0025 | ☐ negligible | 0389 | ☐ ostracize | 1613 |
| ☐ migration | 0056 | ☐ neural | 0585 | ☐ oust | 0714 |
| ☐ mileage | 0452 | ☐ neurologist | 0754 | ☐ outcry | 1735 |
| ☐ milestone | 1667 | ☐ neuroscientist | 0361 | ☐ outlaw | 0805 |
| ☐ militia | 0453 | ☐ neutrality | 0733 | ☐ outlay | 1361 |
| ☐ mirage | 1664 | ☐ nibble | 1803 | ☐ outnumber | 0606 |
| ☐ misgiving | 1945 | ☐ niche | 0426 | ☐ outrage | 0666 |
| ☐ misinterpret | 1213 | ☐ nobility | 0832 | ☐ outright | 0581 |
| ☐ misleading | 1287 | ☐ nomadic | 1388 | ☐ outskirts | 1757 |
| ☐ missile | 0454 | ☐ nominally | 1800 | ☐ outstrip | 1214 |
| ☐ missionary | 0593 | ☐ nonchalant | 1688 | ☐ outweigh | 0103 |
| ☐ mistakenly | 0500 | ☐ notable | 0694 | ☐ overdue | 0696 |
| ☐ misunderstand | 0814 | ☐ nucleus | 1533 | ☐ overemphasize | 1215 |
| ☐ mitigate | 0804 | ☐ nudge | 1103 | ☐ overly | 0498 |
| ☐ mob | 1166 | ☐ nuisance | 1756 | ☐ overreact | 0821 |
| ☐ mock | 1304 | ☐ nurture | 1712 | ☐ override | 0627 |
| ☐ modernization | 1063 | | | ☐ overrun | 0716 |
| ☐ modulate | 1608 | **O** | | ☐ oversee | 0216 |
| ☐ molecule | 0154 | ☐ obedience | 1336 | ☐ oversight | 0975 |
| ☐ mollify | 1607 | ☐ obliterate | 0516 | ☐ overstate | 0822 |
| ☐ momentous | 1096 | ☐ oblivious | 1496 | ☐ overt | 1794 |
| ☐ momentum | 1374 | ☐ obscure | 1571 | ☐ over-the-counter | 0979 |
| ☐ monarch | 1548 | ☐ obscurity | 1663 | ☐ overthrow | 0310 |
| ☐ monarchy | 1167 | ☐ obsequious | 2059 | ☐ overuse | 1362 |
| ☐ monastery | 1335 | ☐ obsess | 0603 | ☐ overwhelming | 0390 |
| ☐ monetary | 0594 | ☐ obsolescence | 1359 | | |
| ☐ monopoly | 0959 | ☐ obstetrician | 0148 | **P** | |
| ☐ morale | 1377 | ☐ obstinate | 1969 | ☐ pagan | 0887 |
| ☐ morality | 0265 | ☐ obstruct | 0933 | ☐ pageant | 1454 |
| ☐ morbid | 1679 | ☐ obtrusive | 1786 | ☐ painkiller | 0274 |
| ☐ morsel | 1067 | ☐ occupant | 1337 | ☐ palatable | 1682 |
| ☐ mortality | 0242 | ☐ occurrence | 0833 | ☐ Paleolithic | 0490 |
| ☐ mortgage | 0962 | ☐ offender | 0074 | ☐ paleontologist | 0362 |
| ☐ mortify | 2019 | ☐ offense | 1338 | ☐ pallid | 1784 |
| ☐ mosaic | 0324 | ☐ offshoot | 1646 | ☐ paltry | 2096 |
| ☐ mount | 0414 | ☐ offspring | 0136 | ☐ pamper | 1817 |
| ☐ multicultural | 1265 | ☐ omen | 1931 | ☐ pandemic | 1974 |
| ☐ multinational | 1266 | ☐ omit | 1202 | ☐ paradoxical | 1389 |
| ☐ multiply | 1114 | ☐ omniscient | 1171 | ☐ paragon | 2035 |
| ☐ multitude | 1530 | ☐ omnivore | 1360 | ☐ parameter | 1455 |
| ☐ mundane | 0586 | ☐ onerous | 1177 | ☐ paramount | 0577 |
| ☐ municipal | 0874 | ☐ ongoing | 0573 | ☐ parasite | 0150 |
| ☐ murderer | 0831 | ☐ onset | 0671 | ☐ parliament | 0566 |
| ☐ murky | 1590 | ☐ onslaught | 1121 | ☐ parliamentary | 1270 |
| ☐ muster | 1604 | ☐ opaque | 1577 | ☐ parry | 1708 |
| ☐ mutate | 0519 | ☐ oppress | 1311 | ☐ patent | 0530 |
| ☐ mutation | 0049 | ☐ optimal | 1268 | ☐ pathogen | 0348 |
| ☐ myriad | 0244 | ☐ optimism | 0565 | ☐ patriot | 0963 |
| | | ☐ optimum | 2079 | ☐ patriotism | 1252 |
| **N** | | ☐ opulent | 1787 | ☐ patron | 1340 |
| ☐ nanoparticle | 0051 | ☐ oral | 0784 | ☐ paucity | 1733 |
| ☐ nanotechnology | 0644 | ☐ orchard | 1339 | ☐ pedantic | 1984 |
| ☐ narrowly | 1000 | ☐ orchestrate | 1821 | ☐ pedestrian | 0692 |
| ☐ nasty | 1267 | ☐ ordeal | 1452 | ☐ peer | 0226 |
| ☐ nationalist | 0135 | ☐ ordinance | 1441 | ☐ penalize | 0823 |
| ☐ nausea | 1251 | ☐ organizational | 0875 | ☐ penchant | 1649 |

| | | | | | |
|---|---|---|---|---|---|
| pendulum | 1665 | polarize | 1804 | prodigy | 1645 |
| penetrate | 0920 | policymaker | 0567 | profound | 0394 |
| penitentiary | 0944 | pollen | 0568 | prognosis | 1648 |
| pension | 0349 | pollination | 1127 | progression | 0839 |
| perceptible | 1985 | populace | 0467 | progressive | 0485 |
| perception | 0044 | portrait | 0350 | prohibition | 0058 |
| perch | 0834 | portray | 0016 | project | 0002 |
| perennial | 1560 | postulate | 0901 | projection | 0251 |
| perfunctory | 1987 | postwar | 1272 | proliferation | 1345 |
| perimeter | 1033 | potent | 0574 | prolific | 0782 |
| periphery | 1740 | potential | 0084 | prolonged | 1583 |
| perish | 0207 | pounce | 1805 | promising | 0888 |
| perk | 1647 | practitioner | 0835 | prone | 1558 |
| permeate | 1415 | pragmatic | 1494 | pronoun | 0468 |
| pernicious | 1778 | precarious | 1971 | propaganda | 0075 |
| perpetrate | 1102 | precede | 0612 | propagate | 1023 |
| perpetrator | 0752 | precedent | 1376 | propel | 1714 |
| perpetuate | 0815 | precipitation | 0755 | propensity | 0746 |
| persecution | 1056 | precursor | 1035 | prophecy | 1738 |
| persist | 1301 | predator | 0121 | propitious | 1690 |
| personable | 2073 | predatory | 1175 | proponent | 0042 |
| perspective | 0036 | predecessor | 0836 | proposition | 1534 |
| pertinent | 1070 | predicament | 1444 | prosecute | 1423 |
| peruse | 1818 | prediction | 0455 | prosecution | 0351 |
| pervade | 1705 | predominantly | 0899 | prosecutor | 0083 |
| pervasive | 1485 | predominate | 1623 | prosperous | 0878 |
| pester | 1106 | preemptive | 1773 | Protestant | 0491 |
| pesticide | 0142 | preferable | 0877 | protocol | 1222 |
| petrified | 1491 | pregnancy | 0837 | protrusion | 2055 |
| petroleum | 1341 | prehistoric | 0681 | provoke | 0503 |
| petulant | 1768 | premise | 1758 | prowl | 1810 |
| pharmaceutical | 0197 | premium | 0243 | psychiatric | 0291 |
| phase | 0245 | premonition | 1736 | psychiatrist | 0236 |
| philosopher | 0235 | prerequisite | 1642 | psychopathy | 0945 |
| photosynthesis | 0646 | prescribe | 0613 | pulverize | 1701 |
| physiological | 0595 | present-day | 0281 | pundit | 1643 |
| pigment | 1342 | preservation | 0474 | pungent | 1779 |
| pill | 0739 | preside | 1118 | purge | 1908 |
| pinnacle | 1128 | prestige | 0660 | pyramid | 0126 |
| pinpoint | 0786 | prestigious | 1273 | | |
| pique | 1819 | presumptuous | 1777 | **Q** | |
| pitch | 0319 | pretense | 0749 | quaint | 1769 |
| pivotal | 1271 | pretext | 1123 | qualification | 0352 |
| placate | 0706 | prevail | 0416 | qualified | 1288 |
| placebo | 1343 | prevalence | 1036 | quandary | 1657 |
| placid | 1691 | pricey | 0277 | queasy | 1882 |
| plagiarism | 2053 | priest | 0740 | quell | 1901 |
| plague | 0027 | primate | 1464 | quench | 1902 |
| platitude | 2036 | prioritize | 0012 | questionnaire | 1064 |
| plausible | 0571 | pristine | 1488 | quirk | 1125 |
| playwright | 0165 | privatization | 0838 | quota | 0247 |
| plead | 1505 | privilege | 1370 | | |
| pledge | 1409 | privileged | 0596 | **R** | |
| plight | 0952 | probability | 1344 | racial | 0292 |
| plot | 0033 | proceeds | 1660 | radar | 0456 |
| plow | 0863 | proclamation | 0647 | radically | 1300 |
| plunder | 1635 | procrastinate | 1709 | raid | 1223 |
| poach | 2020 | procure | 1621 | rally | 0526 |
| poignant | 1174 | prod | 1706 | ramification | 1658 |
| pointless | 0876 | prodigious | 1774 | rampage | 1956 |

| | |
|---|---|
| ☐ rampant | 1071 |
| ☐ rankle | 1634 |
| ☐ ransack | 0712 |
| ☐ rapport | 1734 |
| ☐ rash | 0990 |
| ☐ ratify | 1101 |
| ☐ ratio | 0529 |
| ☐ rationale | 2033 |
| ☐ ravage | 0938 |
| ☐ reactor | 0840 |
| ☐ readily | 0600 |
| ☐ real-life | 0492 |
| ☐ realtor | 1363 |
| ☐ reap | 1411 |
| ☐ reassure | 0527 |
| ☐ rebel | 0013 |
| ☐ rebellion | 0063 |
| ☐ rebellious | 1390 |
| ☐ rebuff | 1611 |
| ☐ rebuke | 0709 |
| ☐ rebut | 1906 |
| ☐ recede | 1504 |
| ☐ receptive | 1564 |
| ☐ recession | 0655 |
| ☐ recipient | 0949 |
| ☐ reciprocate | 1027 |
| ☐ recluse | 1644 |
| ☐ reclusive | 2057 |
| ☐ reconnaissance | 1845 |
| ☐ reconsider | 0118 |
| ☐ reconstruction | 0569 |
| ☐ rectify | 1602 |
| ☐ recuperate | 1605 |
| ☐ recur | 0931 |
| ☐ redeem | 1923 |
| ☐ redirect | 1216 |
| ☐ redress | 2003 |
| ☐ reductionism | 0363 |
| ☐ reductionist | 1391 |
| ☐ reel | 0604 |
| ☐ reevaluate | 0902 |
| ☐ reexamine | 0903 |
| ☐ referendum | 1037 |
| ☐ refill | 0605 |
| ☐ reflection | 0841 |
| ☐ refute | 1905 |
| ☐ regain | 0217 |
| ☐ regeneration | 1224 |
| ☐ regime | 0052 |
| ☐ regress | 1217 |
| ☐ rehabilitate | 0411 |
| ☐ rehabilitation | 0457 |
| ☐ reign | 0842 |
| ☐ reimbursement | 0648 |
| ☐ rein | 1225 |
| ☐ reinforce | 0204 |
| ☐ reinstate | 1105 |
| ☐ reissue | 0904 |
| ☐ reiterate | 1829 |
| ☐ rejuvenate | 2001 |

| | |
|---|---|
| ☐ relapse | 1364 |
| ☐ relegate | 1028 |
| ☐ relevance | 0353 |
| ☐ reliance | 0266 |
| ☐ reliant | 1392 |
| ☐ relief | 0166 |
| ☐ relinquish | 0717 |
| ☐ relocation | 0570 |
| ☐ remarkably | 0900 |
| ☐ remedy | 0951 |
| ☐ remit | 1922 |
| ☐ remittance | 1846 |
| ☐ remnant | 1761 |
| ☐ remorse | 1764 |
| ☐ remuneration | 2046 |
| ☐ render | 0806 |
| ☐ rendezvous | 1847 |
| ☐ rendition | 1666 |
| ☐ renege | 1909 |
| ☐ renounce | 1318 |
| ☐ renovation | 0628 |
| ☐ renunciation | 1737 |
| ☐ reparation | 1129 |
| ☐ repel | 2005 |
| ☐ repercussion | 1856 |
| ☐ replenish | 1327 |
| ☐ replica | 1253 |
| ☐ replicate | 0616 |
| ☐ representation | 0167 |
| ☐ repress | 0412 |
| ☐ repression | 0629 |
| ☐ reprieve | 1702 |
| ☐ reprimand | 1612 |
| ☐ reprisal | 1655 |
| ☐ reproduction | 0354 |
| ☐ reproductive | 0879 |
| ☐ reptile | 0458 |
| ☐ republic | 0076 |
| ☐ repulsive | 1883 |
| ☐ requisite | 1641 |
| ☐ rescind | 1703 |
| ☐ resent | 0501 |
| ☐ reservoir | 0059 |
| ☐ reside | 1416 |
| ☐ residual | 1274 |
| ☐ resignation | 0843 |
| ☐ resilience | 1765 |
| ☐ resilient | 0889 |
| ☐ resonate | 0313 |
| ☐ respiratory | 0697 |
| ☐ respite | 1126 |
| ☐ resplendent | 1677 |
| ☐ restitution | 1848 |
| ☐ restoration | 0668 |
| ☐ resume | 0211 |
| ☐ resurgence | 0536 |
| ☐ resurrect | 0311 |
| ☐ resurrection | 0153 |
| ☐ resuscitate | 1632 |
| ☐ retailer | 1226 |

| | |
|---|---|
| ☐ retain | 0302 |
| ☐ retaliate | 1806 |
| ☐ retaliation | 1543 |
| ☐ retard | 1312 |
| ☐ retention | 1759 |
| ☐ reticent | 2093 |
| ☐ retort | 1332 |
| ☐ retract | 1811 |
| ☐ reunify | 1218 |
| ☐ revamp | 1104 |
| ☐ revelation | 0844 |
| ☐ reverberate | 0720 |
| ☐ reverence | 1365 |
| ☐ revert | 1026 |
| ☐ revise | 0106 |
| ☐ revision | 0630 |
| ☐ revitalization | 1366 |
| ☐ revitalize | 0713 |
| ☐ revival | 0845 |
| ☐ revoke | 1614 |
| ☐ revolt | 0409 |
| ☐ revolutionary | 0486 |
| ☐ revolutionize | 0905 |
| ☐ rhetoric | 1227 |
| ☐ right-wing | 0187 |
| ☐ rigorous | 0994 |
| ☐ ringleader | 0946 |
| ☐ robotic | 0094 |
| ☐ robust | 0996 |
| ☐ rodent | 0224 |
| ☐ rout | 1024 |
| ☐ rubble | 1446 |
| ☐ rudimentary | 2091 |
| ☐ ruffle | 1812 |
| ☐ rumble | 1629 |
| ☐ rummage | 1807 |

## S

| | |
|---|---|
| ☐ sabotage | 1741 |
| ☐ salient | 1495 |
| ☐ salvage | 1721 |
| ☐ sane | 0880 |
| ☐ sanitation | 0967 |
| ☐ saturate | 1412 |
| ☐ savvy | 0757 |
| ☐ scalp | 0528 |
| ☐ scarce | 0689 |
| ☐ scarcity | 0631 |
| ☐ scenario | 0632 |
| ☐ scheme | 0252 |
| ☐ scope | 0633 |
| ☐ scour | 1704 |
| ☐ scrawl | 1622 |
| ☐ screening | 0364 |
| ☐ scruffy | 1884 |
| ☐ scruple | 1946 |
| ☐ scrupulous | 1975 |
| ☐ secede | 0517 |
| ☐ sedentary | 1687 |
| ☐ sediment | 0355 |

| | | |
|---|---|---|
| □ segment | 0846 | |
| □ segregate | 0906 | |
| □ segregation | 1554 | |
| □ selective | 0881 | |
| □ self-centered | 1393 | |
| □ self-employed | 1394 | |
| □ semblance | 2054 | |
| □ senate | 1228 | |
| □ senator | 0168 | |
| □ senescence | 0365 | |
| □ sensitivity | 0267 | |
| □ sentiment | 0268 | |
| □ sequester | 1219 | |
| □ setback | 0961 | |
| □ severity | 0269 | |
| □ shackle | 1742 | |
| □ shatter | 1418 | |
| □ shipment | 1229 | |
| □ shortcoming | 1230 | |
| □ shrewd | 2062 | |
| □ shrub | 1231 | |
| □ shun | 0929 | |
| □ simplify | 1022 | |
| □ simulate | 1413 | |
| □ simultaneously | 0299 | |
| □ skeptic | 0865 | |
| □ skeptical | 0284 | |
| □ skepticism | 1232 | |
| □ skyrocket | 0715 | |
| □ slack | 1289 | |
| □ slash | 0518 | |
| □ slaughter | 0320 | |
| □ slavery | 0067 | |
| □ sleek | 1594 | |
| □ sluggish | 1173 | |
| □ slur | 1849 | |
| □ smear | 1109 | |
| □ smother | 1625 | |
| □ smuggle | 1626 | |
| □ sneer | 2007 | |
| □ soar | 0915 | |
| □ so-called | 0180 | |
| □ socialist | 0237 | |
| □ societal | 0179 | |
| □ socioeconomic | 0385 | |
| □ sociologist | 0356 | |
| □ soggy | 1395 | |
| □ sojourn | 1707 | |
| □ solace | 1122 | |
| □ solely | 0300 | |
| □ solidarity | 1547 | |
| □ solidify | 1220 | |
| □ somber | 1686 | |
| □ sophisticated | 0181 | |
| □ sophistication | 1233 | |
| □ sovereignty | 0734 | |
| □ sow | 1201 | |
| □ spacecraft | 0357 | |
| □ spark | 0601 | |
| □ sparse | 1770 | |
| □ spearhead | 1808 | |
| □ specification | 0238 | |
| □ specify | 0924 | |
| □ specimen | 0473 | |
| □ spectacular | 0675 | |
| □ spectrum | 0459 | |
| □ spillage | 1955 | |
| □ splurge | 1110 | |
| □ spokesperson | 0847 | |
| □ sponsorship | 0634 | |
| □ sporadic | 1170 | |
| □ spree | 1743 | |
| □ spur | 0622 | |
| □ spurn | 1919 | |
| □ squander | 0510 | |
| □ squeak | 1254 | |
| □ squeamish | 1172 | |
| □ stabilize | 0936 | |
| □ staggering | 0682 | |
| □ stagnant | 1689 | |
| □ stake | 0276 | |
| □ stakeholder | 0864 | |
| □ stalemate | 1120 | |
| □ stampede | 1855 | |
| □ standpoint | 0848 | |
| □ stark | 0882 | |
| □ state-of-the-art | 1772 | |
| □ stationary | 1573 | |
| □ statistically | 1100 | |
| □ staunch | 0478 | |
| □ stem | 0037 | |
| □ sterile | 1572 | |
| □ stern | 1569 | |
| □ stifle | 0707 | |
| □ stigma | 0730 | |
| □ stimulate | 0018 | |
| □ stimulus | 0239 | |
| □ stitch | 1715 | |
| □ stockpile | 0240 | |
| □ strand | 1234 | |
| □ strategic | 0883 | |
| □ stray | 1329 | |
| □ strife | 1850 | |
| □ stringent | 1965 | |
| □ strive | 1510 | |
| □ stroke | 1065 | |
| □ stunt | 1107 | |
| □ suave | 1775 | |
| □ subjugate | 1609 | |
| □ submissive | 2076 | |
| □ subordinate | 0420 | |
| □ subsequent | 0091 | |
| □ subsequently | 0399 | |
| □ subservient | 1396 | |
| □ subsidize | 0614 | |
| □ subsidy | 0635 | |
| □ substantially | 0400 | |
| □ substantiate | 0704 | |
| □ subtitle | 0649 | |
| □ subtle | 0982 | |
| □ subversive | 1782 | |
| □ succinct | 1973 | |
| □ succulent | 2095 | |
| □ succumb | 1025 | |
| □ suffocate | 1624 | |
| □ sugary | 0980 | |
| □ suite | 0849 | |
| □ suitor | 1851 | |
| □ sullen | 1781 | |
| □ superficial | 1589 | |
| □ superfluous | 1169 | |
| □ superiority | 0850 | |
| □ supervise | 0807 | |
| □ supplant | 1029 | |
| □ supplement | 0102 | |
| □ supposedly | 0699 | |
| □ suppress | 0315 | |
| □ suppression | 0851 | |
| □ surcharge | 0650 | |
| □ surely | 0398 | |
| □ surge | 0953 | |
| □ surmise | 1828 | |
| □ surmount | 2018 | |
| □ surpass | 0917 | |
| □ surplus | 0663 | |
| □ surveillance | 0323 | |
| □ susceptible | 0983 | |
| □ suspend | 0111 | |
| □ sustain | 0015 | |
| □ sustainable | 0182 | |
| □ sustenance | 1367 | |
| □ sway | 0155 | |
| □ swerve | 0721 | |
| □ swift | 1092 | |
| □ sympathetic | 0293 | |
| □ synthesis | 1235 | |

**T**

| | | |
|---|---|---|
| □ tack | 1429 | |
| □ tackle | 0925 | |
| □ tactic | 0140 | |
| □ tally | 1617 | |
| □ tangible | 1275 | |
| □ tangle | 1507 | |
| □ tank | 0636 | |
| □ tantamount | 1670 | |
| □ tantrum | 1659 | |
| □ tarnish | 1918 | |
| □ taunt | 1511 | |
| □ taxation | 1236 | |
| □ taxonomic | 1397 | |
| □ taxpayer | 0637 | |
| □ teeter | 1915 | |
| □ telescope | 0077 | |
| □ tenacious | 1678 | |
| □ tenant | 1237 | |
| □ tenet | 1032 | |
| □ tentative | 2068 | |
| □ tenure | 0246 | |
| □ tepid | 1680 | |

| | | | | | | | |
|---|---|---|---|---|---|---|---|
| □ territorial | 0386 | □ ubiquitous | 1474 | □ verify | 0417 |
| □ terror | 0638 | □ ulcer | 0854 | □ versatility | 1852 |
| □ terrorism | 0358 | □ ulterior | 1168 | □ vertical | 1278 |
| □ textile | 0460 | □ ultimately | 0098 | □ vestige | 1739 |
| □ thermal | 0884 | □ unavoidable | 1277 | □ vet | 0054 |
| □ thesis | 0151 | □ unbiased | 1398 | □ veteran | 0138 |
| □ thoroughly | 0700 | □ unconstitutional | 1290 | □ veto | 1325 |
| □ threshold | 1529 | □ uncouth | 1685 | □ viability | 1640 |
| □ thrive | 0609 | □ uncover | 0402 | □ viable | 1279 |
| □ throne | 1238 | □ underestimate | 0201 | □ vicarious | 2067 |
| □ throng | 0744 | □ undergo | 0020 | □ vicinity | 0972 |
| □ thwart | 1910 | □ undermine | 0109 | □ vicious | 0583 |
| □ tilt | 1716 | □ undertake | 1302 | □ vie | 0711 |
| □ tinge | 2037 | □ underwater | 0387 | □ vigil | 1767 |
| □ tolerance | 0852 | □ unearth | 0403 | □ vilify | 0718 |
| □ tolerant | 1093 | □ unethical | 0391 | □ vindicate | 0703 |
| □ toll | 0966 | □ unilateral | 1291 | □ virgin | 1280 |
| □ tomb | 1066 | □ unintended | 0676 | □ virtually | 0999 |
| □ topple | 1630 | □ unity | 0855 | □ vocalization | 0652 |
| □ torment | 1610 | □ unprecedented | 0476 | □ void | 1072 |
| □ torture | 0115 | □ unproductive | 1399 | □ volatile | 1073 |
| □ tout | 1618 | □ unrealistic | 0388 | □ volcanic | 0294 |
| □ toxic | 0095 | □ unruly | 2081 | □ voluntary | 0890 |
| □ toxin | 0169 | □ unscathed | 1979 | □ vulnerability | 1241 |
| □ trade-off | 0651 | □ untenable | 1776 | □ vulnerable | 0172 |
| □ trait | 0035 | □ upheaval | 1656 | | |
| □ trajectory | 1762 | □ uphold | 0910 | **W** | |
| □ transaction | 0960 | □ uprising | 0043 | □ wade | 1722 |
| □ transcript | 1239 | □ upscale | 1785 | □ wage | 0415 |
| □ transformation | 0461 | □ upside | 0856 | □ waive | 0513 |
| □ transgender | 0683 | □ upstart | 1124 | □ waiver | 1766 |
| □ transgression | 1119 | □ urbane | 2075 | □ wane | 0816 |
| □ transient | 1888 | □ urbanization | 0464 | □ ward | 0465 |
| □ transition | 0639 | □ usher | 0317 | □ warfare | 0068 |
| □ transmit | 0301 | □ utility | 0330 | □ warrior | 0741 |
| □ transparency | 0462 | | | □ wary | 1281 |
| □ transparent | 0496 | **V** | | □ watershed | 0241 |
| □ transpose | 2014 | □ vaccination | 1255 | □ waver | 2017 |
| □ traverse | 1324 | □ vacuum | 1240 | □ weather | 0009 |
| □ travesty | 2038 | □ valiant | 2056 | □ wetland | 0858 |
| □ treacherous | 0997 | □ validate | 1606 | □ whine | 1723 |
| □ tremendous | 0191 | □ validity | 0374 | □ widespread | 0087 |
| □ trench | 0853 | □ vandalism | 1654 | □ wince | 1620 |
| □ tribal | 1276 | □ variant | 0270 | □ withhold | 1417 |
| □ trigger | 0202 | □ variation | 0137 | □ working-class | 0684 |
| □ trim | 1115 | □ veer | 1619 | □ workload | 0271 |
| □ trite | 2086 | □ vehemently | 1900 | □ worm | 0859 |
| □ triumph | 0969 | □ velocity | 1038 | □ wrath | 1836 |
| □ trudge | 1726 | □ venerable | 1771 | □ wreak | 0710 |
| □ tumble | 1717 | □ venerate | 1221 | □ wrench | 1616 |
| □ tumor | 0422 | □ vent | 0081 | □ wrinkle | 1256 |
| □ turbine | 0463 | □ venue | 0475 | | |
| □ turbulent | 1795 | □ veracity | 2051 | **X Z** | |
| □ turmoil | 0732 | □ verb | 0857 | □ x-ray | 0653 |
| □ twitch | 1727 | □ verbose | 1176 | □ zeal | 1744 |
| □ typify | 1809 | □ verdict | 1373 | □ zenith | 0745 |
| □ tyranny | 1552 | □ verification | 1528 | □ zoologist | 1368 |
| | | | | □ zoology | 0275 |
| | | | | □ zooplankton | 0947 |

**U**

**V**

**W**

**X Z**

### 熟語編

#### A  B

☐ abide by ~ **2101**
☐ act up **2102**
☐ add up to ~ **2103**
☐ adhere to ~ **2104**
☐ attribute A to B **2105**
☐ back out **2106**
☐ bail out **2107**
☐ bank on ~ **2108**
☐ bargain on ~ **2109**
☐ barge through ~ **2110**
☐ bawl out **2111**
☐ beef up **2112**
☐ belt out **2113**
☐ blot out **2114**
☐ blurt out **2115**
☐ boil down to ~ **2116**
☐ bottle up **2117**
☐ bottom out **2118**
☐ bow out **2119**
☐ bowl over **2120**
☐ box up **2121**
☐ breeze in **2122**
☐ brim over **2123**
☐ buckle down **2124**
☐ bunch up **2125**
☐ butt in **2126**
☐ butter up **2127**
☐ buy off **2128**

#### C

☐ capitalize on ~ **2129**
☐ cart off **2130**
☐ carve up **2131**
☐ cash in on ~ **2132**
☐ cast off **2133**
☐ cater to ~ **2134**
☐ cave in **2135**
☐ change over **2136**
☐ chew out **2137**
☐ chime in **2138**
☐ chip away at ~ **2139**
☐ choke back **2140**
☐ choke off **2141**
☐ choke up **2142**
☐ chug along ~ **2143**
☐ churn out **2144**
☐ clam up **2145**
☐ clog up **2146**
☐ cloud up **2147**
☐ coast along **2148**
☐ come around **2149**
☐ come down on A **2150**
☐ come in at ~ **2151**
☐ come in for ~ **2152**
☐ coop up **2153**
☐ cop out **2154**

☐ crack down on ~ **2155**
☐ crack up **2156**
☐ crank out **2157**
☐ creep into ~ **2158**
☐ crop up **2159**

#### D  E

☐ dawn on A **2160**
☐ deck out **2161**
☐ defer to ~ **2162**
☐ detract from ~ **2163**
☐ dip into ~ **2164**
☐ dispense with ~ **2165**
☐ distract A from B **2166**
☐ dole out **2167**
☐ dote on A **2168**
☐ drag on **2169**
☐ draw A into B **2170**
☐ drone on **2171**
☐ drown out **2172**
☐ drum up **2173**
☐ duck out **2174**
☐ dwell on ~ **2175**
☐ ease off **2176**
☐ ease up on ~ **2177**
☐ egg on **2178**
☐ eke out **2179**
☐ etch A into B **2180**

#### F

☐ factor in **2181**
☐ fall back on ~ **2182**
☐ fall flat **2183**
☐ fall in with A **2184**
☐ fall through **2185**
☐ fan out **2186**
☐ farm out **2187**
☐ fawn over A **2188**
☐ fend for oneself **2189**
☐ fend off **2190**
☐ fire away **2191**
☐ fizzle out **2192**
☐ flare up **2193**
☐ flesh out **2194**
☐ flick through **2195**
☐ flip out **2196**
☐ flood in **2197**
☐ fly at ~ **2198**
☐ follow through **2199**
☐ fork out **2200**
☐ fork over **2201**
☐ foul up **2202**
☐ freeze up **2203**
☐ fritter away **2204**
☐ front for ~ **2205**
☐ frown on ~ **2206**

#### G

☐ gain on ~ **2207**
☐ gang up on A **2208**

☐ get across **2209**
☐ glance over ~ **2210**
☐ gloss over ~ **2211**
☐ gnaw at ~ **2212**
☐ go at A **2213**
☐ go through with ~ **2214**
☐ goof off **2215**
☐ grate on ~ **2216**

#### H

☐ harp on ~ **2217**
☐ head off **2218**
☐ head up **2219**
☐ hem in **2220**
☐ hike up **2221**
☐ hinge on ~ **2222**
☐ hold A (to be) B **2223**
☐ hold down **2224**
☐ hold out on A **2225**
☐ hole up **2226**
☐ horse around **2227**
☐ hunker down **2228**

#### I  J  K

☐ ingratiate oneself
   with A **2229**
☐ interfere with ~ **2230**
☐ iron out **2231**
☐ jockey for ~ **2232**
☐ keel over **2233**
☐ key up **2234**
☐ kick around **2235**
☐ knuckle down **2236**
☐ knuckle under **2237**

#### L

☐ lag behind ~ **2238**
☐ lash out **2239**
☐ lead up to ~ **2240**
☐ leaf through **2241**
☐ leap out at A **2242**
☐ let down **2243**
☐ let on **2244**
☐ let up on ~ **2245**
☐ level off **2246**
☐ level with A **2247**
☐ limber up **2248**
☐ live down **2249**
☐ load up on ~ **2250**
☐ louse up **2251**

#### M  N  O

☐ make off with ~ **2252**
☐ mark up **2253**
☐ mete out **2254**
☐ mill about [around]
   (~) **2255**
☐ mouth off **2256**
☐ muddle through **2257**
☐ mull over **2258**

熟語は本文でもアルファベット順に掲載されているよ。 **543**

| | | | | | | | |
|---|---|---|---|---|---|---|---|
| ☐ muscle into ~ | 2259 | ☐ rig up | 2306 | ☐ strike on ~ | 2355 |
| ☐ nail down | 2260 | ☐ rip into ~ | 2307 | ☐ strike up | 2356 |
| ☐ narrow down | 2261 | ☐ roll out | 2308 | ☐ stub out | 2357 |
| ☐ nod off | 2262 | ☐ root for A | 2309 | ☐ stumble upon ~ | 2358 |
| ☐ nose around ~ | 2263 | ☐ root out | 2310 | ☐ swear by ~ | 2359 |
| ☐ opt for ~ | 2264 | ☐ rope A into B | 2311 | ☐ swear in | 2360 |
| ☐ opt out of ~ | 2265 | ☐ rub off on A | 2312 | | |
| ☐ own up to ~ | 2266 | | | **T** | |
| | | **S** | | ☐ tail off | 2361 |
| **P** | | ☐ scoot over | 2313 | ☐ take in | 2362 |
| ☐ palm off | 2267 | ☐ scrape by | 2314 | ☐ take it out on A | 2363 |
| ☐ pan out | 2268 | ☐ scratch out | 2315 | ☐ take off | 2364 |
| ☐ pass down | 2269 | ☐ scrimp on ~ | 2316 | ☐ take on | 2365 |
| ☐ pass up | 2270 | ☐ settle on ~ | 2317 | ☐ tamper with ~ | 2366 |
| ☐ patch up | 2271 | ☐ settle up | 2318 | ☐ tap into ~ | 2367 |
| ☐ pay off | 2272 | ☐ shell out ~ | 2319 | ☐ taper off | 2368 |
| ☐ peter out | 2273 | ☐ shoot for ~ | 2320 | ☐ tear down | 2369 |
| ☐ phase out | 2274 | ☐ shrug off | 2321 | ☐ tear into ~ | 2370 |
| ☐ pick up on ~ | 2275 | ☐ shy away from ~ | 2322 | ☐ throw in the towel | 2371 |
| ☐ piece together | 2276 | ☐ side with A | 2323 | ☐ throw out | 2372 |
| ☐ pile in | 2277 | ☐ sift through ~ | 2324 | ☐ thumb through ~ | 2373 |
| ☐ pile up | 2278 | ☐ simmer down | 2325 | ☐ tide A over | 2374 |
| ☐ pin down | 2279 | ☐ sit in for ~ | 2326 | ☐ tip off | 2375 |
| ☐ pine for ~ | 2280 | ☐ skim off | 2327 | ☐ tower over ~ | 2376 |
| ☐ pitch in | 2281 | ☐ slip through ~ | 2328 | ☐ trickle down | 2377 |
| ☐ play off | 2282 | ☐ smooth down | 2329 | ☐ trip up | 2378 |
| ☐ plow through ~ | 2283 | ☐ smooth over | 2330 | ☐ trump up | 2379 |
| ☐ plug away at ~ | 2284 | ☐ snap off | 2331 | | |
| ☐ plug in | 2285 | ☐ snap out of ~ | 2332 | **V  W  Z** | |
| ☐ poke around | 2286 | ☐ snap up | 2333 | ☐ vouch for ~ | 2380 |
| ☐ polish up | 2287 | ☐ snuff out | 2334 | ☐ wallow in ~ | 2381 |
| ☐ pore over ~ | 2288 | ☐ soak up | 2335 | ☐ ward off | 2382 |
| ☐ prop up | 2289 | ☐ sort out | 2336 | ☐ wash over A | 2383 |
| ☐ pull off | 2290 | ☐ sound out | 2337 | ☐ waste away | 2384 |
| ☐ push for ~ | 2291 | ☐ spin out | 2338 | ☐ wear down | 2385 |
| ☐ put across | 2292 | ☐ spring up | 2339 | ☐ wear through | 2386 |
| ☐ put forth | 2293 | ☐ spruce up | 2340 | ☐ weed out | 2387 |
| ☐ put in for ~ | 2294 | ☐ spur on | 2341 | ☐ weigh in | 2388 |
| ☐ put out | 2295 | ☐ square off | 2342 | ☐ whip up | 2389 |
| ☐ put upon A | 2296 | ☐ square up | 2343 | ☐ whisk away | 2390 |
| ☐ puzzle over ~ | 2297 | ☐ squeak by | 2344 | ☐ whisk off | 2391 |
| | | ☐ stack up | 2345 | ☐ wind down | 2392 |
| **R** | | ☐ stake out | 2346 | ☐ wipe out | 2393 |
| ☐ rack up | 2298 | ☐ stand in for A | 2347 | ☐ wolf down | 2394 |
| ☐ rail against ~ | 2299 | ☐ stave off | 2348 | ☐ worm one's way | |
| ☐ rattle off | 2300 | ☐ stick around | 2349 |     out of ~ | 2395 |
| ☐ reckon on A doing | 2301 | ☐ stir up | 2350 | ☐ wrap up | 2396 |
| ☐ reel off | 2302 | ☐ stock up on ~ | 2351 | ☐ wriggle out of ~ | 2397 |
| ☐ revel in ~ | 2303 | ☐ stop off | 2352 | ☐ write off | 2398 |
| ☐ ride out | 2304 | ☐ storm out | 2353 | ☐ zero in on ~ | 2399 |
| ☐ rifle through | 2305 | ☐ stow away | 2354 | ☐ zip by | 2400 |